普通高等教育系列教材

现代企业管理

第3版

主　编　高海晨
副主编　王宏伟　杨炎坤　贾圣强
参　编　尚海燕　高　钰　张　喆
主　审　张建平

机械工业出版社

本书是为适应高等院校企业管理课程教学改革的需要而编写的。本书吸收了国内外现代企业管理的先进经验，重点介绍了现代企业管理的新理念，以适应现代企业管理的需要，全面提高管理者的管理水平和管理素质。全书共九章，包括现代企业管理概述、现代企业营销管理、现代企业经营管理、现代企业生产管理、现代企业质量管理、现代企业物流管理、现代企业人力资源管理、现代企业技术经济分析及现代企业管理信息系统与管理沟通。各章末均附有案例分析和思考与习题。本书注重实际应用，突出基本概念，理念新颖，内容精练，可操作性强，便于教学和自学。

本书可作为普通高等本科院校、高等专科学校、高等职业技术学院、成人高校各专业（除工商管理专业外）的教材，也可作为企事业单位的培训教材，还可供各类管理人员自学和参考。

图书在版编目（CIP）数据

现代企业管理/高海晨主编．—3 版．—北京：机械工业出版社，2018.3
（2024.8 重印）
普通高等教育系列教材
ISBN 978-7-111-59108-5

Ⅰ.①现⋯ Ⅱ.①高⋯ Ⅲ.①企业管理—高等学校—教材 Ⅳ.①F272

中国版本图书馆 CIP 数据核字（2018）第 021534 号

机械工业出版社（北京市百万庄大街22号 邮政编码100037）
策划编辑：曹俊玲 责任编辑：曹俊玲 刘 静 刘鑫佳
责任校对：炊小云 封面设计：张 静
责任印制：邓 敏
中煤（北京）印务有限公司印刷
2024年8月第3版第9次印刷
184mm×260mm・19 印张・463 千字
标准书号：ISBN 978-7-111-59108-5
定价：46.00 元

电话服务　　　　　　　　网络服务
客服电话：010-88361066　　机 工 官 网：www.cmpbook.com
　　　　　010-88379833　　机 工 官 博：weibo.com/cmp1952
　　　　　010-68326294　　金 书 网：www.golden-book.com
封底无防伪标均为盗版　机工教育服务网：www.cmpedu.com

前　言

　　经济活动是人类社会活动中最具活力的重要组成部分，随着科学技术的发展、全球经济一体化的快速推进，市场化竞争日益激烈。面对这些日新月异的变化，企业需要采用更加科学的现代管理手段，提高各级管理人员的经营管理水平和经营决策水平，合理配置人、财、物等资源，只有这样才能在激烈的市场竞争中生存和发展。

　　信息技术的新发展给企业管理带来了更为广阔的发展空间，新的观点碰撞、理论创新，带来了知识体系的进一步变革，也给企业的管理活动带来了新的机遇和挑战。现代企业管理作为高等院校各专业的一门课程，应结合国内外经济环境的新变化，吸收管理领域取得的新成果，把握企业管理实践中不断涌现出的新特点和新趋势，发展管理学领域的理论，丰富管理实践的新载体。

　　本书在不断探索高等院校教学内容和教学体系改革的基础上，通过广泛的调查研究，充分听取了使用单位及研究部门有关专家的意见，结合编者的自身教学实践，对本书第2版的编写大纲、教材内容进行了补充和修改。

　　本书与第2版相比，无论是在内容方面，还是在方法论方面都有较大的调整。第3版具有以下突出特点：

　　1. 突出实用性特点。力求运用本学科的最新研究成果，以通俗易懂的语言、适度的难易要求，激发学生的学习积极性和主动性。

　　2. 突出改革创新的特点。紧跟时代发展的步伐，注重对现代管理理念的介绍，对传统的企业管理知识结构进行了较大调整。这样做，一方面是为了继续加强学生对企业基本管理知识的学习，另一方面旨在将本学科前沿的新进展、新应用纳入教学内容，妥善处理好对传统内容的继承和对现代内容的引进之间的关系。在体例结构方面，新增了导入案例和本章小结，部分章节增加了节中的小案例，提高了教材的适用性和亲和力。

　　3. 体现发展新趋势。阐述了国内外企业管理发展的新趋势，无论是在企业管理概述部分还是在营销管理等内容中，均丰富了网络经济的内容，充分体现了教材的新颖性。

　　本书在修订过程中删减了部分陈旧的内容，新增了反映企业管理新情况、新问题的内容，并尽力做到章节顺序编排合理，教材内容难易适中，上下兼顾，更趋合理。

　　全书共九章，编写分工如下：高海晨编写第一章，张喆编写第二章，高钰编写第三章，杨炎坤编写第四章，王宏伟编写第五章和第九章第一、二节，贾圣强编写第六章和第八章，尚海燕编写第七章和第九章第三、四、五节。本书由高海晨担任主编，张建平担任主审。

　　本书可作为普通高等本科院校、高等专科学校、高等职业技术学院、成人高校各专业（除工商管理专业外）的教材，也可作为企事业单位的培训教材，还可供各类管理人员自学和参考。

　　本书在编写过程中参考了有关企业管理的论著，编者在此谨向各位同仁表示深深的谢意。此外，本书的写作和出版得到了机械工业出版社的高度重视和鼎力相助，在此表示衷心的感谢！

　　由于编者学识、水平有限，书中缺点和不足之处在所难免，敬请专家学者和广大读者批评指正。

编　者

目 录

前　言

第一章　现代企业管理概述 …………… 1
  学习目标 …………………………………… 1
  导入案例 …………………………………… 1
  第一节　企业与企业管理 ………………… 1
  第二节　企业管理理论及其发展 ………… 10
  第三节　企业管理体制 …………………… 18
  第四节　企业文化 ………………………… 28
  第五节　企业形象设计 …………………… 35
  本章小结 …………………………………… 40
  案例分析 …………………………………… 41
  思考与习题 ………………………………… 42

第二章　现代企业营销管理 …………… 43
  学习目标 …………………………………… 43
  导入案例 …………………………………… 43
  第一节　市场营销概述 …………………… 43
  第二节　市场营销机会分析 ……………… 46
  第三节　市场细分 ………………………… 53
  第四节　产品和价格策略 ………………… 55
  第五节　分销及促销策略 ………………… 68
  本章小结 …………………………………… 75
  案例分析 …………………………………… 76
  思考与习题 ………………………………… 76

第三章　现代企业经营管理 …………… 77
  学习目标 …………………………………… 77
  导入案例 …………………………………… 77
  第一节　现代企业经营管理概述 ………… 78
  第二节　现代企业战略管理 ……………… 81
  第三节　市场和市场调查 ………………… 94
  第四节　市场预测 ………………………… 98
  第五节　经营决策 ………………………… 104
  第六节　经营计划 ………………………… 112
  本章小结 …………………………………… 115
  案例分析 …………………………………… 116
  思考与习题 ………………………………… 117

第四章　现代企业生产管理 …………… 119
  学习目标 …………………………………… 119
  导入案例 …………………………………… 119
  第一节　生产管理概述 …………………… 119
  第二节　生产过程组织 …………………… 123
  第三节　现代企业生产运作计划 ………… 132
  第四节　现代生产管理方式 ……………… 139
  第五节　网络计划技术 …………………… 149
  本章小结 …………………………………… 155
  案例分析 …………………………………… 156
  思考与习题 ………………………………… 157

第五章　现代企业质量管理 …………… 158
  学习目标 …………………………………… 158
  导入案例 …………………………………… 158
  第一节　质量管理概述 …………………… 158
  第二节　全面质量管理 …………………… 161
  第三节　质量管理中常用的统计方法 …… 167
  第四节　ISO 9000 质量管理系列标准简介 … 182
  本章小结 …………………………………… 186
  案例分析 …………………………………… 187
  思考与习题 ………………………………… 188

第六章　现代企业物流管理 …………… 190
  学习目标 …………………………………… 190
  导入案例 …………………………………… 190
  第一节　物流和企业物流 ………………… 191
  第二节　企业供应物流的管理 …………… 197
  第三节　企业生产物流的管理 …………… 202
  第四节　企业销售物流的管理 …………… 204
  第五节　企业生产中逆向物流的管理 …… 211
  本章小结 …………………………………… 215
  案例分析 …………………………………… 216
  思考与习题 ………………………………… 217

第七章　现代企业人力资源管理 ……… 218
  学习目标 …………………………………… 218
  导入案例 …………………………………… 218

第一节　人力资源管理概述 …………… 218
第二节　人力资源规则与预测 ………… 222
第三节　人员招聘与培训开发 ………… 229
第四节　人力资源的绩效管理与评价 …… 237
第五节　薪酬管理 ……………………… 244
本章小结 …………………………………… 249
案例分析 …………………………………… 249
思考与习题 ………………………………… 251

第八章　现代企业技术经济分析 …… 252
学习目标 …………………………………… 252
导入案例 …………………………………… 252
第一节　企业技术经济分析的基本原理 … 252
第二节　企业技术经济分析的一般方法 … 255
第三节　项目可行性研究 ……………… 265
本章小结 …………………………………… 268
案例分析 …………………………………… 269

思考与习题 ………………………………… 270

第九章　现代企业管理信息系统与管理沟通 ……………………………… 271
学习目标 …………………………………… 271
导入案例 …………………………………… 271
第一节　企业管理信息系统概述 ……… 272
第二节　管理信息系统的开发与维护 … 275
第三节　管理沟通概述 ………………… 281
第四节　管理沟通的形式、模式和方法 … 284
第五节　促进有效沟通 ………………… 288
本章小结 …………………………………… 295
案例分析 …………………………………… 295
思考与习题 ………………………………… 296

参考文献 ……………………………………… 297

第一章

现代企业管理概述

学习目标

通过本章学习，要求学生掌握现代企业的特点、管理的性质与企业管理的职能、现代企业制度的特征、企业精神、塑造企业形象的方法；熟悉企业管理的基础工作、企业管理现代化的内容、现代企业制度的主要内容、企业组织结构的形式、企业形象的表现形式；了解现代企业的类型、企业管理的发展、管理组织设计、企业文化建设等内容。

◆ 导入案例

管理出了什么问题

某企业一名机床操作工把大量液体洒在了机床周边的地板上，车间主任让这名操作工把洒掉的液体清扫干净，操作工拒绝执行，理由是工作说明书里并没有包括清扫的条文，车间主任顾不上去查工作说明书中的条文，就找来一名服务工来做清扫工作，但服务工同样拒绝，他的理由是工作说明书里没有包括这一类工作，车间主任威胁说要把他解雇，因为这名服务工是分配到车间来做杂务的临时工，服务工勉强同意了，但是干完活之后即向公司投诉。

有关人员看了投诉后，审阅了三类人员（机床操作工、服务工和勤杂工）的工作说明书。机床操作工的工作说明书规定：操作工有责任保持机床的清洁，使之处于可操作的状态，但并没有提及清扫地板。服务工的工作说明书规定：服务工有责任以各种方式协助操作工，如领取原料和工具，随叫随到，即时服务，但也没包括清扫工作；勤杂工的工作说明书中确实包含了各种形式的清扫，但是他的工作时间是从正常工人下班后开始的。

（资料来源：百度文库，https://wenku.baidu.com/view/c93429acc1c708a1284a44c8.html）

讨论：管理出了什么问题？管理出了问题会给企业带来什么后果？

第一节 企业与企业管理

一、企业

（一）企业的概念

企业是一种从事生产、流通和服务等经济活动，为社会提供产品或服务，满足社会需要并获取利润，自主经营、自负盈亏、独立核算，具有法人资格的经济组织。

按照这一定义，企业可分为工业企业和商业企业两大类。工业企业是指从事工业性生产的经济组织，它利用科学技术和机械设备，将原料加工成社会需要的产品，同时获得利润。商业企业则是指从事商业性服务的经济实体，它以营利为目的，直接或间接地向社会供应货物或服务，以满足顾客的需要。

（二）企业应具备的要素

作为一个企业，必须具备以下基本要素：①拥有一定的资源，既拥有一定数量、一定技术水平的生产设备和资金，又拥有一定技能、一定数量的生产者和经营管理者；②拥有开展一定生产规模和经营活动的场所；③从事社会商品的生产、流通或服务等经济活动；④生产经营的目的是获取利润，在经济上必须独立核算、自负盈亏，具有自我发展和自我改造的能力；⑤法律上具有法人地位，有一定的权利和义务。

任何企业都应具有这些基本要素，其中最本质的要素是企业的生产经营活动必须获取利润。

（三）企业的产生和发展

1. 企业的产生

企业是社会生产力发展到一定水平的结果，是商品生产与商品交换的产物。在资本主义社会之前，虽然也有一些具有一定规模的手工作坊，但它们并未形成社会的基本经济单位，而且生产的产品大多为奴隶主、封建皇室所享用，不发生商品交换等经济活动。到了资本主义社会，随着社会生产力的提高和商品生产的发展，社会的基本经济单位发生了根本变化，才产生了严格意义上的企业。

企业的初期形态主要是由资本所有者雇用较多工人，使用一定的生产手段，在分工协作的基础上从事商品生产和商品交换而形成的。由于企业这种组织形式能较好地应用机器设备这类当时先进的科学技术，显著地提高劳动生产率，大幅度降低产品成本，大量集中生产商品，既能获得高额利润，又能满足日益增长的社会需求，因而社会生产力有了长足的发展。企业就在这样一个漫长的演变过程中，逐渐成为社会的基本经济单位。

2. 企业的发展

企业既是生产力发展到一定历史阶段的产物，又是一个动态变化的经济单位，它随着人类社会的进步、生产力的发展、科学技术水平的提高而不断发展和进步。纵观企业的发展历史，大致经历了以下几个时期：

（1）手工业生产时期。手工业生产时期主要是指从封建社会的家庭手工业到资本主义初期的手工业时期。封建社会后期，随着生产力的发展和社会分工的深化，家庭手工业开始发展起来。在城市，家庭手工业主要是行会手工业；在农村，家庭手工业则是小工业和小地产的联合。随着生产的发展，家庭手工业又逐渐向手工业作坊过渡。这些手工业作坊虽然规模很小，生产出的产品去市场交换只是为了换取自己所需的生产资料和生活必需品，但它们初步具备了企业的某些特征。后来，随着生产规模的扩大以及商人和资本的作用，这些商人家庭作坊逐渐变成了较大规模的手工工场。此时的手工工场实际上已具备了企业的雏形。

（2）工厂生产时期。19世纪30～40年代，英国各主要工厂都采用了机器生产。随后，西方各国也相继进入工业革命时期，实现大机器生产，工场手工业逐步发展，建立了工厂制度。工厂制度的建立是工场手工业发展质的飞跃，它标志着企业的真正形成。

工厂企业与工场手工业相比较，其进步主要体现在：①工厂以蒸汽、电能等为动力，采用机器进行生产，生产效率与效益显著提高；②工厂资本雄厚，小生产者不易与之竞争；③工厂内部劳动分工深化，生产走向社会化；④随着科学技术广泛应用于生产，工厂的生产方法和生产工艺发生了变革；⑤工厂员工的分工和协作受机器的制约；⑥工厂的管理更加复杂，更加先进。

（3）企业生产时期。从工厂生产时期过渡到成熟的企业生产时期，是企业作为基本经济单位的最终确立和形成。在资本主义经济发展中，工厂制度的建立顺应了商品经济发展的潮流，促进了生产力的大发展。特别是19世纪末20世纪初，随着自由资本主义向垄断资本主义过渡，工厂的发展十分迅猛，并产生了一系列变化。这一系列变化正是工厂生产时期过渡到成熟的企业生产时期的主要特征。其表现如下：①生产规模空前扩大，产生了垄断企业组织，如托拉斯、辛迪加、康采恩等。②不断采用新技术、新设备、新工艺、新材料，不断进行技术革新，使生产技术有了迅速的发展；同时，随着员工技术水平的提高，整个企业的素质也有了明显提高。③建立了一系列科学管理制度，并产生了一系列科学管理理论，企业管理从传统经验管理阶段进入到科学管理阶段。④企业的管理权与所有权分离，企业里形成了专门的工程技术队伍和企业管理队伍。⑤企业之间的竞争日益激烈，激烈的竞争加速了企业之间的兼并，使生产进一步走向集中。⑥企业的社会责任发生改变，不仅在整个社会经济生活中的作用越来越大，还渗透到政治、军事、外交和文化等各个领域。

企业的发展历程表明，制约和推动企业发展的因素是多方面的，但根本因素是技术革命。随着世界性的新技术革命的发展，科学技术一系列的优异成果被迅速而有成效地应用到社会和经济发展的各个领域，一大批现代新兴企业正在蓬勃崛起，它们代表着现代企业的发展方向，显示出了无穷的生命力。

二、现代企业

（一）现代企业的概念

现代企业是现代市场经济社会中代表企业组织的最先进形式和未来主流发展趋势的企业组织形式。

（二）现代企业的特点

所有者与经营者相分离、拥有现代技术、实施现代化的管理和企业规模呈扩张化趋势是现代企业四个最显著的特点。

1. 所有者与经营者相分离

随着公司制成为现代企业的重要组织形式，由于公司以特有方式吸引投资者，公司资本所有权出现多元化和分散化。同时，由于公司规模的大型化和管理的复杂化，那种传统的所有权和经营权集于一身的管理体制再也不能适应生产经营的需要了，因此出现了所有权与经营权相分离的现代管理体制和管理组织。

2. 拥有现代技术

技术作为生产要素，在企业中起着越来越重要的作用。传统企业中生产要素的集合方式和现代企业中生产要素的集合方式可用如下关系式来概括：

$$传统企业生产要素 = 场地 + 劳动力 + 资本 + 技术$$

$$现代企业生产要素 = (场地 + 劳动力 + 资本) \times 技术$$

在现代企业中,场地、劳动力和资本三个生产要素都要受到技术要素的影响和制约,主要表现在:①现代技术的采用,可以开发更多的可用资源,并可寻找替代资源来解决资源紧缺的问题;②具有较高技术水平和熟练程度的劳动者,以及使用较多高新技术的机器设备,可以使劳动生产率获得极大的提高。因此,现代企业一般都拥有先进的机器设备和工艺装备,集中了大批专业技术人员和工程技术人员,实行精细的劳动分工和协作,形成了复杂的、连续的生产经营活动。

3. 实施现代化的管理

现代企业的生产社会化程度空前提高,需要更加细致的劳动分工、更加严密的计划控制,以形成严密的科学管理。现代企业必须实施现代化管理,以适应现代生产力发展的客观要求,创造最佳的经济效益。

4. 企业规模呈扩张化趋势

现代企业的成长过程,就是企业规模不断扩大、不断扩张的过程。实现规模扩张的方式主要有以下三种:①垂直型或纵向型扩张,即收购或合并在生产或销售上有业务联系的企业;②水平型或横向型扩张,即收购或合并生产同一产品的其他企业;③混合型扩张,即收购或合并在业务上无太大联系的企业。

随着企业规模的扩大,分权的事业部制的公司管理结构开始出现,并奠定了公司制的基本模式。

(三) 现代企业的类型

现代企业是多种多样的,可以根据不同的标志对企业进行如下分类:

1. 按照生产资料所有制的性质和形式分类

按照生产资料所有制的性质和形式分类,可将现代企业划分为国有企业、集体企业、私营企业、个体企业、"三资"企业及混合所有制企业等。

国有企业是指企业生产资料属于社会全体劳动人民所有,经济上相对独立的经济单位,过去又称为全民所有制企业。它是我国国民经济的主导力量。

集体企业是指生产资料归企业全体劳动者集体所有的企业。它有权独立支配企业的财产和产品,在国家的统一领导下,根据市场需要独立进行生产经营活动,自负盈亏。企业依照法律规定实行民主管理。

私营企业通常是指生产资料归经营者私有或其家庭所有,主要依靠雇用工人从事生产经营活动的企业。我国现阶段的私有企业是以公有制为主体的社会主义市场经济的重要组成部分,对国民经济起着必要的补充作用。

个体企业是指生产资料归劳动者个人或家庭所有,以个人或家庭劳动为主的生产经营单位。目前,我国个体企业的形式主要包括城乡个体工商户、农村专业户、农业承包者等。

"三资"企业是指外商独资企业、中外合资经营企业和中外合作经营企业。"三资"企业是依据平等互利、共同投资、共同经营、共享红利、共担风险的原则,由外商独立投资或外商与国内企业共同投资在我国境内兴办的企业。

混合所有制企业是指企业投资来源于不同资产性质的股东或投资方的企业。

2. 按照企业所属的经济部门分类

按照企业所属的经济部门分类,可将现代企业划分为工业企业、农业企业、建筑安装企业、交通运输企业、商品流通企业、金融企业及服务企业等。

3. 按照企业的经营规模分类

按照企业的经营规模分类，可将现代企业划分为大型企业、中型企业和小型企业。企业的生产经营规模主要体现在企业的生产经营能力、设备的数量、固定资产原值和员工人数等几个方面。对此，国家公布了具体的标准。

4. 按照企业生产要素所占比重的不同分类

按照企业生产要素所占比重的不同分类，可将现代企业划分为劳动密集型企业、技术密集型企业及知识密集型企业。

劳动密集型企业是指技术装备较少，用人较多，生产过程主要靠人工劳动，产品成本中劳动者工资等报酬占有较大比重的企业。

技术密集型企业是指需要投资较多，技术装备程度较高，用人较少，生产过程主要依靠机械化、电气化设备加工，产品成本中固定成本占较大比重的企业。

知识密集型企业主要是指拥有较多中高级科技专家，综合运用国内外先进科学技术成果进行生产经营的企业。

5. 按照企业投资者结构的不同分类

按照企业投资者结构的不同分类，可将现代企业划分为独资企业、公司企业及合伙企业。

独资企业是指个人或者某一投资者全额出资经营，自己管理或委托他人管理，资产所有权与经营权完全统一的企业。

公司企业是指依据我国《公司法》的规定程序设立，由两个及以上股东共同出资组建，共同经营、风险共担、利润按出资额分配的企业。

合伙企业是指由两个及以上合伙人共同出资组建，完全由合伙人共同经营与管理、共享收益和共担风险的企业。

三、管理

（一）管理的概念

人们从管理实践中感悟到管理的意义，对其做出了许多朴实的解释。有人认为，管理就是决策。有人认为，管理是一种程序，是通过计划、组织、控制、指挥等职能实现既定目标。也有人认为，管理就是领导。还有人认为，管理就是管辖和处理。从科学的角度给管理下定义，比较系统的应该是：所谓管理，是指管理者或管理机构在一定范围内，对组织所拥有的资源进行有效的计划、组织、指挥、协调和控制，以期达到预定组织目标的活动。

这一定义包括五层含义：①管理是一个过程；②管理的核心是达到预定目标；③管理达到目标的手段是运用组织拥有的各种资源；④管理的本质是协调；⑤管理的核心是处理好人际关系。

管理活动是与人类的生产、生活密切联系而发生的。今天，无论是发达国家还是发展中国家，都在社会经济发展的实践中认识到，管理具有极其重要的作用。"管理也是生产力""向管理要效益"，这些并非时髦的口号，而是人们的共识。没有高水平的管理相配合，任何先进的科学技术都难以充分发挥作用。在一定意义上，管理比增加设备和提高技术的作用更大。

（二）管理的性质

1. 管理的自然属性和社会属性

马克思认为，任何社会的管理都具有两重属性——自然属性和社会属性。这就是说，管理是由许多人协作劳动而产生的，它是有效组织共同劳动所必需的，具有与生产力、社会化大生产相联系的自然属性；同时，管理又体现了生产资料所有者指挥劳动、监督劳动的一面，具有与生产关系、社会制度相联系的社会属性。

（1）管理的自然属性。管理作为一种独立的社会职能，它是生产力发展和社会分工的结果。只要存在着共同劳动和分工协作，就必然产生管理。马克思指出，一切规模较大的社会劳动或共同劳动都或多或少地需要指挥，以协调个人的活动。因此，管理是合理组织生产过程，使劳动对象、劳动手段和劳动力得以有效组合，形成生产力的条件。随着生产力的发展，企业规模的扩大，社会分工的细化，科学技术的广泛运用，生产活动越来越复杂，社会化程度越来越高，对管理工作的要求也就越来越严格。没有专门的人从事管理的职能活动，就会使物不能尽其用，人不能尽其才，生产力发挥不出最大效力。因此，管理具有与生产力、社会化大生产相联系的自然属性。

（2）管理的社会属性。企业的生产经营活动是在一定的社会环境中进行的，必然受到所处社会的生产关系、社会制度、社会文化及各种社会关系的影响和制约。管理必须服从生产资料所有者的利益和意志，始终是生产资料所有者实现某种目的的一种手段，这就是管理的社会属性。它是由生产关系和社会制度决定的，在不同生产关系的企业存在着根本的区别。社会主义企业管理的目的是完善社会主义生产关系，发展社会生产力，提高经济效益，满足人民日益增长的物质和文化生活的需要。从管理的社会属性分析，社会主义企业管理和资本主义企业管理具有本质的区别。

（3）管理两重性原理的指导意义。马克思关于管理两重性的理论，是指导人们认识和掌握管理的特点和规律、实现管理目标的有力武器。只有认识和掌握管理两重性的原理，才能分清资本主义管理与社会主义管理的共性与个性，正确地处理批判与继承、学习与独创、吸收外国管理经验与结合中国实际之间的关系，实事求是地研究和吸收国外管理实践中有益的东西，做到兼收并蓄、洋为中用。认识和掌握管理两重性的原理，可以指导人们探索管理活动的规律，正确组织管理活动，既要科学合理地组织生产力，发展现代化大生产，提高我国现阶段的经济发展水平，又要重视社会主义生产的目的和民主管理的性质，尊重劳动者的意志，维护劳动者的切身利益，维护社会主义的生产关系，促进社会主义生产力的发展。

2. 管理的科学性与艺术性

（1）管理的科学性。科学是指系统化的知识。人们经过一百多年来的努力实践和总结，将管理的概念、原理、原则和方法逐渐系统化，形成了一个比较完整的理论体系。这个理论体系提供的系统化理论、定量分析方法，有效地指导着管理人员的实践活动，解决了管理实践中的大量问题，大大解放了生产力，促进了社会经济的高速发展。尽管与自然科学相比，它还不够精确，但管理已成为一门科学是毋庸置疑的。

（2）管理的艺术性。管理是一种艺术，一方面强调管理的实践性，另一方面强调管理是一种创造性的劳动。没有实践则无所谓艺术，像其他技艺一样，管理工作必须将系统化的知识根据实际情况加以运用，才能达到预期效果。所谓管理工作的艺术性，就是指达到预期效果的"诀窍"。管理是一项技巧性、灵活性、创造性很强的工作。管理工作就是要运用管理知识，发挥创造性，针对现实情况，谋划出一种有用的方法，高效地实现组织目标。

实践证明，管理既是一门科学，又是一种艺术，有效的管理是能够将两者有机结合起来的。没有掌握管理理论的人进行管理活动时，必然靠经验、凭直觉、碰运气，这样是难以取得有效成果的。

四、企业管理

(一) 企业管理的概念

企业管理是指企业的领导者和全体员工，为了充分利用各种资源，保证整个生产经营活动的统一协调，实现企业管理的任务，达到提高经济效益的目的而进行的决策、计划、组织、控制、激励和领导等一系列综合性活动。

由此可知：①企业管理作为一个过程，是通过决策、计划、组织、领导和控制等职能来实现的；②企业管理的对象是企业中的各种资源，包括人力、物力、财力、时间、信息等，包括供应、生产和销售等各个环节，企业管理的过程就是有效获得、充分利用这些资源的过程；③企业管理的目的在于达到企业的经营目标；④企业管理是在一定的社会和自然环境下进行的。

企业管理的任务就是：根据市场需要为社会生产产品、提供服务，满足人民的物质文化生活要求，在为国家积累资金、为企业员工谋求经济利益、为企业自身发展创造条件的同时，还应为环境保护、社会公益事业发展及社会精神文明建设做出相应的贡献。

(二) 企业管理的职能

企业管理的职能是指企业管理工作在生产经营管理活动中所具有的职责和功能。管理学家因分析问题的方法、角度和习惯不同，将企业管理职能划分为3～7种，不尽相同。本书概括为五种具体职能。

1. 决策职能

管理学中的决策，是指管理者为了达到一定目标，在掌握必要的信息并对其进行科学分析的基础上，拟订不同的行动方案，并从两个以上的方案中选定一个合理方案的过程。决策是企业管理的首要职能和中心环节，决策的正确与否直接关系到企业管理的其他职能是否有效，直接关系到企业的前途和命运。因此，有的管理学家甚至说，管理就是决策。

决策是针对未来的行动制定的，任何决策都是在预测的基础上进行的，而未来的行动往往受到环境的影响，预测的准确性也受各种因素的制约，因此决策总会具有一定的风险。为了提高决策的正确性，必须以概率统计为基础，依据一定的数理统计方法进行科学的计算，最大限度地保证决策者所追求的价值前提和经营目标。

2. 计划职能

计划实际上是决策的具体化，即将决策内容变成量的指标以便实施，将企业整体目标和各部门目标变成可以实现的行动方案。人们通俗地将计划职能的任务和内容概括为"5W1H"，即What（做什么）、Why（为什么做）、When（何时做）、Where（何地做）、Who（谁去做）、How（怎么做）。

计划是指导企业管理者从事各项生产经营活动的具体行动指南和标准。任何企业都必须制订准确完善的计划，并据此建立起正常的生产秩序和工作秩序。

3. 组织职能

组织作为管理的一项基本职能，它的含义是静态的人集合组成的机构和动态的组织活动过程的统一。它是指为了实现企业经营目标而将企业生产经营活动中的各个要素、各个环节、各个部门，从劳动分工和协作上，从纵横交错的相互联系上，从时间和空间的链接上，按照一定的原则和方式形成一个有机的整体。

组织是实现企业计划、达到企业目标的保证。组织职能的具体内容包括设计组织结构，建立适当的管理层次和管理幅度，健全各项规章制度，确立各部门的职责范围和相互关系，确定各部门之间信息沟通和相互协调的原则和方法，以及人员调配、组织任用、人员考核、奖惩制度等。其目的在于充分调动人的积极性，使组织系统最有效地发挥作用。

4. 领导职能

领导是指管理者运用权力施加影响，指导各级、各类人员努力达到企业目标的过程。领导职能包括指挥和协调两项职能。

（1）指挥职能。指挥是指企业领导者、管理者根据企业决策、企业目标和要求，对其下属部门和人员发布命令、进行指导和沟通、给予激励，以使企业组织正常高效运作的过程。企业管理的指挥能促使企业员工有效行动和发挥积极性。

要实现科学、有效的指挥，必须建立统一、高效、强有力的指挥系统，并对企业的生产经营活动实行统一领导、统一指挥和调度，及时解决生产经营过程中出现的各种问题。在执行统一指挥的过程中，必须坚持下级只接受一个上级的领导，不搞多头指挥；坚持一级领导一级，不搞越级指挥。这样，既可以使指挥建立在发扬民主权利的基础上，又有利于维护指挥的权威，从而保证充分发挥指挥的作用。

（2）协调职能。协调是指企业管理者为保证企业生产经营的正常进行而对各部门、各单位、各环节之间出现的各种不平衡、不和谐的现象进行调节、帮助的过程。管理者通过发现和解决生产经营活动中的各种矛盾、纠纷和问题，协调生产经营活动中生产力各要素之间的关系，有效地保证企业目标的实现。

领导工作是管理活动中最富有科学性、艺术性的工作。领导者必须提高自身素质，加强思想作风和工作作风的修养，掌握领导艺术，了解企业中个体和群体的行为规律和沟通方式，运用适宜的激励方法去调动人的积极性，以实现有效的领导。

5. 控制职能

控制是一个信息反馈过程。控制职能是指不断接受企业内部和外部的有关信息，按照既定的目标和标准对企业的生产经营活动进行监督、检查，一旦发现偏差，立即采取措施纠正，使工作按预定计划进行；或适当调整计划与工作行为，以达到企业预期的经营目标。

任何企业、任何经营活动都需要控制。控制工作一方面保障执行和完成企业计划，另一方面还会促使产生更加完善的新计划、新目标和新控制标准。控制工作穿插于生产经营活动之中，存在于企业管理活动的全过程。

实施控制有两个前提，即必须有控制标准，必须有控制机构。它包括三个步骤，即拟定标准、衡量成效和纠正偏差。决策和计划是制定控制标准的依据，企业组织机构的规章制度及明确的责、权、利相结合的经济责任制，是实施控制的保证。

企业管理的五种职能是相互联系、相互制约、相互依赖、缺一不可的有机整体。通过决策，企业才有明确的经营目标和方向；通过计划，企业才有具体的行动指南，才能贯彻实施企业的决策；通过组织，才能使企业形成一个有机整体，建立完成任务、实现目标的手段和企业正常的生产秩序；通过领导，才能将企业员工的个人工作与所要达到的企业目标协调一致；通过控制，才能检查计划的实施情况，保证企业目标的实现。

（三）企业管理的基础工作

企业管理的基础工作是指为实现企业经营目标和有效执行各项管理职能而提供资料依据、共同准则、基本手段和前提条件等工作的总和。它是企业开展经营活动不可缺少的经常性工作。

各企业所处的行业和环境不同，生产力发展程度和管理水平不同，基础工作的内容与要求也不尽相同。目前我国普遍开展的企业管理基础工作大致包括如下六项内容：

1. 信息工作

信息是指管理工作所需资料的总和，一般包括原始记录，各类技术经济指标资料、数据和科技情报，市场信息，国家政策法令等。信息是企业经营决策的依据，是生产过程中进行控制和调节的工具，是沟通生产者与消费者的桥梁。信息工作系统是企业开展经营活动的神经系统。

2. 标准化工作

标准化工作是指技术标准和管理标准的制定、执行和管理等工作。技术标准是针对生产对象、生产条件、生产方法等所做的必须共同遵守的规定，主要包括基础标准、产品标准、零部件标准、原材料标准、工艺及工艺装备标准、安全环保标准、设备使用维修标准等。管理标准是指对企业各种岗位、各项管理业务的工作责任、工作程序、工作方法等所制定的必须共同遵守的行为准则，包括基础标准、工作质量标准、业务及工作程序标准、生产组织标准等。

3. 定额工作

定额工作主要是指在一定生产和技术条件下，为合理利用企业资源，对各类消耗标准、占用标准等技术经济指标予以制定、执行和管理的工作。它是编制计划的依据之一，是科学组织生产的重要环节。企业的定额门类繁多，主要有劳动定额、生产期量定额、物资供应定额、设备利用定额、资金占用定额和费用开支定额等。

4. 计量工作

计量是指为了实现标准化测量，通过技术和法制相结合的手段，保证量值准确一致。计量工作就是运用科学的方法和手段，对产品的量和质的数值加以控制和管理。它主要包括检定、测试和化验分析等。计量工作关系到产品质量、安全生产、能源消耗、经济核算和环境保护等诸多方面。

5. 规章制度

规章制度是指用文字形式对企业生产、技术、经营和人事等各项活动所制定的各种规则、条例、程序和办法等的总称。它是企业全体员工必须共同遵守的行为准则，具有一定的强制性。企业的规章制度内容繁多，且各有不同，主要包括岗位责任制度、技术管理制度、人事管理制度、劳动制度、分配制度、奖惩制度、财务制度、物资管理制度等。企业必须根据本单位的实际情况，建立纵横交错、互相协调的责任体系和规章制度，做到责权利明确，制度简洁清晰，便于贯彻执行。

6. 员工教育

员工教育是指企业为了提高员工的素质，对每个员工从事本职业、本岗位工作所必需的道德品质、科学文化和专业技术等所进行的培训教育。人是企业发展的关键。只有加强员工的基础教育，不断提高全体员工的素质，才能更好地发挥企业员工的积极性和创造性，才能保证企业目标的圆满实现，企业才能在激烈的竞争中立于不败之地。

做好企业管理的基础工作，是确保企业维持正常生产秩序、促使企业在较短时间内迅速进入科学管理、现代化管理的轨道、有效提高企业管理水平和企业效益的捷径。

第二节　企业管理理论及其发展

自从有了人类社会，人们的社会实践活动就表现为集体的协作劳动形式，而有集体协作劳动的地方就有管理活动。在长久而重复的管理活动中，管理思想逐步形成。随着社会生产力的发展，人们把各种管理思想加以归纳总结，从而形成了管理理论。管理理论的形成实际上经历了由管理实践到管理思想直至管理理论的漫长过程。

一、企业管理的基本理论及其发展

管理作为一种有组织的活动，产生于原始社会。直到资本主义工业革命时期，在生产力获得极大发展之后，管理学才作为一门科学得以形成和发展。尤其是近百年来，随着科学技术的飞速发展，市场经济的异常活跃，管理学也相应得到了长足的发展。实践表明，管理理论与生产力的发展紧密相连，西方企业管理理论的飞速发展和成长也雄辩地证实了这一点。古典管理理论、行为科学理论和现代管理理论主要产生于西方一些国家，因而这里以西方管理理论的发展过程来反映企业管理理论的发展过程。

（一）古典管理理论阶段

1. 早期管理理论

这种理论产生于18世纪下半叶，即资本主义发展较早的时期。其主要代表人物之一是亚当·斯密（Adam Smith），他提出了劳动分工学说，分析了由于工业的分工而获得的经济收益。他认为技术的进步、时间的节约以及新机器和工具的采用对于劳动生产率的提高和资本的增值都有巨大的作用。另一个代表人物是大卫·李嘉图（David Ricardo），他继承了亚当·斯密的学说，以劳动创造价值为基础，来研究资本、工资、利润和地租，认为工人劳动创造的价值是工资、利润和地租的源泉。马克思曾对此给予了很高的评价。

2. 传统管理理论

这是根据企业多年管理实践的经验积累而形成的一套管理理论和方法。这一理论的代表人物主要是英国数学家巴贝奇（C. Babbage）。他发展了亚当·斯密的劳动分工学说，指出：劳动分工可以提高经济效益；可以缩短学会操作的时间；可以节约变换工序所费的时间和原料；同时，由于操作的重复而产生的熟练技巧，可以促进专用工具和设备的发展。

3. 科学管理理论

随着科学技术的发展和机器大生产的社会化程度不断提高，管理理论也随之发展到了一个新阶段，其显著特点是以科学技术作为建立管理理论的主要依据。这一阶段有影响的代表人物是美国的泰勒（F. W. Taylor）、法国的法约尔（H. Fayol）、德国的韦伯（M. Weber），以及后来美国的古利克（L. H. Gulick）和英国的厄威克（F. Urwick）。

以泰勒为首倡导的科学管理提出了工作定额原理和标准化原理，提倡推行有差别的、刺激性的计件工资制，目的在于解决如何提高企业的劳动生产率这一问题。

法约尔十分注重对管理的研究，指出管理不同于经营，他认为经营的六种职能活动是技术活动、商业活动、财务活动、安全活动、会计活动和管理活动。对于管理活动，他强调了五种职能，即计划、组织、指挥、协调和控制。在论述管理活动这五种职能的基础上，法约尔提出了"管理十四项原则"。

韦伯则认为，为了实现组织目标，必须用责权合一的等级原则把各类成员组织起来，形成一个指挥体系，组织中人员之间的关系则完全以理性准则为指导。他着重指出，这种理想的行政组织体系能够提高工作效率，在精确性、稳定性和可靠性方面都优于其他组织体系。

泰勒、法约尔、韦伯等人所倡导的管理理论是科学管理的创世之说，他们的理论被后来的厄威克和古利克系统地加以阐述和整理。厄威克由此得出了他认为适用于一切组织的"八项原则"，而古利克则将各家有关管理职能的理论加以系统化，从而提出了有名的"管理七职能论"。

（二）行为科学理论阶段

20世纪20年代出现的"人际关系—行为科学"理论，标志着西方管理理论进入了第二个发展阶段。

1. 人际关系理论

20世纪20年代后期，美国的梅奥（G. E. Mayo）和罗特利斯伯格（F. J. Roethlisberger）在霍桑实验结果的基础上，指出员工是"社会人"，他们还受到社会和心理的影响；企业的生产效率主要取决于员工的积极性，取决于员工的家庭和社会生活以及企业中人与人的关系。梅奥和罗特利斯伯格以他们的《工业文明的人类问题》等多部论著创立了行为科学的基础理论，并推动了行为科学理论的发展。

2. 行为科学理论

20世纪40年代，行为科学理论获得了较大的发展。"行为科学"学派强调人的行为，认为从人的行为本质中激发动力，才能提高劳动效率。行为科学理论集中反映在以下四个方面：

（1）人类需要理论。它侧重研究人的需要、动机和激励问题。美国的马斯洛（A. H. Maslow）从社会学和心理学的角度，将人的需要按其重要性和发生的先后次序，排成生理、安全、社交、尊重和自我实现的需要五个层次。马斯洛认为，只有尽可能在客观条件许可的情况下，使不同人不同层次的需要得到相对的满足，才能解决现实社会的矛盾和冲突，提高生产率。美国的赫茨伯格（F. Herzberg）又进而对满足员工需要的效果提出了"激励因素—保健因素"（双因素）理论。他认为，仅仅满足员工的需要不足以排除消极因素，还应当注重"激励因素"对人的作用，这样才能使满足人的各层次需要的工作收到提高生产率的实效。至于如何提高这种"激励因素"的激励力，弗鲁姆（V. H. Vroom）又提出了"期望理论"。他认为，"激励因素"的大小取决于某一行动成果的绩效对员工的价值以及员工认为该行动成功的可能性。这就使人的需要动机和激励问题的研究在理论上更加完整和系统化了。

（2）人性管理理论。它侧重于研究同企业管理有关的所谓的"人性"问题。美国的工业心理学家麦格雷戈（D. M. McGregor）于1960年在《企业中的人性方面》一书中提出了两种对立的管理理论，批驳了以管束和强制为主的传统管理观点——X理论；倡导出现问题时要多从管理本身去找妨碍劳动者发挥积极性的因素——Y理论。20世纪50年代，阿吉里斯（C. Argyris）提出所谓"不成熟—成熟交替循环模式"，认为在人的个性发展方面，有一个从不成熟到成熟的连续发展过程。他指出，"如果一个组织不为人们提供使他们成熟起来的机会，那么人们就会变得忧虑、沮丧，甚至还会按违背组织目标的方式行事"，而解决问题的办法是：建立以员工为中心的、员工参与式的领导方式，扩大员工的工作范围，加重员工的责任，依靠员工的自我控制和自觉行动。

（3）群体行为理论。它侧重研究企业中非正式组织以及人与人之间的关系问题。"群体动力学"理论的创立者勒温（K. Lewin）详尽地论述了作为非正式组织的群体的要素、目标、内聚力、规范、结构、领导方式和行为分类等。而另一个对群体行为理论颇有影响的人是美国的布雷德福（L. P. Bradford），他主要通过对企业中人与人之间关系的研究，指出必须更加明确组织成员在团体组织中的地位和责任，使之与组织的目标一致，从而提高工作效率。

（4）领导方法理论。它侧重于研究企业中领导方式的问题。美国的坦南鲍姆（R. Tannenbaum）和施米特（W. H. Schmidt）表述的"领导连续流（领导方式连续统一体）理论"，强调在从以领导为中心到以员工为中心的方式中，存在多种连续性、统一性的领导方式，企业应当根据自身的人和物的状况及当前和未来的利益具体选择最有效的领导方式。美国的利克特（R. Likert）建立的"支持关系理论"则认为，领导方式应当偏重以员工为中心的民主式。布莱克（R. Blake）和穆顿（J. S. Mouton）则用一个巧妙的"管理方格图"，表示了主管人员对生产的关心程度和对员工的关心程度，指出企业领导不应采用极端的领导方式，必须把工作任务和对职工的关心体贴结合起来，采用综合的领导方式。

（三）现代管理理论阶段

随着现代科学技术的飞速发展，社会生产力的急速提高，生产的社会化程度日益加强，管理理论的发展也随之日益活跃。继行为科学的形成和发展之后，又出现了一系列管理理论学派，德国管理学家孔茨（H. Koontz）将管理理论的各个流派称为"管理理论丛林"。

（1）社会系统学派（又称为社会合作学派）。其代表人物是美国的巴纳德（C. I. Barnard）。该学派认为，人的相处关系就是一个社会系统，它是人们在意见、力量、愿望以及思想等方面的一种合作关系。

（2）决策理论学派。其代表人物是美国的西蒙（H. A. Simon）。该学派认为，决策贯穿于管理的全过程，强调决策和决策者在系统中的重要作用。

（3）系统管理学派。该学派侧重于从系统的观点来考察和管理企业，以提高生产效率。

（4）经验主义学派。其代表人物是美国的德鲁克（P. F. Drucker）和戴尔（E. Dale）等。该学派强调，要注重当今的企业管理现状和实际需要，主张注重大企业的管理经验。

（5）权变理论学派。其代表人物是美国的卢桑斯（F. Luthans）。该学派认为，管理要根据企业所处的内外条件随机应变。

（6）管理科学学派。这个学派的创立者为伯法（E. S. Buffa）等人。该学派主张，管理要运用数学手段。

除上述管理理论流派之外，还有组织行为学派、社会技术系统学派、经理角色学派及经营管理理论学派等。

二、现代企业管理原理

原理是指在一定时期内为人们所相信的基本真理。管理原理是以丰富的管理实践为基础，以科学的管理理论为指导，运用辩证唯物主义和历史唯物主义的观点与方法，对管理活动的基本规律所做的科学的抽象和概括。它反映了管理系统和管理过程的客观要求，是人们进行管理活动必须遵守的行动准则，是企业实现有效管理的基础。现代企业管理通常遵循如下原理：

1. 系统性原理

系统是指由若干彼此有关的、互相依存的事物所组成的复杂的具有特定功能的有机整体。现代企业本身就是一个高度复杂、开放的系统，它具有集合性（它是许多子系统的集合）、相关性（系统中各要素之间、各子系统之间存在着某种必然的联系）、层次性（它有一定的层次结构）、目的性（每个系统必须有一个，也只能有一个明确的目标）、整体性（系统的各要素、各子系统必须以整体为主进行协调，必须以全局为重）、环境适应性（系统总是处在不断运动和变化之中，它时刻和外部环境发生交互联系，系统必须适应外部环境，并与之保持动态平衡）等系统特征。系统原理就是运用系统论的观点和方法，对管理问题进行系统的分析与处理，以达到最优化的目标。

2. 规律性原理

生产力、生产关系和上层建筑的发展运动都遵循着一定的客观规律，企业管理必须运用辩证唯物主义的观点和方法认识并掌握这些规律，才能实现企业的管理目标。

根据生产力的发展规律，企业必须按照专业化、协作化组织社会化大生产，必须依据生产特点和生产类型采用不同的组织形式来组织生产过程；按照生产关系的运动规律，企业必须使生产关系适应生产力的发展，必须符合社会主义的基本经济规律；根据上层建筑的发展规律，企业必须使企业管理的方针、政策、原则、方法符合国民经济和社会生产力发展的要求，做到政治与生产统一，精神文明与物质文明统一。

3. 控制性原理

现代管理的控制活动，就是通过不断接受和交换内外部信息，依照一定的标准监督检查计划的执行情况，一旦发现偏差，立即采取有效措施，及时调整生产经营活动，以保证达到预期目标的过程。企业的管理系统实质上就是一个反馈控制系统，在管理系统中，控制和反馈是相互作用、互为前提、同时并存的。控制的基础是信息，信息传递是为了控制，而任何控制都是依靠信息反馈来实现的。从这个意义上讲，控制性原理又称为控制反馈原理。有效的管理就是对变化的情况迅速、准确、灵活地做出判断，然后决策、执行、反馈修正、再决策、再执行、再反馈，不断循环，使管理适应外部环境的变化，实现有效控制，达到最好的效果。

4. 相对封闭原理

相对封闭原理是指企业系统及其管理系统的各种要素、各种管理机构、管理制度和手段之间必须形成相互补充、相互制约的关系，即形成一个严密的连续封闭的回路，以防出现漏洞；一旦出现漏洞，要能够马上补救。构成管理系统封闭回路的有决策机构、执行机构、监督机构、运作机构和反馈机构等。所有的管理机构、管理方法和管理制度都必须形成封闭回路，才能使管理有效、持久。由于企业总是处于动态的系统之中，常常会受到外来干扰，因此封闭只能是相对的。在封闭管理的过程中，必须通过不断反馈和不断改进使系统更加完善。

5. 弹性原理

有效的管理必须在坚持原则的基础上，保持充分的灵活性和很强的应变能力，及时适应客观事物随时可能发生的变化，使企业系统在不停顿的运动中保持相对稳定，达到管理的动态平衡，这就是企业管理的弹性原理。管理弹性按其范围分为局部弹性和整体弹性两类。局部弹性就是任何一类管理都必须在一系列管理环节中保持可以调节的弹性，特别是在关键环节上留有足够的余地；整体弹性是指整个管理系统的可塑性或适应能力，即整个企业的生产经营活动对环境变化的适应能力。运用弹性原理就是要求我们在制定规划、进行决策时要留有充分的回旋余地，以适应客观情况。当然应用弹性原理时也应注意克服"消极弹性"，不要"凡事留一手"，以免影响员工充分发挥生产积极性。

6. 整分合原理

现代高效率的企业管理必须在整体规则下明确分工，在分工的基础上有效综合，这就是管理的整分合原理。企业系统是由相互区别的若干要素组成的有机体，因而是可以分解的；同时，系统诸要素也是相互联系的，因而又是可以综合的。为了提高管理效率，必须根据管理对象整体的内在联系进行明确的科学分工，使每一项工作都规范化，建立岗位责任制，然后再采取适当的方法将之进行有效的组织综合。整体把握、科学分工、组织综合，这就是整分合原理的主要含义。

7. 动力原理

管理作为一种运转形式，必须依靠强大的动力才能持续有效地进行下去。人是企业系统中最基本的组成要素，人的积极性是企业实现目标最重要的因素，企业必须采用科学的方法激发人的内在潜力，调动人的主观能动性和创造性。这就是企业管理的动力原理。

企业管理中有三种基本的动力，即物质动力、精神动力和信息动力。物质动力是指因物质刺激而诱发的积极行为，是促进社会生产力不断发展的根本动力。精神动力是指人们因精神需要得到满足而产生的积极行为，是促进人们追求理想、信念和目标的力量源泉。信息动力是指一个人掌握的信息和知识越多，就越会感到自己的不足，前进的方向就越明确，工作的动力就越大。

企业管理者必须善于运用动力原理，遵循行为科学所揭示的规律，研究人的需要、动机和行为三者之间的关系，了解和研究员工的需要，采取各种手段，激励员工的工作动机，引导员工的行为，使之与企业的目标一致。

8. 效益最优化原理

企业是独立核算的商品生产和经营单位，其根本目标是发展商品生产、创造财富、增加积累。企业管理的根本任务在于创造最优的经济效益和社会效益，为社会提供有价值的产品，这就是管理的效益最优化原理。

应用效益最优化原理必须坚持：①价值分析原则，即要将大价值、高效能、低成本作为管理工作的目标落实到每件事、每个人；②可行性研究原则，即对每件事、每个项目、每个方案获得成功的可能性进行认真研究，避免或减少失误；③整体优化原则，即企业效益的优化是整体效益的最优化，企业管理必须使各专业、各职能部门协调平衡，保证企业总目标的实现，使企业为社会做出更大的贡献。

9. 要素有用原理

在管理系统中，所有要素都具有一定的作用。各要素不仅有共性，还有个性，不同要素对管理系统所起的作用也各不相同。管理的任务和目的，就是通过对各要素合理、科学的组合和使用，充分发挥它们的积极作用，使管理系统的整体作用最大，做到人尽其才、财尽其利、物尽其用。

三、企业管理现代化

（一）企业管理现代化的意义

企业管理现代化，就是企业为适应现代化生产力发展的客观要求，按照社会主义的经济规律，积极应用现代科学思想和现代管理理论，对企业的生产经营进行有效管理，使之达到或接近国际先进水平，创造最佳效益的过程。企业管理现代化的意义有以下几个方面：

1. 企业管理现代化是现代化生产技术的要求

现代科学技术的飞速发展推动了企业生产技术的快速进步，先进的生产技术必须要有先进的管理水平与之相适应。先进的科学技术和先进的经营管理理念是推动现代经济高速发展的两个车轮，二者缺一不可。

2. 企业管理现代化是经济体制改革的一项重要内容

经济体制改革是推进企业管理现代化的重要力量；反过来，企业管理现代化又是经济体制改革的一项重要内容，是巩固改革成果的保证。改革和管理现代化的目的都是增强企业活力，促进生产力的发展，两者紧密相关、相互促进。

3. 企业管理现代化是提高企业经济效益的有效途径

目前，我国企业的设备条件、技术力量、人员素质并不差，但企业的经济效益水平却不高，这主要是由管理水平低下所致。没有先进的企业管理理念，便无法推广先进的科学技术，无法让先进设备发挥应有的作用，无法挖掘优秀科技人才的潜力。因此，推进企业管理现代化是提高企业经济效益的最有效途径。

（二）国际企业管理的发展趋势

第二次世界大战以后，高新技术蓬勃兴起，极大地解放了生产力，它对人们的价值观、人生观乃至生活的各个方面都产生了巨大的影响，企业管理也正在经历着深刻的变化。

1. 国际企业发展的总趋势

（1）企业集团化。各国虽然社会制度不同，经济条件不同，但都力求通过国内外各企业间广泛的技术和资金合作，进行多元化经营，形成集团企业，以提高企业的竞争能力。

（2）分散化与专业化。在新技术革命的影响下，社会分工日趋细化，专业化生产日益深化，从初期的部类专业化到种类专业化，再发展到产品专业化，现在又进一步发展到了零件专业化。分散化与专业化使得微型企业得到了迅速发展。

（3）产品与经营多元化。多元化经营是指企业经营的产品品种、规格或服务项目多元化。实行多元化经营是为了使企业适应社会需求多样化，在竞争中取得主动而有利的地位。

（4）国际化。当前，企业为了求发展，都在积极将产品推向国际市场。它们选择在不同国家和地区投资办厂，使产品在多国共同生产和销售，从而组成跨国公司。

2. 企业内部管理的发展趋势

（1）由重视物的管理走向重视人的管理。现代企业管理越来越强调人的因素，强调创造良好的人文环境，充分发挥人的主观能动性和积极性，管理者要依靠每个人、尊重每个人、承认每个人。

(2) 从生产导向变为市场导向的经营战略。以前，由于人民的生活水平还不高，企业生产的产品只要质量好、成本低，就不愁没有销路。现在，由于科学技术和生产力的迅猛发展，人民生活水平的大幅度提高，需求的多样化和企业间的竞争日趋激烈，市场对企业经营战略的影响已越来越显著，企业的生产经营活动必须适应市场的需要和变化，因此出现了经营战略从生产导向变为市场导向的局面。

(3) 由集权走向分权再走向集权。管理权利由集权走向分权，主要表现在集中经营、分散管理，或通过目标管理、事业部制、经济责任制使下级获得相应的权利，这在企业管理上表现了一定程度的进步，在世界范围内得到了推广。但由于现代企业广泛使用计算机进行管理，高层可以直接获取各种有关的信息，组织的重要决策权再度集中到高层管理者手中，只是这种集权是有广泛基层参与的集权。

(4) 由个人领导走向集体领导。经历了家长制行政领导之后，现代企业正在走向企业家的个人作用和企业家的集体智慧实行最佳结合的集体领导体制，这就使得企业决策更加民主化和科学化，更加符合客观实际。

(5) 由重视分工转向重视合作。传统的管理非常重视分工，分工带来了专业化，带来了生产效率。现代管理强调在适当分工的基础上，为了达到组织目标进行主动的合作和工作丰富化、工作扩大化，由专业管理走向综合管理，强调个人一专多能、一人多责、互相参与，共同完成组织目标。

(6) 从单纯追求利润走向追求利润与企业文化的统一。现代企业管理使企业由单纯地、片面地追求利润走向对内用企业文化统一员工的思想和观念，形成企业的内聚力，对外树立良好的企业形象，创建一流的产品、服务和信誉，形成经济效益与企业文化相统一的综合经营目标体系。

3. 管理方法的最新发展

(1) 高情感管理。20 世纪 80 年代以来，为了应对激烈的市场竞争，西方企业推行了超负荷工作制，尤其是在高新技术领域，员工长期处于超负荷工作状态，身心压力倍增，身体健康水平下降，甚至发生心理扭曲。为了不因此给员工本人和其家庭造成痛苦，不给企业带来损失，许多企业在管理上都采取了"高情感"管理模式，提倡关心人、爱护人、安抚人、培养人、提高人，注重感情投资，为员工创造一个和谐、温馨的环境。把"高情感"注入企业管理中，以此保护员工的积极性，激励员工的斗志，提高企业的凝聚力，收到了良好的管理效果。

(2) 危机管理。企业在实现其经营目标的过程中，难免会遇到各种意料不到的困难甚至危及企业生存的挫折。为了适应各种危机情境，必须以此为模拟目标，进行规划决策、运作调整和化解处理等活动，以消除和降低危机带来的威胁。

(3) FMS 管理。自 20 世纪 60 年代以来，国际市场竞争越来越激烈，顾客需求趋于多样化和个性化，企业的竞争优势不仅取决于产品的质量和价格等因素，在很大程度上还取决于企业本身是否具有多品种、小批量的生产能力，是否具有快速的市场反应能力，即是否具有足够的生产柔性。于是，柔性制造系统（FMS）也就应运而生了，它已成为现代企业未来的生产模式和发展方向。

(4) ERP 技术。ERP 即企业资源计划，是将顾客需求与企业内部的制造活动以及供应商的制造资源整合在一起，并对供应链上所有环节进行有效管理的管理信息系统。ERP 技术体现了企业管理多年来的理论和经验，它是由20世纪40年代的"订货点法"、60年代的物料需求计划（MRP）、70年代的闭环MRP以及80年代的制造资源计划（MRPⅡ）发展而来的。ERP的核心管理思想是：充分调配和平衡企业各方面的资源，使企业在激烈的市场竞争中能充分发挥自身的潜力，从而取得最好的经济效益。

（三）企业管理现代化的内容

1. 管理思想现代化

管理思想现代化是管理现代化的灵魂。管理思想现代化就是要注重在思想观念上进行变革，以适应现代化大生产、现代化技术和现代经济发展的要求。现代化管理思想主要包括：民主管理的思想、公开竞争的思想、重视人才的思想、激励创新的思想、系统管理的思想和效益最优化的思想等。

2. 管理组织现代化

现代企业管理应遵循生产关系适应生产力发展的原理，建立和健全企业的组织机构。现代企业的组织机构应具有一定的弹性和适应性，结构应体现多样化和综合化，要有利于统一指挥，有利于信息沟通，有利于充分发挥员工的积极性和创造性，按照高效率、满负荷的原则合理配备人员，保证生产经营的良好秩序。

3. 管理方法现代化

管理方法现代化是指在管理方法上运用科学研究的成果对管理中的问题进行科学分析，在总结继承传统的行之有效的管理经验的基础上，积极应用并推广先进的管理方法，如目标管理、市场预测和决策技术、价值工程、线性规划、网络计划技术、全面计划管理、全面质量管理等，以不断提高企业管理的现代化水平。

4. 管理手段现代化

管理手段现代化是指人们用以对管理对象施加作用的管理工具和管理措施要现代化。从"硬手段"方面来看，现代管理手段包括应用计算机建立企业管理信息系统，应用计算机建立国内外信息网络系统，应用计算机、电子设备和仪表对生产过程、供应和销售、人事、财务等进行科学管理；从"软手段"方面来看，现代管理手段体现为应用价值观念、企业文化、战略管理等对员工实行管理和激励。由此可见，现代化管理手段是"软硬兼施"的手段。

5. 管理人才现代化

企业管理现代化的核心是实现管理人才现代化。企业只有培养大批具有现代化文化知识、经济技术知识，并具有开拓创新精神和高尚道德情操，视野开阔、头脑敏捷，善于吸取国内外先进科学技术成果的经营管理人才，才能实现企业管理现代化。企业管理人才现代化包括管理人才的结构、知识、观念、素质、培训和开发六个方面的内容。

企业管理现代化是一个系统的、整体的概念。上述各项管理现代化的内容存在着一定的内在联系，管理思想现代化是核心，管理组织现代化是保证，管理方法现代化是基础，管理手段现代化是工具，管理人才现代化是关键。

（四）企业管理现代化的途径

探索实现我国企业管理现代化的途径，应注重如下几点：

（1）应建立具有中国特色的企业管理现代化体系。在进行企业管理现代化改革的过程中，应坚持"博采众长、融合提炼，以我为主、自成一家"的原则，在吸收和借鉴各国先进企业管理经验的同时，一定要结合我国的国情和成功经验，走自己的路。

（2）应全面规划，逐步实现。在实施企业管理现代化改革时，在其准备阶段就要统筹规划，做到有计划、分阶段地逐步实现。各企业的生产经营特点不同，主观条件和客观条件也不同，如何实现企业管理现代化，没有一个统一的模式，各企业应从实际出发，选择适合自身发展的模式，讲求实效，不搞形式主义。

（3）实现企业管理现代化要与经济体制改革结合进行。经济体制改革是实现企业管理现代化的条件，实现企业管理现代化是经济体制改革的必然结果。企业只有通过转换经营机制，建立现代企业制度，调整和完善生产关系，才能适应市场经济的要求。企业管理现代化必须着眼于解放生产力和推动经济的快速发展。

（4）加速企业管理的基础工作。企业管理的基础工作包括两个方面：①要保证数据信息资料的完整、准确、及时和有效；②要采取多层次、多渠道、多形式的学习方式，努力提高企业管理干部队伍的素质，这是保证企业实现管理现代化的前提。

第三节　企业管理体制

一、企业组织

（一）企业的组织形式

企业的组织形式是指企业具体采用的管理组织结构。企业管理的组织结构主要是由生产力发展水平和科学技术的进步程度所决定的，它反映了一个企业的生产经营模式和与社会发生联系的方式。企业的组织形式一般受以下因素制约：①企业的行业特点以及生产分工与协作的关系；②企业的生产规模以及人员、设备的构成；③企业生产技术的复杂程度和专业化水平；④企业的地理位置及其生产经营场所的分布；⑤企业产品的市场需求变化与市场竞争的情况；⑥企业的经营管理能力和管理水平。

在企业规模小、管理水平低、社会分工与协作关系相对简单的时期，一般采取比较单一的工厂制。随着社会化大生产的快速发展和科学技术水平的进步，企业的规模以及协作关系、管理模式等都发生了很大的改变，公司制也就应运而生了。后来又进一步发展成为资本高度集中的垄断型企业、跨国公司等。

（二）企业组织与管理组织

1. 企业组织与管理组织的概念

组织是在共同目标指导下协同工作的人群社会实体，是为了实现既定目标，通过人与人、人与生产资料以及信息的有机结合而形成的社会系统。

企业组织则是为有效地向社会提供产品或服务，将企业的各种资源按照一定形式结合起来的社会系统。

企业组织分为两大方面：①由员工和生产资料紧密结合而形成的企业生产劳动组织；②配备一定数量和能力的管理人员，按分工协作关系划分，具有明确职责、权限和义务的企业管理组织。管理组织通过其整体性的活动和信息传递，决定和影响企业生产劳动组织配置的合理性与效率。企业管理组织既要对直接生产过程进行组织、指挥、协调，又要对企业生产经营过程中出现的一系列问题负责。

2. 管理组织的构成要素

管理组织是由多种要素结合而成的整体。这些要素主要有以下三个方面：

（1）管理人员。这是企业组织的主体，其数量、素质和结合方式决定性地影响着整个组织的效率和其他各个方面。管理人员的主体作用主要通过三个环节来表现：①管理人员的职务和素质相协调；②管理人员的职、责、权相一致；③管理人员应不断学习，使自身素质不断提高。

（2）规章制度。这是企业组织人员的行为准则，也是影响企业凝聚力的因素之一。企业组织系统的层次不同、岗位不同，生产人员和管理人员的素质各有差异，必须依靠共同的劳动纪律、操作规程、规章制度加以约束和协调，树立一个共同的规范的行为评价标准，这样才能使每个成员的行为都指向企业目标，使企业的组织系统有秩序、协调地运行。

（3）企业信息。这是企业组织系统正常运行、相互沟通的媒介。企业在生产经营过程中，只有及时、准确地吸收有关的外部信息，才能做出正确决策，采取适当措施，安排好自身的经营活动；企业组织的管理人员只有通过相互传递和交流信息，才能开展组织管理活动，才能贯彻落实生产经营计划，督促检查企业各项活动的开展情况，使得管理更加有效。

3. 管理组织的工作内容

管理组织本身的工作主要包括以下三方面的内容：

（1）组织机构的设计。组织机构的设计是指从企业的生产技术和经营特点以及外部环境等客观条件出发，确定整个企业组织的框架结构，确定企业中各部门、各管理层次的联系和协调方式。它包括：①决策组织系统的设计；②生产经营指挥系统的设计；③职能参谋系统的设计；④组织内各部门、各基层单位岗位职责的确定；⑤组织信息沟通方式的选择。

（2）组织规章制度的建立。为了从制度上保证管理工作的整体性、规范性和有效性，企业通常从总体和局部两方面着手，具体制定各层次管理部门的行为准则、岗位职责以及协调、检查和信息反馈制度。

（3）组织人事工作。组织人事工作是指管理组织中干部和工作人员的配备。为了充分发挥管理组织的功效，必须按照组织的不同层次、不同职务和职责，从工作要求出发，合理选拔和配备管理人才。

4. 管理组织的作用

一般说来，管理组织有如下作用：

（1）确定企业的生产经营目标。随着社会主义市场经济的发展，经营决策对企业越来越起着举足轻重的作用。对企业的经营目标和经营战略做出决策并加以贯彻落实，这是管理组织的重要职能之一。在做出决策和制定目标的过程中，领导者个人的才智、能力和知识对组织整体固然有十分重要的影响力，但是只有与组织的力量和集体的智慧融合在一起，才能充分发挥其龙头作用。

（2）组织生产经营，实现企业目标。企业只有经常不断地对各种物资资源、劳动力、资金和信息做出适当的安排和合理的配置，才能形成持续发展的生产力，才能实现企业的经营目标。

（3）协调各职能部门的工作。企业的人、财、物、产、供、销等各个环节，在各个管理部门和生产部门之间，经常会出现各种脱节和不平衡的情形，组织管理的职能就是要发现并解决这种脱节和失衡的问题，使生产经营活动均衡发展，保持良性循环的状态。

(4) 发挥组织的凝聚作用和群体效应。管理组织通过一定的组织制度和激励措施，能够将分散的、个别的企业员工凝聚成一个强大的整体，能使全体员工紧紧围绕企业的总目标开展活动，产生巨大的群体效应，促进企业不断发展。

(三) 现代企业的组织原则与组织设计原则

1. 现代企业的组织原则

如何正确选择企业的组织形式，是企业投资者和决策人首先要考虑的战略性问题。合理组建现代企业，确定企业的组织形式，应遵守以下原则：①遵守国家的法律、法规、政策、方针；②适应社会化生产的需要和经济发展水平；③有利于企业生产经营活动的开展和生产效率的提高；④有利于充分利用各种社会资源；⑤有利于技术进步和企业管理水平的提高；⑥有利于保护股东和债权人的合法权益，有利于维护顾客、供应商的利益等。

2. 企业组织设计的原则

企业组织设计是为了有效地实现企业的生产经营目标，从实际出发探索应该如何设计组织结构。正确的组织设计是影响企业生产和服务效率的关键因素。设计和建立一个科学的、合理的、先进的企业组织，通常应遵循以下原则：

(1) 目标统一原则。目标统一原则是指企业组织结构设计应使企业组织中每个部门或个人的贡献有利于实现企业的生产经营目标。企业组织应将人们承担的任务组成一个体系，将企业目标层层分解成子目标，落实到企业中的各部门直至个人，并以此引导企业全体成员的行动。

(2) 有效管理幅度原则。管理幅度是指一个主管人员能够直接指挥的下属单位的人数。与之相对应、成反比的是管理层次。管理层次是指高层的决策、指令贯彻到基层所经过的环节的多少。管理幅度与管理层次是矛盾的统一体。为了保证企业组织有效运行，必须使企业组织的管理幅度和管理层次相适合，这主要由企业的规模、生产的工艺过程和技术的难易程度所决定。

(3) 分工协作原则。企业任务的完成和目标的实现，离不开企业内部的专业化分工和协作。专业化分工有利于提高工作效率，但同时也使得管理幅度增大，进而加大了协作的难度。在进行企业组织结构设计时，既要实行专业化分工，又要重视部门的协作配合，要尽量使组织结构精干、高效。

(4) 责权一致原则。在组织结构设计中，职位的职权和职责越是对等一致，组织结构就越有效。作为企业各部门的主管人员，在组织中占据一定的职位，从而拥有一定的职权，必须要负一定的责任，即职务、职责、职权三者是对等的。但在实际工作中，常常出现有人争夺职权而逃避责任的现象。为坚持权责对等，避免滥用职权，主管人员必须加强个人修养，具备高尚的道德素养。

(5) 精简高效原则。组织结构设计应当在保证完成企业任务和目标的前提下，力求做到机构精简、用人少、效率高，用最少的人力、物力资源办最多的事。每一个成员的职责和权限都必须从企业目标和任务的要求出发，将因事设职、因职设人的标准作为企业机构改革的目标。精简高效原则是社会化大生产的本质要求，是组织管理的重要原则。

(6) 专业化原则。现代企业的组织机构必须按照专业化原则建立，将企业的生产经营活动适当地分类与分配，以确定各个部门和成员的业务活动的范围和职责。企业内各部门和各个成员都应尽量按专业化的原则安排，这样可以极大地提高工作效率。

（7）集权与分权相结合原则。集权与分权，在企业管理体制上主要表现为企业上下级之间的权力分配问题。集权形式就是将企业管理权集中在企业的最高管理层，而分权形式则是将企业经营管理权适当地分散在企业的中下层。企业在进行组织结构设计和调整时，为了有利于组织的有效运行，必须科学地处理集权与分权的关系。在有些情况下，为了便于统一领导和指挥，有必要集中权力；在有些情况下，为了调动下级的积极性和主动性，则需要适当分权，两者是相辅相成的。

（8）稳定性与适应性相结合的原则。为了保证生产经营活动有序进行和提高效率，企业组织结构设计首先应保持一定的稳定性，即保持相对稳定的组织结构、权责关系和规章制度。同时，环境条件的变化必定影响企业的目标、企业成员的态度和士气，因此企业组织结构必须有一定的灵活性和适应性，能够在内外部条件发生变化时迅速做出调整。

（四）企业组织结构的形式及发展趋势

1. 企业组织结构的主要形式

随着现代大工业的产生和发展以及领导体制的演变，企业的组织结构形式也经历了一个发展变化的过程。企业组织结构的主要形式有以下七种：

（1）直线制组织结构。直线制组织结构又称为单线制组织结构，如图1-1所示。它是最早被使用的一种组织结构形式。其特点是企业各级行政部门从上至下实行垂直领导，下属部门只接受一个上级的指令，没有专门的职能部门，组织结构简单、权责分明、指挥统一、工作效率高。但

图1-1　直线制组织结构

这种结构形式缺乏弹性，同一层次的部门之间缺乏必要的联系，主管人员独揽大权，职责繁重，一旦决策失误，就会造成严重损失；加之这种形式没有专业管理分工，主管人员必须具备多方面的管理业务能力。因此，它只能适用于技术简单、业务单纯、规模较小的企业。

（2）职能制组织结构。职能制组织结构又称为多线制组织结构，如图1-2所示。它是按照管理职能进行专业分工来代替直线制全能管理者的组织形式。其特点是各级行政部门除主管负责人外，还相应地设立一些职能机构和人员，各职能机构在自己的业务范围内可以向下级下达命令和指示，直接指挥下属。该组织形式能适应现代企业生产技术比较复杂和管理分工比较细致的情形，能充分发挥职能机构的专业管理作用，减轻企业高层领导的工作压力。但这种组织形式难以明确划分各行政负责人和职能机构的职责权限，容易妨碍

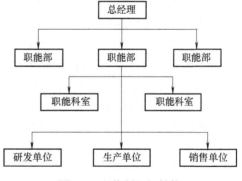

图1-2　职能制组织结构

集中领导和统一指挥，甚至可能出现生产秩序混乱的情况。实行职能制组织结构的企业高层领导必须具有较高的综合平衡能力，否则不宜采用职能制组织结构。

（3）直线职能制组织结构。直线职能制组织结构又称为生产区域制、直线参谋制，如图1-3所示。它是在综合了直线制和职能制组织结构的特点的基础上，取长补短建立起来的。它是按照命令统一原则组织的指挥系统和按照专业化原则组织的职能系统相结合的组织

形式。在这种组织形式中，只有直线机构的行政领导才有权向下发布命令，职能部门是直线指挥的参谋，只能对下级机构实行业务指导。其特点是既保证了企业管理体系的集中统一，又可以在各级行政负责人的领导下，充分发挥各专业管理机构的作用。但这种组织形式使得职能部门之间的协作和配合较差，办事效率较低，上层领导的工作负担较重。这种组织结构适用于中、小型企业，规模较大的企业不太适宜。

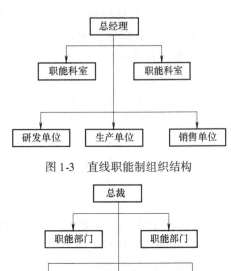

图 1-3　直线职能制组织结构

（4）事业部制组织结构。事业部制组织结构是采取"集中政策、分散经营"的分级管理、分级核算、自负盈亏的分权管理形式，如图 1-4 所示。在这种组织结构下，企业按产品、地区或经营部门分别设立若干个事业部，该项产品或地区的全部业务，从产品设计、原料采购到产品制造，一直到产品销售，全部由事业部负责。企业高层管理者只保留人事决策、财务控制、规定价格幅度以及监督等权力，并利用利润指标对事业部进行控制。这种组织结构的特点是高层领导可以摆脱繁杂的日常事务，可以集中精力考虑全局性的问题，充分发挥下属组织的经营管理积极性并展示个人才智，也便于专业化生产企业内部协作。但在该组织形式中，职能机构的设置重叠容易造成人员浪费；各事业部只考虑自身利益，容易引发本位主义，影响事业部之间的协作。事业部制组织结构适用于大型企业或跨国公司。

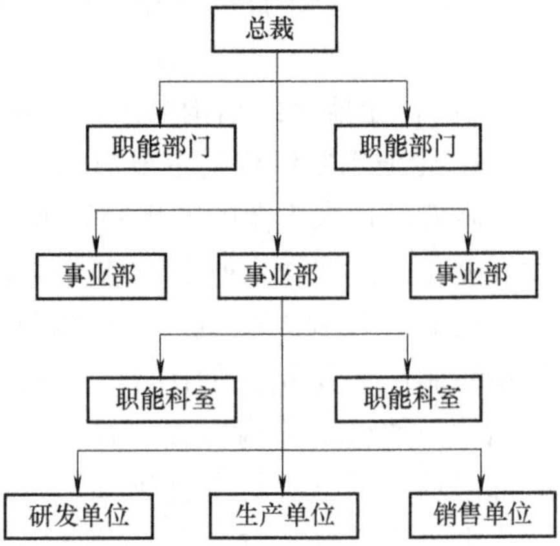

图 1-4　事业部制组织结构

（5）模拟分权制组织结构。模拟分权制组织结构是一种介于直线职能制与事业部制组织结构之间的组织形式，如图 1-5 所示。许多大型企业，如连续生产的钢铁、化工企业，由于产品品种或生产经营采用其他组织形式都不容易管理，这时就出现了模拟分权制组织结构形式。所谓模拟，就是模拟事业部制的独立经营、单独核算，但又不是真正的事业部，而是一个个实际的生产单位，这些单位有自己的职能机构，享有尽可能大的自主权，负有"模拟性"盈亏责任，其目的是调动企业员工的生产经营积极性，以达到改善企业生产经营管理的目的。由于这些生产单位的生产是连续的，很难将其截然分开，因此它们之间的经济核算只能依据企业内部的价格。模拟分权制组织结构形式解决了企业规模过大不易管理的问题，减少了高层管理人员的行政事务，使之能将精力集中到战略问题上。但这种组织形式不易为模拟的生产单位明确任务，考核上有一定的困难，各生产单位较难了解企业全貌，在信息沟通方面也存在明显缺陷。

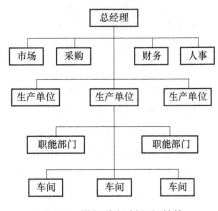

图 1-5　模拟分权制组织结构

（6）矩阵制组织结构。矩阵制组织结构是既有按职能划分的垂直领导系统，又有按产品划分的横向领导关系的组织形式，如图 1-6 所示。这种结构是按照一定任务的要求，将具有多种专长的人员调集到一起，既便于沟通，又便于接受新观念、新方法；同时，由于所有成员都了解整个组织的任务和问题，因而便于将个人的工作与企业整体目标联系起来；而且还有利于将企业组织的垂直联系和横向联系更好地结合起来。这种结构的特点是灵活性、适应性强，但由于组织成员要接受双重领导，当出现意见不一致的情况时，他们会感到无所适从；并且该组织结构稳定性较差，容易出现成员责任心较差的情形。该组织形式适应于产品开发和一些重大项目的攻关。

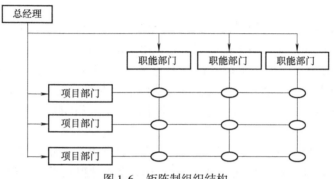

图 1-6　矩阵制组织结构

（7）多维立体组织结构。在矩阵制组织结构的基础上增加其他内容，就形成了多维立体组织结构，如在产品和职能部门之上增加一个市场经理，就构成了三维立体组织，如图 1-7 所示。多维立体组织结构是由按产品划分的事业部、按职能划分的管理机构和按地区划分的管理机构三个系统结合而成的。这种组织结构适合于跨国公司或者跨地区的大公司。

上述各种组织结构形式都有一定的使用条件和适用范围，企业应根据自己的实际情况决定采取何种组织结构形式。一个企业也可以将几种组织结构形式结合起来使用，在不同时期，做出适当调整，采用不同的组织结构形式，不能只采用某种固定不变的形式。总之，企业组织管理的基本问题是既要使集权与分权得到相对平衡，又要使企业组织的稳定性与适应性得到相对平衡，要保证实现企业的生产经营目标，保证企业在激烈的市场竞争中不断发展和壮大。

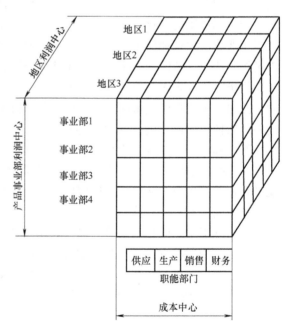

图 1-7　多维立体组织结构

2. 企业组织的变化与发展

一个企业如果只保持原有的组织结构，满足于过去在这种组织结构下取得的成就，那么这个企业必将丧失对未来的适应能力。因为一切事物都在变化之中，未来的组织结构如何变化，朝什么方向变化，这是每个企业家都十分关心并都在认真探索的问题。

（1）企业组织变革的原因：

1）时代的要求。历来，人们都认为直线式的等级制度最有效，命令可以畅通无阻地层层下达，这是工业时代典型的管理形式。但是，这种管理系统所依赖的条件有：①现场要有大量精确的反馈；②决策的性质大致相同。然而，在今天它所依赖的两大条件已经难以为继了。随着经济全球化和知识经济时代的到来，企业组织结构正在发生深刻的变化，公众参与势在必行，企业管理权正在从集中走向分散。任何企业管理组织都必须适应这种变化，改善自身的组织结构。

2）外部环境的影响。外部环境主要有社会经济环境、科学技术进步、市场竞争的影响和社会价值观的变化等，这些因素都影响着企业组织的变化。

3）内部条件的影响。企业组织内部也有许多因素迫使企业进行组织变革，如企业目标、人员素质、技术水平、个人价值观、权力结构系统以及管理水平、人际关系的变化等。

（2）企业组织变革的发展趋势。进入21世纪后，企业组织结构变化的趋势有以下五个方面：

1）组织重心两极化。随着买方市场和竞争机制的形成，企业工作重心已由过去的扩大生产逐渐转向产品开发和市场销售。从企业生产经营的过程来看，其组织结构特征正在由"橄榄形"转变为"哑铃形"，即重心出现了两极化倾向。企业组织结构发生这种转变主要是由于市场环境的变化。买方市场的形成、科学技术的进步、新技术特别是网络技术的发展使得企业解决生存和发展的核心问题已不再是产品的生产问题，而是企业产品的创新速度和市场拓展能力。传统的大量生产的工业经济时代的企业取胜的法宝是高质量、低成本；而在知识经济时代，未来企业赢得竞争的关键则是全新产品投放市场的速度。过去强调规模经济的企业组织模式将会越来越受到利用新技术降低成本的灵活组织结构的冲击。同时，买方市场的形成使得如何通过品牌竞争占领市场、扩大市场成为企业最重要的任务。因此，企业的研究开发和市场营销成为当今企业的中心问题，也是现代企业资源配置的重点。

2）企业结构由"金字塔形"向"大森林形"演化。所谓"金字塔形"的组织结构，就是企业的管理组织从结构上层层向上逐渐缩小，权力却逐级扩大，有严格的等级制度，形成一种纵向体系。而"大森林形"的组织结构则是减少管理层次，形成一种扁平的、同一层次的管理组织之间相互平等、横向联系密切、像一棵棵大树组成大森林那样的横向体系。这种组织结构的特点是：①分厂制代替总厂制；②分层决策制代替集中决策制；③产品事业部制代替职能管理制；④分散的利润中心代替集中的利润中心；⑤研究开发人员的平等制代替森严的等级制。"大森林形"企业组织结构可使管理层次大大减少，使管理效率大大提高。

3）组织结构柔性化。企业组织柔性化是指企业组织结构必须具备一定的可调性，应具有一定的适应环境变化、战略调整的能力。因为在当今这个知识经济时代，企业将在一种动荡的环境中运作，外部环境的变化速度大大高于原来工业经济时代的变化速度，企业的经营战略必须随时对外部变化做出反应，进行及时调整，这样企业才能顺利发展。因此，企业组织结构的柔性化已经成为企业未来发展的趋势。

4）团队结构制的兴起。在知识型企业中，一种称之为团队结构的组织形式正在被普遍推广和采用。所谓团队，是指由为数不多的团队成员承诺共同的工作目标和任务，并且互相承担责任的一种组织形式。这是一种建立在自觉的信息共享、横向协调基础上的组织结构。这种团队由具有技术、决策能力和交际能力的成员组成，在团队中没有拥有制度化权力的管理者，团队成员也并不专业化，而大都为多面手，具有多种技能，分工并不那么明确、严格；相互协作、彼此激励、共同承担责任是其最重要的特征。团队组织形式的采用，可以消除因目标对立而引起的内耗，可以将竞争关系转化为合作伙伴关系。团队与群体不同，在工作群体中，成员共享信息，做出决策，群体绩效等于个人贡献的叠加；而工作团队能通过成员的共同努力产生积极协同作用，使团队绩效远大于个人绩效的总和。

5）企业整体形态不断创新。在高新技术（特别是网络技术）的激励下，企业的组织结构模式正在经历一场深刻的、根本性的大转变，组织形态也在不断创新，以适应知识经济时代的要求。传统的固定、封闭的集权式结构正在逐渐转变为灵活、开放的网络式结构，这种结构将协作伙伴、顾客、员工、承销商、供货商等以各种不同的合作形式联系在一起，彼此互相依存、紧密合作，形成了一种无界限的组织。这种组织以被授权的多功能团队取代了各种职能部门，取消了组织的垂直界线而使组织趋于扁平化；通过经营全球化、实行组织间战略联盟等策略，致力于打破组织与顾客间的外在界限以及地理障碍。计算机网络使人们能够超越组织界限进行交流，远程办公方式也模糊了组织界限，使无界限组织形式成为可能。21世纪，成功将属于那些以合伙方式创造新未来的公司。

随着信息技术的迅猛发展，世界经济一体化的障碍已经在逐渐消除，竞争自然会进入一个空前的时代。为此，越来越多的企业采用了现代的或新型的企业组织结构形式，以期带来更大的灵活性，力求对变幻莫测的外部环境做出迅速的反应，使企业在市场竞争中立于不败之地。

二、现代企业制度

（一）现代企业制度的概念

现代企业制度是以企业产权制度为核心，以企业法人制度为基础，按照产权清晰、权责明确、政企分开、管理科学的要求建立的有利于社会资源合理配置，企业能高度自主经营并承担有限责任的企业组织和运营管理制度。现代企业制度是企业制度创新的产物，它是以完善的法人财产权为基础、以有限责任为基本特征、以专家为中心的法人治理结构为保证、以公司制为主要形态的企业制度。

现代企业一般不应按所有制性质来区分，而应按出资方式和出资者承担债务风险等法律责任的性质来划分。依据现代企业制度建立起来的股份有限公司是当今企业组织或制度的主流。

（二）现代企业制度的基本内容

（1）产权制度是现代企业制度的核心。产权是指财产所有权，包括占有权、使用权、处置权和收益权等权利。现代企业制度主张终极所有权与法人财产权分离，即股东拥有公司股权，公司完全拥有法人财产权。现代企业制度既尊重股东的股权，也尊重公司的法人财产权。

（2）企业法人制度是现代企业制度的基础。企业法人是得到法律承认，能以自己独立的人格化的组织名义，享有法律赋予的权利，也承担相应义务的经济组织。企业法人依法享有充分的经营自主权,并以其全部财产对其债务负责。

(3) 有限责任制度是现代企业制度的重要标志。有限责任制度主要表现在,出资者只以其出资额为限对企业承担责任;企业以其全部资产对其债务承担责任。有限责任制度解除了出资人对无限责任的忧虑,形成了激励人们出资办企业的机制,有利于企业的发展。

(4) 公司企业是现代企业制度的典型形式。现代企业以公司企业为最主要的形式,而公司企业中最为典型的企业形式又是股份有限公司和有限责任公司。当然,还有其他企业形式也属于现代企业制度,人类社会在企业制度方面将会永不停息地探索。

(三) 现代企业制度的基本特征

(1) 产权清晰,即明确企业出资人与企业组织的基本财产关系。现代企业制度下,所有者与企业的关系变成了出资人与企业法人的关系。这种关系和其他企业制度下所有者与企业法人的关系的主要区别在于:将出资人所有权与企业法人财产权进行合理分解,使出资人与企业法人各自拥有独立的财产权利。

(2) 权责明确,即在产权关系清晰的基础上,企业通过法律确立了出资人与企业法人各自应履行的义务和应承担的责任。出资人应履行的义务是必须依法向企业注入资本金,并在企业的正常存续期内不得随意撤回其出资,但可以依法转让。企业法人的义务是依法自主经营、自负盈亏,以独立的法人财产对其经营活动负责,以其全部资产对企业的债务承担责任。

(3) 政企分开,即在产权关系清晰的基础上,实行企业与政府的职能分离,理顺政府与企业的关系。政府可以通过经济手段、法律手段对企业的生产经营活动进行调节、引导和监督,但不能直接干预企业的经营管理活动。企业是营利性的经济组织,是市场活动的主体,它必须按照价值规律办事,按照市场的要求进行生产经营。

(4) 管理科学,即企业内部的管理制度必须既能体现市场经济的客观要求,又能体现社会化大生产的客观要求,形成决策权力机构、业务执行机构、监督机构三者之间责权明确、相互分离、相互制约的运作系统。

(四) 我国企业制度的改革

1. 我国企业制度改革的方向

我国原有的国有企业是在高度集中的计划经济体制下形成的。国有企业只是国家实行统一经营管理的生产单位,是"工厂制"的企业制度。国有企业没有法人所必须具有的法人财产权,不具有法人地位,也无法以企业财产对其债务真正负责,更不是作为独立享有民事权利和承担民事责任的法人实体。这种企业制度已不符合现代企业制度的要求,必须进行改革。《中共中央关于建立社会主义市场经济体制若干问题的决定》中指出:"继续深化企业改革,必须解决深层次矛盾,着力进行企业制度的创新。"而建立"产权清晰、权责明确、政企分开、管理科学的现代企业制度",正是发展社会化大生产和社会主义市场经济的必然要求,是我国国有企业制度改革的方向。这是一场深刻的变革,其实质是调整生产关系,进一步解放和发展生产力。

2. 我国企业制度改革的历程

1956 年,毛泽东同志在《论十大关系》一文中便指出了苏联在建设社会主义过程中出现的一些问题,同时提出要正确处理好国家、生产单位和生产者个人三者的关系,正确处理好中央和地方的关系。自此,我国便开始了企业体制改革的漫长历程。

（1）我国企业制度改革的准备阶段。1956年5月至8月，在国务院体制会议上，对中央集权过多的情况做了检查，对如何改革体制进行了讨论。此后经过一系列的中央工作会议和通过一系列的中央文件，对商品生产和商品交换做了专门的论述，并明确国营工业企业是社会主义全民所有制的经济组织，又是独立的生产经营单位。

（2）我国企业制度改革的发动阶段。1978年12月，党的十一届三中全会决定对国有企业广泛进行恢复性整顿和建设性整顿。之后，我国开始实行以分配制度改革为切入点，按照发展商品经济和促进社会化大生产的要求，自觉运用经济规律，推行工业企业经济责任制，提出"企业财产属于全民所有，国家依照所有权和经营权分离的原则授予企业经营管理权""企业依法取得法人资格，以国家授予其经营管理的财产承担民事责任"。但在这一阶段，理论上仍不提"市场经济"，行政对企业的干预仍然很强烈，市场的发展仍受到很多限制。

（3）我国企业制度改革的深入发展阶段。1992年1月18日至2月21日，邓小平同志南行时提出了计划经济不等于社会主义，资本主义也有计划；市场经济不等于资本主义，社会主义也有市场；计划和市场都是经济手段。1992年10月，十四大正式宣布，中国经济体制的最终目标是建立社会主义市场经济。国务院颁布的《全民所有制工业企业转换经营机制条例》赋予了企业14项自主权，《企业财务通则》《企业会计准则》从根本上确立了国有企业作为国家财政预算单位的地位，并且将国家行政部门由企业的所有者转变为投资者，由直接拥有企业的财产转变为拥有所有者权益，使企业制度改革走向更加深入，为进行国有企业制度创新做了充分的准备。

（4）企业探索和建立现代企业制度的阶段。随着我国经济体制改革的深入发展，我国企业特别是国有企业的改革进入了一个新阶段。1994年11月2日，国务院在北京召开了全国建立现代企业制度试点的工作会议，拉开了实施制度创新的序幕，从此我国企业进入了探索和建立现代企业制度的阶段。

三、现代企业的法律形式

现代企业主要是指公司制企业。何谓公司？我国《公司法》第二条指出："本法所称公司是指依照本法在中国境内设立的有限责任公司和股份有限公司。"该法第三条规定："公司以其全部财产对公司的债务承担责任。有限责任公司的股东以其认缴的出资额为限对公司承担责任；股份有限公司的股东以其认购的股份为限对公司承担责任。"

公司按照筹资方式与股东承担责任的不同，可分为无限责任公司、有限责任公司、两合公司和股份有限公司等。

（1）无限责任公司是指由两个及以上股东出资组建，股东必须对公司债务负无限连带责任的公司。由于股东承担的责任和风险过大，这种公司在国内外已很少见。

（2）有限责任公司是指由两个或两个以上股东共同出资组建，每个股东以其出资额为限对公司承担责任，公司以其全部资产对其债务承担责任。

（3）两合公司是指由无限责任股东与有限责任股东共同出资组建的公司，公司中两种股东责任有别，无限责任股东必须对公司债务负连带无限责任，有限责任股东以出资额为限对公司的债务负有限责任。

（4）股份有限公司是指将注册资本分为等额股份，通过发行股票筹集资本，股东以其所持股份为限对公司承担责任，公司以其全部资产对公司的债务承担责任。

上述组织形式中,有限责任公司与股份有限公司是国内外常见的企业形式。现代企业除了上述基本组织形式外,还有控股公司及其子公司、关联公司、跨国公司、股份合作制公司等。

第四节 企业文化

20 世纪 70 年代,美国学者在比较日美企业管理艺术的差异以及总结日本企业经营经验取得巨大成功的秘密时发现,企业文化建设对于企业经营业绩具有重大的作用。于是,他们著书立说,掀起了一股企业文化热潮。20 世纪 80 年代以后,随着我国改革开放的发展,企业文化作为一种管理文化也开始传入我国,产生了有关研究企业文化的专门研究机构,大批企业开始尝试应用企业文化建设进行企业管理。众所周知,人事管理的最终目标是调动员工的积极性和创造性,即最充分地发挥员工潜能。而要实现这一目标,就必须采取各种可能的手段,这些手段除了考核、培训、奖惩之外,建设有特色的企业文化对员工潜能的充分发挥也有重要的作用。事实表明,企业文化建设给企业带来了不可估量的经济效益,对整个社会主义精神文明建设做出了重大贡献。

一、企业文化的内涵

企业文化是社会文化的组成部分,通常是指在狭义的企业管理领域内产生的一种特殊的文化倾向,是一个企业在长期的发展过程中,把组织成员结合在一起的行为方式、经营理念、价值观念、历史传统、工作作风和道德规范的总和。它反映和代表了该企业成员的整体精神、共同的价值标准、合乎时代要求的道德品质及追求发展的文化素质。它是增强企业凝聚力和持久力、保证企业行为合理和规范、推动企业成长和发展的意识形态。

因此,企业文化可以这样来定义:企业文化是在一定社会历史环境下,企业及其成员在长期的生产经营活动中形成的、为本企业所特有的,且为组织多数成员共同遵循的最高目标、价值标准、基本信念和行为规范等的总和及其在企业组织活动中的反映。

企业文化的实质是企业的共同价值观体系。一个企业有了共同的价值观体系,就意味着企业员工的思想得到了统一,企业就能够朝着一定的方向集中发挥整体力量,企业领导人做出的决策就会迅速变为全体员工的行动。

现代企业文化是通过物质形态表现出来的员工精神状态。这里的"文化",不是知识修养,而是人们对知识的态度;不是利润,而是对利润的心理;不是人际关系,而是人际关系所体现的处世哲学;不是企业管理活动,而是造就那种管理方式的原因;不是舒适优雅的工作环境,而是对工作环境的感情……总之,它是渗透在企业一切活动之中的,是企业的灵魂所在。

企业文化作为企业的上层建筑,是企业经营管理的灵魂,是一种无形的管理方式,它又以观念的形式,从非计划、非理性的因素出发来调控企业成员的行为,使企业成员为实现企业目标自觉地组成团结协作的整体。

二、企业文化的特点

企业文化产生的根源及其形成过程,使其既具有民族文化的烙印,又具有组织管理的个性特色。一般说来，企业文化具有以下特点：

1. 群体性和整体性特点

文化，首先是一定群体所共有的思想观念和行为模式。在社会上实际存在的每个群体中，它的每一个成员的思想观念和行为方式都不可能完全取得一致，但在一些基本观念和基本行为上是能够达成共识和一致的。这种共识和一致，就成为该群体的文化。这种基本观念和行为的共识和一致，又形成了这个群体的根本精神。

企业文化的群体性，规定着企业群体的综合素质。企业群体的综合素质状况，也反映了企业文化的状况。

企业文化以观念的形式对企业的管理给予补充和强化，以一种无形的巨大力量使企业成员为实现企业的共同目标而自觉地组成一个团结协作的整体。

2. 社会性和阶级性、民族性特点

企业文化是社会文化的一个组成部分，是社会文化在企业群体中表现出来的一种特殊形态。正因为企业文化与社会文化是紧密相连的，所以，在不同社会制度下的企业，所形成的企业文化具有不同的性质，即使在同一社会形态中，由于生产资料所有制形式不同，所形成的企业文化也存在着性质上的差异，这就是企业文化社会性的具体体现。企业文化作为整个社会文化的一个组成部分，同样也是以社会物质生活条件、社会制度和国家制度的性质为转移的，也就不可避免地具有阶级性。

在世界文化体系中，在人类文化发展过程中，由于各个民族形成的渊源和途径的特殊性，形成了具有独特文化个性的民族。在不同的社会经济和社会环境中，形成了各民族的特定民族心理、风俗习惯、宗教信仰、道德风尚、伦理意识、价值观念、行为准则、生活方式及传统精神等。这种民族的特殊性和个性综合表现为文化的民族性。这种民族性也反映在企业文化上，使企业形成具有民族色彩的特定模式。

3. 传统性和历史延续性特点

企业文化中的许多要素来源于历史的、长期稳定地流传至今的传统性观念。这些传统性观念渗入现代企业文化的各个要素之中，使它在企业员工的心理上和企业管理活动中控制和调节企业及其员工行为的作用加强。企业文化要经过较长的历史时期，继承历史文化传统并结合时代精神才能形成。企业文化一旦形成，就具有相对稳定性和承袭性，并对企业在一定历史时期内的经营哲学、经营观念、经营方式和经营行为起着维系与巩固作用。企业文化形成于企业成长、变革和发展的长期实践中，也随着科学技术的发展、文明的进步和企业自身的发展而不断丰富。

4. 渗透性和创新性特点

企业文化的发展过程，既是一个企业文化普遍性的进化过程，又是各国企业文化特殊性相互渗透的过程。从前者来说，各国的社会化大生产和商品经济都在各自的环境中不断发展着，企业文化也随这种发展进行着自己的进化；从后者来说，世界各国企业文化的形成和建设，都具有各自的独特性和稳定性，这是传统文化基因在企业文化形成和建设中的继承和遗传。然而企业文化绝不会固守在本国范围之内，它将随着大经济环境的运作、大流通的交融，无形地射向四面八方，影响和渗透到他国的企业文化之中。各国的文化、企业文化的影响力和活动范围正在不断增强和扩大，渗透速度也加快了。这种相互之间的文化交流和渗透，促使各国企业立志扩展和创新自己的企业文化，以适应形势发展的需要。

5. 客观性和落差性特点

企业文化本身是一个客观存在。作为一种客观存在，它必然具有两面性：如果企业文化是一个积极向上的客观存在，就会符合社会的需要，符合人民群众的心声；反之，如果企业文化是一个消极落后的客观存在，就会对社会产生负面影响，不尽如人意。所以不能说有企业文化的企业，就是一个出色的企业。成功、优秀的企业塑造出来的、影响企业生存和发展的企业文化必然是优秀的、代表先进生产力的文化。

任何事物，由于所处的客观环境不同，其发展的进程都是不平衡的。正因为企业文化是一个客观存在，所以不同企业的企业文化的发展，必然有先有后，有优有劣，这种不平衡的落差性也是客观存在的。正是这种落差性、不平衡性，决定了各国、各地区的企业文化必然会相互影响、相互借鉴、相互促进。

三、企业文化的功能

企业文化是由企业中占支配地位的领导集体经过多年研究，发现并加以培育和确立的。它来自于企业，一旦形成，就将反过来对企业发生巨大的能动作用。概言之，企业文化有下列作用：

1. 指导功能

指导功能是指企业文化能为企业活动确立正确的指导思想和决策方向。在既定的社会环境下，企业领导者确定怎样的经营方针、做出怎样的经营决策是至关重要的。然而，在确定经营方针、做出经营决策时，会受到社会的、传统的、企业精神面貌和文化气氛的影响与制约。任何一个企业的经营目标、经营决策，都是在一定的企业文化指导下进行的。

2. 导向功能

导向功能也叫作定向功能。导向功能能把企业及其员工的思想和行为引导到企业所确定的目标上来，使企业员工同心协力，自觉地去实现企业的目标团结奋斗。企业文化不仅对企业员工的心理、性格、行为起着导向作用，而且对企业整体的价值取向和行为起着导向作用，引导企业员工树立改革开放的意识。

3. 凝聚功能

企业文化的凝聚功能，在于企业文化能对员工的思想、性格、兴趣起到潜移默化的引导作用，使员工自觉不自觉地接受组织的共同信念和价值观。它通过共同价值观、企业精神和思想信念，把企业全体员工团结成一个有机体，使之为实现企业目标协力拼搏，具有一种无可比拟的黏合和磁场作用。企业文化的凝聚功能，有利于增强员工的主人翁意识，增强其以企业为家的归属感，增强企业群体的统一和团结协作意识，有利于一致对外展开竞争。

4. 激励功能

激励功能是企业文化功能中最重要、最核心的功能。企业文化中健康积极的价值观、奋发向上的企业精神、明确坚定的信念、高尚的道德规范和行为准则都将激发出员工巨大的工作热情，激励员工形成强烈的使命感和持久的行为动力，为实现自我价值和企业目标而不断进取，提高企业的整体绩效。

5. 控制功能

控制功能又称为规范功能、约束功能。企业作为一个组织，常常不得不制定出许多规章制度来保证企业活动的正常进行。企业文化则是用一种无形的思想上的约束力量，形成一种软规范，制约员工的行为，以此来弥补规章制度的不足，并诱导多数员工认同和自觉遵守规章制度。因此，企业文化能帮助企业实现员工自我控制的管理方式。

6. 协调功能

企业的员工来自四面八方，由具有不同技能和不同知识水平的人构成。员工们在从事不同种类的工作时，往往带有各种各样的个人动机和需求，而企业文化能在员工间起到沟通协调作用。在融洽的企业文化氛围中通过各种正式、非正式的交流，管理人员和员工加强了联系，传递了信息，沟通了感情，不仅能改变人们头脑中的等级观念，而且能使人们协调地融合于集体之中。

7. 创新功能

企业要生存和发展，要在与其他组织的竞争中获胜，就要树立自己的风格和特色，就要与其他组织加以区别，就要创新。建立具有鲜明特色的企业文化，可以激发员工超越和创新的动机，是提高创新素质的源泉和动力。

8. 辐射功能

企业文化塑造企业形象。企业形象的树立，除对企业内部发挥作用外，还会通过各种渠道对社会公众、对本地区乃至国内外产生一定的影响；在提高企业知名度的同时，企业文化也构成了社会文化的一部分，企业良好的精神面貌会对社会公众起到示范效应，带动其他企业竞相仿效，因此企业文化具有巨大的辐射功能。

总之，企业文化在企业管理中发挥着极为重要的作用，从某种意义上讲，企业文化是提高企业生产力、推动企业发展的根本动力；是深化企业内部改革、使企业走向现代管理的原动力；在增强企业活力、提高经济效益方面，具有强大的精神激励作用；对企业员工同心同德、齐心协力实现企业目标，增强企业竞争力具有强大的凝聚作用；企业文化还具有增强企业优势、提高企业素质的作用。但是，我们也应看到，企业文化也存在着某些消极作用。当企业文化的核心价值观得到强烈而广泛的认同时，这种企业文化就是强文化。这种强文化可能会产生这样的后果，包括：①阻碍企业的变革；②削弱个体的优势；③阻碍企业的合并。

四、企业文化的内容

企业文化是微观组织的一种管理文化。企业文化的内容大致包括如下七个方面：

1. 企业哲学

企业哲学是指企业在一定社会历史条件下，在创造物质财富和精神财富的实践过程中所表现出来的世界观和方法论，是企业开展各种活动、处理各种关系和进行信息选择的总体观点与综合方法。企业之所以具有无穷的精神力量，就在于具有正确的指导思想和价值观念；企业之所以具有伟大的创造力，就在于具有很强的综合选择信息的能力。企业哲学是企业人格化的基础，是企业形成独特风格的源泉，它包含几个基本的新观念，如系统观念、物质观念、动态观念、效率和效益观念、风险和竞争观念、市场观念、信息观念、人才观念等，这些观念是形成企业哲学的基本思想。

2. 企业价值观

企业价值观是指以企业为主体的价值理念，是企业人格化的产物，是企业中以个体价值观为基础的群体价值观念。共同的价值观是企业文化的核心，因为价值观是人们评价事物重要性和优先次序的原则性出发点。企业文化的价值观不但为全体员工提供了共同的价值准则和日常行为准则，它也是企业塑造杰出的企业精神、培育员工的高度工作责任感和良好的职业道德、进行有效管理的必要条件。

3. 企业精神

企业精神是指通过企业广大员工的言行举止、人际关系、精神风貌等表现出来的企业基本的价值取向和信念。企业精神可以高度概括为几个字、几句话，但它必须具有实际的内容、深刻的含义并富有哲理。它是在一定的历史条件下，在进行生产经营管理的实践活动中，经过长期磨炼而形成的代表全体员工的心愿和意志，成为激发全体员工积极性和创造性的无形力量，支配、引导并激励着全体员工为实现企业目标而不懈努力。

所有企业的企业精神除了具有自己的独特精神风貌之外，还应包括如下一些根本性的共同精神：①高度的责任感和使命感；②民族自强精神；③开拓创新精神；④求真务实精神；⑤全心全意服务的精神；⑥无私奉献精神。

企业精神和企业文化的核心是统一全体员工思想的基本标准，是企业凝聚力的基础；是引导和激励员工进步的指针，是企业活力的源泉，也是评价企业的主要依据之一。企业精神具有鲜明的个性特征，它并不是自发形成的，必须有意识地树立、深入持久地强化，才能逐渐得到广大员工的理解和认同，进而成为一种独立存在的意识、信念和习惯。

4. 企业道德

企业道德是指调整企业之间、员工之间、企业与客户之间关系的行为规范的总和。企业道德是一种特殊的行为规范，是企业法规、制度的必要补充。它是通过运用善良与邪恶、正义与非正义、公正与偏私、诚实与虚伪等相互对立的道德范畴，来规范和评价企业及其员工的各种行为，并用以调整企业之间、员工之间、企业与客户之间的关系。企业道德一方面通过舆论与教育的方式影响员工的心理和意识，使员工形成善恶观念，进而形成内心的信念；另一方面又通过舆论、习惯、规章制度等形式，约束企业和员工的行为。

5. 企业形象

企业形象是指得到社会认同的企业各种行为的综合反映和外部表现。企业形象如何，不仅由企业内在的各种因素决定，而且要得到社会的广泛认同和承认。也就是说，企业形象是企业的产品质量、服务水平、员工素质、厂风厂貌、公共关系、经营作风等在用户和顾客心目中的地位，以及在社会上给人们留下的印象。要树立良好的企业形象，提高知名度，企业就必须使自己开展的每项活动都要对社会负责，尤其要讲求信誉，要诚实、热情、礼貌、周到地为社会服务。

6. 企业使命

企业使命是指企业在社会经济发展中所应担当的角色和责任。企业使命是企业的根本性质和存在的理由，说明企业的经营领域、经营思想，为企业目标的确立与战略的制定提供依据。企业使命要说明企业在全社会经济领域中所经营的活动范围和层次，具体地表述企业在社会经济活动中的身份或角色。它包括的内容为企业的经营哲学、企业的宗旨和企业的形象。

7. 企业制度

企业制度是在生产经营实践活动中所形成的，对人的行为带有强制性，并能保障一定权利的各种规定。从企业文化的层次结构来看，企业制度属中间层次，它是精神文化的表现形式，是物质文化实现的保证。企业制度作为职工行为规范的模式，使个人的活动得以合理进行，内外人际关系得以协调，员工的共同利益受到保护，从而使企业有序地组织起来为实现企业目标而努力。企业民主是企业的政治文化，是企业制度的一种形式，它是一种"以人为本"的价值观念和行为规范。企业民主的形成是一个艰难复杂的过程，需要企业决策层、管理层、执行层的各级人员共同努力才能形成。建立企业民主必须注意培养员工强烈的参与意识和民主意识，明确员工的民主权利和义务，形成良好的企业民主气氛和环境。

五、企业文化建设

（一）企业文化建设的意义

企业文化建设，对于社会主义精神文明建设，对于建立现代化企业体制、强化思想政治工作、提高企业的知名度等都具有十分深远的意义。

1. 企业文化建设有利于促进社会主义精神文明建设

企业精神是企业文化的灵魂，企业精神又是社会主义精神文明建设在企业中的集中反映，企业文化是民族传统的优秀文化与先进的时代精神相结合的产物，因此搞好企业文化建设对于提高我国企业的社会主义精神文明水平具有十分深远的意义。

2. 企业文化建设有利于建设有中国特色的社会主义现代企业管理

在企业文化建设中，一方面，我们要继承和发扬民族传统文化中的优秀成果，弘扬优秀的民族精神，克服民族文化中的旧观念、旧思想、旧习惯；另一方面，我们要引入世界各国、各民族的先进管理经验，使之与本企业、本国的实际结合起来，塑造出具有中国特色的企业文化和企业管理模式。企业文化是在企业管理的实践中不断变革和发展的，企业文化建设是以人为本而展开的，在充分挖掘员工的潜能、充分调动员工的积极性、充分发挥员工自我管理和自我控制的作用等方面有着十分重要的影响，这些都是现代企业管理的体现。因此，企业文化有利于给企业管理注入新的活力，形成具有时代精神的现代企业管理模式。

3. 企业文化建设有利于加强思想政治工作

我国社会主义革命和社会主义经济建设的胜利，从某种意义上讲，都是思想政治工作的胜利。思想政治工作是我们传统文化的瑰宝。我国的每个企业都有健全的思想政治工作体系，这是非常具有中国特色的。加强思想政治工作的目标之一就是激励人们的斗志，鼓舞人们的精神，激发人们为社会主义现代化事业坚持不懈地奋斗。企业文化正是在企业价值观的要求下，充分调动了人们的这种激情，因此企业文化是做好思想政治工作的有力工具。

4. 企业文化建设有利于提高企业在社会上的知名度

企业文化建设使企业具有自身特质的优秀文化，在企业的生产经营活动中，向社会展示出了高尚的企业价值观、开拓创新的企业精神、良好的经营风格、优秀的服务等。这些都在无形中向社会提供了可以信赖的信息，从而使企业在社会上塑造出了良好的企业形象，扩大了企业在社会上的影响，增强了企业在社会上的知名度。

（二）企业文化建设的原则

企业文化反映一定历史时期社会经济形态中企业活动的需要，企业文化建设是一项创新的复杂的系统工程。由于环境和民族文化的不同，建立和维系企业文化就有不同的途径。但是，各国企业文化的建立也存在共性，通常应遵循以下指导原则：

1. 目标原则

企业行为是有目标的活动。企业文化必须明确反映组织的目标或宗旨，反映代表企业长远发展方向的战略性目标和为社会、为顾客以及为企业员工服务的最高目标和宗旨。企业文化的导向功能使企业中的个体目标与整体目标一致，并且使每个员工都因此感到自己的工作意义重大。企业全体员工有了明确的共同的目标和方向，就会产生自觉的行动，为实现企业目标去努力奋斗。

2. 价值原则

企业的价值观是企业文化的核心。企业文化要体现企业的共同价值观，体现全体员工的信仰、行为准则和道德规范，它不但为全体员工提供了共同的价值准则和日常行为准则，同时也是企业团结员工、联系员工的纽带，是企业管理的必要条件。每一个员工都应将自己与这些准则和规范联系起来，自觉地为实现企业目标而努力。

3. 卓越原则

企业文化包括锐意进取、开拓进取、追求优势、永不自满等精神。企业文化应设计一种和谐、民主、鼓励变革和超越自我的环境，从主观和客观上为企业员工的创造性工作提供条件，并将求新、求发展作为企业行为的一项持续性要求。企业必须根据变化的情况对自己的产品不断做出相应的调整，才能立于不败之地。只有追求卓越、不断开拓创新才能使企业具有自己的风格和特色，这是企业充满活力的重要标志。

4. 激励原则

企业和企业领导应该对员工的每一项成就都给予充分的肯定和鼓励，并将其报酬与工作绩效联系起来，激励全体员工自信自强、团结奋斗。成功的企业文化不但要创造出一种人人受尊重、个个受重视的文化氛围，而且要产生一种激励机制。每个员工所做出的成绩和贡献都能很快得到赞赏和奖励，并得到同事的支持和承认，从而激励企业员工为实现自我价值和企业目标而不断进取，提高企业的效能。

5. 个性原则

企业文化是共性和个性的统一。任何企业都应遵循企业管理的共同客观规律，这构成了企业文化的共性部分。但由于民族文化环境、社会环境、行业、企业历史、企业目标和领导行为的不同，因而形成了企业文化的个性。中国企业应借鉴外来企业文化的经验，但必须坚持中国特色企业文化和坚持社会主义企业文化这两条原则。正是企业文化的鲜明个性，使企业形成了本企业的独特风格和风貌。

6. 民主原则

现代企业文化的建立需要一个适宜的、民主的环境。民主的企业内部环境使每个员工都把企业当作自己的家，自发而慎重地参与企业的决策和管理，积极进取和创新，这样就有利于发挥个人的潜能。员工在这样的环境中工作，不但有利于提高工作绩效，还会产生精神上的满足感。因此，企业文化应设法创造出一种和谐、民主、有序的企业内部环境。

7. 相对稳定原则

企业文化是企业在长期发展过程中提炼出来的精华，它是由一些相对稳定的要素组成的，并在企业员工的思想上具有根深蒂固的影响。企业文化的建立应具有一定的稳定性和连续性，具有远大的目标和坚定的理念，不会因为微小的环境变化或个别员工的去留而发生变动。不过，在保持企业文化相对稳定性的同时也要注意灵活性，企业只有在内外环境变化时及时更新、充实企业文化，才能保持企业的活力。

8. 典型原则

每个企业的发展，都是通过群体的力量推动的，但是不能忽视群体中出色卓越的典型事例和英雄模范人物的鼓舞、带头作用。"榜样的力量是无穷的"，在企业文化建设中，要充分注意对先进典型的培养。只有那些敢于开拓、敢于创新、敢于献身、不畏艰险，积极从事发明创造的英雄模范人物，才能带领和影响整个企业创造出惊人的业绩。

第五节　企业形象设计

企业和人一样，每个企业都具有自己独特的风貌和独特的形象。每个企业内在的精神素质和经营哲学，总会通过一定的具体形象表现出来。公众也总是通过对这些具体形象的感受去认识和评价一个企业。这种感受往往影响人们对企业的态度，并形成一种不易改变的心理定式。企业要想在日益激烈的市场竞争中对公众产生持久、强烈的吸引力，就必须时刻注意自己在广大社会公众心目中的形象。

一、企业形象的含义

企业形象一词源于英文 Corporate Identity，缩写为 CI，中文译为"企业形象"或"企业识别"。它是指企业通过生产经营活动，向公众展示的自身本质特征，并给公众留下的整体性和综合性印象与评价。它是社会公众对企业整体的、抽象的、概括的认识和评价。企业形象是企业自身行为及形象在公众心灵上的投影，是企业内在精神和外在表现的综合反映，是主观和客观的统一体。

二、企业形象的构成要素

企业形象是企业实态的反映。组成企业实态的要素可分为有形要素、无形要素和企业员工三大类。它们分别从不同侧面反映企业的整体形象，其中对企业形象影响较大的有如下要素：

1. 产品形象

产品是企业形象的代表，也是企业形象的基础。产品是企业与社会公众进行联系最直接的纽带，社会公众主要通过产品认识和了解企业，企业也是通过向社会提供性能优良、造型美观的产品和优质的服务来塑造自身的良好形象。

2. 技术形象

企业技术精良，工艺先进，研究开发能力强，不断研发新产品，这将大大强化社会对企业的认同感和信赖度，扩大企业的知名度。

3. 环境形象

企业的环境主要包括企业规模、生产环境、销售环境、办公环境和企业的各种附属设施。企业内外环境的绿化与布置、建筑设施的造型与布局，都能体现企业的特色，强化人们对企业的印象。环境形象反映企业的经济实力、管理水平和精神风貌，是企业向社会公众展示自己的重要窗口，对提高企业产品的营销效率有十分重要的影响。

4. 市场形象

市场形象是通过服务质量来体现的。企业及其员工在产品售前、售后以及技术服务过程中所表现的服务态度、服务方式、服务质量以及由此引起的消费者和社会公众对企业的客观评价，将对企业形象和信誉产生直接影响。信誉是企业的"金字招牌"，而信誉是建立在企业的优质产品和优质服务基础上的。良好的市场形象、适宜的广告宣传和完善的消费网络，将大大增强企业的竞争能力。

5. 员工形象

这里主要是指员工的装束仪表、言谈举止、服务态度、综合素质以及有无时代感等方面的内容，同时还包括企业员工共同遵循的价值观、道德观、经营理念以及生产过程中形成的传统和习惯等内容。员工形象好，企业风气好，将有助于增强企业的凝聚力和竞争力。

6. 企业家形象

企业的成功与企业家的文化素质、技术水平、思想作风、敬业精神、工作经验、战略眼光以及组织指挥能力等密切相关。在塑造企业形象的过程中，企业家应努力开展对外公共关系活动，争取社会公众对企业的信赖和支持。同时，企业家还应当时刻注意和维护自己的形象，因为企业家的形象不仅会影响社会公众对他们自身的评价，也会影响到企业的声誉和形象。

企业形象是消费者、社会公众以及企业内部员工和企业的相关部门与单位对企业、企业行为、企业和各种活动成果给予的整体评价与一般认定，企业形象是上述诸要素的综合，它们从不同的侧面共同构筑了企业的整体形象。

三、企业形象的特点

1. 社会性

企业形象是社会公众对企业综合认识的结果，绝不是人们对企业个别因素的认识结果，它还受到社会环境的影响和制约。

2. 整体性

企业形象是企业内部诸多因素构成的统一体和集中表现，是一个完整的有机整体。

3. 相对稳定性

一个企业的形象一旦在社会公众的心目中形成，便成为相对稳定的印象，一般很难改变，即使企业发生变化，也很难马上改变企业已存在的形象模式。

4. 可变性

虽然企业形象具有相对稳定性，但企业的内部条件和外部环境是不断变化的，企业形象也必然会随之发生变化。只要变化足够大，时间足够长，公众对企业的认识和印象也会发生变化。

5. 差异性

企业形象作为人们对企业的综合认识是一种总的印象，但社会公众的思维方式、价值观、利益观、审美观等都不尽相同，使得他们对企业形象的认识途径、认识方法也就有所不同。

6. 偏差性

企业形象有时候会超前或滞后于企业现实，加之在传播中也常常会出现和客观实际不符的情况，当信息不充分时，人们如从某些方面去主观臆测，就会出现偏差。

7. 辐射性

企业形象通过各种渠道从某类公众向另一类公众传播，对其他企业和公众产生一定的作用，从而也可以扩大企业的影响。

8. 创新性

企业是发展的，企业形象也是发展的，随着消费者的价值观和消费需求的更新，对企业形象也提出了创新的要求，因此企业形象具有将继承、创新、延续有机地结合起来的特征。

9. 历时性

消费者不可能在短时间内了解企业，企业形象的塑造需要经历一个漫长的过程，需要一定的实践时间。企业只有让公众不断对企业从多方面进行多次体验和感受，才能强化自己在公众中的形象。

四、企业形象的塑造

企业形象是企业外在表现给社会公众留下的深刻印象，但它并不完全等同于公众形象，公众印象有时可能和正在反映企业特定状况的企业形象并不一致，因此必须通过企业形象的塑造才能达到抽象观念与实际形象的统一。

（一）企业形象塑造的基础

企业形象的竞争是一种高层次的竞争，只有打好基础，才能树立良好的企业形象。保证质量、改进服务、严守信誉，是企业形象塑造最可靠的基础。质量是企业生存的基本条件，要使消费者满意就必须生产质量可靠的产品，做不到这一点，任何广告宣传和营销策划都是徒劳无益的，因此塑造企业形象必须从质量开始。

随着社会生产力和人民生活水平的不断提高，人们的需求已开始走向多样化，因此服务也必须多样化，服务手段必须改进，服务水平必须提高。在新的形势下，根据消费者需要改进服务是塑造企业形象面临的新课题。

企业通过自己的优质产品和优质服务赢得公众的"信誉"。信誉决定着企业的未来，是企业的无形资产，良好的信誉可以让企业在市场竞争中取得事半功倍的效果。企业有了信誉，在社会上自然也就有了良好的企业形象。

（二）企业形象塑造的方法

1. 进行资信度投资

企业资信度是指企业被社会公众认知的程度和信任的程度，以及由此产生的资信效应。资信度投资，就是企业为了提高资信度，在提高产品质量、新产品开发、引进新技术、创建品牌、环境保护、人才培养、售后服务和回报社会等方面舍得下功夫，花本钱。

2. 注重社会效益

在生产经营活动中，企业通过注重社会效益，注意生态平衡、资源消耗、社会公益活动和公共事业，以造福人类等来树立良好的企业形象。

3. 开展传播活动

企业要善于利用各种传播媒体来获取和传播信息，使公众了解和认识企业，同时也让企业了解公众，形成健全、有效的沟通渠道，更好地塑造企业形象。

五、企业形象战略

（一）企业形象战略的来源及含义

企业形象战略由英文 Corporate Identity System 译成，通常缩写为 CIS，又译为企业识别系统。CIS 是一个企业通过统一的视觉设计，运用整体传达沟通系统，将企业的经营理念、企业文化以及企业经营活动等信息传达给所有企业相关者，以凸显企业的时代精神与独特个性，使社会公众对企业产生一致的认同感，以塑造企业形象，从而提高企业竞争能力的经营战略。

CIS 包括 MI（Mind Identity，理念识别）、BI（Behavior Identity，行为识别）和 VI（Visual Identity，视觉识别）三大要素。

1. MI

MI 是企业生产经营的主导思想和灵魂，是 CIS 的中心和依据。它由企业的价值观、经营理念、经营意识、经营方针、企业风格、企业目标等内容组成。MI 是塑造企业良好形象的发端，也是实施 CIS 的第一步。

2. BI

BI 是企业经营理念具体的、动态化的表现，几乎涵盖了企业的整个经营管理活动。BI 包括对内和对外两部分：对内是指对企业员工的组织管理、教育培训、文明礼貌的规范以及工作环境、科研开发等；对外是指企业与社会的联系与沟通、市场调查与促销活动等。BI 是塑造企业良好形象和实施 CIS 的主要支柱。

3. VI

VI 是企业识别的静态表达，它将抽象的企业理念形象化、视觉化，也就是将企业名称、企业品牌、企业标志、企业口号等用规范的视觉表象具体生动地展示出来，给消费者和社会公众留下深刻的视觉印象，从而加深社会公众对企业的认识和了解，对企业产生信赖和好感。VI 对于塑造企业良好形象和实施 CIS 具有最有效、最直接的具体效果。

MI 具有内在的、无形的特点；BI 具有动态的、转眼即逝的特点；VI 则具有长期的、反复传播的特点。MI、BI、VI 是共同构成 CIS 不可分割的整体。MI、BI 是 CIS 的主要组成部分；MI 是 CIS 的灵魂。没有 MI，VI 只能是简单的装饰品；如果没有 VI，MI 和 BI 也将无法有效地传播和表现。因此，人们将 CIS 形象地比作一棵树，MI 是树根，BI 是树枝，VI 是树叶。

（二）企业形象战略的功能

CIS 作为建立企业形象的有效途径，是一个完整的、科学的、可操作和可控制的体系。实施 CIS，进行企业形象策划，不但能促进企业产品的销售和提高服务质量，而且还能提升企业整体形象和经营管理水平，使企业组织在各方面发生积极性的变化，促进企业经济效益和社会效益全方位提高。

CIS 的主要功能有以下六个方面：

1. 识别功能

CIS 的开发与导入，能使企业树立具有独特个性的为自身和社会公众认同的相对稳定的良好企业形象，有利于企业利用其稳定特点开展经营活动，借助其业已存在的有利条件为企业创造更多的经济效益和社会效益。CIS 的开发与导入，能促使企业将自己的产品与其他同类产品区别开来，使自己的产品在市场竞争中脱颖而出，独树一帜，取得独一无二的市场地位。

2. 管理功能

在开发和导入 CIS 的过程中，企业将会制定 CIS 推进手册，作为企业法规让企业员工学习和执行，这样就保证了企业识别的统一性和权威性，保证企业朝着明确的发展方向进行有效的管理。

3. 传播功能

CIS 的开发与导入，能够保证信息传播的同一性和一致性，有利于树立健康、稳定的企业形象，有利于加强传播的强度和信度，对企业形象的传播产生事半功倍的效果。

4. 应变功能

CIS 的开发与导入，能促使企业商标随市场变化和产品更新应用于各种不同的产品，使商标具有足够的应变能力，从而提高企业的应变能力。

5. 协调功能

CIS 的开发与导入，能增强集团企业各子公司、企业内部各部门和各生产单位的向心力和归属感，可以使地域分散、独立经营的分支业务机构组织统合起来，经营活动更加协调一致，形成一支实力强大的竞争群体，齐心协力为企业效力。

6. 教育功能

CIS 的开发与导入，能使企业逐步建立起自己卓越而先进的企业文化和共同价值观，使实现企业目标成为全体员工的共识，从而提高企业员工的士气，增强企业的凝聚力，树立全面的、良好的企业形象。

六、CIS 的导入与实施策略

CIS 导入是指企业结合自身的具体情况，开始推行或再次推行 CIS 的全过程。CIS 导入是实施的关键阶段。它确定了本企业 CIS 各项基本要素的内容以及全面实施 CIS 的计划。

CIS 实施是指对 CIS 导入确定的内容和制订的计划进行全面推广、具体实施。这是全面落实 CIS 并获得效果的阶段。

（一）CIS 导入的内容及其顺序

CIS 的导入是一项十分细致的工作，必须确定内容，按照一定的顺序进行。其基本内容及其导入顺序如下：

（1）对社会进行深入的调查研究，确认企业的经营战略和经营方针，制订企业 CIS 的战略目标和实施计划。

（2）确认和核准企业 CIS 导入的目标和计划，并落实实施 CIS 导入的组织机构，与实施 CIS 相关的部门落实实施进度计划，与协作实施 CIS 的公司签订相关合同。

（3）根据调查研究的有关资料，确定企业经营理念的简要表达形式，并以报告形式交付相关部门和企业员工进行民主讨论。

（4）收集、整理民主讨论的结果，分析、确认表现企业理念的简要表现形式。

（5）以 MI 为核心，系统检讨 BI、VI 的有关实际问题，由专业形象设计单位和设计师进行行为设计和视觉设计。

（6）由设计者对 VI 要素的方案进行说明，并提供书面报告。

（7）在企业内部展示和讨论 VI 要素的图案和报告。

（8）对 VI 设计进行调查分析和实验研究，邀请企业内外有关人员对展示作品发表个人意见，并对各种意见进行统计分析。

（9）综合分析研究展示、实验结果，对设计方案进行修改和确认。

（10）对设计完成的企业名称和标志进行法律确认，并登记注册。

（11）结合企业特点，确定 VI 中"应用设计"应包括的内容，并向 VI 设计者提供应用设计的内容、项目和要求。

（12）对 BI 设计报告进行讨论、修改和确认，确定 BI 有关要素设计和策划的内容、项目及要求。

（13）对所有设计进行全面审核和最后认定。

（14）设计、印刷《CIS 手册》，制订宣传计划。

（15）对 CIS 应用设计的有关内容进行制作。

（16）实施对内、对外宣传计划。

（17）根据初步实施情况，制订 CIS 全面实施计划。

（18）全面实施 CIS。

企业必须结合本单位的实际，对上述内容及其顺序进行仔细的推敲，加以修改和完善，保证 CIS 的顺利实施。

（二）CIS 的全面实施

全面实施 CIS 主要包括以下工作：

（1）实施企业管理理念和战略。当企业管理理念和企业经营战略制定出来之后，企业必须迅速让企业内外对自己的理念和战略有所了解，以便让企业内外所有相关人员都能明白本企业在干什么和为什么这么干，从而得到社会认同，获得一种亲和力和心理共鸣，使企业管理理念和企业经营战略发挥应有的积极作用。

（2）促进企业主体性的形成。CIS 的全面实施，将用企业理念真正促进企业主体性的形成。企业通过对管理理念的不断解释，依靠具体的事实对抽象理念进行诠释，依靠企业管理者的身体力行，经过长期的努力，使企业员工真正理解其管理理念，逐步实现企业的主体性和理念的统一性。

（3）规范企业行为。企业行为是企业主体性的外在表现，这是一个动态识别的过程。在全面实施 CIS 的过程中，企业应该根据"行为识别准则"完善各项规章制度，不断改善企业内部工作环境，通过培训和教育规范管理者和全体员工的行为，提高员工的综合素质，全面落实企业的经营战略和经营方针，通过加强对社会公益事业的支持，在社会上树立企业的良好形象。

（4）全方位应用视觉识别。每个企业都有自己的外部标志，企业是否引进 CIS，其中一个最大的标志就是系统的 VI 是否得到了全方位的应用。在全面实施 CIS 的过程中，必须强调企业标志、标准字、标准色等要素的使用标准和使用方法，必须严格按照《CIS 手册》实施，如有特殊应用，必须经过审核。

全面实施 CIS 与企业经营管理是相互包容、相辅相成的。导入和实施 CIS，其意义在于使企业形象更加鲜明，使企业目标更加明确，使企业战略更具可操作性。

本 章 小 结

企业管理是指企业的领导者和全体员工，为了充分利用各种资源，保证整个生产经营活动的统一协调，实现企业管理的任务，达到提高经济效益的目的而进行的决策、计划、组织、控制、激励和领导等一系列综合性活动。企业管理具有决策职能、计划职能、组织职能、领导职能、控制职能。

现代企业管理通常遵循系统性原理、规律性原理、控制性原理、相对封闭原理、弹性原理、整分合原理、动力原理、效益最优化原理、要素有用原理。企业管理现代化的内容主要有管理思想现代化、管理组织现代化、管理方法现代化、管理手段现代化、管理人才现代化。管理组织的构成要素主要包括管理人员、规章制度、企业信息。现代企业制度是以企业产权制度为核心，以企业法人制度为基础，按照产权清晰、权责明确、政企分开、管理科学的要求建立的有利于社会资源合理配置，企业能高度自主经营并承担有限责任的企业组织和运营管理制度。现代企业制度的基本内容包括：产权制度是现代企业制度的核心、企业法人制度是现代企业制度的基础、有限责任制度是现代企业制度的重要标志、公司企业是现代企业制度的典型形式。现代企业制度的基本特征有：产权清晰、权责明确、政企分开、管理科学。

企业文化建设的意义如下：有利于促进社会主义精神文明建设；有利于建设有中国特色的社会主义现代企业管理；有利于加强思想政治工作；有利于提高企业在社会上的知名度。

企业形象是指企业通过生产经营活动，向公众展示的自身本质特征，并给公众留下的整体性和综合性印象与评价。企业形象战略由英文 Corporate Identity System 译成，通常缩写为 CIS，又译为企业识别系统。CIS 是一个企业通过统一的视觉设计，运用整体传达沟通系统，将企业的经营理念、企业文化以及企业经营活动等信息传达给所有企业相关者，以凸显企业的时代精神与独特个性，使社会公众对企业产生一致的认同感，以塑造企业形象，从而提高企业竞争能力的经营战略。CIS 包括 MI（Mind Identity，理念识别）、BI（Behavior Identity，行为识别）和 VI（Visual Identity，视觉识别）三大要素。

案例分析

公司为何高薪留不住人才

某日化产品生产公司几年来业务发展一直很好，销售量逐年上升，每到销售旺季，公司就会到人才市场大批招聘销售人员，一到了销售淡季，公司又会大量裁减销售人员。就这件事，公司销售经理陈鸿飞曾给总经理蒋明浩提过几次意见，而蒋总却说：人才市场上有的是人，只要我们工资待遇高，还怕找不到人？一年四季把他们"养"起来，这样做费用太大了。不可避免，公司的销售人员流动性很大，包括一些销售骨干也纷纷跳槽，蒋总对销售骨干还是极力挽留的，但没有效果，他也不以为意，仍照着惯例，派人到人才市场上去招人来填补空缺。终于，出事了，在去年该公司销售旺季时，跟随蒋总多年的陈鸿飞和公司大部分销售人员集体辞职，致使公司销售工作一时近乎瘫痪。这时，蒋总才感到问题有些严重，因为人才市场上可以招到一般的销售人员，但不一定总能找到优秀的销售人才和管理人才。在这种情势下，他亲自到陈鸿飞家中，开出极具诱惑力的年薪，希望他和一些销售骨干能重回公司。然而，这样不菲的年薪，依然没能召回这批曾经与他多年浴血奋战的老部下。

（资料来源：百度文库，https://wenku.baidu.com/view/5f7625f84b35eefdc9d33381.html）

案例思考题：

从企业文化角度分析该公司为什么高薪留不住销售人才？

思考与习题

1. 公司制企业的优势体现在哪些方面？
2. 企业管理的职能包括哪些？它们之间有什么样的关系？
3. 企业管理的基础工作主要包括哪些方面？
4. 近代管理思想和理论的发展经历了哪几个阶段？每个阶段发展了哪些理论？
5. 设计科学、合理、先进的企业组织应遵循哪些原则？
6. 阐述现代企业制度的基本特征。
7. 什么是企业文化？企业文化的内容、特点、功能是什么？
8. 什么是企业形象？企业形象的构成要素有哪些？

第二章 现代企业营销管理

学习目标

通过本章学习，要了解现代企业市场营销的含义及其演变过程；熟悉市场营销组合的构成及相互关系；全面掌握现代企业市场营销策略的理论和技巧，并能结合企业实际正确地选择各种营销策略，实现市场营销策略的最佳结合。

◆ 导入案例

一个市场——三种策略

美国一个制鞋公司要寻找国外市场，公司派了一个业务员去非洲的一个岛国，让他了解一下能否将本公司的鞋销售给他们。这个业务员到非洲后待了一天，发回一封电报："这里的人不穿鞋，没有市场。我即刻返回。"公司又派出了另一名业务员，第二个人在非洲待了一个星期，发回一封电报："这里的人不穿鞋，鞋的市场很大，我准备把本公司生产的鞋卖给他们。"公司总裁得到两种不同的结果后，为了解更真实的情况，于是又派去了第三个人。该人到非洲待了三个星期后发回一封电报："这里的人不穿鞋，原因是他们有脚疾，他们也想穿鞋，过去不需要我们公司生产的鞋，是因为我们的鞋太窄。我们必须生产宽鞋，才能满足他们对鞋的需求。这里的部落首领不让我们做买卖，除非我们借助于政府的力量和公关活动搞大市场营销。我们打开这个市场需要投入大约1.5万美元。这样我们每年能卖大约2万双鞋，在这里卖鞋可以赚钱，投资收益率约为15%。"

（资料来源：百度文库，https：//wenku.baidu.com/view/4c157dba77232f60dccca16d.html）

讨论：案例中的三个业务员对同一个地区的市场情况做出的分析判断有什么不同？

第一节 市场营销概述

一、市场营销的含义

市场营销是指导生产以及联系生产和消费的一系列经济活动。它不仅包括生产过程之前的具体经济活动，如市场调研、市场细分、选择目标市场、产品开发等，而且还包括生产过程完成之后的一系列具体的经济活动，如制定价格、选择分销渠道、促进销售等。可见，市场营销远远超出商品流通范围且涉及包括生产、分配、交换和消费的资本总循环过程。

市场营销作为一门独立学科，最早产生于20世纪初的美国。从19世纪末到20世纪初，各主要资本主义国家先后完成了工业革命，科学技术的进步推动了生产规模和市场规模的日益扩大，同时也加剧了资本主义的基本矛盾。这一矛盾表现在市场上，一方面是资本主义生产的高速发展，市场供给和生产能力大规模增加，另一方面是相对缩小的国内市场和国际市场。面对市场上积存产品的不断增加和有效需求的不断减少，资本主义企业不得不关心自己产品的销路，为产品寻求销售市场。在这种情况下，市场营销问题成了资本主义企业经营的首要问题。与此同时，西方一些经济学家着重于从理论上研究市场营销问题，出版了有关推销、广告、定价、包装业务、产品设计等论著，继而逐步形成了市场营销学的雏形。此后，市场营销学被广泛应用于流通领域。

第二次世界大战后，以美国为代表的主要资本主义国家再度出现经济高涨，科学技术的进一步飞速发展使社会产品数量剧增，企业间的竞争更加激烈。资本主义政府为了解决有效需求不足问题，推行了一整套高工资、高消费和高福利政策，从而刺激和提高了消费者的购买力，使消费需求日趋多样化、个性化，需求结构也随之变化，市场格局从卖方市场变成了买方市场。这种新的市场形势，使得原有的市场营销学理论、概念、内容已不能适应新的需要，使得企业的一切营销活动必须以顾客为中心，以顾客的需要为转移。于是市场营销学发生了根本性变化：研究对象从流通领域扩展为整个营销过程；营销观念从推销观念变成了市场营销观念；营销中心从产品变成了顾客需要；营销手段从推销和销售变成了整体营销。市场营销理论逐渐走向完善，形成了现代市场营销学。

二、市场营销观念的演变

市场营销观念是企业进行营销管理时的指导思想和行为准则，也是一门商业哲学。任何一种营销观念，都是特定历史条件的产物，随企业营销实践的发展而发展，随市场营销环境的变化而变化。而一定的营销观念一旦产生，必然反过来作用于企业的营销管理。因此，企业市场营销观念是否符合形势，对企业经营的成败至关重要。从国外市场营销的发展历史来看，市场营销观念的演变大致经历了四个阶段。

1. 生产观念

生产观念就是"能生产什么，就卖什么"的"以产定销"的观念，是社会产品供不应求条件下的一种营销观念。由于产品供不应求，销售不成问题，企业获利的唯一途径是增加产量、提高质量和降低成本，以物美价廉的产品供应市场。在生产观念的指导下，企业把精力集中在生产管理上，根本不过问或很少过问市场需求情况。

2. 推销观念

推销观念又称销售观念。这种观念认为，在产品销售过程中，如果顺其自然的话，消费者通常不会大量购买某一企业的产品，通常表现出一种购买惰性或抗衡心理。企业应积极推销和进行大量的促销活动，千方百计地使消费者对企业产品产生兴趣，劝说他们多购买。这是社会上许多产品在供过于求条件下的一种营销理论，其重点仍然是产品而不是消费者，仍存在一定的局限性。特别是当产品供给非常丰富时，不符合消费者需要的产品无论如何都难以推销出去。

3. 市场营销观念

市场营销观念就是"消费者需要什么，就生产什么"的"以销定产"观念，是社会产品进一步供过于求，整个资本主义市场由卖方市场转变为买方市场条件下的一种营销理论。这种营销观念产生于20世纪60年代。第二次世界大战后，随着科学技术的发展，市场上产品供给日益丰富，消费需求瞬息万变，市场竞争不断加剧。在这种情况下，如果企业生产经营不以消费者为中心，企业就无法生存，更谈不上什么发展。市场营销观念的产生是营销观念的一次"革命"，这一"革命"要求企业把生产经营的重点从产品转移到消费者身上。

4. 社会营销观念

20世纪80年代以后，人们从市场营销实践中发现，市场营销观念也存在不足，它回避了消费者需求的满足同整个社会眼前利益和长远利益的矛盾。实践证明，一味满足消费者的需要也会产生一些消极后果，造成社会性问题，如资源浪费、环境污染等。因此，社会营销观念认为，企业市场营销管理的指导思想不应仅仅是满足消费者的需要和欲望，而且要同时照顾到社会的当前和长远利益。

以上四种营销观念，归纳起来又可分为两类：一类是传统营销，包括生产观念和推销观念，其共同特征是以生产者为导向，以产品为中心，以产定销，作用于卖方市场；另一类是现代营销观念，包括市场营销观念和社会营销观念，其共同特征是以消费者为导向，以消费者需要为中心，以销定产，作用于买方市场。

三、市场营销组合

市场营销组合的概念是美国哈佛大学鲍敦（N. Borden）教授于1964年首先提出的。其定义是综合运用企业可以控制的营销手段，对它们实行最优组合，以取得最佳市场营销效果。另一位美国学者尤金·麦卡锡（Eugene McCarthy）进一步指出，市场营销组合是企业为了满足目标市场的需要而加以组合的可控制变数，这些可控制变数很多，可概括为四大基本类型，简称为4P's，如图2-1所示。

（1）产品（Product）。产品是指企业提供给目标市场的产品和服务的集合体，它包括产品的效用、质量、外观、式样、品牌、包装、规格、服务和保证等。

（2）价格（Price）。价格是指企业出售产品和服务的经济回报，包括价目表所列的价格、折扣、折让、支付方式、支付期限和信用条件等，通常也称为定价。

（3）地点（Place）。地点是指企业使其产品可进入和达到目标市场所进行的各种活动，包括商品流通的途径、环节、场所、仓储和运输等，通常也称为分销或渠道或分销渠道。

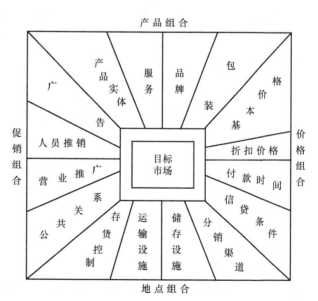

图2-1 营销组合主要因素

(4) 促销（Promotion）。促销是指企业利用各种信息载体与目标市场进行的多元活动，它包括广告、人员推销、营业推广、公共关系等。

产品、价格、地点和促销是企业市场营销可以控制的四大因素，它们相互联系、相互制约、相互影响。在开展市场营销活动时，不仅要对四因素进行综合考虑、优化组合，而且由于每一个基本因素又包括几个次级因素，形成一个次级组合，因此还要做好次级组合的决策，这样企业才能实现最佳的营销效果。

市场营销组合是现代营销管理理论的重要概念之一，它同市场营销观念同等重要。市场营销观念解决企业如何看市场、看待消费者的问题；市场营销组合解决的是满足市场需要的手段问题，通过对企业可控制因素的有效运用，企业才能真正满足消费者需要，实现其经营目标。

第二节　市场营销机会分析

一、市场营销环境分析

（一）微观环境

微观环境是指对企业服务其消费者的能力构成直接影响的各种力量，包括企业本身及其市场营销渠道企业、市场、竞争者和各种公众，这些都会影响企业为其目标市场服务的能力。

1. 企业

企业本身包括市场营销管理部门、其他职能部门和最高管理层。企业为实现其目标，必须进行制造、采购、研究与开发、财务、市场营销等业务活动。市场营销部门在制定决策时，不仅要考虑到企业外部环境力量，而且要考虑企业内部环境力量。市场营销部门首先要考虑其他业务部门（如制造部门、采购部门、研究与开发部门、财务部门等）的情况，并与之密切协作，共同研究制订年度和长期计划；其次，要考虑最高管理层的意图，以最高管理层制定的企业任务、目标、战略和政策等为依据，制订市场营销计划，并报最高管理层批准后执行。

2. 市场营销渠道企业

市场营销渠道企业包括：①供应商；②商人中间商；③代理中间商；④辅助商。在现代市场经济条件下，生产企业一般都通过市场营销中介机构（即代理中间商、商人中间商、辅助商等）来进行市场营销研究、推销产品、储存产品、运输产品等，因为这样分工比较经济。

3. 市场

市场是根据购买者及其购买目的进行划分的。它包括：①消费者市场；②生产者市场；③中间商市场；④政府市场；⑤国际市场。

4. 竞争者

企业要想在市场竞争中获得成功，就必须能比竞争者更有效地满足消费者的需要与欲望。因此，企业所要做的并非仅仅是迎合目标消费者的需要，而是要通过有效的产品定位，使得企业产品与竞争者产品在消费者心目中形成明显差异，从而取得竞争优势。而竞争者包括：①愿望竞争者；②一般竞争者；③产品形式竞争者；④品牌竞争者。

5. 公众

公众是指对企业实现其市场营销目标构成实际或潜在影响的任何团体，包括：①金融公众；②媒体公众；③政府公众；④市民行动公众；⑤地方公众；⑥一般群众；⑦企业内部公众。

（二）宏观环境

微观环境中所有的因素都要受宏观环境中各种力量的影响。宏观环境是指那些给企业造成市场机会和环境威胁的主要社会力量，包括人口环境、经济环境、自然环境、技术环境、政治和法律环境以及社会和文化环境等。这些主要社会力量代表企业不可控制的变量。

1. 人口环境

市场营销学认为，企业的最高管理层必须密切注意企业人口环境方面的动向，因为市场是由那些想买东西并且有购买力的人（即潜在购买者）构成的，而且这种人越多，市场的规模就越大。目前许多国家企业人口环境方面的主要动向有：①世界人口数量迅速增长；②发达国家的人口出生率下降；③许多国家人口趋于老龄化；④许多国家的家庭在变化；⑤西方国家非家庭住户也在迅速增加；⑥许多国家的人口流动性大；⑦有些国家的人口由多民族构成。

2. 经济环境

购买力是构成市场和影响市场规模大小的一个重要因素。而整个购买力即社会购买力又直接或间接受消费者收入、价格水平、储蓄、信贷等经济因素的影响。社会购买力是一些经济因素的函数。正因为这样，企业的市场营销不仅受其人口环境影响，而且受其经济环境影响。所以，企业的最高管理层还必须密切注意宏观经济环境方面的动向。企业进行经济环境分析时，要着重分析以下主要经济因素：①消费者收入的变化；②消费者支出模式的变化；③消费者储蓄和信贷情况的变化。

3. 自然环境

企业的自然环境（或物质环境）的发展变化也会给企业造成一些环境威胁和市场机会，所以，企业的最高管理层还要分析研究其自然环境方面的动向。目前这个方面的主要动向是：①某些自然资源短缺或即将短缺；②环境污染日益严重；③许多国家对自然资源管理的干预日益加强。

4. 技术环境

企业的最高管理层还要密切注意其技术环境的发展变化，了解技术环境的发展变化对企业市场营销的影响，以便及时采取适当的对策。目前这个方面的主要动向是：①新技术是一种"创造性的毁灭力量"；②新技术革命有利于其改善经营管理；③新技术革命会影响零售商业结构和消费者购物习惯。

5. 政治和法律环境

企业的市场营销决策还要受其政治和法律环境的强制与影响。政治和法律环境是那些强制与影响社会上各种组织和个人的法律、政府机构的压力集团。其主要内容有：①与企业市场营销有关的经济法规；②群众利益团体的发展情况。

6. 社会和文化环境

人类在某种社会环境下生活，久而久之，必然会形成某种特定的文化，包括一定的态度和看法、价值观念、道德规范以及世代相传的风俗习惯等。文化是影响人们欲望和行为（包括企业和消费者的欲望与购买行为）的一个很重要的因素。它包括：①国际市场营销决策必须了解和考虑各国的文化差异；②市场营销决策还要着重调查研究亚文化人群的动向；③图腾文化与市场营销禁忌。

二、消费者市场购买行为分析

所谓消费者市场，是指所有为了个人消费而购买产品或服务的个人和家庭所构成的市场。消费者市场是现代市场营销理论研究的主要对象。成功的市场营销者是那些能够有效地开发对消费者有价值的产品，并运用富有吸引力和说服力的营销方法将产品有效地呈现给消费者的企业和个人。因而，研究影响消费者购买行为的主要因素及其购买决策过程，对于开展有效的市场营销活动至关重要。

（一）影响消费者购买行为的主要因素

消费者不可能在真空里做出自己的购买决策，他们的购买决策在很大程度上受到文化、社会、个人和心理等因素的影响。

1. 文化因素

文化、亚文化和社会阶层等文化因素，对消费者的行为具有最广泛和最深远的影响。文化是人类欲望和行为最基本的决定因素。低级动物的行为主要受其本能的控制，而人类行为大部分是学习而来的。在社会中成长的儿童通过其家庭和其他机构的社会化过程学到了一系列基本的价值、知觉、偏好和行为的整体观念。每一种文化群体都包含着能为其成员提供更为具体的认同感和社会化的较小的亚文化群体，如民族群体、宗教群体、种族群体、地理区域群体等。

在一切人类社会中，都存在着社会层次。它有时以社会等级形式出现，不同等级的成员都被培养成一定的角色，而且不能改变他们的等级成员资格。然而，更为常见的是，层次以社会阶层的形式出现。所谓社会阶层，是指一个社会中具有相对的同质性和持久性的群体，它们是按等级排列的，每一阶层的成员具有类似的价值观、兴趣爱好和行为方式。

2. 社会因素

消费者购买行为也受到诸如参照群体、社会角色与地位等一系列社会因素的影响。参照群体是指那些直接或间接影响人的看法和行为的群体。直接参照群体又称为成员群体，即某人所属的群体或与其有直接关系的群体。成员群体又分为首要群体和次要群体两种。首要群体是指与某人直接、经常接触的一群人，一般都是非正式群体，如家庭成员、亲戚朋友、同事、邻居等；次要群体是对其成员有影响并不经常接触但一般都较为正式的群体，如宗教组织、职业协会等。间接参照群体是指某人的非成员群体，即此人不属于其中的成员，但又受其影响的一群人。这种参照群体又分为向往群体和厌恶群体。向往群体是指某人推崇的一些人或希望加入的集团，如体育明星、影视明星就是其崇拜者的向往群体；厌恶群体是指某人讨厌或反对的一群人。一个人总是不愿意与厌恶群体发生任何联系，在各方面都希望与其保持一定距离，甚至经常反其道而行之。

参照群体对消费者购买行为的影响表现在三个方面：①参照群体为消费者展示出新的行为模式和生活方式；②由于消费者有效仿其参照群体（不含厌恶群体）的愿望，因而消费者对某些事物的看法和对某些产品的态度也会受到参照群体的影响；③参照群体促使人们的行为趋于某种"一致化",从而影响消费者对某些产品和品牌的选择。

家庭是社会组织的一个基本单位,也是消费者的首要参照群体之一,对消费者购买行为有着重要影响。家庭购买决策大致可分为三种类型:①一人独自做主;②全家参与意见,一人做主;③全家共同决定。

一个人在其一生中会参加许多群体,如家庭、俱乐部及其他各种组织。每个人在各个群体中的位置可用角色和地位来确定。每一个角色都将在某种程度上影响其购买行为。每一角色都伴随着一种地位,这一地位反映了社会对他或她的总评价,而地位标志又随着不同阶层和地理区域而有所变化。

3. 个人因素

消费者购买决策也受其个人特性的影响,特别是受其年龄所处的生命周期阶段、职业、经济状况、生活方式、个性以及自我观念的影响。生活方式是一个人在世界上所表现的有关其活动、兴趣和看法的生活模式。个性是一个人所特有的心理特征,它导致一个人对其所处环境做出相对一致和持续不断的反应。

4. 心理因素

消费者购买行为要受动机、知觉、学习以及信念和态度等主要心理因素的影响。动机是一种升华到足够强度的需要,它能够及时引导人们去探求满足需要的目标。马斯洛则认为,人是有欲望的动物,需要什么不取决于已经有了什么,只有尚未被满足的需要才影响人的行为,也即已满足的需要不再是一种动因。

一个被激励的人随时会准备行动。然而,他如何行动则受其对情况的知觉程度的影响。两个人在相同的激励状态和目标情况下,其行为却大不一样,这是由于他们对情况的知觉各异。所谓知觉是指个人选择、组织并解释信息的投入,以便创造一个有意义的行为的过程,它不仅取决于刺激物的特征,而且还依赖于刺激物同周围环境的关系以及个人所处的状况。人们之所以对同一刺激物产生不同的知觉,是因为人们要经历三种知觉过程,即选择性注意、选择性曲解和选择性记忆。

人们对于刺激物的理解是通过感觉进行的。所谓感觉是指通过视、听、嗅、味、触五种感官对刺激物的反应。随着感觉的深入,将感觉到的材料通过大脑进行分析综合,从而得到知觉。人们要行动就得学习。学习是指由于经验而引起的个人行为的改变。人类行为大都来源于学习。一个人的学习是通过驱使力、刺激物、诱因、反应和强化的相互影响而产生的。由于市场营销环境不断变化,新产品、新品牌不断涌现,消费者的购买行为必须经过多方搜集有关信息之后,才能做出购买决策,这本身就是一个学习的过程。

通过行为和学习,人们获得了自己的信念和态度,而信念和态度又反过来影响人们的购买行为。所谓信念是指一个人对某些事物所持有的描述性思想。生产者应关注人们头脑中对其产品或服务所持有的信念,即本企业产品和品牌的形象。人们根据自己的信念做出行动,如果一些信念是错误的,并妨碍了购买行为,生产者就要运用促销活动去纠正这些错误信念。所谓态度,是指一个人对某些事物或观念长期持有的好与坏的认识上的评价、情感上的感受和行动倾向。态度能使人们对相似的事物产生相当一致的行为。一个人的态度呈现为稳定一致的模式,改变一种态度就需要在其他方面做重大调整。

综上所述,一个人的购买行为是文化、社会、个人和心理因素之间相互影响和作用的结果。其中很多因素是市场营销者无法改变的,但这些因素在识别那些对产品有兴趣的购买者方面颇有用处。其他因素则受到市场营销者的影响，市场营销者借助有效的产品、价格、地点和促销管理，可以诱发消费者的购买欲望。

(二) 消费者购买决策过程

市场营销者在分析了影响购买者行为的主要因素之后，还需了解消费者如何真正做出购买决策，即了解谁做出购买决策，购买决策的类型以及购买过程的具体步骤如下：

1. 参与购买的角色

人们在购买决策过程中可能扮演不同的角色，包括：①发起者，即首先提出或有意向购买某一产品或服务的人；②影响者，即其看法或建议对最终决策具有一定影响的人；③决策者，即对是否买、为何买、何时买、何处买等方面的购买决策完全或部分做出最后决定的人；④购买者，即实际采购人；⑤使用者，即实际消费或使用产品和服务的人。

2. 购买行为类型

消费者购买决策随其购买决策类型的不同而变化。较为复杂和花钱多的决策往往凝结着购买者的反复权衡和众多人的参与决策。根据参与者的介入程度和品牌间的差异程度，可将消费者购买行为分为四种：①习惯性购买行为，对于价格低廉、经常购买、品牌差异小的产品，消费者不需要花时间进行选择，也不需要经过搜集信息、评价产品特点等复杂过程，因而，其购买行为最简单。②寻求多样化购买行为，有些产品品牌差异明显，但消费者并不愿花长时间来选择和估价，而是不断变换所购产品的品牌。这样做并不是因为对产品不满意，而是为了寻求多样化。③化解不协调购买行为，有些产品品牌差异不大，消费者不经常购买，而购买时又有一定的风险，所以，消费者一般要比较、看货，只要价格公道、购买方便、机会合适，消费者就会决定购买。购买以后，消费者也许会感到有些不协调或不够满意，在使用过程中，会了解更多情况，并寻求种种理由来减轻、化解这种不协调，以证明自己的购买决定是正确的。经过由不协调到协调的过程，消费者会有一系列的心理变化。④复杂购买行为，当消费者购买一件贵重的、不常买的、有风险的而且非常有意义的产品时，由于产品品牌差异大，消费者对产品缺乏了解，因而需要一个学习过程，以广泛了解产品性能、特点，从而对产品产生某种看法，最后做出购买决定。

3. 购买决策过程

在复杂购买行为中，购买者的购买决策过程由引起需要、收集信息、评价行为、决定购买和买后行为五个阶段构成。

购买者的需要往往由两种刺激引起，即内部刺激和外部刺激。市场营销人员应注意识别引起消费者某种需要和兴趣的环境，并充分注意到两方面的问题：一是注意了解那些与本企业的产品实际上或潜在的有关联的驱动力；二是消费者对某种产品的需求强度，会随着时间的推移而变动，并且被一些诱因触发。在此基础上，企业还要善于安排诱因，促使消费者对企业产品产生强烈的需求，并立即采取购买行动。

一般来讲，引起的需要不是马上就能满足的，消费者需要寻找某些信息。消费者的信息来源主要有个人来源（家庭、朋友、邻居、熟人）、商业来源（广告、推销员、经销商、包装、展览）、公共来源（大众传播媒体、消费者评审组织等）、经验来源（处理、检查和使用产品）等。

消费者对产品的判断大多是建立在自觉和理性基础之上的。消费者的评价行为一般会涉及以下几个问题：①产品属性，即产品能够满足消费者需要的特性，如计算机的存储能力、图像显示能力、软件的适用性等。②属性权重，即消费者对产品有关属性所赋予的不同的重要性权数。消费者被问及，如何考虑某一产品属性时立刻想到的属性，叫作产品的特色属性。但特色属性不一定是最重要的属性。在非特色属性中，有些可能被消费者遗忘，而一旦被提及，消费者就会认识到它的重要性。③品牌信念，即消费者对某品牌优劣程度的总的看法。由于消费者个人经验、选择性注意、选择性曲线以及选择性记忆的影响，其品牌信念可能与产品的真实属性并不一致。④效用函数，即描述消费者所期望的产品满足感随产品属性的不同而有所变化的函数关系。它与品牌信念的联系是，品牌信念是指消费者对某品牌的某一属性已达到何种水平的评价，而效用函数则表明消费者要求该属性达到何种水平他才会接受。⑤评价模型，即消费者对不同品牌进行评价时选择的程序和方法。

评价行为会使消费者对可供选择的品牌形成某种偏好，从而形成购买意图，进而购买所偏好的品牌。但是，在购买意图和决定购买之间，有两种因素会起作用：一是别人的态度；二是意外情况。消费者对其购买的产品是否满意，将影响到以后的购买行为。如果对产品满意，则在下一次购买中可能继续采购该产品，并向其他人宣传该产品的优点；如果对产品不满意，则会尽量减少不和谐感，因为人存在着一种在自己的意见、知识和价值观之间建立协调性、一致性或和谐性的驱使力。具有不和谐感的消费者可以通过放弃或退货来减少不和谐，也可以通过寻求证实产品价值比其价格高的有关信息来减少不和谐感。市场营销人员应采取有效措施尽量减少购买者买后不满意的程度。过去的品牌选择对于未来品牌偏好会起强化作用。

研究和了解消费者的需要及其购买过程，是市场营销成功的基础。市场营销人员通过了解购买者如何经历引起需要、寻找信息、评价行为、决定购买和买后行为的全过程，就可以获得许多有助于满足消费者需要的有用线索；通过了解购买过程的各种参与者及其对购买行为的影响，就可以为其目标市场设计有效的市场营销计划。

三、组织市场购买行为分析

企业的市场营销对象不仅包括广大消费者，还包括各类组织机构。这些组织机构构成了原材料、零部件、机器设备、供给品和企业服务的庞大市场。为此，企业必须了解的组织市场主要是产业市场及其购买行为。

（一）组织市场的构成

组织市场是由各种组织机构形成的对企业产品和劳务需求的总和。它可分为三种类型，即产业市场、转卖者市场和政府市场。

（1）产业市场。产业市场又叫生产者市场或企业市场。它是指一切购买产品和服务并将之用于生产其他产品或服务，以供销售、出租或供应给他人的个人和组织。

（2）转卖者市场。转卖者市场是指那些通过购买产品和服务以转售或出租给他人获取利润为目的的个人和组织。

（3）政府市场。政府市场是指那些为执行政府的主要职能而采购或租用产品的各级政府单位。也就是说，一个国家政府市场上的购买者是该国各级政府的采购机构。

（二）产业市场购买行为

在组织市场中，产业市场的购买行为与购买决策具有典型的代表意义，所以，在此仅对产业市场购买行为进行阐述。

1. 产业市场的特点

在某些方面，产业市场与消费者市场具有相似性，二者都有人为满足某种需要而担当购买者角色、制定购买决策等共同点。然而，产业市场在市场结构与需求、购买单位性、决策类型与决策过程及其他各方面，又与消费者市场有着明显差异。与消费者市场相比，产业市场的特点主要有：①产业市场上购买者的数量较少，购买者购买的规模较大；②产业市场上的购买者往往集中在少数地区；③产业市场的需求是引申需求；④产业市场的需求是缺乏弹性的需求；⑤产业市场的需求是波动的需求；⑥专业人员购买；⑦直接购买；⑧相互购买；⑨租赁代替购买。

2. 产业市场购买的决策参与者

产业用品供货企业不仅要了解谁在市场上购买和产业市场的特点，而且要了解谁参与产业购买者的购买决策过程，他们在购买决策过程中充当什么角色，起什么作用，也就是说要了解其购买者的采购组织。

各企业采购组织有所不同。小企业只有几个采购人员；大公司有很大的采购部门，由一位副总裁主管。有些公司的采购经理有权决定采购什么规格的产品、由谁供应；有些采购经理只负责把订货单交给供应商。

在任何一个企业中，除了专职的采购人员之外，还有一些其他人员也参与购买决策过程。所有参与购买决策过程的人员构成采购组织的决策单位，市场营销学称之为采购中心。企业采购中心通常包括五种成员：①使用者；②影响者；③采购者；④决定者；⑤信息控制者。

当然，并不是任何企业采购任何产品都必须有上述五种人员参加购买决策过程。企业中采购中心的规模大小和成员多少会随着采购产品的不同有所不同。一个企业如果采购办公用的文具，可能只有采购者和使用者参与购买决策过程，而且采购者往往就是决策者。在这种情况下，采购中心的成员较少，规模较小。如果采购一台计算机，其技术性较强，单价高，购买情况复杂，参与购买决策过程的人员较多，采购中心的成员也会较多，规模较大。如果一个企业采购中心的成员多，供货企业的市场营销人员就不可能接触所有的成员，而只能接触其中少数几位成员。在此种情况下，供货企业的市场营销人员必须了解谁是主要的决策参与者，以便影响最有决策力的重要人物。

3. 产业市场购买者的购买情况

产业市场购买者不是只做单一的购买决策，而是需要做一系列的购买决策。购买者要做多少购买决策以及其购买决策结构的复杂性，都取决于产业市场购买者购买情况的复杂性。产业市场购买者的购买情况大体有三种类型：一种极端情况是直接重购，基本上属惯例化决策；另一种极端情况是新购，需要做大量的调查研究；二者之间的一种情况是修正重购，也需要做一定的调查研究。①直接重购，即企业的采购部门根据过去和许多供应商打交道的经验，从供应商名单中选择供货企业，并直接重新订购过去采购过的同类产业用品。此时，组织购买者的购买行为是惯例化的。②修正重购，即企业的采购经理为了更好地完成采购工作任务，适当改变要采购的某些产业用品的规格、价格等条件或供应商。这类购买情况较复杂，因而参与购买决策过程的人数较多。③新购，即企业第一次采购某种产业用品。新购的成本费用越高，风险越大，需要参与购买决策过程的人数和需要掌握的市场信息就越多。这类购买情况最复杂。

4. 影响产业市场购买者购买决策的主要因素

（1）环境因素。环境因素即一个企业外部周围环境的因素，如一个国家的经济前景、市场需求、技术发展变化、市场竞争、政治等情况。

（2）组织因素。组织因素即企业本身的因素，如企业的目标、政策、步骤、组织结构、系统等。

（3）人际因素。企业的采购中心通常包括使用者、影响者、采购者、决定者和信息控制者，这五种成员都参与购买决策过程。这些参与者在企业中的地位、职权、说服力以及他们之间的关系有所不同。这种人事关系会影响产业市场购买者的购买决策、购买行为。

（4）个人因素。个人因素即各个参与者的年龄、性别、受教育程度、个性等。这些个人因素会影响各个参与者对要采购的产业用品和供应商的感觉、看法，从而影响其购买决策、购买行动。

5. 产业市场购买者购买过程的主要阶段

供货企业的最高管理层和市场营销人员还要了解其购买者购买过程各个阶段的情况，并采取适当措施，以适应购买者在各个阶段的需要，才能成为现实的卖主。产业市场购买者购买过程的阶段多少，也取决于产业市场购买者购买情况的复杂程度。

在直接重购这种最简单的购买情况下，产业市场购买者的购买过程的阶段最少；在修正重购情况下，购买过程的阶段多一些；而在新购这种最复杂的情况下，购买过程的阶段最多，要经过八个阶段，包括：①认识需要；②确定需要；③说明需要；④物色供应商；⑤征求意见；⑥选择供应商；⑦选择订货程序；⑧检查合同履行情况。

第三节　市　场　细　分

一、市场细分的概念

市场细分是按照消费者的不同特点而产生的不同需要，把消费者划分为不同的顾客群或市场面的过程。这些不同的顾客群或市场面，就是不同的细分市场。通过市场细分化，可以更深入地了解和发现不同细分市场的不同特点和规律，从而寻找新的市场机会并有针对性地开展市场营销活动。

二、市场细分的原则

企业可以依据不同标准进行市场细分，但并不是所有划分出来的细分市场都是有效的和有用的。要使细分后的市场对企业有用，必须遵循以下原则：

1. 可估量性

细分市场的规模及其购买力是可以估量的，即在这个细分市场可获得足够的有关消费者特性的资料。如果某个市场的资料无法获得，那就无法进行估量，也就不能把它纳入本企业市场细分的范围。在实践中，有些市场捉摸不定、难以估量，就不能对它进行细分。

2. 可进入性

细分的市场应是企业可能进入并能占有一定份额的部分；否则，细分就没有现实意义。例如，住在偏远山区的人，企业难以通过适当的营销渠道接近他们，这种细分就没有现实意义。

3. 效益性

企业所选定的市场的规模必须足以使企业有利可图；如果细分市场的规模很小，不能给企业带来足够的经济效益，一般就不值得细分了。

4. 稳定性

细分市场必须在一定时间内保持相对稳定，以便企业制定较长期的营销策略，从而有效地开拓并占领目标市场，获得预期效益。如果细分市场变动过快，目标市场如昙花一现，企业营销风险则会随之增加。

三、评估市场细分

由于市场范围的广泛性，任何企业都无法满足所有消费者的一切需求，企业必须根据自身条件，扬长避短地选择那些能发挥自己优势的市场，作为自己从事生产经营的目标市场。目标市场是一个企业决定提供产品或服务的市场。它是以市场细分为前提的，企业应在认真评估市场细分的基础上，选择恰当的进入策略。

评估企业市场细分主要考虑以下四大因素：

1. 市场因素

有关市场因素，主要考虑如下问题：①细分市场的规模。一般来讲，市场规模越大，市场吸引力越强。但是，由于大量的企业受其吸引力的影响，规模较大的市场存在着更为激烈的竞争。此外，小企业不具有在较大规模市场上竞争的优势，因而会把目光投向较小的市场。②细分市场的增长率。市场增长率越大，市场的潜力就越大，因为那里有更多的商机。然而，市场走势良好可能意味着激烈的市场竞争，应结合市场竞争状况来分析市场增长率。③价格敏感度。价格敏感度高的市场，通常风险大，也容易引起价格战，从而会损害商家的利润。④消费者的讨价能力。不论是直接购买者还是中间商，如果他们能够对制造商施加压力，要求降低价格，这无疑会降低市场对制造商的吸引力。⑤供应商的讨价能力。如果供应商具有较强的讨价能力，原材料的成本价格必定较高，无疑也会降低市场对制造商的吸引力。⑥进入细分市场的壁垒。对于有意进入某市场的企业来说，进入的过程可能存在一些阻力，这也会降低市场的吸引力。然而，如果企业克服了这些阻力，进入了这个市场，那么阻力将会成为其优势，会阻止新的竞争对手的出现。企业如能判断出这一点，那么阻力也会增加市场对企业的吸引力。⑦退出细分市场的壁垒。如果退出某一细分市场的阻力很大，那么这个市场的吸引力就较弱，企业撤出市场时，就要付出巨大的代价，因此，进入此市场风险较大。

2. 竞争因素

竞争因素主要包括以下几个方面：①竞争的性质。存在激烈竞争的市场，不如竞争程度相对较低的有市场引力。②新进入者。企业必须评估市场潜在的动态。即便是目前市场上不存在激烈的竞争，也不一定说明该市场就有吸引力。因为市场是动态的、不断变化的，如果有新成员加入，并且可能带来新科技，就会促使竞争规则改变。这样，进入此市场风险性就较大。③竞争差异。如果消费者的需求存在差异化，就能吸引更多的商家提供差异化的产品和服务参与市场竞争。这取决于正确评估消费者的差异化需要以及企业是否有满足这种需要的能力。

3. 政治、社会及环境因素

（1）政治因素。政治力量可以开辟新的市场。

（2）社会因素。社会变化可能给市场造成一定的冲击，对社会变化必须做出正确的评估。

（3）环境因素。社会及消费者环保意识的加强，给企业带来了挑战，也带来了新的机会。

4. 企业能力

除了考虑市场的吸引力，还必须考虑企业服务于市场的能力：①可利用的市场资产。评估目前企业的市场资产是否允许企业开发和利用有吸引力的市场。②成本优势。如果企业能够利用廉价的原料、劳动力或者能够运用科学技术降低成本，则企业在市场中就往往处于优势地位。③科技优势。科学技术是造成利润差别的源泉之一，拥有高技术的企业在市场中往往具有竞争优势。④管理能力。一个新的市场或许很有吸引力，但是如果企业水平低，不足以战胜竞争对手，那么该企业还是不进入此市场为好。

第四节 产品和价格策略

一、产品及其功能

产品是企业市场营销组合中的重要因素，产品策略直接影响和决定着其他市场营销组合因素的决策，甚至决定着企业市场营销的成败。在现代市场经济条件下，每一个企业都应致力于产品质量的提高和组合结构的优化，以更好地满足市场需要，提高企业产品的竞争力，取得更好的经济效益。

（一）产品整体概念

在普通人的意识中，产品通常是指经过生产劳动创造出来的具有某种特定物质形态和用途的物体。从市场营销的角度看，这种传统的产品概念过于狭窄，已经不适应市场营销发展的要求了。市场营销学的观点认为，消费者购买某种产品，不单是为了取得一件有形的、可以使用的物体，而且更重要的是为了取得实际利益和满足需要。从这个意义上讲，服务也应当包括在产品范围之内。因此，从现代市场营销角度来理解产品，产品应包括三个层次，如图2-2所示。

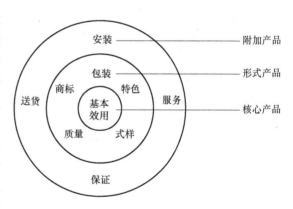

图 2-2 产品整体概念图

1. 核心产品

核心产品是指向消费者提供的产品基本效用或利益。核心产品也就是消费者真正要购买的利益，即产品的使用价值，例如，对于洗衣机，消费者要购买的是"方便、快捷、干净"；对于电影院，消费者要购买的就是娱乐。这是产品的核心，是购买者需要的中心内容。

2. 形式产品

形式产品是指产品的物质形体，即满足消费者需要的各种具体形式。它包括产品的质量、特色、式样、商标、包装等。产品的基本效用必须通过某些具体的形式才能得以实现。

3. 附加产品

附加产品是指消费者由于购买产品而得到的附加服务或利益。它包括提供信贷、免费送货、安装、售后服务等。附加产品的利益来源于对市场需要的深入认识。因为购买者的目的是满足某种需要，因而他们希望得到与满足该项需要有关的一切。

以上三个层次结合起来就是产品的整体概念。在越来越激烈的市场竞争条件下，企业只有站在消费者的角度，用产品整体概念来理解产品，才能生存和发展。

（二）产品功能

根据产品的整体概念，产品是由多种因素构成的组合体。随着社会的发展，消费者对产品的要求越来越高，产品功能越趋完善。一般来说，产品应具备以下功能：

1. 质量

产品质量是产品的生命，也是衡量产品使用价值大小的主要标志。它是指产品适合一定用途，满足社会和人们一定需要所具备的特性。它包括产品的性能、寿命、可靠性、安全性和经济性五个方面。

2. 式样、颜色

由于消费者受地域和环境、生活习惯、文化、历史传统等的影响，不同国家、地区的消费者对产品的式样、色泽的喜爱各不相同。

3. 体积

产品实体及包装的大小，因产品而异。就消费品来说，应考虑便于消费者使用、保管和携带。

4. 品牌与商标

品牌与商标是区分同类产品不同生产厂家的主要标志，以便消费者认识和选购产品。

5. 包装

这是对产品实体的保存和养护，便于消费者购买，促进销售。

6. 使用说明和保证

产品使用说明是向消费者介绍产品性能、结构、使用、保养等知识和注意事项的。产品保证是生产企业向消费者提供的保证条件，如"三包""三保"，以增进消费者对产品的信任。

7. 服务

服务包括售前对产品的广告宣传，售中的优质服务，售后的运送、安装、维修等。此外，服务还包括交货期、信用服务、产品标准等。

二、产品生命周期

（一）产品生命周期概念

产品在市场上的销售情况及获利能力是随着时间的推移而变化的。人们经过研究探索，发现产品和其他生物的生命一样，也经历了一个从诞生、成长、成熟到衰亡的过程。产品从进入市场开始，直到最终退出市场为止所经历的全部时间，称为产品生命周期。

在整个产品生命周期中，根据产品销售额和利润的变化规律，产品生命周期可分为四个阶段，分别为导入期、成长期、成熟期和衰退期，如图2-3所示。

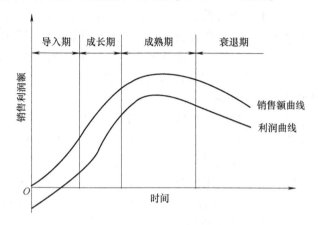

图2-3　产品生命周期

产品生命周期现象及四个阶段的划分，只是一种理想化或典型化的描述，事实上并非所有的产品生命周期都完全如此，有很多产品在市场上并非按生命周期的这种典型形态或正常规律变化。有的产品一进入市场就快速发展，越过了导入期，但很快衰落，如图2-4a所示；有的产品并没有经过快速成长期，而是从导入期直接进入成熟期，如图2-4b所示；有的产品进入一次成熟期后，由于企业采用了新的有效的营销策略，或发现了产品的新用途或新市场，从而使产品生命周期不断延续，如图2-4c所示。

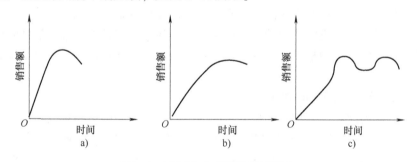

图2-4　产品生命周期的典型形态

（二）不同生命周期阶段的特点和营销策略

在产品生命周期的不同阶段，产品的销售额和利润水平等呈不同的变化趋势，具有不同的特征。企业应根据产品生命周期阶段的特征，制定相应的营销策略。

1. 导入期的主要特点和营销策略

导入期的主要特点是：①产品在设计上还没有定型；②生产批量很小，试制费用高，产品成本高；③用户对产品不了解和不熟悉，需要多做广告，因而销售费用较高；④企业可能没有利润，甚至发生亏损。

在这一阶段中，企业最重要的营销策略就是要千方百计地缩短导入期，使产品尽快进入成长期。这样不仅可以减少损失，提高经济效益，而且有利于迅速占领市场和扩大市场；否则，竞争者很快就会仿制产品，抢先占领市场。

2. 成长期的主要特点和营销策略

成长期的主要特点是：①试销取得成功，产品的市场销售量迅速上升；②产品设计和工艺基本定型，可以组织批量生产或大批生产，产品成本显著下降；③随着产量和销售量的迅速增加，企业的利润迅速上升；④竞争者看到有利可图，开始仿制同类产品。

这一阶段是产品销售的黄金时期，企业最重要的营销策略就是要全力以赴地发展生产，使之迅速成为企业的"拳头"产品，以保证取得最大的经济效益。

3. 成熟期的主要特点和营销策略

成熟期的主要特点是：①市场的需求量已趋饱和，销售量已接近最高点；②很多同类产品已进入市场，市场竞争十分激烈；③产品服务、广告和推销工作显得十分重要，销售费用不断提高；④由于竞争激烈，产品价格开始有所下降，使企业的利润也有所下降。

产品进入成熟期以后，企业营销工作的重点应放在保持已经取得的市场占有率及以尽量扩大市场份额上。对应此阶段所适应的营销策略是：①对产品进行改进，使之增加新的功能、规格，以保持竞争能力；②改进市场营销组合，寻求新市场，向市场的广度和深度进军，维护和提高市场占有率；③进一步挖掘生产能力，努力降低成本，以质优价廉吸引消费者。

4. 衰退期的主要特点和营销策略

衰退期的主要特点是：①产品生产技术和性能已陈旧老化，需求量和销售量持续下降；②性能更好的新产品已在市场上出现，生产量大幅度下降，生产成本开始上升；③经营的利润减少，有时甚至出现亏损现象。

产品进入衰退期后，企业必须对老化的产品及时做出决策，是应该放弃还是坚守需视企业的经营实力和产品所具有的市场潜力而定。简单地放弃或是不顾实际情况地坚守，都会使企业蒙受损失。对应此阶段所适应的营销策略是：①除在一定条件下维持最低限度的生产以满足少量需要外，应尽快调整工艺设备，转产新产品；②对现存老产品，要尽快脱手，以减少积压造成的损失。

（三）延长产品生命周期的方法

延长产品生命周期是一个相对的概念，因为产品生命周期的总趋势是不断缩短的，而这一趋势由社会经济发展、科学技术的革新和消费者购买选择性的加强所决定，企业无法改变。延长产品生命周期，并不是延长它的每一个阶段，而只是延长其中能给企业带来较大销售量和利润的两个阶段——成长期和成熟期。导入期和衰退期不能给企业创造较多利润，因而不仅不应延长，还应设法缩短。延长产品生命周期的主要方法有以下四种：

1. 促使消费者增加使用频率，扩大购买量

许多消费者购买和使用产品，往往受心理状态、生活习惯、惠顾动机等的影响，形成了较为固定的购买习惯和使用习惯。企业可以通过产品质量的保证与不断改进、强有力的广告宣传等措施树立产品信誉，建立消费者的品牌偏好，使之形成购买习惯。此外，企业还要介绍产品的有效使用方法，增加消费者的使用频率，以扩大销售。

2. 对产品进行改进

对处于成熟期的产品，可以通过改进产品以突出某种特性而吸引新的使用者，也可以对产品进行多功能开发，使减少的销售量回升。产品改进主要有三种形式：①质量改良，即提高产品质量，增加使用性能。例如，加强产品的耐久性、可靠性、便利性，对材料、原料进行新的组合。②特性改良,即提高产品的适用性、安全性和可操作性,增加或变化其功能。③形态改良,即对产品的外形、花色、款式、包装等进行变换和改良。

3. 开拓新市场,争取新顾客

新市场是相对于原有市场而言的,新顾客也是相对于已经购买过企业产品的老顾客而言的。有些产品在本地市场开始衰退,可以转销外地市场;有些产品在城市市场滞销,可以向农村市场发展;有的产品可以先争取女性顾客,然后再争取男性顾客;有的产品可以先以青年顾客为目标,然后再拓展到中老年顾客。

4. 拓展产品新的使用领域

有些产品的用途可以随着科学技术的发展和消费水平的提高而不断拓展,产品市场生命周期也就能够得到不断延长。例如,纸过去主要用于书写和印刷,后扩展到餐巾纸、装饰纸,再进一步发展到用纸制作桌布、鞋垫、服装等。

三、产品组合策略

(一) 产品组合的概念

产品组合是指一个企业提供给市场的所有产品线和产品项目的组合或搭配。产品线又称产品大类,是指具有相同功能,而型号规格不同的一组相类似的产品。每条生产线内又包含若干产品项目。产品项目就是产品线中各种不同规格、品种、档次的特定产品。

一个企业的产品组合具有一定的广度、长度、深度和关联性,如图2-5所示。

产品组合的广度是指企业生产和销售的不同产品线的数目,在图2-5中是4条。

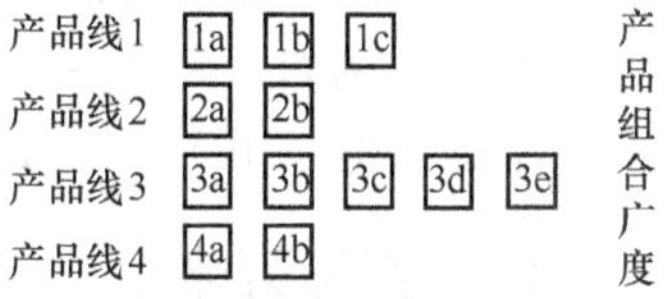

产品组合的长度是指企业产品组合中全部产品项目的数目,在图2-5中有12个。把全部产品项目数除以产品线数就可得出产品线的平均长度。

产品组合的深度是指产品线中每个产品有多少种变形。例如,某种牌子的牙膏,其配方有两种,即一般的和薄荷味的;其大小有三种,即大、中、小号。这样,这种牙膏组合的深度就是6。将每一产品项目的变形数总加起来再除以产品项目数,就可算出产品组合的平均深度。

图 2-5 产品组合

产品组合的关联性是指各种不同产品线在最终用途、分销渠道或其他方面中的相关联程度。

这样,各个企业根据自己所面临的不同环境、条件,对于本企业产品组合的广度、长度、深度及关联性做出不同的选择,也就形成了不同产品组合类型的决策。

(二) 产品组合策略的类型

如果一个企业从事的是多品种生产,同时经营门类众多的产品,那就必须根据各种产品在企业生产经营中的不同地位,恰当处理它们之间的相互关系,做出合理的总体决策。所谓产品组合策略也就是企业根据经营目标、经营实力和市场条件对产品组合的广度、长度、深度和关联性做出的有效选择。根据对四个变化因素的选择不同,产品组合策略有以下几种类型:

1. 多系列全面型

多系列全面型是指企业尽可能多地增加产品组合的广度、长度和深度,并且不受产品线之间关联性的约束。一般说来,增加产品组合的广度,可以充分发挥企业的特长和资源优势,并分散企业的投资风险;增加产品组合的长度和深度,可迎合不同购买者的需要,占领同类产品更多的细分市场。采用这一策略的条件是企业有足够的能力满足整个市场的需要。

2. 市场专业型

市场专业型是指企业向某特定市场提供所需要的各种产品,也即企业尽可能地增加产品组合的广度、长度和深度,但各条产品线之间的关联度较大。例如,某旅游合同的产品组合包括住宿、饮食、交通、照相、销售纪念品等,但各种产品或服务都是针对同类消费者即游客而提供的。

3. 产品线专业型

产品线专业型是指企业专门生产或经营某一大类产品,以满足各类消费者对这一类产品的需要。因此,这类企业的产品线比较单一,在单一的产品线中可以扩大产品组合的长度和深度。例如,某水泵生产企业专门生产各类水泵,不仅生产注水泵、给水泵、排水泵、斜流泵,而且还生产耐腐蚀泵、循环泵、冷热油泵等。

4. 有限产品专业型

有限产品专业型是指企业根据自己的专长,集中生产或经营有限的,甚至是单一的产品,以满足有限的或单一的市场需要。这种产品组合类型也叫产品项目专业型,在专一的产品项目下扩大产品组合的长度。例如,某些小型轴承厂,仅生产某几种型号的轴承。

5. 特殊产品专业型

特殊产品专业型是指企业根据自己的专长,仅为某些特殊对象生产某些具有很好销路的特殊产品。例如,为某些特殊工程生产一些特定设备。由于产品的特殊性,所能开拓的市场是有限的;但是由于生产技术上的特殊性,竞争也很小。

四、商标策略

(一) 商标的概念与作用

商标是商品的标记,是生产者和经销者为了区别自己的和别人的商品而在商品上使用的一种标记。它通常是运用文字、符号、图案或把这些元素组合起来使用,代表产品本身的质量水平、信誉程度、性能特点与生产厂家的一种标志。在我国采用"注册原则"确认商标的专用权。所谓"注册原则",是指使用商标的单位必须向主管部门提出申请,经过审查、核准、注册之后,才能享有商标专用权,并受到国家法律的保护。

商标是产品整体概念中不可缺少的内容,无论是与产品的生产和销售,还是与产品的消费和使用,都存在着极为密切的关系。它的作用概括起来有以下几个方面:

1. 维护企业正当权益,保护企业声誉

一个企业的产品,如果质量好、性能优越,就会受到消费者的欢迎和赞誉,并在市场竞争中保持优越的地位。而这样的产品,也正因为有了独特的商标而成为名牌,这就从根本上避免了与其他企业同类产品相互混淆。

2. 监督企业保证产品质量,维护消费者的切身利益

企业要创造一种名牌产品,需要日积月累的努力,长期保证其产品质量,并且客观上只能由广大消费者所公认。因此,不论是创名牌或是保证产品信誉,商标都成为公众监督企业产品质量的重要手段,这也起到了保护消费者利益的作用。

3. 宣传企业产品，促进产品销售

消费者购买商品，常常是按商标购买而不知其生产厂家，这就使产品之间的竞争明显地表现为不同商标之间的竞争。如果某种产品的商标在市场上享有盛誉，那么就会引起消费者踊跃购买，提高该产品的市场占有率。

（二）商标策略的类型

商标在现代市场营销中的作用越来越重要。正确地选择商标策略有利于开拓市场，提高产品的竞争力。一般来说，可供企业选择的商标策略有以下几种：

1. 是否使用商标策略

采用商标，对大部分产品的销售可以起促进作用，但并非所有产品都必须采用商标。由于采用商标要发生一定的费用，因此，对难以保持一定品质的产品（如各种矿产），对消费者在购买中无意认定商标的产品（如粮食及各种农副产品），对生产简单、价格低廉、没有一定技术标准的产品（小农具及品种繁多的小商品），一般可不使用商标。

2. 商标归属策略

商标归属策略也就是商标归生产者所有还是归中间商所有。在历史传统上，商标本来是生产者对自己的产品所做的标记。但自从商业从产业中分离出来以后，商店为了建立自己的信誉，也开始使用一定的商标。消费者在购买产品时，往往是根据商标决定自己的购买对象，并且总是愿意购买具有良好声誉商标的产品。这样对于产品的制造者来说，就要深入考察衡量自己产品商标的"知名度"，在到底采用谁的商标上做出正确的选择。一般来说，如果企业要在一个自己还不太熟悉的市场上销售自己的产品，或在市场上本企业的声誉远不及销售者的声誉，则适宜采用销售者的商标；相反如果本企业产品在市场上声誉较好，则适宜采用自己的商标。

3. 商标质量策略

商标包含着消费者对产品一定质量水平的认可。企业在进行商标决策时，相应地要为商标确定一个质量形象。一般来说，企业应根据自己产品的质量水平、盈利能力、竞争能力确定产品商标的质量等级，并且尽可能地树立名牌商标的形象。

4. 统一商标策略

统一商标策略是指企业所有的产品都使用同一商标。这样的商标策略，可节约商标费用，增加企业产品知名度，并且有利于企业创造名牌；但是若本企业某一产品的声誉下降，有可能会影响到企业所有产品的声誉。

5. 个别商标策略

个别商标策略是指企业的各种不同产品分别采用不同的商标。这样的商标策略，其优点是，能显示企业在市场占有商标的优势而不单调，以提高企业声誉；不致使企业由于某一商标信誉的下降，而承担较大的风险；可随商标不同把商品分为高、中、低档，以适应各种购买力的不同需要。但是其缺点是由于商标过多，每一种产品进入市场都需要较高的促销费用，因而提高了产品成本，削弱了产品竞争力，并且不易于创名牌。

6. 延伸商标策略

延伸商标策略是指一种产品的商标随着企业对产品的改进，不断在原有的商标上标注一定的年号，延伸使用。其优点是保持原有产品的信誉，也可使消费者感到产品质量的不断提高，以达到增加销售的目的。其缺点是会因一个型号产品质量的低劣，影响到企业所有产品

的销售。

7. 商标重新定位策略

当市场环境变化使原有商标对购买者缺乏吸引力时，企业就应为商标重新定位，以增加其商标的声誉和吸引力。商标重新定位时，需要改进产品的性能，有时需要改变产品的外观设计和宣传，商标图案应重新设计或局部变动。

五、包装策略

(一) 产品包装的概念与作用

1. 产品包装的概念

产品包装是指企业采用适当的材料、容器或方式，保护处理产品，以达到保证产品质量、加速产品流通的目的的技术手段。在现代经济生活中，产品包装已是产品不可缺少的一个重要组成部分，成为产品生产的最后一道工序。产品的包装技术也已经发展成为一个专门的学科。

产品包装一般包括三个层次：①内包装，是指最接近产品实体的包装，如牙膏皮、酒瓶子等；②中包装，是指内包装外的那一层包装，如酒瓶外边的纸盒；③外包装，又叫储运包装，是为了方便储运、储存和辨认产品而使用的包装。

2. 包装的作用

随着商品经济的发展和科学技术的进步，包装方法和技术也越来越讲究。产品包装已经成为市场营销竞争的重要手段，被人们称誉为"无声的推销员"。好的产品再加上好的包装，不仅可以促进产品的销售，而且可以卖一个好价钱。概括来说，产品包装的作用主要有以下几个方面：

(1) 保护产品。这是包装最基本的作用。有效的产品包装可以保证产品在流通过程中，甚至被消费掉以前，使用价值不受影响，完好无损，不致损坏、散失或变质。

(2) 便于运输和携带。产品有气、液、固等不同形态，只有加以包装，才能便于储运和携带。

(3) 美化产品，促进销售。对产品进行包装以后，首先进入消费者视线的往往不是产品本身，而是产品的包装。好的包装能使消费者产生好感，并刺激消费者产生兴趣，进而发生购买行为。在现代市场营销中，包装是吸引消费者的重要因素。

(4) 增值作用。优良、美观的包装，不仅可以使好的产品与好的外形相得益彰，避免"一等产品，二等包装，三等价格"，而且可以提高产品的档次，使消费者愿意以较高的价格购买。

(二) 包装策略的类型

1. 类似包装策略

类似包装策略是指企业对其所经营的各种产品在包装外形上都采用相同的图案、近似的色彩和共同的特征。这种包装策略可以节约包装设计与材料费用、增加企业信誉并扩大产品销售。但若企业某一产品的声誉下降，有可能会影响到企业所有产品的销售。

2. 等级包装策略

等级包装策略是指企业把产品按价值、质量分成若干等级，实行不同的包装。采用这一策略可以满足不同消费者对包装的不同要求，而且不会因某一种产品信誉的下降，而影响企业其他产品的销售。但是包装设计费用将会增加,同时新包装的产品也需增加促销费用。

3. 配套包装策略

配套包装策略是指按照人们的消费习惯,将多种有关联的产品配套包装在同一包装物内。采用这种包装策略便于消费者配套购买,有带动其他产品销售的作用。

4. 再使用包装策略

再使用包装策略是指包装物不仅能包装产品,而且在产品使用后,包装物可移作他用。其优点是可以刺激消费者的购买欲望,并且无形中起到了广告宣传的作用。

5. 附赠品包装策略

附赠品包装策略是指企业在产品包装里附有一定的赠品,借以鼓励消费者购买和重复购买。

6. 不断更新包装策略

不断更新包装策略是指企业随着产品的更新和市场的变化,相应地改变包装设计。其优点是增加消费者的新鲜感,促进产品的销售。

以上包装策略,企业可根据产品本身的特点与销售情况选择采用。要充分发挥产品包装的作用,必须要以优异的产品质量为客观基础。

六、价格策略

(一) 产品价格的概念、作用和种类

企业产品的价格是产品价值的货币表现。它主要取决于生产产品所花费的社会必要劳动时间,同时也受到产品需求与市场竞争因素的影响。价格是影响市场需求和购买行为的主要决定因素,也是市场营销组合中非常敏感的问题。企业通过采用合理的价格策略,有利于开拓、占有市场,增加产品销售量,增加盈利,并且也有利于调节市场供求,满足用户需要。

企业的产品价格除按流通环节划分为出厂价格、收购价格、批发价格、产品调拨价格以及零售价格等外,还可按价格管理权限划分为以下几种:

(1) 国家统一定价。这即国家各级物价主管部门,为保证有关国计民生的重要产品的供应所制定的统一价格。例如,国家对主要农产品的收购和主要工业原材料、燃料、动力的供给进行定价等。

(2) 浮动价格。这即为保证市场的相对稳定,国家允许企业产品的价格在国家规定的产品价格范围之内,根据市场供求与生产经营状况上下浮动。浮动价格又分为三种:①最高限价——国家规定最高价格,允许企业定价只能向下浮动,旨在抑制涨价风;②最低限价——国家规定最低价格,允许企业定价向上浮动,旨在保护某些产品的生产;③中准价——由国家规定中准价格和浮动幅度,允许企业产品价格在规定范围内上下浮动。

(3) 买卖双方议价。这即由买卖双方根据市场供求状况,协商议定价格,如对轻工业中的小商品、重工业中不定型生产的非标准设备等。

(4) 企业自定价格。这即由企业根据市场供求和生产经营状况,自行确定价格。它受供求关系的支配,灵活性大。

(二) 影响价格的因素

企业定价时首先要弄清影响价格的因素。影响价格的主要因素有以下三个方面:

1. 产品成本

产品成本是影响价格最主要的因素。由于价格是价值的货币表现,虽然价格与价值有时会发生偏离,但无论什么产品,其价格与价值的过度偏差总是不能长久的,因此,产品定价时必须考虑产品的价值——社会必要劳动时间。

产品的价值是由 $C+V+M$ 三部分构成的。C 是生产过程中物化劳动的转移价值;V 是劳动者为自己创造的价值;M 是劳动者为社会创造的价值。产品价值的货币表现就是产品成本($C+V$)加利润。所以定价的基本公式是

$$产品价格 = 产品成本 + 利润$$

2. 供需关系

供需关系是市场经济条件下制定产品价格的重要理论依据。在市场经济条件下,市场供需关系决定着市场价格,市场价格又决定着市场供需关系,二者互相制约、互相依存。价格与供需的关系如图2-6所示。

从图2-6可以看出,当市场出现供过于求时,卖方之间的竞争必然使价格下降;反之当市场出现供不应求时,买方之间的竞争势必推动价格上升。供给与需求之间的差额越大,推动价格上升或下降的力量就越强。但需说明的是,在不同市场经济条件下,供需关系对价格作用的范围和强度是不一样的。

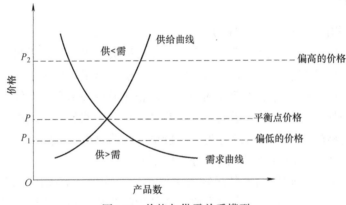

图2-6 价格与供需关系模型

3. 国家的价格政策

在社会主义市场经济条件下,为避免生产的盲目性,保证国民经济稳定健康的发展,国家必然要制定一系列的物价政策,对价格进行宏观上的指导和调控,这些物价政策也是制定价格的重要依据。

企业产品定价除考虑以上三个主要因素外,还要考虑产品、市场、消费心理等因素。

(三)企业的定价目标

由于受资源的约束,以及企业的规模和企业生产经营管理水平的差异,企业可能从不同的角度选择自己的定价目标。不同行业的企业有不同的定价目标,同一行业的不同企业可能有不同的定价目标,同一个企业在不同的时期、不同的市场条件下也可能有不同的定价目标。企业的定价目标大致可以概括为以下四种:

1. 以利润为定价目标

利润是企业从事经营活动的主要目标,也是企业生存和发展的源泉。在市场营销中不少

企业就直接以获取利润作为制定价格的目标。

（1）以预期收益为定价目标。这是指企业以获取投资收益为定价基点，它是以总成本加上合理的利润作为产品的销售价格。企业采用这种定价目标时，必须考虑产品的质量、产品的生命周期、消费者的需求弹性及市场竞争的状况。适度的收益率可使企业获得较长期稳定的收益。

（2）以最大利润为定价目标。获取最大利润是市场经济中企业从事生产经营活动的最高愿望。但以获取最大利润为目标不一定就要给产品制定最高价格；有时定价低，反而可以通过提高市场占有率，使企业在一定时期内获取最大利润。

（3）以合理利润为定价目标。这是指企业在激烈的市场竞争压力下，为保全自己、减少风险，但又限于企业自身实力不足，所以只能在社会平均成本的基础上，加上适度利润作为定价目标。这是一种兼顾企业利益和社会利益的定价目标。

2. 以销售数量为定价目标

这种定价目标是指企业以巩固和提高市场占有率、维持和提高产品销售量为定价目标。一个企业的市场占有状况，是该企业经营状况和产品竞争力的综合反映，关系到企业的兴衰。通过研究表明，市场占有率的提高也具有获取长期较高利润的可能性。

3. 以应对与防止竞争为定价目标

大多数企业对于竞争者价格十分敏感，在分析了企业产品的竞争能力和市场竞争位置以后，将会做出自己的产品价格选择。定价办法有三种，即低于竞争者价格、等于竞争者价格和高于竞争者价格。这种定价目标易造成价格战，导致两败俱伤，一般不宜采用。

4. 以社会责任为定价目标

这种定价目标是指企业由于认识到自己的行为或产品对消费者和社会承担着某种义务，从而放弃追求高额利润，遵循以消费者和社会的最大效益为企业的定价目标。目前我国的一些社会福利和公共事业单位，如学校、幼儿园、养老院、公交公司、自来水供应企业等，普遍采用这种定价目标。

（四）企业定价方法

1. 成本导向定价法

成本导向定价法是以产品的总成本加上预期利润来制定价格的方法。售价与成本之间的差额，即是加成。所以该种定价方法，又称为成本加成法。它是一种最基本、最普遍的定价方法，也是一种较为简单的定价方法。它还可以细分为以下几种：

（1）单位成本定价法。这是指以产品的单位成本为基础，加上预期利润，作为产品销售价格的方法。预期单位产品获取的利润，可以由企业根据市场环境及企业营销实力来确定。

（2）变动成本定价法。这是指在产品的固定成本不大或产品的市场生命周期较长且又能占领市场的前提下，以变动成本为基础，加上预期利润来制定产品销售价格的方法。其计算公式为

$$单位产品价格 = \frac{变动成本总额 + 预期利润总额}{产品总量}$$

（3）边际成本定价法。这是指企业在市场竞争十分激烈的情况下，撇开固定成本，只计算变动成本的定价方法。固定成本则由预期边际收益来补偿。边际收益是指企业每多出售

一件单位产品而使总收益增加的数量。其计算公式为

$$价格 = 变动成本 + 边际收益$$

采用边际成本定价法，一般是市场竞争比较激烈，企业为迅速开拓市场，而采用的一种较为灵活的定价方法。

（4）盈亏平衡点定价法。这是指在预测产品销售已知固定成本、变动成本的前提下，通过求解盈亏平衡点来制定产品价格的方法。其计算公式为

$$盈亏平衡保本点价格 = 单位产品变动成本 + \frac{固定成本}{预计销量}$$

但是，企业从事生产经营活动不仅仅是为了保本，而是要获得目标利润。因此，制定价格时通常还要加上目标利润。其计算公式为

$$单位产品价格 = 保本点价格 + 目标利润$$

2. 需求导向定价法

企业在定价时，不仅要考虑成本，而且还要注意市场需求的强度和消费者的价值观。其特点是灵活有效地运用价格差异，对平均成本相同的同一产品，价格随市场需求的变化而变化。

（1）理解值定价法。这是指企业以消费者对产品价值的理解度为定价依据，运用各种营销策略和手段，影响消费者对产品价值的认识，形成对企业有利的价值观念，再根据产品在消费者心目中的价值来制定价格的方法。

（2）需求差异定价法。这是指企业根据市场需求的时间差、数量差、地区差、消费水平及心理差异等来制定产品价格的方法。例如，在市场需求大的时期高定价，反之则低定价；在消费水平高的地区高定价，反之则低定价；对购买数量大的消费者低定价，反之则高定价。

（3）逆向定价法。这是指企业依据消费者能够接受的最终销售价格计算自己从事经营的成本和利润后，逆向推算出产品的批发价和出厂价的方法。这种定价方法不以实际成本为主要依据，而是以市场需求为定价出发点，力求价格为消费者所接受。市场营销渠道中的批发商和零售商较多采用这种定价方法。

3. 竞争导向定价法

竞争导向定价法是指企业通过研究竞争者同类产品的价格、生产条件、服务状况等，以竞争对手的价格为基础，确定本企业同类产品价格的方法。

（1）随行就市定价法。这是指企业以同行业产品价格的平均水准为定价基础，目的是避免在同行业内挑起价格竞争。

（2）投标定价法。这是指买方引导卖方通过竞争取得产品最低价格的定价方法，一般用于建筑工程、大型设备制造等。买方密封底价（又称标底）公开招标，卖方则竞争投标。买方按物美价廉的原则择优选取，到期公布"中标"名单，中标的企业与买方签约成交。

（3）拍卖定价法。这是指卖方预先展示所出售的产品，在一定的时间和地点，按照一定的规则，由买方公开竞购的定价方法。一般卖方规定一个较低的起价，买方不断提高价格，一直到没有竞争的最后一个价格，即最高价格时，卖方把现货出售给出价最高的买方。在艺术品、古董、房地产的交易中常采用这种定价方法。

（五）定价策略

前面介绍的企业定价方法有些本身就是一种策略。下面主要针对新产品和心理因素对购

买行为的影响进一步讨论定价策略。

1. 新产品定价策略

新产品定价是市场营销中十分重要的问题。产品上市之初,定价难以借鉴,定价高了,难以被消费者接受;定价低了,将会影响企业的经济效益。常见的新产品定价策略有以下三种:

(1) 高价策略,又称撇脂定价。它是指将新产品的价格定得较高,以期在短期内获取高额利润,尽快收回投资。生产周期短、需求弹性小的高档或奢侈性产品,短期内在一定范围内的紧缺产品以及独家生产的专利产品,可以考虑采用高价策略。

(2) 低价策略,又称渗透定价。它是指将新产品的价格定得较低,以利于迅速占领市场,取得较高的市场占有率。同时低价薄利能有效地排斥竞争者的加入,因而能较长期地占领市场。该定价策略适用于需求性大、消费者不甚了解的产品。

(3) 中价策略,又称满意定价。它是介于高价策略和低价策略之间的一种定价方法。当企业的产品在质量、成本和声誉上并不突出,而又不愿承担过高风险时,可采用中价策略。

2. 折扣与让价策略

折扣与让价都是以减少一部分价格来争取消费者的定价策略。在市场营销中,常用的折扣与让价策略有以下几种:

(1) 现金折扣。这是指对当时或按约定日期以现金付款的购买者给予一定比例的折扣,目的是减少赊销,加速资金周转,防止产生呆账、死账。

(2) 数量折扣。这是指按购买数量的多少,分别给予大小不同的折扣,购买数量越多,折扣越大,鼓励大量购买或集中向某一卖家购买。数量折扣又可分为两类:①非累计数量折扣,即规定一次购买某种产品达到一定数量或购买多种产品达到一定金额,给予折扣优惠;②累计数量折扣,即规定购买者在一定时间内购买产品达到一定数量或金额,按总量的大小给予不同的折扣。

(3) 交易折扣。这是指根据各类中间商在市场营销中所担负的功能不同,而给予不同的折扣。一般说来,给予批发商折扣较大,给予零售商折扣较小。

(4) 季节折扣。这是指经营季节性商品的企业,对在销售淡季来购买的购买者给予一定比例的折扣,目的是鼓励中间商和用户提前购买,减轻企业的仓储压力,加速资金周转,调节淡旺季销售量的不平衡。

(5) 推广定价,有人称为销售津贴。实质上,它也是一种折扣方式。当中间商为产品提供各种促销活动时,如刊登广告、设置样品陈列窗等,生产者乐意给予津贴,或以降低价格作为补偿。

3. 心理定价策略

心理定价策略是针对消费者的不同心理,制定相应的产品价格,以满足不同消费者需求的一种定价策略,主要可分为以下几种:

(1) 尾数定价,又称奇数定价。它是利用消费者对数字产生的心理错觉,有意将产品价格定在一个与整数有一定差额的数字上,使消费者产生价格便宜的感觉,从而促进购买的一种定价策略。一般情况下,消费者心理感觉小数比整数便宜,奇数比偶数小。

(2) 招徕定价。零售商利用部分消费者求廉的心理,特意将某几种商品的价格定得较低以吸引消费者。某些商店每天都有一两种商品降价出售，意在吸引消费者经常来采购廉价商品的同时，也售出了其他正常价格的商品。

（3）声望定价。这是指为迎合消费者的求名和虚荣心理，对市场有很好信誉和品牌形象的产品制定较高价格的一种方法。它特别适宜于质量好、易鉴别的产品。

第五节　分销及促销策略

一、分销渠道策略

分销渠道是市场营销组合元素之一。企业的产品或服务必须经分销渠道到达消费者（用户）手中，营销过程才得以完成。

（一）分销渠道的概念

分销渠道是指产品或服务从生产者（企业）向消费者（用户）转移时所经历的线路。分销渠道由参与商品流通过程的企业和个人，如生产者，各种类型的代理商、批发商、零售商等组成。每一条分销渠道的起点是生产者，终点是消费者。合理地选择分销渠道是保证企业再生产过程顺利进行的前提条件。渠道畅通无阻，能加快商品流通的速度，促进生产的发展；否则，即便生产出了好的产品，也不能保证产品及时、安全、经济地到达消费者手中，实现产品的价值。

分销渠道决策与产品策略及其他销售策略有密切关系。产品的性能直接制约着分销渠道的选择，有的产品需要建立十分广泛的销售网，而有的只需少数经销商从事销售即可。同时，分销渠道对广告宣传策略及价格策略也有重要影响。

（二）中间商的类型与功能

分销渠道的起点是生产企业，终点是消费者，中间商是渠道中的中间环节。中间商联系着企业的产品生产和消费。

1. 中间商的概念及类型

所谓中间商，是指处于生产和消费之间，专门从事商品流通业务的企业或个人。他们介于生产者和消费者之间，参与商品流通业务，促进买卖行为的发生和实现。中间商可分为以下几种类型：

（1）批发商。批发商是指只向生产者和销售者（零售商）开展销售活动的企业或个人。他们并不直接向最终消费者出售产品。批发商每次交易量较大，并规定有批发起点，以批发价格交易。

（2）零售商。零售商是指直接向最终消费者销售产品的企业或个人。零售商交易频繁，但每次交易量较小，并以零售价进行交易。

（3）代理商。代理商是指对所代理的产品不具有所有权，只是作为生产者企业的代理人执行销售业务，他与生产企业签订合同，在指定的区域内销售企业的产品，生产企业则按销售额的一定百分比支付其报酬（佣金）。

（4）经纪人。经纪人是指利用自己在市场信息方面的优势，沟通买卖双方，促成交易实现，并从中获取报酬的企业或个人。随着市场经济的发展，经纪人越来越多地出现在现代市场营销活动中。

2. 中间商的功能

中间商是生产者和消费者之间的桥梁。在现代市场营销活动中，生产企业一般都将一部分销售工作转移给中间商进行。从理论上讲，生产企业直接面对最终消费者，销售产品最迅速、及时和经济。但实际上，由于生产企业财力资源和精力有限，不可能直接销售自己企业的所有产品。借助中间商的市场营销经验、专业才能、联系范围和规模，生产企业可以使本企业产品的分销工作更有效率。中间商在商品流通过程中具有如下基本功能：

（1）集中产品的功能。中间商通过对各生产企业的产品有计划地收购、订购和采购，将产品汇集成较大的批量、较多的品种，减轻了企业的库存压力，方便消费者购买。

（2）平衡供需的功能。中间商往往根据市场实际需要提前购买大量产品，然后适时、适地、适量地向市场供应，从而起到了平衡供给和需求的作用。

（3）扩散产品的功能。由于中间商的存在，企业可把自己生产的产品销售到很广阔的市场。

（4）简化流通，沟通产销，提高销售效率的功能。图2-7表明了中间商在分销渠道中占有重要地位。

图2-7a表示三个生产者采取直接市场营销方式为其三个消费者服务，这需要九次接洽方能完成全部交易。图2-7b表示三个生产者使用一个经销商将产品分销给三个消费者，只需六次接洽就可完成全部交易。中间商的存在不仅可以减少接洽的次数，而且可以节省时间和人力，降低成本。

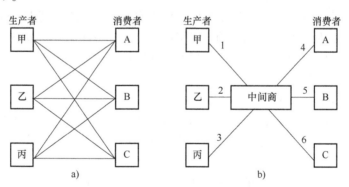

图2-7 中间商的功能和作用

（三）分销渠道的基本类型

分销渠道一般有三种类型：①生产企业→最终消费者或用户；②生产企业→零售商→最终消费者或用户；③生产企业→批发商→零售商→最终消费者或用户。第一种形式是不通过任何中间商，生产企业把产品直接转移给消费者，是一种直接销售形式，它适用于生产资料的销售。因为这类产品的用户数量有限，且多数又是大量购买，大多数情况下用户还希望出售者能提供技术服务。后两种形式都要通过中间商，属于间接销售形式，适用于消费品的销售。

（四）分销渠道策略的类型

分销渠道的策略有多种，企业必须综合考虑各种因素，做出正确选择。

1. 广泛销售策略

广泛销售策略是指生产企业对中间商不加任何选择，尽可能多地利用，以增加产品的销售量。这种策略适合于价格低廉、差异不大的日用消费品，或生产资料中的小工具的销售，广告费用一般由生产者承担。企业同中间商的关系比较松散。

2. 有选择销售策略

有选择销售策略是指企业在特定的市场范围内，选择部分中间商销售本企业产品。这种策略适用于选择性较强的日用消费品和专业性较强的零配件以及技术服务要求较高的产品。这种策略有利于加强合作，有利于向消费者提供良好的服务，提高产品的声誉和经济效益。

3. 独家销售策略

独家销售策略是指企业在特定的市场范围内仅选择一家中间商销售其特定产品。这种策略一般适用于新产品、品牌产品以及有某种特殊性能和用途的产品。这种策略使生产者能够得到中间商的有效协作和支持，易于控制销售价格；但增加了生产者对中间商的依赖性，若经营情况不佳则会失去一定的市场。对中间商来讲，获得了该产品经营的垄断地位，得到了生产者给予的各种优惠条件；不过一旦失去经销特权，便会招致较大损失。

二、促销策略

促销是市场营销组合中的一个重要元素，其实质是卖方与买方之间的信息沟通。在现代市场经济条件下，企业促销有极其丰富的内容和极为重要的作用。促销方式或手段包括人员推销、公共关系、营业推广和广告四个方面。由于它们具有不同的特点，因此需要在实际促销活动中组合运用，使各种不同的促销方式编排组合形成不同的促销策略。明确促销组合中各种促销组合方式的意义和特点，正确应用各种促销策略，对于促进企业产品销售具有重要意义。

（一）促销的概念及作用

促销是指企业通过各种促销手段，向消费者传递产品或服务信息，帮助消费者认识产品的性能和特征，以引起消费者注意，提高消费者的兴趣，激发其购买欲望，促进产品销售的各项活动的总称。

在现代市场营销活动中，促销比之早期的产品推销有更重要的作用。早期的产品推销仅仅局限于促进产品所有权的转移，现代促销活动的作用则更为广泛和深刻。通过促销活动，不仅能帮助或说服潜在消费者购买，而且更刺激了消费需求的产生。一般来说，促销具有以下几方面的作用：

1. 传递信息

产品进入市场或即将进入市场，企业通过促销手段及时向中间商和消费者提供信息，能引起社会公众广泛的注意，吸引他们注意这些产品和服务的存在，以便消费者选择购买。

2. 唤起需求

在促销活动中，通过介绍新产品，展示合乎潮流的消费模式，可以唤起消费者的购买欲望，创造出新的消费需求。

3. 促进本企业产品销售

在同一类产品市场上，产品的基本功能大体上是相同的。企业通过促销活动，可以充分显示自身产品的突出性能和特点，加深消费者对本企业产品的了解，从而促进本企业产品的销售，巩固企业的市场地位。

（二）促销方式

促销要通过一定的方式进行。促销方式一般来说包括两大类：人员推销和非人员推销。非人员推销又包括广告、公共关系和营业推广三个方面。

1. 人员推销

人员推销就是由推销人员通过访问、座谈、操作表演等活动来说服消费者购买产品。人员推销是人类最古老的促销手段。远在小商品经济时代，商人的沿街叫卖、上门送货就属于人员推销的性质。在商品经济高度发展的现代社会，人员推销这种古老的形式更是焕发了青春，成为现代社会不可缺少的一种促销方式。

（1）人员推销的特点。人员推销同其他推销方式相比，最大的特点是具有直接性。无论是采取推销人员面对面地与消费者交谈的形式，还是采取电话访问的形式，推销人员都在通过自己的声音、形象、动作或拥有的样品、宣传图片等直接向消费者展示、操作、说明，直接发生相互交流。这种直接性的特点，决定了人员推销具有以下优点：①灵活机动。推销人员可根据不同消费者的动机和特点，灵活采用通报方式和解说，帮助消费者辨明问题，指出机会，提出建议，还能及时解答消费者提出的问题。②针对性强。人员推销的目标消费者是明确的，并采用面对面的接触方式，推销效率高。③促使消费者立即采取购买行为。在推销人员的帮助和劝告下，消费者容易做出购买决定。④密切买卖双方关系。推销人员可以帮助消费者解决问题，充当消费者购买的顾问，有利于沟通企业与消费者的关系，消除隔阂，建立友谊。⑤具有信息反馈功能。推销人员经常接触消费者，能将消费者的态度、意见和要求及时反馈给企业。但是，人员推销也有不足之处，主要是费用开支较大，接触消费者的数量和范围有限，因此制约了这种方法的应用范围和应用程度。一般来说，当产品价格高、技术复杂或者竞争激烈时，往往需要人员推销，特别是生产资料的销售，买卖双方的依赖性强。若产品技术性强，购买量大，则更需要推销人员沟通产销。

（2）人员推销的组织工作。人员推销是一种特别有效的促销方式。为了提高人员推销的效果，应做好以下工作：①推销人员的选配。人员推销的关键是推销人员。推销人员的素质直接关系到推销的效果以及企业形象。因此，应选择合适的人员来从事这项工作，并且对他们进行有计划的培训。②推销人员的分工。为了充分发挥推销人员的作用，应对推销人员进行合理的分工。一般有三种分工形式：一是按地区分工；二是按产品分工；三是按用户分工。③推销人员的报酬。为了调动推销人员的积极性，除了加强思想政治工作外，还要制定合理的报酬办法，一般采用基本工资加部分浮动工资的办法，浮动工资的多少应与所完成的销售量相联系。④推销人员的工作考核。推销人员远离企业，在外工作的时间多，企业有关部门要经常考核其工作成果。

2. 广告

广告是利用一定媒介，把各种产品或服务的信息传递到潜在消费者中的一种促销方式。广告是一种商业性的大众传播方式，是通过报纸、杂志、电视、广播等群众性媒体，将产品或服务的信息传输给成千上万的消费者。特别在今天，社会生产高度发展，产品品种千差万别，生产者和消费者日益隔离，广告已成为企业向消费者传递信息的重要手段，受到了工商界的高度重视和普遍采用。

(1) 广告的作用及类别。广告本身是一种心理影响方式，它旨在用有意识的方法，促使消费者自愿地接受和执行广告的内容。从企业的角度讲，广告的作用有：沟通信息，促进流通；激发需求，促进销售；介绍知识，指导消费。

广告分为两类：一是产品广告，即以产品为主体的广告，目的是希望立即引起消费者的购买行为；二是企业广告，即以企业为主体的广告，其目的在于建立该企业的信誉，树立该企业的形象。

(2) 广告媒介的选择。广告只有通过一定的媒介，才能将信息传达给消费者。常用的广告媒介有电视、广播、报纸、杂志、邮寄品、室外广告牌等。各种媒介都有自己的特点，如何选用，可考虑以下因素：①产品的推销范围。在全国范围内推销的产品可选择全国性的电视台、广播电台以及全国发行的报纸、杂志；如果只在当地推销，则可选择当地的电视台、电台和报纸。②产品特征。对于不同产品，应选择不同的媒介，才能取得预期效果。例如，结构复杂、需要详细说明的产品，可采用报纸、杂志等印刷广告；时装、家庭用品等需要操作表演的产品，可采用电视广告等。③购买产品的主要对象。广告应在本企业消费者经常接触的媒介上做广告，才能保证信息传递的效果。④广告费用的高低。不同的媒介，其费用也是不同的。一般来讲，电视广告费用最高，效果也最好。报纸和电台广告费用低，但效果也较差。选择时，应根据企业财力，估计各种媒介的影响力和可能获得的经济效益，综合评价确定。

(3) 广告设计的要求。广告设计要综合运用多学科的知识，其内容包括广告的主题、广告的表现方式和表现技巧的设计。设计一份良好的广告稿也非易事。对广告设计的要求有四个方面：①思想性。广告内容要健康、艺术、有美感、防止庸俗化，突出商品信息，不要追求低级趣味。②真实性。广告应从对消费者负责的精神出发，实事求是地向社会传播商品信息，不能言过其实，说了不算，更不能弄虚作假，欺骗消费者。③针对性。这是指广告内容要有说服力，应当抓住人们的心理活动，针对消费者对产品的各种疑虑，提出一些有根据的事实和数据来证明产品的有效性。④创造性。广告稿的设计具体包括文字说明、选择插图和设计布局三项工作。进行设计时，要富有创造性，广告内容要新颖且风格独特，能用最少的空间和时间完成最好的表达。

3. 公共关系

在现代市场营销中，公共关系是指企业与相关公众为实现双向沟通、谅解、信任、合作而进行的有目标、有计划的公共活动。

(1) 企业公共关系的内容。企业公共关系作为一种特殊的促销形式，主要包括以下内容：①企业公共关系是企业与其相关的社会公众的关系。这些社会公众主要包括供应商、消费者、竞争者、信贷机构、政府主管部门、新闻传媒等。企业不是孤立的经济组织，而是相互联系的"社会大家庭"中的一分子。所谓企业公关，就是指要同这些社会公众建立良好的关系。②企业形象是企业公共关系的核心。企业公共关系的一切活动都是围绕建立良好的企业形象来进行的。企业形象是指社会公众对企业的综合评价。良好的企业形象是企业的无形资产，对促进企业产品的销售、提高企业竞争力具有非常重要的作用。③企业公共关系的最终目的是促进商品销售。表面上看，企业公共关系仅仅是为了建立良好的形象，似乎并不存在促销的功能；但实质上，公共关系是一种隐性的促销方式，建立了良好的企业形象，企业首先推销了自身,从而也带动了自身产品的销售。

(2)企业建立良好公共关系的方法。企业公共关系的核心是树立良好的社会形象。良好形象的树立,一方面要求企业在生产中创名牌,以优质产品树立形象,在经营中重合同、守信用,诚实、热忱地对待客户;另一方面要求企业广泛开展公关活动,提高企业知名度和美誉度。常用的公关方法有以下几种:①建立和公众的固定联系制度。企业应经常主动地向有关公众宣传、介绍企业的经营状况,听取他们对企业经营方针、产品、服务等各方面的意见,接受他们的正确批评,求得社会公众的理解和支持。②利用新闻媒介。新闻媒介宣传是一种免费广告,且具有客观真实性和广泛性,使人更容易接受。因此,企业应积极和新闻界建立联系,及时将具有新闻价值的企业信息(如企业介绍、产品介绍、人物专访等)提供给报社、电台、电视台等。③赞助和支持各项公益活动。这是一种很好的宣传企业的机会。这些活动万众瞩目,新闻界会争相报道,企业可从中得到从其他方式得不到的特殊效果。④举办专题活动。通过举办知识竞赛、体育比赛、演讲会、展览会、订货会、庆典活动等,扩大企业影响,提高企业知名度。⑤建设企业文化。企业形象的传播,一个重要的方面是通过全体员工的言谈举止来进行的。因此,企业应重视企业文化的建设,提高企业员工素质,美化企业环境,活跃企业文化氛围。

4. 营业推广

营业推广是指为刺激需求而采取的能够迅速引起购买行为的促销方式。

与其他促销方式不同,营业推广多用于一定时期、一定任务的短期特别推销。一般来说,人员推销、广告、共同关系等促销方式都带有持续性和常规性,而营业推广常常是上述推销方式的辅助手段,用于特定时期、特定产品的促销。

营业推广的方式很多,企业应根据营销目标、市场类型、竞争环境、政策法规等做出正确选择。常用的营业推广方式有以下几种:

(1)有奖销售。消费者购买达到一定数量或金额后,企业发给其相应奖券,中奖者可获得奖品、奖金或其他优待。

(2)赠送样品。企业把一部分产品作为样品免费赠送给消费者,通过他们扩大影响和销售。

(3)赠送优惠券。企业向消费者发放优惠券,消费者凭优惠券到指定地点可以优先购买或减价购买。

(4)附赠礼品。消费者在购买了某种产品后,企业赠送一定的礼品。

(5)产品陈列与现场示范。通过举办产品展览与现场表演使消费者了解产品,打消疑虑,促进购买。

(6)组织竞赛。举办某种竞赛或竞技活动,对竞赛参与者或优胜者提供一定的优惠或奖励。

(7)折扣或回扣。包括数量折扣、现金折扣和季节折扣。

(8)津贴。主要是针对中间商,给予一定的广告津贴、陈列津贴。

5. 网络营销

网络营销产生于20世纪90年代,是以现代营销理论为基础,借助网络、通信和数字媒体技术实现营销目标的商务活动,是科技进步、消费者价值变革、市场竞争等综合因素促成的,是信息化社会的必然产物。网络营销是建立在互联网基础之上,借助互联网更有效地满足消费者的需求和愿望，从而实现企业营销目标的一种手段。

这一定义包括四层含义：①网络营销是手段而不是目的。②网络营销不是网上销售。网络营销是为最终实现产品销售、提升品牌形象的目的而进行的活动，网上销售是网络营销发展到一定阶段产生的结果，但并不是唯一结果，因此网络营销本身并不等于网上销售。③网络营销不等于电子商务。电子商务的核心是电子化交易，电子商务强调的是交易方式和交易过程的各个环节。网络营销不是一个完整的商业交易过程，而是为促成电子化交易提供支持，因此网络营销是电子商务的一个重要环节。④网络营销不是孤立存在的。网络营销理论是传统营销理论在互联网环境中的应用和发展，网络营销是企业整体营销战略的一个组成部分。

(1) 网络营销的主要作用

1) 宣传企业品牌。

2) 吸引新客户。

3) 增加客户黏性。

4) 提高转化率。

5) 增加曝光率。

(2) 实施网络营销的主要手段

1) 搜索引擎。

2) 电子邮件。

3) 即时通信。利用即时聊天工具如 QQ、微信、BBS 等形式进行推广宣传。

4) 社交网络平台。如微博、博客、网站、贴吧等形式。

5) OTO 立体营销。OTO 立体营销是基于线上（Online）、线下（Offline）全媒体深度整合营销，以提升品牌价值转化为导向，运用信息系统移动化，帮助品牌企业打造全方位渠道的立体营销网络，并根据市场大数据（Big Data）分析制定出一整套完善的多维度立体互动营销模式，从而实现大型品牌企业全方位视角的营销，针对受众需求进行多层次分类，选择性地运用报纸、杂志、广播、电视、音像、电影、出版、网络、移动终端在内的各类传播渠道，以文字、图片、声音、视频、触碰等多元化的形式进行深度互动融合，涵盖视觉、听觉、触觉等人们接受资讯的全部感官，对受众进行全视角、立体式的营销覆盖，帮助企业打造多渠道、多层次、多元化、多维度、全方位的立体营销网络模式。

(3) 网络营销的主要优势

1) 成本低、速度快、便于内容更新。

2) 无店面租金成本，且能实现产品直销，能帮助企业减轻库存压力，降低运营成本。

3) 国际互联网覆盖全球市场，消费者可方便快捷地进入任何一国市场，为消费者架起了一座通向国际市场的绿色通道。

4) 具有交互性和纵深性。通过相关链接，消费者与企业便于适时互动获得对方的反馈信息。

5) 具有多维属性。能将文字、图像和声音有机组合在一起，传递多感官的信息，让消费者如身临其境般感受产品或服务。

6) 便于获得消费者信息用于大数据分析。

7）便于检索。

(三) 促销策略的类型

在企业促销活动中，各种促销方式（人员推销、广告、公共关系、营业推广）具有不同的特点，企业应根据促销的需要，对各种促销方式进行适当选择和编配组合，形成不同的促销策略。各种促销策略归纳起来可以分为两种基本类型，即推动策略和拉引策略。

推动策略是指通过以人员推销方式为主的促销组合，把产品推向市场的促销策略。推动策略的目的在于说服中间商和消费者，使他们接受企业的产品，而让产品一层一层地渗透到分销渠道中，最终抵达消费者。拉引策略是通过以广告为主的促销组合，把消费者吸引到企业特定的产品上来的促销策略。拉引策略的目的在于通过广告宣传刺激消费者的需求，激发消费者购买某种产品的动机，产生购买行为，然后通过批发商传递到生产企业。

推动策略和拉引策略都包含了企业与消费者双方的能动作用。前者的重心在推动，着重强调了企业的能动性，表明消费需求是可以通过企业的积极推销而激发的；而后者的重心在拉引，着重强调消费者的能动性，表明消费需求是决定生产的基本原因。

本 章 小 结

市场营销是指导生产以及联系生产和消费的一系列经济活动。市场营销组合包括：产品（Product）、价格（Price）、地点（Place）、促销（Promotion）。个人的购买行为是文化、社会、个人和心理因素之间相互影响和作用的结果。影响产业市场购买者购买决策的主要因素有环境因素、组织因素、人际因素和个人因素。市场细分是按照消费者的不同特点而产生的不同需要，把消费者划分为不同的顾客群或市场面的过程。市场细分的原则有可估量性、可进入性、效益性、稳定性。

产品应包括三个层次：核心产品、形式产品、附加产品。延长产品生命周期的方法包括：①促使消费者增加使用频率，扩大购买量；②对产品进行改进；③开拓新市场，争取新顾客；④拓展产品新的使用领域。商标策略的类型包括：是否使用商标策略、商标归属策略、商标质量策略、统一商标策略、个别商标策略、延伸商标策略、商标重新定位策略。包装策略的类型包括：类似包装策略、等级包装策略、配套包装策略、再使用包装策略、附赠品包装策略、不断更新包装策略。新产品定价策略包括：高价策略、低价策略、中价策略。折扣与让价策略包括：现金折扣、数量折扣、交易折扣、季节折扣、推广定价。心理定价策略包括：尾数定价、招徕定价、声望定价。

分销渠道是指产品或服务从生产者（企业）向消费者（用户）转移时所经历的线路。分销渠道由参与商品流通过程的企业和个人，如生产者，各种类型的代理商、批发商、零售商等组成。每一条分销渠道的起点是生产者，终点是消费者。分销渠道策略的类型包括：广泛销售策略、有选择销售策略、独家销售策略。促销策略的类型包括：推动策略、拉引策略。

案例分析

"王麻子"剪刀厂的破产

"南有张小泉,北有王麻子。""王麻子"在中国剪刀市场一直占据半壁江山。2003年,"王麻子"剪刀厂却走向了破产的境地。

厂长白锡乾表示,破产是企业明智的选择,是市场经济发展的必然规律,破产的只是旧的机制和不良资产,破掉的只是作为"王麻子"品牌产品厂家之一的企业,"王麻子"作为品牌和商标本身并未倒下。

一个业已延续了352年的中华老字号,一个曾经辉煌曾经灿烂的中华老品牌,要借破产而"涅槃"。在中华老字号"枯木萌新枝"的变革时代,历经百年沧桑的"王麻子"也一度陷入了困境。

在剖析"王麻子"剪刀厂的破产原因时,中国社科院经济研究所张承耀博士一针见血地指出:"'王麻子'剪刀厂最大的失败是在无形资产经营累积、品牌保值增值上的失败。'王麻子'的品牌价值未能很好地开发,无形资产没有按市场经济原则进行交易,没有体现出应有的市场价值,更谈不上保值增值了。"

(资料来源:钟超军."王麻子"品牌管理质疑[J].中国质量与品牌,2006(5))

案例思考题:
1. 反思"王麻子"剪刀厂为何走向了破产?
2. "王麻子"剪刀厂的失败对当今企业发展有何警示?

思考与习题

1. 什么是市场营销?简述市场营销观念的演变过程。
2. 什么是市场营销组合?企业可以控制的营销组合因素有哪些?
3. 什么是市场细分?它有何作用?
4. 从市场营销角度看,产品的含义是什么?
5. 产品生命周期各阶段的特点是什么?
6. 什么是产品组合?其策略有哪些?
7. 何谓商标?商标策略有哪些?
8. 产品包装有何作用?产品包装策略有哪些?
9. 企业产品价格如何分类?影响价格的因素有哪些?
10. 企业产品定价有哪几种方法?
11. 什么是中间商?中间商有何功能?
12. 分销渠道有哪几种基本类型?分销渠道策略有哪些?
13. 试述人员推销、广告、公共关系和营业推广的概念及特点。
14. 企业的促销策略可分哪两种基本类型?各有何特点?

第三章

现代企业经营管理

学习目标

通过本章学习，要充分认识到社会主义市场经济条件下现代企业经营管理的重要性；了解战略管理、市场调查、市场预测和经营决策的分类和作用；熟悉企业竞争战略和经营决策的内容；掌握战略管理、市场调查及经营决策的技巧和方法。

◆ 导入案例

春都的衰落

洛阳春都集团曾经创造过辉煌，曾以"会跳舞的火腿肠"红遍中国，市场占有率最高达70%以上，资产达29亿元。但是好景不长，2001年年末，曾经引领中国火腿肠产业的春都集团生产线全部告停，企业亏损6.7亿元，并且欠下13亿元的巨额债务。

春都由盛而衰发人深省。人们不禁要问春都是如何一步步走向衰亡的？

春都投巨资增加了医药、茶饮料、房地产等多个经营项目，并跨地区、跨行业收购兼并了多家扭亏无望的企业，使其经营范围涉及生猪屠宰加工、熟肉制品、茶饮料、医药、旅馆酒店、房地产、木材加工、商业产品质量等产业。企业经营项目繁杂、相互间关联度低，企业的核心竞争力无法得到体现，再加上管理能力有限，迅速膨胀的春都资产不但没有为其带来收益，反而使企业背上了沉重的包袱。

1993年，春都在完成股份制改造后，募集资金近2亿元。公司又把这笔钱用来搞盲目多元化，先投资1000多万元参股经营8家企业，后又投资1.5亿元控股经营16家企业，结果成了个大累赘。1998年，亏损累累的春都集团将部分资产重组上市，募集资金4.24亿元。两年内，又陆续投资新项目3.3亿元。

由于大量的资金用于多元化投资，公司在经营主业时资金严重紧缺，导致高温肉制品产品结构调整缓慢、新产品开发滞后、市场适销品种少的严重后果，经营业绩持续下滑。春都火腿肠质量一降再降，从原来的每100g火腿肠中85%的猪肉成分逐步降低，最后直到15%。以至于春都内部人戏称之为"面棍"。失去了消费者信任的春都已风光不再。

从以上春都集团逐渐由盛而衰的发展过程，分析其失败的主要原因，我们不难发现，春都的失败归结为春都的经营管理出现了问题，在非理性的多元化投资道路上春都越走越远，失去了企业持续成长的根本。

（资料来源：吴国罡，管志安. 春都衰落之谜 [J]. 企业改革与管理，2002（7））

讨论： 春都由盛而衰带给我们的启示。

第一节 现代企业经营管理概述

一、经营管理的意义与内容

经营管理是现代企业生产经济活动的客观要求。我国实行社会主义市场经济以后，企业经营管理具有了重要地位。

（一）经营的概念

经营是商品经济所特有的范畴。马克思的再生产理论告诉我们，在商品经济条件下，社会生产过程是直接生产过程与流通过程的统一。商品生产者不仅要通过生产过程把物质产品生产出来，形成商品的使用价值和价值，而且还要进入市场，通过流通过程把产品销售出去，转移到消费者手里，这样商品的使用价值和价值才能实现，生产过程的物化劳动与活劳动的消耗才能够得到补偿，再生产过程才能够继续进行，生产规模的扩大才有可能性。因此，商品生产者既要从事直接生产过程的活动，用最经济有效的方法把商品生产出来，又要从事流通过程的活动，以最有利的条件把商品销售出去，从而获得尽可能多的利润。为了取得商品销售的最有利条件，商品生产者在事前就要了解市场上需要什么产品，消费者的构成如何，什么样的价格最容易把商品卖掉。而且，还要了解有哪些竞争者向市场提供同类商品，他们的竞争力如何。在销售过程中还要做广告宣传，提供良好的销售服务，以便赢得消费者。为了经济有效地把商品生产出来，商品生产者就要根据市场条件、销售对象、价格等因素选择材料、设备、工具和加工方法等。所有这些对市场需求的研究，对竞争者的研究，都属于经营活动。

关于企业经营的概念，至今尚无统一的认识。我国管理界对经营的认识，归纳起来主要有以下两种不同的意见：

第一种意见认为："经营是商品经济所特有的范畴，是商品生产者以市场为对象，以商品生产和商品交换为手段，为了实现企业的目标，使企业的生产技术经济活动与企业外部环境达成动态平衡的一系列有组织的活动。"

第二种意见认为："经营本是一项为实现企业目标对企业各项重要经营活动进行运筹、谋划的综合性职能。"

由于企业经营者和理论研究人员研究的重点不同，对企业经营的认识也就不同。前一种意见可以归纳为原因说，他们试图从商品经济的本质特征出发，阐明企业经营的实质。后一种意见可以归纳为职能说，他们试图从现代企业职能的变化，探索企业经营的发展。企业经营不同学派的"争鸣"，恰好可以相互补充，促进企业经营的发展。

（二）经营管理的内容

由于人们对经营的认识不同，企业的经营管理有广义和狭义之分。

狭义的经营管理是指对企业经营活动的管理。工业企业的全部活动分为经营活动和生产活动两大部分。生产活动具有内向性，它的基本要求是充分利用企业内部的一切条件，用最经济的办法按预定计划把产品制造出来。经营活动则具有外向性，它的基本要求是使企业的生产技术经济活动适应企业外部的环境变化，根据市场环境的变化制定企业的目标、计划和战略，保证企业取得较好的经济效益。以生产活动为对象的管理属于生产管理，以经营活动为对象的管理属于经营管理。

广义的经营管理是指对企业全部生产经营过程的管理，它既包括对企业经营活动的管理，也包括对企业生产活动的管理。企业的全部生产经营过程包括以下五个方面的内容：①制定经营战略过程；②产品开发过程；③产品制造过程；④市场开发和销售过程；⑤财务核算过程。

（三）经营管理的重要性

任何管理思想，都是它所处时代的产物，又反过来促进社会经济的发展。20世纪初期，在西方确立了泰勒倡导的科学管理思想。随着社会生产力与生产关系的发展变化，科学管理思想已经不能完全适应时代需要，迫切要求产生新的企业经营管理思想。

泰勒科学管理的内容主要是企业内部管理，其重点在于用科学的方法提高人的工作效率。第二次世界大战前后，科学技术与社会经济发生了显著变化，主要有：①社会分工高度发展，企业规模庞大。以美国为例，资本在10亿美元以上的公司，1907年仅有1家，1946年有43家，1970年时则达到了282家。②现代科学技术日新月异，特别是航天、计算机、互联网等技术已广泛应用到民用工业中，为企业经营和管理提供了更为广阔的发展空间。③世界经济一体化，市场范围扩大，企业环境变化复杂，企业之间的竞争加剧。在上述情况下，企业的生存与发展，不再依赖企业内部的工作效率，而主要取决于企业内部条件与外部环境的协调与平衡，以适应消费者不断变化的需要。所以现代企业都非常重视经营管理，认为管理的中心在经营，经营的重心在决策。

二、企业经营思想、方针和目标

（一）企业经营思想

现代企业的经营思想是指现代企业从事生产经营活动、解决经营问题的指导思想。它是由一系列观念或观点构成的对经营过程中发生的各种关系的认识和态度的总和。

西方企业非常重视企业经营思想的确立，在日本称为经营理念或社训。他们认为经营理念比资本更重要，经营理念的正确与否直接关系到企业经营的成败。

社会主义企业是建立在社会主义市场经济下自主经营、自负盈亏、独立核算的商品生产者和经营者。因此，社会主义现代企业的经营思想应包括以下六大观念：

1. 市场观念

市场观念是企业经营思想的中心。树立市场观念，应当把消费者需要和利益放在第一位，为消费者提供最适宜的产品和最佳的服务，用创造性的经营满足消费者需要，以此求得企业的生存与发展。

2. 竞争观念

在社会主义制度下，竞争的积极意义在于它是一种择优发展的经济手段，也是一种发挥企业主动性和创造性的外部压力。树立竞争观念，要求企业置身于竞争的环境中，在国家政策法令和职业道德所允许的范围内开展积极竞争，充分发挥自己的专长和优势，使自己的产品或经营方式具有某种特色。

3. 人才观念

人才是企业经营活动的主体，是企业最宝贵的资源。当今企业的竞争，既是经济实力的竞争，又是技术知识的竞争，归根到底是人才的竞争。树立人才观念，要求企业尊重知识、尊重人才，重视人才的培养和合理使用，不断提高人的素质。

4. 创新观念

企业的生命力在于它的创造力。创新精神是企业经营成功的力量源泉。企业环境瞬息万变，市场竞争日趋激烈，只有永不满足已经取得的成就，永远有新目标，永无止境地进行探索与开拓，企业才会取得卓越的成就。

5. 效益观念

提高经济效益是企业经营管理的中心任务，也是发展社会主义经济的基本要求。树立效益观念，要求企业用尽可能少的劳动消耗与劳动占用，提供尽可能多符合社会需要的产品或服务。提高经济效益并不是单纯地为了盈利。社会主义效益观念要以社会主义生产目的为指导，处理好使用价值与价值的关系，处理好企业经济效益与社会经济效益的关系，处理好当前经济效益与长远经济效益的关系。

6. 战略观念

战略观念是企业经营思想的综合体现，居于一切经营观念的统帅地位。战略观念是指企业为实现经营目标，通过对企业外部环境和内部条件的全面估量和分析，从全局出发而做出的较长时期的总体性谋划和活动纲领。它具有全局性、长远性和风险性的基本特征。企业经营的成功之道，就是不满足现状，高瞻远瞩，面向未来，胸怀全局，实行战略经营和战略管理。

（二）企业的经营方针

现代企业的经营方针是在一定的经营思想指导下，从事各种经营活动所必须遵循的基本纲领与准则。经营方针是企业经营思想的具体反映，是实现经营目标的行动指南。

依据不同类型企业的不同经营特点、不同时期不同的内外条件、要解决的不同经营问题，可将经营方针具体分为以下几种：

1. 明确服务方向方针

企业是以提供具体的产品或服务为消费者服务的。企业的产品服务方向不同，经营管理要求则有很大区别。企业服务方向的方针，可以有多种选择：可以为国内市场服务或为国际市场服务；可以为农村消费者服务或是为城市消费者服务；可以为工业生产提供原材料、设备服务或者是为消费者提供直接服务等。每个企业都要确定具体的服务方向，才能有的放矢，做好经营管理工作。

2. 坚持技术发展方针

企业技术发展对经济效益有着重要影响，企业应当有明确的技术发展方针。技术发展方针可以是采用一般技术、用价廉物美的中低档产品取胜的发展方针；也可以是采用先进技术、用优质高档产品取胜的发展方针。企业技术力量的配备，是以实用性研究为主还是以基础性研究为主，企业设备技术更新改造方式的选择，都是技术发展方针的内容。

3. 确定生产营销方针

企业生产经营活动，主要反映在品种、数量、质量、价格、交货期和服务等方面，企业应结合自身条件，发挥优势，确定经营方针。生产营销方针，可以是扩大产量薄利多销，可以是优质优价以质取胜，可以是以发展品种保持多样化经营为特色，也可以是提高服务质量促进生产发展等。

现代企业经营方针的制定，是一个周密的调查研究过程，要从长远考虑，从企业实际出发，扬长避短、发挥优势，形成自己的经营风格和特色。同时，注意根据企业条件和市场形势的变化，适时地调整和修订经营方针。

（三）企业的经营目标

现代企业经营目标，是现代企业生产经营活动在一定时期内所预期达到的经营成果与水平。任何企业在一定时期内都有其经营目标，企业的各项生产经营活动都要围绕一定的预期目标来进行。

每一个社会主义企业，在不同时期都有不同的经营目标。企业经营目标的基本内容一般包括以下四点：

1. 贡献目标

企业的存在取决于它对社会的贡献和贡献的大小。社会主义企业对社会的贡献，既包括提供产品或服务，满足消费者的物质文化生活需要，又包括创造价值，为国家提供积累，满足促进社会经济发展的需要。

2. 市场目标

市场是企业的生存空间。开拓新市场、提高市场占有率是企业重要的经营目标。市场目标是指一定时期内，企业占领市场的广度和深度。对有条件的企业，还应提高产品在国外市场的竞争能力，开辟国际市场。

3. 发展目标

发展目标是指企业在一定时期内，其生产规模的扩大、品种的增多和产品质量、技术水平等的提高。它不仅表现在生产规模的扩大，技术水平与管理水平的提高上，而且还表现在企业员工素质的不断提高上。

4. 利益目标

利益目标是指企业在一定时期内，为本企业和员工创造的物质利益。它表现为企业实现的利润、工资与奖金、员工福利等。利益目标是现代企业经营活动的内在动力，也是企业谋求生存和发展的基础。

企业的总体经营目标，是通过各个环节和各个部门员工的努力实现的，因此应该围绕企业的总体目标制定本部门的具体目标，从而形成一个纵横交错、有机关联的目标体系。也正是通过企业经营目标的层层分解和层层保证，使各部门各环节的生产经营活动紧密配合，使企业的总体经营目标得到最终实现。

第二节 现代企业战略管理

一、企业战略管理概述

（一）企业战略与企业战略管理

现代企业面临着动荡不定的经营环境，企业管理者必须牢牢把握那些关系企业未来生存和发展的关键性、全局性的战略问题，从战略高度考虑合理运用可取得的资源，充分利用环境提供的机会，不断提高企业素质，努力实现适应环境变化的战略性管理，才能使企业在竞争中求得成长和发展。

1. 企业战略

战略一词原是军事术语。在我国古代，其含义大致是对战事的总体谋划，即可解释为

"筹划军事之方略也"。在西方，战略（Strategy）一词来源于希腊语"Strategos"，其原意是指军事将领或地方行政长官。后来这个词演变成军事术语，其含义是指在敌对状态下指挥军队克敌制胜的艺术和方法。也有的兵书认为"战略是在地图上进行战争的艺术，它所研究的对象是整个战场"，而在"地面上实际调动军队和作战的艺术是战术"。总的来说，战略一词原是军事方面的概念，但现在这一概念的应用已经很广泛了，它表示对一件事情的总体谋划和部署。

关于企业战略的概念，国外学者有很多定义和解释。美国著名管理学者安绍夫（I. Ansoff）在1965年发表的《企业战略》一书中提出：企业战略是贯穿于企业经营与产品和市场之间的一条"共同经营主线"，它决定着企业所从事的，或者计划在将来要从事的经营业务的基本性质。美国哈佛大学商学院教授安德鲁斯（K. Andrews）认为，企业战略是企业的目标、意图或目的，以及为达到这些目的而制定的主要方针和计划的一种模式。这种模式可以认为是企业战略的广义含义，即企业战略应包括企业希望实现的目标以及为实现这些目标而采取的手段。安绍夫的企业战略定义可以认为是企业战略概念的狭义含义，即企业战略只包括为实现企业目标而采取的手段。

2. 企业战略管理

企业战略管理一词最初是由美国学者安绍夫在1976年出版的《从战略计划走向战略管理》一书中提出的。安绍夫认为企业战略管理是指将企业日常业务决策同长期计划决策相结合而形成的一种经营管理业务。美国学者斯坦纳（G. A. Steiner）在1982年出版的《管理政策与战略》一书中认为，企业战略管理是确立企业使命，根据企业外部环境和内部经营要素设定企业组织目标，保证目标的正确落实并使企业使命最终实现的一个动态过程。国外也有学者认为企业战略管理就是以一种战略思想引导企业的长期发展与变化，为企业指明前进方向，是一种系统的、具有创造性的、面向未来的企业领导方法。

这些关于企业战略管理含义的表述在内容上差异不大，总的来说，企业战略管理不仅包括根据内外环境来确定长期发展方向、目标以及选择达到目标的途径，而且还包括组织企业战略的实施，对实施过程进行检查评价和调整。与企业以往制定长期规划或长期发展战略相比，企业战略管理是一个动态的过程，而不是一次性的活动。

（二）企业战略的层次

一般来说，在大中型企业中，企业的战略可以分为三个重要层次：公司战略、业务战略和职能战略。在这三类战略里，战略的四个构成要素，即经营范围、资源配置、竞争优势和协同作用又扮演着不同的角色，发挥着各自不同的特性。

1. 公司战略

公司战略又称总体战略。在大中型企业里，特别是多种经营的企业里，公司战略是企业战略中最高层的战略。它需要根据企业的目标，选择企业可以竞争的经营领域，合理配置企业经营所必需的资源，使各项经营业务相互支持、相互协调。可以说，从公司的经营发展方向到公司各经营单位之间的协调，从有形资源的充分利用到整个公司价值观念、文化环境的建立都是公司战略的重要内容。

公司战略的特点是：①从形成的性质看，公司战略是有关企业全局发展的、整体性的、长期的战略行为；②从参与战略形成的人员看，公司战略的制定与推行人员主要是企业的高层管理人员；③从战略构成要素的作用来看，经营范围和资源配置是公司战略中主要的构成要素，竞争优势和协同作用两个要素则因企业不同而需要进行具体分析。

2. 业务战略

业务战略又称经营单位战略。在大型企业中，尤其是在企业集团里，为了提高协同作用，加强战略实施与控制，企业从组织上把具有共同战略因素的若干事业部或其中的某些部分组成一个经营单位。每个经营单位一般都有着自己独立的产品和细分市场。在企业内部，如果各个事业部的产品和市场具有特殊性，可以视作独立的经营单位。

因此，业务战略就是战略经营单位、事业部或子公司的战略。业务战略是在公司战略的制约下，指导和管理具体经营单位的计划和行动，为企业的整体目标服务。从战略构成要素的角度来看，资源配置与竞争优势是业务战略中最重要的组成部分。由于经营范围与产品和细分市场的选择有关，与产品和市场的深度与广度的关系甚少，因此在业务战略中，协同作用则变得愈加重要，要重视经营单位内部不同职能领域活动的协调。

3. 职能战略

职能战略又称职能层战略。它是企业内部主要职能部门的短期战略计划，使职能部门的管理人员可以更加清楚地认识到本职能部门在实施公司战略中的责任和要求，有效地运用研究开发、营销、人力资源、财务等方面的经营职能，保证企业目标的实现。

职能战略的特点是：①用于确定和协调企业的短期经营活动，期限较短，一般在一年左右；②更具有针对性和具体性，便于实施和控制；③从战略构成要素来看，协同作用和资源配置是职能战略的关键要素，而经营范围的重要性较低。

(三) 企业战略管理的意义

制定企业战略，从总体上对企业的经营活动进行谋划、指导和控制，对于现代企业来说，具有如下重要意义：

1. 有利于企业整体目标的实现

制定企业战略使企业各部门、各环节的工作都能按统一的所制定的战略目标来运行，这样一个协调性的运转机制，就为实现企业的整体经营目标打下了良好的基础。

2. 优化资源配置，提高资源利用的效率

企业战略管理的本身就是从诸多的可以达到既定目标的行动方案中选择一个对于企业当前情况来说最满意的方案。因此，凡是制定得合理、正确，并得到了正确贯彻执行的企业战略，都能保证企业的资源得到最有效的配置和最充分的利用。

3. 增强企业经营活动的稳定性

由于企业外部经营环境的不断变化，企业的经营战术活动也需相应地变化或调整。但是，一切战术问题的调整和变化，必须也应只是为了实现有利于既定的企业总体任务和目标。对战术问题的调整，不应是盲目的、随心所欲的或仓促被动的。因此，只有在企业经营战略的规定下，企业才能够主动地、有预见地、方向明确地按经营环境的变化来调整自己的经营战术，这样才能减少被动性、盲目性，才能处变不惊，使企业始终在多变的经营环境中按既定的目标稳步前进。

4. 为获取市场竞争的优势地位奠定基础

在日趋激烈的市场竞争中，企业与竞争对手的竞争不仅是企业现有实力的较量，甚至可以说主要不是现有实力的较量，而是同竞争对手比较谋略。要想在市场竞争中取得胜利，首先必须有正确的、高人一筹的、出奇制胜的战略谋划。制定正确的并能得到有效贯彻的企业战略，可使企业在竞争中不断取得成功。

5. 实现员工参与管理，激发员工工作积极性

从管理的原理来说，管理必须强调统一意志、统一指挥。但是同时，管理工作也应强调调动被管理者的积极性和创造性。在具体管理操作中，对于全局性的谋划，对于战略的制定，是需要集思广益的，最需要企业员工上下同心，明确企业的发展前景。因此，在企业战略管理中，调动广大员工参与，不仅体现了管理的民主性，也便于管理者吸收广大员工的智慧，起到激励下属的功效，使企业所有的员工都能明确企业的发展前景及其实现途径，增强企业员工的主动性和凝聚力。

二、行业竞争力分析

传统的产业组织理论是以市场结构、企业行为和效益为研究框架的。20世纪90年代末，哈佛商学院的著名战略管理学者迈克尔·波特（Michael Porter）教授，将传统的产业组织理论与企业战略结合起来，形成了竞争战略与竞争优势的理论。根据他的观点，在一个行业中，存在着五种基本的竞争力量，即潜在竞争者、替代品、购买者、供应者以及行业内现有的竞争者间的抗衡，彼此之间的相互作用影响着企业的战略决策。这五种基本竞争力量的状况及其综合强度，引发行业内在经济结构上的变化，从而决定着行业内部竞争的激烈程度，决定着行业中获得利润的最终潜力，如图3-1所示。

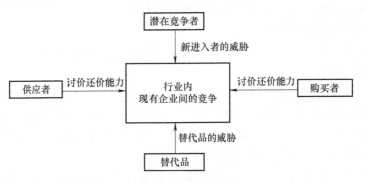

图3-1　行业中的竞争力量

不同行业的竞争力量的综合强度是不同的，因此，各行业利润的最终潜力也不同。在竞争激烈的行业中，一般不会出现某家企业获得惊人收益的状况。在竞争相对缓和的行业中，各个行业普遍可以获得较高的收益。此外，行业竞争的不断加剧，会导致投资收益率下降，直至趋近于竞争的最低收益率。企业的收益率如果长期低于行业的最低收益率，最终会停止经营，并将投资投入其他行业；相反情况下，它就会刺激外部资金流入该行业，流入的方式有两种：①新加入者带入资本；②行业内现有竞争者增加资本。总之，行业竞争力量的综合强度决定着资本流入的程度，驱使收益趋向竞争最低收益率，并最终决定企业保持高收益的能力。

从战略形成的观点看，五种竞争力量共同决定行业竞争的强度和获利能力。但是，各种力量的作用是不同的，常常是最强的某个力量或某几个力量处于支配地位，起决定性作用。例如，一个企业在某行业中处于极为有利的市场地位时，潜在的加入者便不会对它构成威胁。但如果它遇到了高质量、低成本的替代品的竞争者，便会失去其有利的市场地位，只能获得较低的收益。有时，即使没有替代品和大批的新进入者，现有竞争者之间的激烈抗衡也会限制该企业的潜在收益。

根据行业结构原理，一个企业的经营单位，其竞争战略目标应该定位在行业里。通过界定，企业可以较好地防御这五种竞争力量，或者企业能够对这些竞争力量施加影响，使它们有利于本企业。因此，企业在制定经营战略时，应透过现象抓本质，分析每个竞争力量的来源，确定某个行业中决定和影响五种基本力量的基本因素，弄清企业生存的优势和劣势，寻求企业在本行业中的有利地位。

三、企业资源与能力分析

（一）SWOT 分析

SWOT 分析方法是由美国哈佛商学院率先采用的一种经典方法。它能根据公司拥有的资源，分析公司内部的优势与劣势以及公司外部环境的机会与威胁，进而选择适当的战略。

1. 基本原理

SWOT 分析法是一种综合考虑企业内部条件和外部环境的各种因素，进行系统评价，从而选择最佳经营战略的常用方法。这里，S 是指企业内部的优势（Strengths）；W 是指企业内部的劣势（Weaknesses）；O 是指企业外部环境的机会（Opportunities）；T 是指企业外部环境的威胁（Threats）。

企业内部的优势和劣势是相对于竞争对手而言的，一般表现在企业的资金、技术设备、员工素质、产品、市场、管理技能等方面。判断企业内部的优势和劣势一般有两项标准：①单项的优势和劣势。如企业资金雄厚，则在资金上占有优势，市场占有率低则在市场上处于劣势。②综合的优势和劣势。为了评估企业的综合优势和劣势，应选定一些重要因素，加以评价打分，然后根据其重要程度进行加权确定。

企业外部的机会是指环境中对企业有利的因素，如政府支持、高新技术的应用、良好的购买者和供应关系等。企业外部的威胁是指环境中对企业不利的因素，如新竞争对手的出现、市场增长率缓慢、购买者和供应者讨价还价能力增强、技术老化等。这是影响企业当前竞争地位或影响企业未来竞争地位的主要障碍。

2. 应用

SWOT 分析法依据企业目标，列表定出对企业生产经营活动及发展有着重大影响的内部及外部因素，并且根据所确定的标准，对这些因素进行评价，从中判定企业的优势与劣势、机会与威胁，如图 3-2 所示。SWOT 分析法是要使公司真正考虑到：为了更好地对新出现的行业和竞争环境做出反应，必须对企业的资源采取哪些调整行为？是否存在需要弥补的资源缺口，公司需要从哪些方面加强其资源？要建立公司未来的资源必须采取哪些行动？在分配公司资源时，哪些机会应该最先考虑？这就是说，SWOT 分析法中

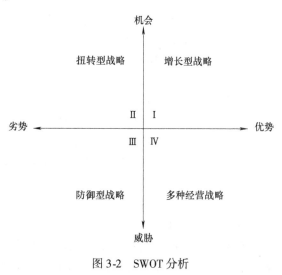

图 3-2　SWOT 分析

最核心的部分是评价公司的优势和劣势，判断所面临的机会和威胁，并做出决策，即在公司现有的内外部环境下，如何最优地运用自己的资源，并且考虑建立公司未来的资源。

从图3-2可以看出，第Ⅰ类企业，具有很好的内部优势以及众多的外部机会，应当采取增长型战略，如开发市场、增加产量。第Ⅱ类企业，面临巨大的外部机会，却受到内部劣势的限制，应采取扭转型战略，充分利用环境带来的机会，设法清除劣势。第Ⅲ类企业，内部存在劣势，外部面临强大威胁，应采取防御型战略，进行业务调整，设法避开威胁并消除劣势。第Ⅳ类企业，具有一定的内部优势，但外部环境存在威胁，应采取多种经营战略，利用自己的优势，在多样化经营上寻找长期发展的机会。

（二）投资组合分析

企业可以用来分析自身投资组合的方法主要有以下两种：

1. 波士顿矩阵

（1）基本原理。波士顿矩阵是美国波士顿咨询公司（BCG）在20世纪60年代，为一家造纸公司提供咨询服务时，提出的一种投资组合分析方法，如图3-3所示。这种方法是把企业生产经营的全部产品或业务的组合作为一种整体进行分析，常用来分析企业相关经营业务之间现金流量的平衡问题。通过这种方法，企业可以找到企业资源的产生单位和这些资源的配置方向。

波士顿矩阵法的分析前提是认为企业的相对竞争地位（以相对市场份额指标表示）和业务增长率（以市场增长率指标表示）决

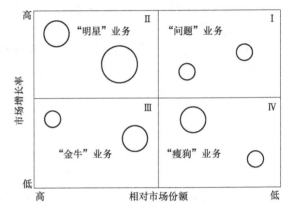

图3-3 波士顿矩阵

定了企业业务组合中的某一特定业务应当采取何种战略。企业的相对竞争地位越高，其获利率越高，该项业务能够为企业产生的现金流量越大。而市场增长率越高，则表明企业获取更多市场份额的机会越大，企业获取利润和现金投入的需求也越大。

（2）矩阵图解。如图3-3所示，矩阵的横轴表示企业在行业中的相对市场份额，是指企业某项业务的市场份额与这个市场中最大竞争对手的市场份额之比。相对市场份额的分界线为1.0～1.5，划分出高、低两个区域。某项业务或产品的相对市场份额多，表示其竞争地位高，在市场中处于领先地位；反之，表示其竞争地位低，在市场中处于从属地位。

纵轴表示市场增长率，是指企业所在行业某项业务前后两年销售额增长的百分比。它表示每项经营业务所在市场的相对吸引力。在分析中通常用10%的平均增长率作为增长高、低的界限。最近两年平均增长率超过10%的为高增长业务，低于10%的为低增长业务。图中纵坐标与横坐标将整个市场份额分为四个区域，图中圆圈表示企业某项业务或产品的销售增长所占的比重。

（3）分析方法。根据有关业务或产品的行业市场增长率和企业相对市场份额标准，波士顿矩阵图把企业的全部业务定位在四个区域中。Ⅰ区（问题区）：处在该区域的产品或业务，市场增长率高，相对市场份额低。因此，企业在对于"问题"业务的进一步投资上需要进行分析，判断使其转移到"明星"业务所需要的投资量，分析其未来盈利，研究是否值得投资等问题。Ⅱ区（明星区）：处在该区域的产品或业务，市场增长率高，相对市场份额也高。在企业的全部业务当中，"明星"业务在增长和获利上有着极好的长期业务，但它们是企业资源的主要消费者，需要大量的投资。为了保护或扩展"明星"业务，企业应在短期内优先供给资源，支持其发展。Ⅲ区（金牛区）：这类业务处于成熟的低增长的市场之中，市场的地位有利，盈利率高，本身不需要大量的投资，反而能为企业提供大量资金。因此，企业应对"金牛"业务进行保护，尽量延长其生命周期。Ⅳ区（瘦狗区）：这类业务处于饱和的市场当中，竞争激烈，利润低，不能成为企业的资金来源。如果这类经营业务还能自我维持，则应缩小经营范围，加强内部管理；如果这类业务已经彻底失败，企业应尽早采取措施，清理业务或退出经营。

（4）波士顿矩阵的启示。波士顿矩阵分析的目的是帮助企业确定自己的总体战略，在总体战略的选择上，波士顿矩阵有两点重要的贡献：①该矩阵指出了每个经营业务在竞争中的地位，使企业了解它的作用或任务，从而有选择地、集中地运用企业有限的资金；②波士顿矩阵将企业不同的经营业务综合到一个矩阵中，具有简单明了的效果。

2. 通用矩阵

（1）基本原理。通用矩阵，又称行业吸引力矩阵，是美国通用汽车公司设计的一种投资组合分析方法，如图3-4所示。相对于波士顿矩阵，通用矩阵有了很大的改进，在两个坐标轴上都增加了中间等级，增多了战略的变量。这不仅适用于波士顿矩阵所能适用的范围，而且对需求、技术生命周期曲线的各个阶段，以及不同的竞争环境均可适用。九个区域的划分，更好地说明了企业中处于不同地位经营业务的状态，使企业可以更为有效地分配其有限的资源。

（2）分析方法。图3-4中，通用矩阵的横轴表示经营业务的竞争地位，纵轴表示行业吸

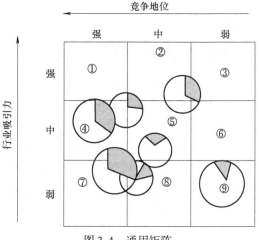

图3-4 通用矩阵

引力。行业吸引力和竞争地位的值决定着企业某项业务在矩阵上的位置，根据产品或业务在通用矩阵图中所处的区域不同，企业可以制定相应的经营战略。

企业利用通用矩阵比较其经营业务以及决定其资源分配方式时，必须估测行业吸引力及经营业务的竞争地位。

影响行业吸引力的因素有行业增长率、市场价格、市场规模、获利能力、市场结构、竞争结构、技术及社会政治因素等。评价行业吸引力的大致步骤为：①根据每个因素的相对重要程度，定出各自的权数；②将每个因素划分成若干等级，并为每个等级确定分数标准，一般用1、2、3、4、5表示；③用权数乘以等级得分，得出每个因素的加权分，将每个因素的加权得分值汇总，即为整个行业吸引力的加权值。

影响经营业务竞争地位的因素有相对市场份额、市场占有率、买方增长率、产品差别化、生产技术、生产能力及管理水平等。评价经营业务竞争地位的原理，同评价行业吸引力的原理基本相同，如表3-1所示。

表 3-1　行业吸引力测定表

因　素	权　数	等级得分	加 权 分
税收	0.05	4	0.20
汇率变化	0.08	2	0.16
零件供应	0.10	5	0.50
工资水平	0.10	1	0.10
技术力量	0.10	5	0.50
人员来源	0.10	4	0.40
市场容量	0.15	4	0.60
市场增长率	0.12	4	0.48
行业盈利率	0.20	3	0.60
总计	1.00	—	3.54

(3) 经营战略。从通用矩阵上企业产品或业务所处的位置，来制定企业所采用的经营战略。一般来说，企业中处于①、②、④区域的业务最适合采取增长与发展战略，企业应优先分配资源；处于⑥、⑧、⑨区域的业务，一般应采取停止、转移、撤退战略；处于③、⑤、⑦区域的业务，应采取维持或有选择地发展战略，保护原有的发展规模，同时调整其发展方向。

四、竞争战略管理

(一) 一般竞争战略

一般竞争战略是指无论是在什么类型的行业里，企业都可以采用的竞争性战略。美国哈佛商学院著名的战略管理学家迈克尔·波特在其 1980 年出版的《竞争战略》一书中，提出了三种一般竞争战略，即成本领先战略、差别化战略和重点集中战略。他认为，企业要获得竞争优势，一般只有两种途径：或者成为行业中成本最低的生产者，或者在产品和服务上形成与众不同的特色，如图 3-5 所示。在这里，每一种战略都有自己的特色，参与竞争的途径与其他战略有着明显的区别，能获得自己特殊的市场地位。

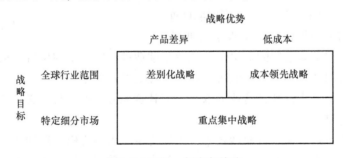

图 3-5　三种一般竞争战略

1. 成本领先战略

成本领先战略是指企业通过在内部加强成本控制，在研究开发、生产、销售、服务和广告等领域里把成本降到最低限度，成为行业的成本领先者的战略。

(1) 成本领先战略的动因。在企业所在的市场上，如果购买者对价格具有很高的敏感性，那么，获得行业中总成本最低的优势就是一个有力的竞争途径。从五种竞争力量的角度来分析，企业采取成本领先战略的主要原因是：①形成进入障碍。企业的成本低，就具有削价能力，从而为行业的潜在竞争者设置了较高的进入障碍。那些生产技术不熟练、经营上缺乏经验的企业，或缺乏规模经济的企业便很难进入此行业。②增强讨价还价能力。企业的成本低，可以在某种程度上应付由于投入因素的变化所引起的投入费用的增长现象，从而提高自身与供应商的讨价还价能力。同时，企业成本低，能够为自己提供部分的利润率保护，从而提高自己对购买者的讨价还价能力，对抗强有力的购买者。③降低替代品的威胁。企业的成本低，可以在与替代品竞争时，通过降低价格来吸引大量的消费者，从而降低或缓解替代品的威胁，使自己处于有力的竞争地位。④保持领先的竞争地位。企业的成本低，在与行业内的竞争对手进行价格战时，可以利用低价格的吸引力从竞争对手那里夺得销售额和市场份额，也可以在其对手毫无利润的低价格水平上保持一定的盈利，从而保持绝对的竞争优势。

总之，企业采用成本领先战略，可以有效地面对行业中的五种竞争力量，以其低成本的优势，获得高于其行业平均水平的利润。

（2）成本领先战略实施的条件。在实践中，成本领先战略要取得显著的效果，必须考虑以下因素：①行业市场必须是完全竞争的市场；②该行业所有的产品是标准化的产品；③大多数购买者的购买方式相同；④产品有较高的需求弹性；⑤价格竞争是市场竞争的主要手段。如果企业的环境和内部条件不具备这些因素，企业便难以实施成本领先战略。

（3）成本领先战略存在的弱点。企业在选择成本领先战略时，还应看到这一战略也有其自身的弱点。如果竞争对手的竞争能力强，采用成本领先战略的企业就有可能处于不利的地位，具体有以下几种情况：①竞争对手开发出更低成本的生产方法，使得企业原有的成本领先优势消失；②竞争对手采用模仿的方法，形成与企业相似的产品和成本；③企业过分地追求低成本，降低了产品和服务的质量，使消费者需求发生了改变。

2. 差别化战略

差别化战略是企业为满足消费者特殊的需求，形成自身竞争优势，而提供与众不同的产品和服务的战略。企业主要是依靠产品和服务的特色，而不是靠降低成本来实施这种战略。

（1）差别化战略的动因。在消费者需求多样化的情形下，企业很难通过标准化的产品完全满足消费者的需求。因此，差别化战略就成了一个很有吸引力的竞争战略，具体来讲有以下几方面：①形成进入障碍。由于企业产品和服务具有特色，消费者对该产品或服务有很高的忠诚度，从而使该产品和服务具有强有力的进入障碍，潜在的竞争者要与该企业竞争，则需要克服这种产品的竞争。②降低消费者敏感程度。由于消费者对企业产品和服务有某种程度的忠诚度，所以当产品价格发生变化时，消费者对价格的敏感程度不高，生产该产品的企业便可以运用产品差异战略，在行业的竞争中形成壁垒，避免竞争的侵害。③增强讨价还价的能力。产品差异化战略可以使企业获得较高的边际收益，降低企业的总成本，增强企业对供应者讨价还价的能力。同时，由于消费者别无其他选择，对价格的敏感程度又低，企业可以运用这一战略削弱消费者讨价还价的能力。④防止替代品的威胁。企业的产品与服务具有特色，能够赢得消费者的信任，便可在与替代品的较量中，比同类企业处于更有利的地位。

（2）差别化战略实施的条件。实施差别化战略的企业要获得战略上的成功，就必须认真研究消费者的需求和行为，了解他们对产品和服务的看法。然后，企业还必须使产品或服务包含特定的消费者想要得到的属性，其中企业自己提供的属性与竞争对手所提供的属性有着明显的易于分辨的差别，或者开发某种独特的能力来满足消费者的需求。具体来说，实施差别化战略应着重考虑以下几方面的因素：①构造具有自己特色的产品生产经营过程。在企业的生产经营过程中，每一环节都存在创造差别化的可能性，企业应根据市场和消费者的需要，考虑突出某一环节的差异化。②在管理技能上，公司的管理者应当充分掌握获得竞争优势的各种差别化途径，制定并实施有效的差别化战略。为此，企业需要具有很强的研究开发与市场营销能力的管理人员。③在组织结构上，成功的差别化战略需要有良好的组织结构以协调各个职能领域，有能够确保激励员工创造性的激励体制和管理体制。在这里，企业文化也是一个重要的因素，高技术的企业格外需要良好的创造性文化，鼓励技术人员大胆地创新。

（3）差别化战略存在的弱点。企业在保持差别化战略上，普遍存在着四种威胁：①企业形成差别化的成本过高，大多数消费者难以承受产品的价格，企业也就难以盈利。竞争对手的产品价格很低时，企业即使控制其成本水平，消费者也会不再愿意为具有差别化的产品支付较高的价格。②竞争对手可以推出类似的产品，降低企业产品差别化的特色。③竞争对手推出更有差别化的产品，使得企业原有的消费者转向了竞争对手的市场。④消费者不再需要本企业长期赖以生存的那些产品差别化的因素。例如，经过一段时间的销售，产品的质量不断提高，消费者对于电视机、电冰箱等家用电器产品的价格越来越敏感，这些产品的差别化的重要性就降低了。

3. 重点集中战略

重点集中战略是指企业把经营战略的重点放在一个特定目标市场上，为特定的地区或特定的消费者团体提供特殊产品和服务的战略。

重点集中战略与前两个竞争战略不同。成本领先战略与差别化战略面向全行业，在整个行业范围内进行活动。而重点集中战略则是围绕一个特定的目标进行密集性的生产经营活动，要求比竞争对手提供更为有效的服务。

（1）重点集中战略的动因。重点集中战略与前两个战略一样，可以防御行业中的各种力量。这种战略可以用来防御替代品的威胁，也可以针对竞争对手最薄弱的环节采取行动，从而使企业在本行业中获得高于一般水平的收益。

应当指出，企业实施重点集中战略，尽管能在其目标细分市场上保持一定的竞争优势，获得较高的市场份额，但由于其目标细分市场相对狭小，该企业的市场份额总体水平是较低的。重点集中战略在获得市场份额方面常存在某些局限性，因此，企业选择重点集中战略时，应在产品获利能力和销售量之间进行权衡和取舍，有时还要在产品差别化与成本状况之间进行权衡。

（2）重点集中战略的实施条件。重点集中战略往往在下列情况下能够取得最好的效果：①在目标小市场上，竞争对手很难满足消费者在专业化或特殊性上的需要；②企业拥有足够的资源和能力，能有效服务于具体的目标小市场；③目标小市场上具有很好的成长潜力，而且足够大，企业可以获得盈利；④在目标小市场上，企业能够凭借其建立的消费者忠诚度，有效地防御行业中的挑战者。

一般来说，企业服务于目标小市场的专业化能力是其能够有效防御目标市场上五种竞争力量的基础。如果企业拥有了服务于该目标小市场的独特能力，就会形成一种有效的进入障碍，竞争者进入该目标细分市场就变得更加困难。因此，提高目标市场上的专业化水平可以阻止潜在的竞争者。同样，替代产品生产商要想进入这一小市场，也面临着上述专业化服务能力的障碍。对于消费者来说，由于他们不愿意转向那些不能如此满足自己期望和要求的厂商，从而在某种程度上削弱了讨价还价的能力。

（3）重点集中战略存在的弱点。企业在实施重点集中战略时，可能会面临以下的风险：①以较宽的市场为目标的竞争对手采取同样的重点集中战略，或者竞争对手从企业的目标市场中找到了细分市场并以此为目标来实施集中战略，从而使原来实现重点集中战略的企业失去了优势。②由于技术进步、替代品出现、价值观念更新、消费偏好变化等方面的原因，目标小市场与总体市场之间在产品或服务的需求上差别化变小，企业原来赖以形成重点集中战略的基础也失去效用。③较宽经营范围的竞争对手与采取重点集中战略的企业之间在成本上日益扩大，抵消了企业为目标市场服务的成本优势，或抵消了通过重点集中战略而取得的产品差别化，导致了企业重点集中战略的失败。

（二）企业在不同地位上的竞争战略

企业在行业竞争中的地位，可以分为主导企业、前沿企业、衰落企业和垂危企业四种情况。在行业竞争中处于不同地位的企业，会采用不同的竞争战略。

1. 主导地位上企业的竞争战略

主导企业是指在竞争中处于明显优势地位的企业，通常是一些著名的大企业。主导企业的主要竞争战略是如何恰当地保持已经实现的主导地位与其优势利益，以及如何变成第一位的主导企业。这样，至少有三种竞争战略可供选择。

（1）进攻战略。其思想基础是，最好的防卫是恰当的进攻。进攻战略成功的关键在于不断地创新、积极进攻，使竞争对手始终处于被动、失衡、消极应付状态。富于进攻精神的主导企业，应当想方设法使潜在客户比较容易地将他们的采购转到自己的企业，把现存的"第一"变成自己的竞争优势，提高自己的声誉。

（2）维持战略。其核心是恰当地防卫，使新企业很难进入，挑战者难有立足之地，使自己受打击的概率降低、程度变小。强有力的防卫目标是构筑"壁垒"，巩固竞争优势，保护现有市场地位。具体的防卫行为有：①通过增加广告、客户服务和生产能力支出，加强进入壁垒；②设法增加使客户转移到竞争产品上的费用；③扩大生产线，尽可能地囊括竞争者力图掠取的利益；④保持合理的价格和诱人的品质；⑤维持和提高客户服务水平；⑥投入足够的力量保持成本竞争、技术创新，增加市场的现有份额；⑦垄断各种可行的技术专利；⑧力求与最佳供应商签订排外合同。

（3）袭击战略。根据这种战略，主导企业明确发出信息，告示其他企业，任何想侵入主导企业经营领域的行动都将是"自杀性的"，必将受到重创。主导企业充当行业警察的角色，强化弱小企业充当追随者角色的习惯。对于越轨者，以种种袭击手段给予打击。

2. 前沿地位上企业的竞争战略

前沿企业是市场地位仅次于主导企业的企业。在这类企业中，有的可能满足于现状，甘心充当主导企业的追随者；有的则不同，它们要求获得更大的市场份额和更高的市场地位，因而将以挑战者的姿态，抓住一切机会，与其他前沿企业一起和主导企业竞争。前沿企业可以采取以下六种竞争战略：

（1）拾遗补阙战略。着力抓住主导企业放弃或忽视的客户。理想的遗阙应具有足够的规模和范围，具有一定的增长潜力，能较好地适应于企业自身的能力和技术，并且不伤害主导企业的利益。

（2）专业化战略。企业认真选择确能发挥自己专长且对客户很有价值的部分，以专见长。

(3) 求优战略。企业结合重点战略和差异化战略，着重抓产品质量，市场营销的重心对准具有质量意识和实绩导向的客户，以质量求生存和发展。

(4) 追随战略。企业满足于追随者地位，在价格上也始终与主导企业保持一致。

(5) 独特形象战略。企业利用一系列形式在树立独特形象上做文章，以此作为竞争手段。这些形式包括满足基本质量的低价、优质优价、超群的客户服务、独特的产品性能、独创分销渠道、带头引进新产品、采用非常广告等。

(6) 吃"虾米"战略。当财务上较强的劣势企业能通过吞并其他弱小对手而成长时，它有可能采取"小鱼吃虾米"战略。

3. 衰落地位上企业的竞争战略

处于竞争力比较弱、逐渐退步地位上的企业，宜采取比较保守的竞争方式。但企业的情况不同，可采取不同的战略。

(1) 增长战略。如果企业有足够的资源，就可利用低成本战略或差异战略，扩大企业的市场份额。

(2) 维持战略。继续现行战略，投入足够资源，保证销量、市场份额、利润水平和竞争地位处于能够生存的水平。

(3) 放弃战略。出售和关闭企业。

(4) 收获战略。最大限度地获取短期收益，把经营的再投资降低到最低限度，强化成本控制，几乎不进行生产性新设备投资。提高产品价格，降低促销费用，减少设备维修。总之，收获战略的目标是最大限度地获取短期收益，并有序地撤出市场。收获战略对实行多种经营的企业最有意义。当某种经营处于生命周期的衰退阶段时，这种企业可把收获性经营单位的资金转移到看好的经营单位。

4. 垂危地位上企业的转变战略

转变战略是指当企业陷入危机困境时实施的战略，其目标是尽快改变竞争和财力弱点。在制定和实施转变战略之前，应当对企业处于垂危境地的根源进行战略研究诊断，并找出实行转变战略的关键和难点或阻力。

(1) 修改现行战略。当企业垂危根源在于战略不当时，需修改现行战略，方法有：①转向新的竞争领域，重建企业的市场地位；②强化内部经营和职能领域的经营战略，给企业总体战略以更好的支持；③与行业内的其他企业合并或联营，改变其基本战略；④精减产品种类，使客户更紧密地配合企业的重心。具体采用何种方法，取决于行业的现有条件、企业竞争对手的优劣以及危机的严重性，更重要的是取决于对全面形势的分析结果。

(2) 收入增长战略。收入增长战略的目的是增加销量。其方法有降价、增强促销、扩大销售力量、增加客户服务、快速改进产品等。当经营预算中的费用支出几乎没法削减但仍然平衡，并且提高盈利能力的关键是提高现有生产能力的利用率时，采用收入增长战略将是必要的。当需求的价格弹性较大时，降低价格将是实现这一战略的重要手段。

五、企业战略管理

(一) 企业战略管理过程

企业战略管理包括四个相互关联的重要阶段，即战略分析阶段、战略选择阶段、战略实施阶段和战略控制阶段，如图3-6所示。

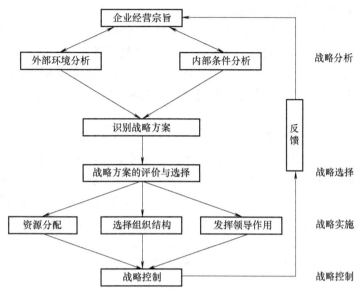

图 3-6　企业战略管理过程

1. 战略分析阶段

在这个阶段，企业战略人员的主要工作有：①确定企业经营宗旨，包括对企业的经营目的、经营哲学、经营目标等的描述，以及对与企业有利益关系的人和组织对企业期望的估计。企业经营宗旨的确定与企业内部条件分析和外部环境分析是分不开的。②评价企业内部条件，特别是对企业优势和劣势进行分析。③分析评价企业的外部环境，特别是要评价企业所面临的机会和威胁。

2. 战略选择阶段

企业战略人员在战略选择阶段的主要工作是：①根据外部环境和企业内部能力、企业经营宗旨，拟订可供选择的几种发展战略方案；②对上述各项战略方案进行分析评价；③最终选择一套企业满意的战略方案；④为战略的实施制定政策和计划。

3. 战略实施阶段

这个阶段的主要工作包括：①在企业各部门之间分配资源；②设计与战略相一致的组织结构，这个组织结构应能保证战略任务、责任和决策权限在企业中的合理分配；③保证企业文化与战略相匹配；④发挥领导作用；⑤处理各种矛盾和冲突。

4. 战略控制阶段

这个阶段的主要工作包括：①制定效益标准；②衡量实际效益；③评价实际效益；④制定纠正措施和权变计划。

由上可知，企业战略管理是一项十分复杂、难度也较大的管理工作。因此，不具备一定的条件，是很难把这项工作做好的。

（二）搞好企业战略管理应具备的必要条件

1. 企业必须有经营自主权

企业战略是关系到企业生存和发展的大事，责任重大。企业如果没有经营自主权，就当不了家、做不了主，战略管理自然也无从谈起。

2. 企业要有基本正常的经营活动

经营活动是企业战略赖以建立的依托，如无经营活动，就无所谓企业战略。但是，所谓"基本正常的经营活动"，并不是要求企业一定有好的经济效益。当然，企业效益好无疑会有助于企业搞好战略管理，但绝不能由此就断定企业效益不好就不能搞好战略管理。恰恰相反，在现实的经营中，往往是当企业效益滑坡、陷入困境时，才更自觉、更迫切、更努力地抓战略管理。

3. 企业要有初步的管理基础

企业战略管理是企业发展的高级阶段，因此，企业如无初步的管理基础，建立自己的战略管理就缺乏根基。但是，所谓"初步的管理基础"，并不就是"好的管理基础"，更不是"极优的管理基础"。当然，企业的管理基础好，肯定有利于企业搞好战略管理，但是，我们同样不能由此断定企业的管理基础不好就不能搞战略管理。恰恰相反，在现实的管理实践中，往往是当企业的管理滑坡、企业面临危机时，才迫使企业大动手术，抓战略管理，并通过抓战略管理这个总纲，把企业的各项管理推进到一个新的水平。

4. 企业要掌握必要的信息

信息是战略决策、战略管理的重要依据，因此，不掌握信息，光凭"拍脑袋""凭经验"是很难做到科学决策、搞好战略管理的。但是，对信息的质和量也要把握好一个"度"：要求过低不行；而要求过高，不仅难以做到，也没必要。从制定和实施战略的角度来讲，掌握"必要的信息"也就够了。在当今"信息爆炸"的时代，企业在进行战略管理时，从理论上说要掌握准确、及时、全面、系统的信息，但这不仅是不切实际的，也是没有必要的。因为战略管理是谋划未来的，是对企业未来的发展进行决策，而未来是很难加以确定的。因此，在进行战略管理和决策时既要利用信息，但也不是全部依靠数据信息，至于利用多少才算合适这要取决于决策者的战略思维能力。

第三节　市场和市场调查

一、市场

（一）市场的概念

市场是商品经济的产物，只要存在商品生产和商品交换，就必然存在市场。在商品经济的发达阶段——现代市场经济条件下，企业作为独立的商品生产者和经营者，直接置身于市场环境之中，随时受到市场机制的制约与调节，经受市场竞争的洗礼与考验。为在瞬息万变的市场环境和激烈的市场竞争中求得生存和发展，现代工业企业要认真研究市场，切实了解和掌握市场。

随着社会及商品生产的发展，人们对市场的研究在不断深入，并且由于各自研究的角度及深度不尽相同，因此，对市场的理解及看法不尽一致。

（1）传统的市场是指商品交换的场所。这种认识是市场一词的原意，产生于商品交换范围较小、研究市场的初期，仅是一个空间的概念。

（2）现代市场是商品交换关系的总和。随着商品经济的发展，市场交换范围及规模日益扩大，市场组织形式也日益复杂。此时，市场的含义远非简单的"场所"所能概括，这时的商品交换已不仅仅是在某一时间和某一场所进行，而是贯穿于整个商品流通领域，参与市场活动的当事人不仅有生产者和消费者，而且出现了众多的中间商。因此，市场反映着复杂的商品交换关系。

（二）市场的基本要素

市场是由多种基本要素相互联系和相互作用而形成的有机整体。

1. 从宏观角度考察

宏观市场构成的基本要素是商品、卖方和买方。商品是指满足生活消费的物质产品与服务，也指商品化了的资源要素，如资金、技术、信息、土地和劳动力等。卖方是指出卖商品的当事人。在市场中，卖方要为自身的经济利益和需要，向市场提供一定数量的商品，通过具体的商品交换得以反映，成为市场商品供给方的代表者，也称供给。买方是指既有需求又有货币支付能力的商品购买者。在市场中，买方要通过自身货币支付能力购进商品满足需求，成为市场商品需求方及人格化的代表者，也称需求。

商品、供给、需求是构成宏观市场的基本要素，通过供给与需求的相互关系，推动总体市场的运动方向。

2. 从微观角度考察

企业作为某种或某类商品的生产者或经营者，总是具体地面对对该商品有购买需求的买方市场，这就是微观市场。微观市场的基本构成要素是人口、购买力和购买欲望。需求是人的本能，哪里有人哪里就有需求，哪里就会形成市场。微观市场的人口要素包括人口数量、性别和年龄结构、家庭户数和家庭人口数、民族与宗教信仰、职业和文化程度、地理分布等具体要素。这些具体因素决定着市场容量的大小和市场需求的内容与结构。购买力是指人们支付货币购买产品或服务的能力。在人口要素既定的条件下，购买力就成为决定市场容量的要素之一。通常，研究购买力要素，应该关注人均国民收入、个人收入、社会集团购买力、平均消费水平、消费结构等因素对购买力的影响。购买欲望是指消费者购买商品的愿望、要求和动机，它是指导消费者的潜在购买力变为现实购买力的重要条件。购买欲望也是市场不可缺少的构成因素。

因此，人口、购买力、购买欲望三者相互联系、相互制约，共同构成了企业的微观市场，它是企业市场研究的重点。

（三）市场的分类

市场作为一个复杂的整体，可以从不同角度进行分类。

（1）按商品的经济用途分类，市场可分为生产资料市场和生活资料市场。生产资料市场又称工业品市场。生产资料市场出售的生产资料是用来满足生产需要的，它的主要购买对象是企业单位。目前的生产资料主要包括原材料、辅助材料、设备与工具、燃料和动力等。生产资料市场的主要特点表现为购买动机简单、需求弹性小、计划性强、技术要求高、专业性强、受国家政策影响较大。

生活资料市场又称消费品市场。消费品市场面对的是最终消费者，因此消费品市场直接关系到千家万户的生活。消费品市场的主要特点表现在：市场需求的广泛性和复杂性，需求的差异性及多变性，消费品购买一般属于非专业购买。

（2）按商品的性质分类，市场可分为商品市场和生产要素市场。商品市场是市场的最初形态，也是我国市场体系中的主体部分。生产要素市场是我国社会主义商品经济发展到一定阶段的产物。在我国社会主义市场经济体制下,生产要素包括资金市场(金融市场)、技术市场、劳务市场(人才市场)、信息市场和房地产市场等。

(3) 按流通环节分类,可分为批发市场和零售市场。

(4) 按流通领域分类,可分为国际市场与国内市场。

科学地划分市场,掌握市场的特点及规律,对于搞好市场调查与预测,制定正确的营销策略,都具有重要的意义。

(四) 市场的功能

市场的功能是指社会经济活动中市场体系运行产生的效能,它是市场活动具有的内在属性。

1. 职能战略

职能战略,即以市场为商品交易场所的中介,促进和实现商品所有权与实体交换活动的效能,它是市场最基本的功能。在市场经济条件下,商品生产者出售商品,消费者购买商品,以及经营者买进和卖出商品,都是通过市场进行的。为满足消费者的需求,推动商品所有权在各当事人之间让渡,以及商品实体从生产者手中向消费者手中转移,市场交换功能具体表现为销售、采购、运输、储存和挑选分类等。

2. 市场调节功能

市场调节功能,即以市场机制为价值规律发生作用的实现形式,自动调节社会经济运行过程和基本比例关系的效能,它是市场体系的核心功能。市场调节功能通常表现为市场机制以价格调节、供求调节、竞争调节方式,对社会生产、分配、交换、消费的全过程进行自动调节,如对社会资源配置、生产产品总量和种类构成调节,对生产者、经营者、消费者和各生产要素的所有者或支配者之间经济利益分配的调节,对社会商品交换数量、品种与结构的调节,对社会消费水平、消费结构的调节等。

3. 市场信息反馈功能

市场信息反馈功能,即市场体系运行中形成的市场信息,经传递、接受,影响商品交换当事人交换活动的职能。它既是市场上商品供需双方能力的客观描述,也是市场供求变动趋势的反映。市场信息反馈功能可以为国家宏观经济决策和企业生产经营决策提供重要依据。随着社会信息化程度的提高,市场信息反馈功能将日益加强。

二、市场调查

(一) 市场调查的意义

市场调查是运用科学的方法,全面、系统地收集、记录、整理有关市场信息和资料,分析市场情况,了解市场现状,为企业经营预测和决策提供客观、准确资料的活动。

市场调查是现代企业开展经营活动的基础和起点,搞好市场调查,对改善企业经营、提高决策的科学水平具有重要意义。

(1) 市场调查是企业市场预测的基础。现代企业处于瞬息万变、竞争激烈的市场之中,如果想求得生存和发展,就必须时刻把握市场的脉搏,正确预测市场未来的发展趋势。而这一切都离不开市场调查。

(2) 市场调查为制定正确的经营决策提供重要依据。由于市场处于不断的变化之中,而市场调查为企业提供了认识市场的工具,企业通过市场调查可以敏锐地洞察市场的状况及变化，进而把握市场机会，为制定正确决策提供重要的依据。

（3）市场调查为企业制定成功的竞争策略提供可靠情报。随着商品经济的发展，现代企业之间的竞争越来越激烈，企业要想在竞争中获胜，取得有利的市场机会，必须对潜在市场竞争状况进行全面了解，这些都离不开市场调查。

（二）市场调查的内容

市场调查的内容十分广泛，企业从决定生产某种产品，直到生产出来，到达消费者手中的整个企业生产经营过程，都需要大量的信息资料。所有这些信息资料，都是市场调查的内容。但由于企业受资源条件、能力和时间的限制，在一定时期只能根据生产经营需要，选择某一项或几个项目进行调查。一般说来，市场调查的基本内容有以下几个方面：

1. 市场需求及其环境的调查

市场需求及其环境调查的主要目的是了解市场对商品的需求量，以及影响企业生存和发展的外部环境因素，寻找潜在市场。市场需求调查主要包括市场需求的品种、质量、价格及变化情况等。市场环境调查主要包括政治、经济、社会、文化与自然等环境因素。

2. 消费者（顾客或用户）的调查

了解及熟悉消费者，并千方百计地满足消费者的需要，是现代企业经营管理的主要任务。因此，对消费者的调查是市场调查的核心。消费者的调查主要包括消费者的类别、地区分布、购买习惯、需求差异等。

3. 竞争情况的调查

竞争情况的调查，一般是指对竞争对手的调查分析，也即调查竞争对手的数量、规模、市场占有率、竞争产品的质量和价格，以及其采用新技术和发展新产品的趋向等。通过对竞争对手的调查，可使企业扬长避短、改进管理，从而生产适销对路、竞争力强的产品。

4. 本企业市场营销策略的调查

本企业市场营销策略是指产品、价格、促销和分销渠道等方面的策略。这些策略实施后市场的反应如何、应如何改进，这些只有通过市场调查才能了解。

5. 技术发展情况的调查

科学技术的进步，加快了产品的更新换代。所以现代企业必须及时、全面地了解国内外新产品的技术发展水平，努力采用新技术、新工艺、新材料，使企业产品在设计、制造工艺、设备、资源节约及综合利用方面，较同行业保持先进性，从而增强企业的竞争力。

（三）市场调查的方法

市场调查方法选择得恰当与否直接影响到市场调查的真实性。市场调查的方法很多，按调查方式分，有直接调查法和间接调查法；按调查范围分，有普查和抽样调查。下面着重介绍直接调查法中的询问法、观察法及实验法。

1. 询问法

询问法是通过向被调查者询问的方式搜集资料的一种方法，也是企业进行市场调查最常用的一种方法。询问法按调查者与被调查者的接触方式不同，又可分为面对面调查、电话调查、邮寄答卷调查、会议调查及在线调查五种。

（1）面对面调查。这是指调查者直接与被调查者进行交谈，询问有关问题，收集有关资料的一种方法。面对面调查的优点是可立即得到答复，比较灵活。在面对面调查时可以从对方的谈话中提出连锁性问题，使调查比较深入，并可观察被调查者的反应，根据被调查者的个性等特点采用不同的谈话技巧。面对面调查的缺点是时间和费用支出较多。

（2）电话调查。这是指借助电话工具向被调查者进行询问的一种调查方法。这种方法的优点是简便迅速，省时省钱，适宜访问不易接触的被调查者。缺点是要受时间的限制，复杂的问题不易在电话中说清楚，回答者没有思考的余地，收集的资料可能不够完整。因此，电话调查事先应准备好调查内容，注意措辞并做好记录。

（3）邮寄答卷调查。这是指将事先设计好的调查表格邮寄给被调查者，由被调查者按要求填写后寄回的一种调查方法。这种方法的优点是调查范围大、费用低，被调查者有充分的思考时间。其缺点是调查表回收率低，影响调查的代表性。

（4）会议调查。这是指企业利用参加各种外协会议和订货会的机会进行调查。这种会议往往集中了各类人员，能收集到内容广泛的信息。会议调查的优点是能节省时间和费用，资料丰富；缺点是受开会时间和内容限制。

（5）在线调查。在线调查也叫网上调查。随着越来越多的企业建立自己的网页，这样就可以把调查的问题放到自己的网页上进行研究。不过由于被调查者回答问题的主观随意性很大，加之目标消费群体受条件限制可能根本不上网，这些都会影响到在线调查的质量。

2. 观察法

观察法是指调查人员直接到现场，在被调查者不知不觉中，观察和记录其行为、反应或感受，收集有关资料的一种方法。这种方法的优点是收集的资料能真实准确地反映消费者及市场动态。其缺点是只能观察人们的表面活动，对于产生行为的动机，难以通过观察做出推论。

采用观察法进行市场调查有多种多样的方式，如调查者亲自站柜台，了解购买某种商品的消费者的年龄和性别、喜爱商品的品种和规格、质量和价格等；参加展销会、订货会，观察消费者购买商品的情况。随着科学技术的进步，观察手段也不断发展。不仅可以由调查人员进行观察，还可以借助先进的仪器进行观察，如录像机、照相机和电子监测等。

3. 实验法

实验法是通过实验比较，来取得市场资料的一种调查法。这种方法的优点是客观、切合实际，缺点是时间长、费用大。

实验法应用范围很广。无论是企业推出新产品，还是改变现有产品的质量、包装、价格、商标、广告等因素，都可用实验法来收集市场的反映。实验法经常采用市场试销实验、试穿试用、举办产品展会等方法来收集有关市场信息。

以上三种市场调查方法各有其优缺点，在实际调查中，应根据调查对象的性质和特点有选择地采用。

第四节　市场预测

一、市场预测的概念

预测是对事物未来的发展所做出的估计。运用科学的预测技术研究人类社会、政治、经济、军事、科学技术的发展前景，是现代社会进步不可缺少的条件。市场预测是现代企业市场研究的一个重要组成部分，它和市场调查是密切联系的，市场调查是对市场以前和现状进行记录和分析，而市场预测是在市场调查的基础上，利用预测技术对市场未来发展做出的估计和评价。

市场预测是根据市场调查取得的有关信息资料，运用科学的预测技术，对市场商品的供求状况、影响因素和发展趋势所做的分析和判断。

二、市场预测的作用

随着社会主义市场经济体制的建立和发展，市场预测越来越受到现代企业的关心和重视。因为企业已认识到，不论从发展社会主义市场经济或者从企业生存发展来讲，都离不开市场预测。市场预测对加强企业经营管理、提高企业经济效益具有重要的作用。

1. 市场预测是企业经营决策的依据

经营决策是企业经营管理的重点工作，经营决策的正确与否，关系到企业的兴衰。正确的决策来自可靠的预测，为了避免或减少决策不当造成的浪费和损失，企业经营决策必须以未来市场发展变化的有关资料为依据，而这些资料，只有通过市场预测才能获得。所以市场预测是企业经营决策的依据。

2. 市场预测是企业制订正确经营计划的基础

企业无论在编制长期经营计划或中短期经营计划时，都离不开市场预测。不搞市场预测或预测时考虑不周，必然会导致计划与市场脱节，使计划失去预见性，从而也失去指导作用。

3. 市场预测是制定市场营销策略、搞好市场开发的前提

企业的产品生产出来以后，以什么价格、选择什么渠道、通过什么促销手段把它销售出去，这是市场营销策略问题。市场营销策略制定得科学与否关系到企业的产品销售、市场开发乃至企业生存。现代企业要制定行之有效的市场营销策略，必须搞好市场预测，通过市场预测了解和掌握企业所面临的市场特点及规律，科学地、有预见性地制定企业的市场营销策略。

4. 市场预测是促进产品销售、提高企业经济效益的重要条件

产品能否顺利销售出去受多种因素影响：一类是企业可控制的因素，如产品品种、质量、价格、分销渠道、促销等；另一类是企业不可控制因素，如政治经济环境、需求、竞争等。企业只能利用可以控制因素的合理组合，来适应市场需求并与环境保持协调，从而保证和促进产品销售。要做到这点，必须通过市场预测了解市场的状况和发展方向，有针对性地制定产品策略和销售策略，促进产品销售，提高经济效益。

三、市场预测的分类

市场预测的种类很多，按照不同的标准可划为不同的类型。概括说来，市场预测有以下几种类型：

1. 按预测的范围可分为宏观市场预测和微观市场预测

（1）宏观市场预测。这是指对国家或某地区市场总体发展变化的预测，如对国家或某地区市场需求、供给状况、发展变化趋势的预测等。

（2）微观市场预测。这是指对某部门、某企业、某种产品的市场情况及其发展变化趋势的预测，如对某企业产品供求状况、销售前景的预测等。

2. 按预测时间长短可分为长期预测、中期预测和短期预测

（1）长期预测。这是指对市场 5 年以上情况及其发展变化趋势的预测，主要包括潜在市场预测、产品生命周期阶段预测、商品需求结构变化预测、市场技术发展变化预测等。

（2）中期预测。这是指对市场 1～5 年的预测，它能为企业制订发展计划提供科学依据。

（3）短期预测。这是指对计划年度内的市场需求的预测，它能为近期安排企业生产和营销计划提供科学依据。

3. 按预测方法的性质可分为定性预测和定量预测

（1）定性预测。定性预测也称为经验判断预测。它是由一些熟悉业务知识、具有丰富经验和综合分析能力的人员凭主观经验，分析判断进行的预测。

（2）定量预测。定量预测也称分析计算预测。它是利用数学模型和数理统计方法来定量地研究和推测市场发展变化趋势的。

4. 按预测对象可分为行业预测、产品群预测和某种产品预测

（1）行业预测。这是指对某个行业的产品产销状况及未来发展进行的预测，如对纺织品、汽车等行业的预测。

（2）产品群预测。这是指对某类产品的预测。

（3）某种产品预测。这是指对某具体产品的预测，如对彩色电视机、冰箱、洗衣机等产品的预测。

四、市场预测的内容

市场预测内容十分广泛，一般说来主要包括以下几个方面：

1. 市场需求预测

市场需求是所有企业普遍关心的问题，也是市场预测最重要的内容。它是通过对过去和现在产品在市场上的销售状况和影响市场需求的各种因素的分析和判断，来预计市场对产品的需求量有多大，发展变化趋势如何的。

市场需求受两类因素的影响：①市场环境，如政府政策、经济发展状况、家庭收入竞争情况等，这是企业本身不能控制的因素；②推销形式，如广告推销、展销、服务等，这是企业本身能够加以控制的因素。进行市场需求预测，应重点搞清市场环境因素对市场需求的影响，即国家经济政策、人口、购买力、竞争状况等因素对市场需求的影响。

2. 市场占有率预测

市场占有率是指本企业的产品销售量占该种产品市场销售总额的百分比。任何一种产品往往有若干家企业在生产，无论哪一个企业都不可能独占市场，而只能占有市场销售量的一定份额。因此，市场占有率反映着企业之间的力量对比关系，反映着企业的竞争能力和市场地位，市场占有率预测实质上是竞争能力的预测。市场占有率的预测包括以下几个相互联系的内容：

（1）市场供给能力预测。该预测主要了解同类产品生产厂家的数量、规模、生产成本、生产技术及管理水平的现状和发展趋势。

（2）本企业发展能力预测。该预测包括企业生产规模、技术条件、资源供应、服务能力等发展趋势预测。

（3）市场占有率预测。该预测是指确定了市场供给能力和本企业发展能力，就可以做出本企业及竞争对手市场占有率现状及发展趋势的预测。

3. 与企业相关的科学技术发展趋势预测

这是通过对科学技术的历史和现状进行分析，认识其规律性，来推测科学技术的发展变化对企业发展的影响。它给企业开发新产品、改进老产品、生产技术手段更新等方面的决策提供了依据。

预测的主要内容有：①科学突破的可能性；②科学转化为技术的可能性；③与企业相关的新技术、新工艺、新材料的发展趋势和应用的可能性等。

五、市场预测的方法

市场预测的方法较多，但大体上可以分为两类：一类是经验判断法，包括经理（领导）人员判断法、专业人员分析法、专家意见法和用户意见法；另一类是分析计算法，包括时间序列分析法和回归分析法两种。

1. 经验判断法

经验判断法又称定性预测法。它是依靠预测员工对市场过去和现在的状况进行综合分析判断对市场发展趋势做出估计的预测方法。这类方法具有简便、实用、省时、费用低的优点。但由于缺乏客观标准，往往带有主观片面性。下面是几种常用的经验判断预测方法。

（1）经理（领导）人员判断法。这是由企业领导（决策者）召集生产、技术、销售、财务等有关部门负责人，广泛交换意见，经充分讨论最终做出判断的一种预测方法。这种方法的优点是简便迅速，有利于集中高层管理者的智慧和经验。但是这种方法带有一定程度的主观片面性。

（2）专业人员分析法。这是召集与市场相关的专业人员进行座谈讨论，集中各自的预测意见，经过综合分析得出预测结果的方法。专业人员主要包括销售人员、技术服务人员、市场研究开发人员及计划人员等。这种方法的优点是由于专业人员对市场比较熟悉，经常与用户保持联系，他们的预测较接近实际。其缺点是专业人员受到专业和知识经验的限制，其预测带有一定程度片面性和局限性，预测的准确性会受到一定影响。

（3）专家意见法。这是依靠专家的知识、经验和分析判断能力，对市场和企业未来的发展变化做出预测的方法。专家意见法按征求专家意见的方式不同又可分为以下三种形式：

1）个别征求专家意见法。这种方法是通过与专家的个别面谈，利用专家的知识、经验和分析判断能力进行预测的方法。这种方法的优点是简便迅速，能充分利用专家个人的知识经验和分析判断能力。但由于征求意见的范围较小，受专家个人主观因素影响，预测易产生片面性。

2）专家会议讨论法。这是举行专家会议，集思广益，充分讨论和分析，最终对市场未来发展变化做出预测的方法。这种方法的优点是考虑因素比较全面，能较全面地集中专家的意见，较快地得出预测结果。不足之处是会议容易受权威人士所左右，不利于与会者畅所欲言。

3）专家函询法。这是以函询的方式，分别征求专家的意见，反复多次，最终得出预测结果的方法。这种方法又叫作"德尔菲法"，是由美国兰德公司首创并推广应用的。

运用这种方法进行预测时，企业首先成立一个由专家组成的预测机构，然后按下列步骤开展工作：①确定预测课题；②从企业内外选聘专家小组；③设计咨询表；④逐轮征询意见并反馈信息；⑤汇总、整理意见，得出预测结果。

专家函询法具有三个主要特点：①匿名性。专家之间互不通气，"背对背"式发表意见。②多向反馈。每次咨询结果及时反馈给专家，从而在"背对背"的条件下，形成意见的沟通和相互影响。③收敛性。几轮意见征询反馈后，专家意见相对统一，趋于一致。因为专家函询法的上述特点，能够集思广益，取得较准确的预测结果，目前已得到广泛应用。

（4）用户意见法。这种方法是通过电话、函询或直接访问等形式，广泛征求用户对产品需求的意见，通过整理、分析，得出预测结果的方法。这种方法主要适用于生产资料生产企业或耐用消费品生产企业的市场预测。其优点是简便易行、节省时间；但其准确性会受用户配合、协作程度的影响。

2. 分析计算法

分析计算法又称定量预测方法。这是以市场发展的历史数据为基础，运用一定的数学模型和统计分析方法进行科学的加工处理，对市场未来的发展变化，做出定量预测的方法。根据所采用数学模型的不同，分析计算法又分为多种类型，这里仅介绍时间序列分析法。

时间序列分析法是将同一指标的若干历史数据按时间先后顺序排列成一个数列，根据其变动趋势向前推移，求得未来市场预测结果的一种方法。由于客观事物的发展变化具有一定的延续性或惯性，所以我们可以利用时间序列呈现出的发展趋势，采用外推的原则，得出较为符合实际的预测结果。但应指出，历史的时间序列变化虽然具有规律性，但也不能完全说明未来的情况。因此，这种方法运用于短期预测要比长期预测准确。另外，当历史数据呈现循环变化和不规则变化时，预测效果就较差。常用的时间序列分析法有以下几种：

（1）简单平均法。简单平均法是将过去若干时期实际发生的历史数据进行算术平均，作为预测期预测值的方法。其计算公式为

$$\overline{X} = \frac{x_1 + x_2 + x_3 + \cdots + x_n}{n} = \frac{1}{n} \sum_{i=1}^{n} x_i$$

式中　　$\overline{X}$——预测值；

$x_1, x_2, x_3, \cdots, x_n$——各期实际发生数；

n——资料期数。

简单平均法的突出优点是计算简便，存在的不足是误差较大。因此，简单平均法主要适用于时间序列数据变动较平滑，不存在明显的季节变动情况下的预测。

（2）移动平均法。移动平均法是假定预测值只同预测期相邻的若干期实际发生数据有密切关系，因此，计算预测值只用靠近预测期的实际发生数据计算平均值，并按时间向前逐点推移的一种预测方法。其计算公式为

$$F_{t+1} = \frac{x_t + x_{t-1} + \cdots + x_{t-(N-1)}}{N}$$

式中　　F_{t+1}——$t+1$ 期预测值；

x_t——第 t 期实际发生数；

N——所用资料期数（移动资料期数）。

【例3-1】　以表3-2所列数据为例，假定移动资料期数为3个月，那么用移动平均法预测4～7月份的销售额如表3-2所示。

表 3-2 移动平均值计算表　　　　　　　　（单位：万元）

月　份	销　售　额	三期移动平均
1	60	
2	70	
3	65	
4	75	$(60+70+65)/3=65$
5	70	$(70+65+75)/3=70$
6	75	$(65+70+75)/3=70$
7		$(75+70+75)/3=73.33$

利用移动平均法预测时，移动期数（N）的选择非常关键。移动期数 N 越小，预测值对波动的反应越灵敏，有利于反映实际数据的波动情况，但反映长期变动趋势的效果差；移动基数 N 越大，预测值虽然对实际数据波动的反应灵敏度低，但有利于避免偶然因素对预测结果的影响。因此，在实际预测过程中，应根据预测具体情况，合理地选择移动期数。

移动平均法较简单平均法有较大的改进，它可以通过 N 值的选择，较好地反映数据的波动和长期发展的趋势。

（3）加权平均法。加权平均法是将各项实际发生数据对预测值的影响程度按作用不同，分别给以不同权数后计算加权平均数，作为预测值。其计算公式为

$$\overline{X} = \frac{c_1 x_1 + c_2 x_2 + c_3 x_3 + \cdots + c_n x_n}{c_1 + c_2 + c_3 + \cdots + c_n} = \frac{\sum_{i=1}^{n} c_i x_i}{\sum_{i=1}^{n} c_i}$$

式中　　$\overline{X}$——预测值；
$x_1, x_2, x_3, \cdots, x_n$——各期实际发生数；
$c_1, c_2, c_3, \cdots, c_n$——各期权数。

加权平均法的关键是确定适当的权数。一般说来，近期数据采用的权数大，远期的数据则给予较小的权数。权数之间的级差可根据经验判断决定。加权平均法的突出特点是可以通过权数来确定各期实际发生数对预测值的影响，使预测值更好地反映实际数据的波动。

（4）指数平滑法。指数平滑法是对移动平均法的改进，它是根据近期统计资料和数据，用指数加权进行平均的方法，即分别以 α，$\alpha(1-\alpha)$，$\alpha(1-\alpha)^2$，$\alpha(1-\alpha)^3$，$\cdots$，$\alpha(1-\alpha)^n$ 对过去各时期实际数据，由近向远进行加权。其计算公式为

$$F_t = \alpha D_{t-1} + (1-\alpha) F_{t-1}$$

式中　F_t——第 t 期预测值；
D_{t-1}——第 $t-1$ 期的实际值；
F_{t-1}——第 $t-1$ 期的预测值；
α——平滑系数（$0 \leq \alpha \leq 1$）。

【例 3-2】　仍以例 3-1 所列资料为例，设 $\alpha=0.7$，6 月份的预测值 $F_6=70$ 万元，那么用指数平滑法预测 7 月份销售额为

$$F_7 = 0.7 \times 75 \text{ 万元} + (1-0.7) \times 70 \text{ 万元} = 73.5 \text{ 万元}$$

由指数平滑法计算公式可以看出，平滑系数 α 作为一个加权系数，其取值越大，近期实

际资料对预测值影响就越大，反应灵敏度高；反之，影响就越小，预测值波动较小。因此，在实际预测过程中，α值的确定非常关键。一般说来，若预测值与实际值的差异较大时，α取值可大一些，反之可取小些。指数平滑法的突出特点是所需资料数据较少，在缺少完备资料的情况下，可采用指数平滑法进行预测。

第五节 经营决策

一、决策

（一）决策的概念

思考与决策是人类普遍存在的行为，人们在政治、经济、军事活动中，都自觉或不自觉地在各种方案中进行抉择，处理生存与发展中的各种问题。但是人类以往历史的决策活动，主要是依赖于个人的聪明才智和经验做出的判断，往往存在着一定的局限性。第二次世界大战以后，由于科学技术的迅速发展，企业规模逐渐扩大，垄断与竞争加剧，企业逐渐认识到如何及时根据环境变化，做出科学的决策，是企业成败的关键。至此，决策科学理论逐渐形成，并且得到了广泛的传播。

在决策科学中，决策是指对未来行为确定目标，并从两个及以上的可行性方案中选择一个合理方案的分析判断过程。掌握科学决策的含义，应明确以下要点：①决策是行为的前提或基础；②决策要有明确的目标；③决策要有可行的方案；④决策是方案的选优过程；⑤决策是一个分析判断过程。

（二）企业决策的分类

企业决策贯穿于生产经营活动的各个方面和全过程。在企业生产经营活动中存在着大量的决策问题，这些决策问题各具特点，可以从不同角度加以分类归纳，如表3-3所示。

表3-3 企业决策分类

分类标准	类别	特点
决策者所处管理层	高层决策	企业最高领导层负责的决策，即经营决策
	中层决策	企业中层领导负责的决策，是管理决策
	基层决策	企业基层领导负责的决策，是执行性决策
决策在企业经营中的地位	战略决策	关系企业全局性、长远性问题的决策，重点解决企业与外部环境的平衡
	战术决策	是实现战略决策的短期、具体的决策，重点解决企业内部资源的具体问题
决策问题发生的重复程度	程序性决策	解决经常出现的问题，已有处理的经验、程序和方法，可按常规办法来解决
	非程序性决策	解决不常出现的或新出现的问题，无处理经验，依靠领导者的判断和决策水平
决策目标或方法的性质	定量决策	决策目标有明确的数量标准，可采用数学方法作为依据进行决策
	定性决策	难以用准确的数量表示目标，依靠决策者的分析或判断进行决策

(续)

分类标准	类别	特点
决策问题所具备的条件	确定型决策	决策问题及各种可行方案的后果已知，能用一定的方法计算及预测结果
	风险型决策	每个方案有两个以上的自然状态，发生的可能性可用概率来确定，各方案结果可用概率计算出来
	不确定型决策	决策者对未来的情况知道很少，每个方案的结果是不确定的

从以上企业决策分类中可以看出，不同的企业决策行为对企业的影响是不一样的。有的决策影响企业整体和全局，对企业的生存和发展起着较大的作用和影响，如战略决策、高层决策；有些决策只影响企业的局部，对企业生存和发展影响不是特别大，如基层决策等。我们把那些规定和影响企业整体和全局发展，以及各种重要经营活动的决策叫作经营决策。经营决策是指企业在经营过程中，为了实现其经营目标，在对企业外部环境和内部条件进行分析和判断的基础上，利用科学的方法，对所制定的可行方案进行选优并付诸实施的过程。随着社会主义市场经济体制的建立和完善，企业经营自主权越来越大，企业经营决策在企业管理中的地位也越来越重要。

（1）经营决策是决定企业生存和发展的关键。企业经营决策是关系到企业整体和全局的重要经营活动的决策。它决定了企业在经营活动中的经营目标、经营方针和以经营策略为主体的经营方案，经营决策正确与否，直接影响到企业经营的成败。

（2）经营决策是企业经营管理的核心。现代管理理论认为，管理的中心是经营，经营的重心是决策。经营决策实质上也是企业为达到经营目标对企业行为进行的选择。如果企业经营决策失误，就可能会使企业经营活动走上错误的道路，此时管理效率越高，企业蒙受的损失就可能越大。

（3）正确的经营决策是调动企业各方面积极性的重要手段。首先，正确的经营决策来自于决策的科学化和民主化，有利于调动广大员工参与企业决策的积极性。其次，企业经营决策所制定的经营方针和经营目标，指明了企业的发展方向，有利于统一大家的行为，并使全体员工为实现这一目标而齐心协力、努力工作。最后，企业经营决策所制定的各种经营策略，是企业成功的重要手段，有利于调动各方面的积极性，为企业的顺利发展而不断创新。

二、企业经营决策的程序

决策是一个提出问题、分析问题、解决问题的系统分析过程。人们在决策过程中，不仅要注意决策方案的合理性，而且应重视决策过程本身的合理性。科学的经营决策程序，是有效决策的可靠保证，它一般包括以下四个基本步骤：

1. 分析企业经营状况，确定经营决策目标

确定企业经营决策目标，是企业经营决策的前提，也是经营决策的首要步骤。没有目标，决策就没有方向和标准。企业经营决策目标的制定的步骤是：①对企业面临的外部环境和内部条件进行调查和综合分析，认清外部环境中的机会和威胁，以及自身的优势和劣势；②找出企业理想与现实状况之间的差距，并对产生偏差的原因进行分析；③正确确定经营决策目标。决策目标应当客观、具体明确、主次分明。

2. 拟订各种可行方案

可行方案是指能够保证经营目标的实现，且具备实施条件的方案。因此拟订经营决策的可行方案一般是根据经营目标的要求，提出改进设想，在对初步设想方案概略评价后，选择出几个可行方案，以供综合评价与选择。可行方案必须具有可比性，且各方案之间又存在相互排斥性，以便对比择优。

3. 对各种可行方案进行评价和选择

对可行方案的评价和选择是经营决策的关键，决策的成败往往取决于所选方案是不是最满意的可行方案。为此，必须对拟订的可行方案进行认真分析，充分论证比较，在论证的基础上做出综合评价。论证要从社会影响、经济效益、技术先进性和实现的可能性等方面进行。评价方案时要制定正确的评价标准，一般是以经营目标及其具体化的指标作为评价标准，按照这个标准并采用合理的评价方法，从众多的可行方案中选取一个最为满意的方案，作为决策的行动方案。

4. 行动方案的实施及信息反馈

经营方案选定以后，即应付诸实施。在实施过程中，要落实有关责任部门和人员，制定实施决策的规划和期限要求。同时要建立信息反馈，将每一局部过程的实施结果与预期目标进行比较，发现差异，查明原因并及时解决，以保证经营目标的实现。

三、企业经营决策的原则

经营决策涉及的问题多种多样，决策过程又是复杂的认识与实践过程，要取得理想的效果，除遵循科学的决策程序外，遵循经营决策的原则同样十分重要。经营决策的原则概括了决策过程的基本要求，遵循这些原则在决策工作中就能少走弯路，减少决策失误，提高决策效果。经营决策的基本原则如下：

1. 系统性原则

经营决策要坚持系统分析观点，从整体出发，全面地对问题进行分析比较，确定目标和找出对策。贯彻系统性原则具体来说必须考虑三点：①内部条件与外部条件相结合；②局部利益与整体利益相结合；③当前利益与长远利益相结合。

2. 经济原则

决策本身要讲究效果和代价的关系，也就是要研究决策的收益和所花的代价问题。如果决策所花的代价很大，而取得的效益甚微，则应该考虑进行该项决策有无必要。贯彻经营决策的经济原则应该从两个方面考虑。

（1）决策的必要性。决策来自问题，无论是解决现实与要求之差距，还是利用新的市场机会问题，只有决策者认为值得付出代价去解决的才有必要进行决策。认识问题的本质是决策必要性的前提，同时还要认识组织决策付出人、财、物和时间的代价与可能的经济成果之间的关系，即研究决策效果与代价的关系。当决策者确认其必要性后，再考虑决策的形式、方法和手段。

（2）决策的形式、方法和手段。要根据决策的重要性、数量化程度、计算与逻辑过程的复杂性，以及时间来选择决策的形式、方法和手段，要以最少的人、财、物及时间耗费取得最大的效益或争取最小的损失。

3. 科学性原则

决策科学化是科学技术和社会生产力高度发展的产物，也是现代企业经济活动取得预期效果的重要条件。只有坚持科学决策，才能在错综复杂的市场环境中避免或减少决策失误。决策过程中贯彻科学性原则，要做到：①确定决策目标具有科学依据和客观可能性，重视信息，切忌脱离实际；②遵循科学的程序，开展决策活动，服从决策组织，避免决策过程的混乱；③充分运用科学的决策方法，既不能只做质的分析不做量的分析，也不能单纯依靠数学模型，应将质的分析和量的分析相结合，坚持实事求是的态度，在决策实施执行中根据客观情况的变化适时调整和修改决策目标和方案，使决策方案符合生产经营的客观实际。

4. 民主化原则

现代企业决策问题涉及范围广泛，具有高度复杂性，单凭决策者个人的知识和能力很难做出有效的决策。决策者必须充分发扬民主，善于集中和依靠集体的智慧与力量进行决策，以弥补决策者知识、能力方面的不足，避免主观武断、独断专行可能造成的失误，保证决策的正确性、有效性。贯彻决策的民主化原则要做到以下几点：

（1）合理划分企业各管理层的权限和决策范围，调动各级决策者和各类人员参与决策的积极性和主动性。

（2）充分尊重每一个参与决策的决策者的地位和权利，尽力做到协同合作。

（3）悉心听取广大群众的意见和建议，在群众的参与或监督下完成决策工作。

（4）重视发挥智囊参谋人员的作用，吸收各有关方面的专家参与决策。

（5）加强企业决策领导机构的建设，健全决策工作的民主化程序，对重大问题要坚持集体领导、集体决策。

5. 创新原则

企业经营管理活动处于不断运动和发展变化之中，经营决策作为对未来经营目标、行动方案的抉择活动，其形式和内容要不断创新。决策遵循创新原则的基本要求有两点。

（1）经营决策的制定要立足现实，更要着眼未来，要在市场调查和预测的基础上把握经济活动内在变化过程的规律。

（2）经营决策机制不能停留在现有水平上，要不断发展变化，积极吸取当代科学技术发展的最新成果，不断更新决策观念，充实决策理论，改革决策组织，提高决策者的自身素质。

四、经营决策的方法

随着决策理论和实践的发展，人们在决策中采用的方法也不断得到充实和完善。归纳起来，决策方法大体上可以分为两大类，即定性决策法和定量决策法。

定性决策法又称主观决策法或经验判断法。这种方法是直接利用人的智慧、经验和能力进行决策。其核心是决策者利用自己的知识、经验与能力，在决策的各阶段，根据已知情况和现有资料，提出决策目标和各种方案并做出相应的评价和选择。这种决策方法，简便灵活，节省费用与决策时间，但主观成分大，有一定局限性，适用于受社会经济因素影响大、所含因素错综复杂又无法量化的综合性经营决策。

定量决策法是建立在数学模型基础上的决策方法。其核心是把与决策有关的变量与变量之间、变量与目标之间的关系用数学关系表示出来，通过数学模型的求解选择决策方案。定量决策方法使决策过程数学化、模型化，大大提高了科学决策的水平。但是，它也有一定的局限性，对于许多非程序化的决策课题，对于涉及政治、社会、心理的决策因素，人们还难以用数学语言加以表达和描述，而且有些常规的和谐化课题至今还没有简便可行的数学方法。因此，应当把定量决策与定性决策方法结合起来。下面着重介绍几种在不同决策条件下的决策方法。

1. 确定型决策

确定型决策是指决策条件（或称自然状态）非常明确，通过对各种方案的分析，都会知道其明确的结果。因此，确定型决策的主要任务是借助一定的计算分析方法把每个可行方案的结果计算出来，然后通过比较，把结果最好的方案选取出来，作为决策的行动方案。

确定型决策使用的计算分析很多，如代数法、线性规划、微分法和盈亏分析法等。

2. 风险型决策

风险型决策是指决策问题的每个可行方案有两个以上的自然状态，哪种自然状态发生预先无法肯定。但每种自然状态的发生，可以根据以往的统计资料得到一个客观概率，决策时只能根据各种自然状态发生的概率进行决策。由于引入了概率的概念，任何方案的执行都要承受一定的风险，称风险型决策。

（1）风险型决策的依据。风险型决策的依据是各方案的期望损益值。决策时只要把各个方案的期望损益计算出来，进行比较，就可以从中选择一个满意的方案。

期望损益值是各方案在不同自然状态下的损益，按客观概率的大小计算的加权平均数。其计算公式为

$$E_i = \sum X_{ij} P_j$$

式中　E_i——第i种方案的期望损益值；
　　　X_{ij}——第i种方案在第j种状态下的损益值；
　　　P_j——第j种自然状态的客观概率。

【例3-3】　某企业拟开发一种新产品，经市场调查与预测，提出了建大厂与建小厂两种方案。建大厂需要投资300万元，建小厂需投资160万元；未来市场有两种自然状态，其中销路好的概率为0.7，销路差的概率为0.3。方案的使用年限均为10年。各方案在各种状态下的损益值如表3-4所示。该企业应如何决策？

表3-4　各方案在各种状态下的损益值　　　　　　　　　　（单位：万元）

自然状态 损益值 方案	自然状态及概率	
	好（0.7）	差（0.3）
建大厂	100	-20
建小厂	40	10

解：各方案期望损益值计算为

建大厂时：$E_1 = [0.7 \times 100\text{万元} + 0.3 \times (-20\text{万元})] \times 10 - 300\text{万元} = 340\text{万元}$

建小厂时：$E_2 = (0.7 \times 40\text{万元} + 0.3 \times 10\text{万元}) \times 10 - 160\text{万元} = 150\text{万元}$

由以上计算可知，建大厂时的期望损益值为340万元，所以，该企业应选建大厂为最佳方案。

（2）决策树法。决策树是辅助决策用的一种树形结构图。其决策的依据仍是期望损益值。所不同的是，决策树是一种图解法，对分析复杂的决策问题较为适用。

决策树由四个要素构成，即决策点、方案枝、自然状态节点和概率枝，如图 3-7 所示。运用决策树法进行决策的具体步骤如下：

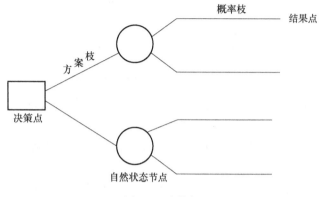

图 3-7　决策树

1）画出决策树。
2）计算各方案的期望损益值。
3）剪枝决策，选择最佳方案。

【例 3-4】　以例 3-3 所给资料为例，试用决策树法选择最佳方案。

解：根据决策树法的具体步骤：

1）绘制决策树（见图 3-8）。
2）计算各方案期望损益值（与例 3-3 计算方法完全相同）。
3）剪枝决策。由于建大厂期望损益值最大，所以，保留建大厂，把建小厂方案枝剪去。

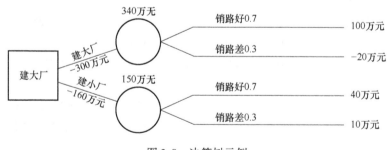

图 3-8　决策树示例

3. 不确定型决策

不确定型决策是指决策者所要解决的问题有若干个方案可供选择，但对事件发生的各种自然状态缺乏概率资料。这时只能依赖于决策者的主观经验，选择决策标准，择优确定决策方案。

不确定型决策标准和分析方法，结合实例叙述。

【例 3-5】　某企业准备生产一种新产品，未来的销售情况只能预测出现畅销、稍好、滞销三种自然状态，企业拟订了三种方案供选择：新建一车间、扩建一车间或改建一车间。三个方案在不同自然状态下的损益值如表3-5所示。

表3-5 各方案损益值 （单位：万元）

自然状态 方案	畅销	稍好	滞销
新建	60	20	−25
扩建	40	25	0
改建	20	15	10

在此情况下，决策者可以以不同的决策标准和原则，选择他认为满意的方案。根据实践经验的总结，不确定型决策的标准有以下几种：

(1) 乐观原则，又称最大收益最大化法。此种方法是从最好处着想，决策者富于冒险精神。

本例中，最好的自然状态是"畅销"，而新建车间方案获利最大。因此选择新建方案为最佳方案。

(2) 悲观原则，又称最小收益最大化法。此种方法是从最坏处着想，以不造成大的损失或风险性最小为原则，决策者不愿冒太大的风险而比较保守。

本例中，最坏的自然状态为"滞销"，在此状态下改建车间收益最大。因此，选择改建方案为最佳方案。

(3) 现实主义标准，又称乐观系数法。决策者认为采用最好（乐观）或最坏（悲观）态度都是不现实的，既应对未来情况有比较乐观的态度，又要注意不利因素产生的影响。其做法是决策者根据掌握的情况，凭个人经验确定一个乐观系数（α），α取值在0~1之间，然后计算各方案的现实估计值，根据现实估计值选择最佳方案。

现实估计值 = 最乐观的结果 × α + 最悲观的结果 × $(1-\alpha)$

本例中，若乐观系数选定为0.6，则

方案（1）：现实估计值 = 60万元 × 0.6 + (−25)万元 × (1 − 0.6) = 26万元

方案（2）：现实估计值 = 40万元 × 0.6 + 0 × (1 − 0.6) = 24万元

方案（3）：现实估计值 = 20万元 × 0.6 + 10万元 × (1 − 0.6) = 16万元

比较以上计算结果，选择新建方案为最佳。

(4) 机会均等原则，又称折中原则。决策者认为客观自然状态既已存在，没有充足理由说明哪种客观自然状态的可能性大小，只有假定机会均等，以各方案损益值的算术平均数来评价方案的优劣。

本例中，各方案损益值的平均数为

方案（1）：18.33万元

方案（2）：21.67万元

方案（3）：15万元

比较以上计算结果，选择扩建方案为最佳。

(5) 最小后悔原则，又称最大后悔值中求最小标准。决策中经常会出现，当某种自然状态出现时，决策者由于未选择到最佳方案，而感到后悔。此种方法就是为了避免出现太大后悔而采用的一种决策方法。它是先计算出每种自然状态下，由于未采纳相对最佳方案而造成的"后悔"损失值，然后，求出每个方案中的最大后悔值，最后再从几个方案的后悔值中，选出最小的后悔值，与其对应的方案，即为最佳方案。

本例中，各方案后悔值的计算见表 3-6。

表 3-6　后悔值计算　　　　　　　　　　　　　　　　（单位：万元）

方案	畅　销		稍　好		滞　销		最大后悔值
	损益值	后悔值	损益值	后悔值	损益值	后悔值	
新建	60	60－60＝0	20	25－20＝5	－25	10－(－25)＝35	35
扩建	40	60－40＝20	25	25－25＝0	0	10－0＝10	20
改建	20	60－20＝40	15	25－15＝10	10	10－10＝0	40

根据表中计算可知，扩建方案的后悔值最小，故扩建方案为最佳。

由以上可见，对同一问题，采用不同的决策标准会得出不同的甚至相反的结果。究竟采用哪一种方法，取决于决策者的态度和经验。所以进行不确定型决策时，决策者的素质和能力起着重要的作用。

4. 盈亏分析

盈亏分析又称量本利分析，是企业经营决策中常用的一种决策方法。它是通过产量（或销量）、成本、利润的关系来分析企业的盈亏状况，从而为经营决策提供依据。

（1）费用与产量的关系。企业在从事产品生产经营过程中，在一定时期内为生产一定数量的某产品必须消耗一定数量的生产费用，这些生产费用就构成了产品的生产成本。构成产品生产成本的生产费用按照其同产量的关系不同，可以将产品的生产成本分为两部分，即固定成本 F 和变动成本 V，因此

$$产品生产成本\ C = F + V$$

固定成本（或称固定费用）是指生产产品中不随产量变化而变化的费用，如固定资产折旧费、企业管理费用等。变动成本是指生产产品中随产量变化而变化的费用，如原材料费、燃料动力费、计件工资等。如果产品的单位变动成本为 C_V，产品产量（或销量）为 Q，则

$$V = C_V Q$$

（2）盈亏平衡点的确定。盈亏平衡点又称保本点，是指企业盈亏平衡时的产量（或销售量），也就是产品生产总成本和销售收入相等时对应的点，如图 3-9 所示。

企业盈亏平衡时，利润 $P = 0$，即

$$P = S - C = 0$$

式中　S——销售收入；

　　　C——产品总成本。

由于 $S = WQ$，$C = F + C_V Q$，其中，W 为单位产品价格，F 为固定成本，C_V 为单位产品变动成本，所以 $WQ - F - C_V Q = 0$，由此可知

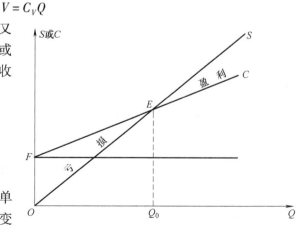

图 3-9　盈亏平衡

$$盈亏平衡点产量 \quad Q_0 = \frac{F}{W - C_V}$$

$$盈亏平衡点销售额 \quad S_0 = \frac{F}{1 - \dfrac{C_V}{W}}$$

(3) 盈亏分析的应用。盈亏分析在经营决策中的应用范围非常广，如销售决策、价格决策、成本控制及企业经营状况分析等。

1) 销售决策中用来确定目标销售量。如果企业在计划期内的目标利润为 P，则由公式 $P = WQ - (F + C_V Q)$ 得

$$目标销售量 \quad Q = \frac{P + F}{W - C_V}$$

$$目标销售额 \quad S = \frac{P + F}{1 - \dfrac{C_V}{W}}$$

2) 确定保本点价格，为价格决策提供依据。企业盈亏平衡时 $P=0$，则由 $WQ - F - C_V Q = 0$ 得

$$保本点价格 \quad W_0 = C_V + \frac{F}{Q}$$

3) 确定目标单位成本，进行成本控制。如果企业在计划期内的目标利润为 P，则单位目标变动成本为

$$C_V = W - \frac{F + P}{Q}$$

4) 分析企业的经营状况。企业的经营状况可通过计算经营安全率来判定，其计算公式为

$$经营安全率 \quad D = \frac{Q_1 - Q_0}{Q_1} \times 100\%$$

式中　D——经营安全率；
　　　Q_1——实际销售量；
　　　Q_0——盈亏平衡点的销售量。

经营安全率的数值越大，说明企业的经营状况越好，一般可参照表 3-7 的经验数据做出判断。

表 3-7　经验数据

经营安全率	30%以上	25%~30%	15%~25%	10%~15%	10%以下
经营状况	安全	较安全	不太好	要警惕	危险

为提高企业经营安全率，企业可采取增加适销产品的产量、降低单位变动成本和固定成本等措施。

第六节　经 营 计 划

一、经营计划的概念

经营计划是为实现企业经营目标，对企业生产经营全过程所做的具体安排与部署。这是

企业经营思想、经营目标、经营决策、经营方针及策略的进一步具体化，是企业全体员工的行动纲领。

经营计划是社会主义市场经济条件下，企业普遍采用的一种计划形式，它与计划经济条件下企业实行的生产技术财务计划有着明显的区别。经营计划与生产技术财务计划的主要区别为：

1. 计划所涉及的范围不同

生产技术财务计划基本上限于企业内部，不与外部市场环境发生联系。经营计划不仅要协调企业内部的生产环节，而且还要将其与外部经营环境联系起来统一考虑。

2. 计划的依据不同

生产技术财务计划编制的依据是国家下达的计划指标，目的是完成和超额完成国家计划任务。经营计划的编制依据是包括国家在内的社会需要，目的是获得最大的经济效益。

3. 计划过程不同

生产技术财务计划只是对国家下达的产品生产指标进行具体安排，不需要进行多方面的论证和决策。经营计划的制订要以企业内外多方面的信息为基础，要从多个方案中选优，是个复杂的决策过程。

总之，企业生产技术财务计划是计划经济体制的产物，是一种单纯执行性的计划，而经营计划是我国经济体制改革的产物，是一种开放型、决策性的计划。

目前，我国还没有编制经营计划的统一程序、方法和形式，也不规定统一的计划内容。从经营角度看，现代企业的素质不同，生产方向和服务对象不同，面对的市场和竞争对手不同，因而它们的经营目标、方针、策略和方法等也就不可能一样，各企业的计划模式也必然各异。

二、经营计划的种类

现代工业企业应通过多种计划来有效地实施管理。一个企业应编制哪几种经营计划，特别是社会主义市场经济条件下，企业成为自主经营、自负盈亏的商品生产经营者以后，企业根据自己生产经营特点的需要来设计适当的计划种类。目前来看，企业的经营计划主要有以下几种：

（1）按计划的期限，可分为长期经营计划、年（季）度经营计划和月度作业计划。长期经营计划是企业较长时期（一般是指3～5年）的长远规划；年（季）度经营计划是计划年（季）度生产经营活动的纲领；月度作业计划是年（季）度经营计划的具体执行计划，是组织日常生产经营活动的依据。

（2）按计划的作用，可以分为战略计划和战术计划。战略计划是全局性的对企业发展起关键作用的计划。这包括企业总的经营方针和发展目标，企业的技术改造规划，科研和新产品开发规划，产品开发战略，市场开发战略及人才开发规划等。战术计划解决的是局部的、短期的，以及保证战略计划实现的问题，如企业年（季）度资源分配计划、工程计划、产品生产计划、企业技术改造和新产品开发等阶段计划。

（3）按计划的综合程度，可分为综合经营计划和单项计划。单项计划是为了解决某一方面的问题或某一个专题而制订的计划，如利润计划、销售计划、品种计划、生产计划、科研计划、劳动人事计划、财务计划、企业技术改造计划等。综合计划是各个单项计划联系在一起构成的一个整体，是各单项计划的综合。

（4）按计划的空间范围，可分为全厂计划，车间计划和工段、班组计划。建立从全厂到班组的计划体系,使企业计划层层落实,是实现计划的可靠保证。

三、经营计划的任务

企业经营计划的任务,概括地说,就是在服从国家计划和管理的前提下,按照社会与市场的需要,通过编制计划,组织计划的实施,以及对计划的控制,把企业内部各项经营要素和各项经营活动科学地组织起来,保证全面均衡地完成计划和满足市场需要,努力提高经济效益。具体地说,其任务有以下几个方面:

1. 制定目标

在科学预测的基础上,将企业的经营思想、经营方针和策略,具体化为经营目标,并在此基础上制订企业的计划,并用它来动员、组织和协调广大员工的行动。

2. 分配资源

要实现企业的目标,必须有资源做保证。由于资源是有限的,因此,合理地分配资源也是企业计划管理的一项重要任务。工业企业所需的资源包括人力、物力、财力、信息及时间等。合理分配资源,就是按企业经营目标、目标的重要程度、目标的先后次序,采用科学的计划方法来合理地安排资源,保证重点需要,使资源发挥出最大效率。

3. 协调生产经营活动

企业是一个开放式系统,为实现企业系统的目标及任务,必须搞好两个方面的平衡与协调:①企业与外部环境的平衡;②企业内部各环节的平衡。而这一切就是计划工作的主要内容,没有计划这两方面的平衡是不可能实现的,企业的生产经营活动也就难以顺利进行。

4. 提高经济效益

企业一切活动的目的是在不断满足社会需要的前提下提高经济效益。计划管理的中心任务就是促使满足社会需要与获得经济效益有机地结合起来。为此,经营计划工作要求在认真进行企业外部环境研究和内部条件分析的基础上,做好制定目标、分配资源、协调生产经营等项工作,使企业用一定的投入取得最大限度的产出。

四、经营计划的编制

经营计划无论是长期的还是短期的,无论是单项的还是综合的,一般都要根据国家和企业决策的要求,经过如下四个步骤来编制:

1. 认真调查研究,为具体编制计划创造前提条件

企业编制经营计划时,首先要对企业的外部环境和内部条件,进行全面调查、周密分析,这是计划工作的基础。外部环境研究的目的是更为深入地摸清市场为企业提供的机会和威胁,以便企业能充分利用市场机会,避开威胁。企业内部条件既是企业发展的基础,同时也制约企业的发展,通过企业内部条件分析,主要要弄清企业本身的长处和薄弱环节。这样企业在制订计划时,就可以扬长避短,发挥优势。

2. 统筹安排,全面确定计划的具体目标

确定经营计划的各项具体目标是计划编制的关键步骤。没有目标或者目标不明确就会影响计划的质量和执行效果。所谓统筹安排,是指全面考虑各个目标、各种条件之间的相互联系和相互制约关系,使之相互协调。此外,统筹安排还要协调好企业当前与长远的关系。

3. 编制不同的计划方案，经过反复比较，选择最优或满意的方案

完成任何一个目标，往往可以采取几种不同的方法，形成几个不同的计划方案，只有把一切合理方案都挖掘出来，才能通过比较鉴别把最优或最满意的方案选择出来。一般说来，每一个计划方案都有它的合理性，同时也都有局限性或不足，对各种条件的利用或限制来说，也都各有侧重。通过对多种方案的反复比较，把那个最接近目标而又最适应关键的限制性条件，同时利多弊少的方案选择出来，作为最优或最满意的方案。为使计划有更好的适应性和灵活性，对其余落选的但又有价值的方案，可以作为备用方案，一旦前提条件改变，可以启用备用方案。

4. 综合平衡，编制正式计划

这是编制计划的最后一步，它的主要内容是综合平衡。在计划编制的第二步统筹安排中已经做出了初步的匡算平衡，但是那一步侧重于和企业外部的平衡，侧重于目标的平衡协调。而这一步则侧重于企业内部的平衡。因此，平衡的内容除与外部的衔接平衡外，主要是企业内部各部门、各环节的工作平衡。其中有：①以利润为中心的利润、销售、生产的平衡；②供应、生产、销售之间的平衡；③资金需要和筹集的平衡；④生产与生产准备的平衡；⑤各环节生产能力之间的平衡等。综合平衡要进行大量细致的计算工作，但是综合平衡更主要是一个发动群众、进一步暴露矛盾的过程，也是计划落实的过程。做好综合平衡工作，不仅能编制出计划，同时也为计划的贯彻执行奠定了良好的基础。

五、经营计划的执行

组织计划执行的基本要求，就是要保证全面地、均衡地完成计划。生产型管理条件下，企业生产技术财务计划的贯彻执行主要通过短期的各种作业计划及厂内经济核算制来实现。经营型管理条件下，经营计划的贯彻执行除作业计划及经济责任外，还有自己独特的方式。因为经营计划可能是单项计划，计划内容中有各种非指标形式的经营目标，如创名牌、开辟国外市场等，还有各种文字形式的经营方针，如"以质量求生存，以效益求发展""以快取胜"等。这类计划不解决好它的贯彻执行问题，就可能成为一个落空的口号。从目前国内外的经验看，解决这一问题的主要方式是目标管理。

目标管理是美国管理学家德鲁克于1954年在《管理的实践》一书中首次提出的。其基本观点是把以前的以作业为中心和以人为中心的两种不同的管理方法综合起来，形成一种"自我"追求成果的管理方式。目标管理的基本做法是把自上而下的目标分解和自下而上的目标期望结合起来，让企业各个部门及全体员工围绕企业总的经营目标，提出本部门及个人应完成的目标，并制定措施保证目标实现。目标管理最突出的优点是把经营计划的贯彻执行建立在员工主动性、积极性的基础上，可以广泛地把企业员工吸引到企业经营活动中来。

本 章 小 结

现代企业的六种经营思想：市场观念、竞争观念、人才观念、创新观念、效益观念、战略观念。现代企业的三项经营方针：明确服务方向方针、坚持技术发展方针、确定生产营销方针。现代企业的四大经营目标：贡献目标、市场目标、发展目标、利益目标。

企业战略的三个层次：公司战略、业务战略、职能战略。企业战略管理的意义：有利于企业整体目标的实现；优化资源配置，提高资源利用的效率；增强企业经营活动的稳定性；为获取市场竞争的优势地位奠定基础；实现员工参与管理，激发员工工作积极性。本章从企业的资源与能力方面介绍了SWOT分析法、波士顿矩阵、通用矩阵三种分析方法。企业处在不同的地位应根据企业情况分别采用成本领先战略、差别化战略、重点集中战略。

市场的功能是指社会经济活动中市场体系运行产生的效能，它是市场活动具有的内在属性。市场具有交换功能、调节功能、信息反馈功能。市场调查的方法按调查方式分，有直接调查法和间接调查法；按调查范围分，有普查和抽样调查。

市场预测是根据市场调查取得的有关信息资料，运用科学的预测技术，对市场商品的供求状况、影响因素和发展趋势所做的分析和判断。

在决策科学中，决策是指对未来行为确定目标，并从两个及以上的可行性方案中选择一个合理方案的分析判断过程。经营决策应遵循系统性原则、经济原则、科学性原则、民主化原则和创新原则。企业决策应当把定量决策与定性决策方法结合起来，本章介绍了确定型决策、风险型决策、不确定型决策和盈亏分析（又称量本利分析）决策方法。

经营计划是为实现企业经营目标，对企业生产经营全过程所做的具体安排与部署。这是企业经营思想、经营目标、经营决策、经营方针及策略的进一步具体化，是企业全体员工的行动纲领。经营计划的编制步骤：认真调查研究，为具体编制计划创造前提条件；统筹安排，全面确定计划的具体目标；编制不同的计划方案，经过反复比较，选择最优或满意的方案；综合平衡，编制正式计划。

案例分析

沃尔玛的经验

1. 沃尔玛的经验——顾客导向

顾客第一。沃尔玛坚信，"顾客第一"是其成功的精髓。

沃尔玛这种服务顾客的观念并非只停留在标记和口号上，它是深入到经营服务行动中的。沃尔玛店铺内的通道、灯光设计都是为了令顾客更加舒适；店门口的欢迎者较其他同行更主动热情；收银员一律站立工作，以示对顾客的尊敬；当任何一位顾客距离营业员3m的时候，营业员都必须面向顾客，面露微笑，主动打招呼，并问"有什么需要我效劳的吗？"沃尔玛力图让顾客在每一家连锁店都感到"这是我们的商店"，都会得到"殷勤、诚恳的接待"，以确保"不打折扣地满足顾客需要"。正是"事事以顾客为先"的点点滴滴为沃尔玛赢得了顾客的好感和信赖。

2. 沃尔玛的经验——让利顾客

为实现这一承诺，沃尔玛想尽一切办法从进货渠道、分销方式、营销费用、行政开支等环节节省资金，把利润让给顾客，争取低廉的进价。沃尔玛避开了一切中间环节，直接从工厂进货，其雄厚的经济实力使之具有强大的议价能力。更重要的是，沃尔玛并不因自身规模大、实力强而肆意损害供应商来增加自身利润，而是重视与供应商建立友好融洽的协作关系，保护供应商的利益。沃尔玛给予供应商的优惠远远超过同行。沃尔玛的竞争对手凯马特对供应的商品平均45天付款，而沃尔玛仅为平均29天付款，大大激发了供应商与沃尔玛建立业务的积极性，从而保证了沃尔玛商品的最优进价。

3. 沃尔玛的经验——激励员工

沃尔玛的员工不是被称为"雇员"，而是被称为"合作者"或"同事"。山姆·沃尔顿提出"关心自己的同事，他们就会关心你"，培养员工"爱公司如爱家"的精神。公司对员工利益的关心并不只是停留在口头上或是几条标语式的企业文化理论上，它有一套详细而具体的实施方案。公司将"员工是合伙人"这一概念具体化的政策是三个互相补充的计划：利润分享计划、员工购股计划及损耗奖励计划。

4. 沃尔玛的经验——永远领先一步

（1）最新的立体战略。1962年，沃尔顿与其兄弟一起开设了第一家沃尔玛折扣店，此后更是不断扩张渐成燎原之势。当连锁之风盛行全球，传统连锁店将经营、定价、促销权高度集中在公司一级时，沃尔玛又一次反其道而行之。沃尔玛物流管理中心的交叉装卸法就是将需求控制逻辑倒装过来，令顾客在其所需的时间和地点拉动产品，从而真正最有效地满足了顾客的要求。沃尔玛与休斯公司合作，花费2400万美元建造了一颗人造卫星，先后花费6亿多美元建起了计算机与卫星系统。借助于整套的高科技信息网络，沃尔玛的各部门沟通、各业务流程都可以迅速而准确畅通地运行。

（2）有理有节的扩张策略。在产品和价格决策上，沃尔玛以低价销售全国性知名品牌赢得了顾客的青睐。在物流管理上，采用配送中心扩张领先于分店扩张的策略，并极其慎重地选择营业区域内最合适的地点建立配送中心。在地点上，采用以垄断当地市场后再向下一个邻近地区进攻的基本原则和在配送中心周围布下大约150个左右分店的策略。在数量上，沃尔玛更始终保持了极其理智的控制，在店铺数量上不是最多，但却毫不妨碍其销售额上的优势和行业公认的领袖地位。在跨国业务上，沃尔玛也是相当有节制的。沃尔玛海外投资相当稳健，早期扩张时并没有急于涉足加拿大、南美、亚洲和欧洲国家，海外销售额不足销售总额的1%。

（资料来源：道客巴巴，http://www.doc88.com/p-119632242038.html）

案例思考题：

沃尔玛公司的经验对中国零售业的发展有何启示？

思考与习题

1. 什么是企业经营思想？社会主义现代企业的经营思想包括哪些观念？
2. 企业战略包含几个层次？有何区别？
3. 简述波士顿矩阵的原理。
4. 简述企业在不同地位上的竞争战略。
5. 什么是市场调查？常用的市场调查方法有哪几种？
6. 什么是市场预测？定性预测的方法有哪几种？各有何特点？
7. 什么是决策与经营决策？经营决策在企业管理中的地位如何？
8. 科学的经营决策程序包括哪几个步骤？
9. 某企业2017年1~7月的销售额统计资料如表3-8所示，试分别用下列方法预测该企业8月的销售额。

(1) 简单平均法。

(2) 移动平均法 ($N=3$)。

(3) 指数平滑法 ($\alpha=0.7$,$F_7=21$)。

表3-8　1~7月的销售额统计

月　份	1	2	3	4	5	6	7
销售额/万元	11	12	14	16	20	23	27

10. 某企业要确定下一计划期内某种产品的生产批量,现有三种方案供选择,各方案在各种销售状态下的损益值如表3-9所示,试用决策树法进行决策。

表3-9　损益值　　　　　　　　　　　（单位:万元）

销售状态概率 方　案	市场销售状态		
	好(0.4)	一般(0.5)	较差(0.1)
大批量生产	35	20	10
中批量生产	27	20	12
小批量生产	18	15	9

上题中如果各种销售状态的概率无法确定,试用不确定型决策的几种不同标准进行决策。

11. 某企业某种产品的年计划产量为1250件,单位产品价格为8000元,单位产品变动成本为4800元,年固定成本为272万元,试计算:

(1) 盈亏平衡点的销售量和销售额。

(2) 若产销平衡,求企业经营安全率。

(3) 若企业计划期内的目标利润为30万元,售价及固定成本不变,单位变动成本增加10%,该企业的年度目标销售量应为多少?

第四章

现代企业生产管理

学习目标

通过本章学习，了解企业生产管理工作的基本知识，掌握生产过程构成及生产过程组织的基本内容；掌握网络计划的编制及时间参数的计算，熟悉生产计划的制订、生产作业计划控制过程；了解现代企业常见的几种生产管理模式。

◆ 导入案例

Z 公司的问题

Z 公司是一家具有 30 年历史的玩具生产公司，其质量和创新在业界享有盛誉。尽管如此，近几年 Z 公司的销售额增长却不断放缓。生产总监 Lambert 将其归咎于经济形势。他采取了许多紧缩措施，包括降低生产成本、解雇设计和产品研发人员。尽管目前利润仍然没有变化，但他相信接下来的一年内，他的决策结果会反映到利润的增长上。

销售副总裁 Delilah 则关注顾客对一些玩具使用上的抱怨：某些玩具上的转动零件变得松垮，并且不能运作或运作时出现故障。他的助手 Marry 建议实行交换计划，顾客可以用有问题的玩具更换新产品。Delilah 相信这样会展现公司良好的信誉且平息顾客抱怨。她同时建议将交换的玩具再生产并在公司的零售店里折价出售。她不认为这会抢走新玩具的生意，也不需要增加新的雇员，正式工人可以在淡季对这些玩具进行必要的维修。当生产助理 Steve 听到 Marry 的建议后，他认为更好的选择是在完工的玩具启运前增加检查次数，通过 100% 的检验，能够排除任何有缺陷的玩具并彻底避免问题。

（资料来源：生产运作管理案例 1，http：//www.wendangku.net/doc/7c81b61fa76e58fafab0037f.html）

讨论：假设你是公司的顾问，你有何建议？

第一节 生产管理概述

一、生产管理的概念

生产管理就是对企业生产活动的计划、组织、控制。它有广义和狭义之分。广义的生产管理是指对企业生产活动的全过程进行综合性的、系统的管理，也就是以企业生产系统作为对象的管理。因此，其内容十分广泛，包括生产过程的组织、劳动组织与劳动定额管理、生产技术准备工作、生产计划和生产作业计划的编制、生产控制、物资管理、设备和工具管理、能源管理、质量管理、安全生产、环境保护等。狭义的生产管理则是指以产品的生产过程为对象的管理，即对企业的生产技术准备、原材料投入、工艺加工直至产品完工的具体活动过程的管理。由于产品的生产过程是生产系统的一部分，因此，狭义的生产管理的内容，也只能是广义生产管理内容的一部分。狭义的生产管理主要包括生产过程组织、生产技术准备、生产计划与生产作业计划的编制、生产作业控制等。

二、生产管理在企业管理中的地位

企业是一个有机的整体，企业管理是一个完整的大系统，它由许多子系统组成。生产管理作为一个子系统处于什么地位，需要从它和其他子系统之间的关系上来认识。

1. 生产管理与经营决策的关系

经营决策确定了企业在一定时期内的经营方针、目标、策略、计划等。生产管理作为企业管理的重要组成部分，通过组织生产活动，来保证经营意图的实现。经营决策的目的是谋求和筹划企业外部环境、内部条件和经营目标三者之间的动态平衡；生产管理为经营决策提供物质条件，起着重要的保证作用。因此，它们之间的关系是决策和执行的关系。

2. 生产管理与技术开发的关系

技术开发是企业在经营决策目标的指导下，进行的产品开发、工艺技术开发和原材料开发，它是生产管理的前提条件，是组织生产、实现经营目标的重要技术保证。而生产管理也为技术开发的顺利进行提供了实验条件和反馈信息。因而，二者在企业管理中都处于执行地位，有着密切的关系。

3. 生产管理与销售管理的关系

生产管理是销售管理的先决条件，它为销售部门及时地提供用户满意的、适销对路的产品或服务。搞好生产管理，对开展销售管理工作、提高产品的市场占有率有着十分重要的意义。然而，生产管理应主动适应销售管理工作的要求，销售部门也必须及时向生产管理部门提供可靠的信息，以改进产品、提高质量，并力求使市场需要和生产条件结合起来，达到最优配合。因此，二者在企业管理中都处于执行地位，它们之间是一种十分密切的协作关系。

综上所述，在企业管理系统中，经营决策处于核心地位，它决定着企业的全局，为企业的其他管理子系统确定正确的奋斗目标和方向。而其他各管理子系统，围绕着实现企业的经营目标而活动，处于执行地位。

三、生产管理在企业管理中的作用

在市场经济的今天，生产管理处于执行地位，但它的作用并未削弱。企业对生产管理提出了更高的要求，因此，加强生产管理显得更为重要。

1. 生产管理是企业管理的基本组成部分

工业生产活动是工业企业的基本活动，而工业企业经营的主要特征是商品生产。因此，生产什么样的产品、生产多少来满足用户和市场的需要，就成为工业企业经营的一项重要目标。生产管理就是将处于理想状态的经营目标，通过产品的制造过程而转化为商品。所以生产管理是企业经营管理的物质基础，是实现经营目标的重要保证。

2. 提高生产管理水平有利于增强企业产品竞争力

在市场经济的今天，市场需求多变，不仅要产品新、品种多、质量高，还要价格便宜、交货迅速、及时。要做到这些就必须加强生产管理，建立稳定的生产秩序，强化生产管理系统的应变能力。只有这样，才能实现企业的经营目标。

3. 加强生产管理有利于企业经营管理层抓好经营决策

在市场竞争日趋激烈的情况下，企业经营管理层的主要任务是抓好经营决策。但要有一个前提条件，就是企业生产管理比较健全、有力，生产、工作秩序正常。这样，企业领导才能没有后顾之忧，才能从日常大量的烦琐事务中摆脱出来，集中精力抓好经营决策。因此，强化生产管理仍然十分必要。

四、生产管理的内容

1. 按管理职能划分

生产管理的内容可归纳为生产计划工作、生产准备和组织工作、生产控制工作三个方面。

（1）生产计划工作。生产计划工作是指对产品生产的计划和计划任务的分配工作。对应的生产计划主要包括产品的生产计划和生产作业计划等。生产计划主要规定企业在一定时期（一般为一年）内各个生产阶段所需生产的产品品种、产量、质量、总产值、增产值等计划，以及为保证实现生产计划的技术组织措施计划。生产作业计划是生产计划的具体执行计划，它是根据企业的生产计划与市场形势的变化，按较短的时间（月、旬、周、日等）为企业的各个生产环节（车间、工段、班组、工作地）规定具体的生产任务及其实现方法，并保证生产过程各阶段、各环节、各工序之间在时间上和数量上的协调与衔接。

（2）生产准备和组织工作。生产准备主要包括以下三个方面的内容：

1）工艺、技术及设备方面的准备，主要包括编制工艺文件、进行工艺方案的选优、设备选择的经济评价以及设计和补充工艺装备等。

2）人力的准备，主要包括对工种、人员进行选择、配备和调整，充分发挥及挖掘人力资源的潜力。

3）物料、能源的准备，主要包括原材料、辅料、燃料、动力、外购外协件的准备。

生产组织包括生产过程的组织与劳动过程的组织。生产过程的组织主要是解决产品生产过程各阶段、各环节、各工序在时间上和空间上的配合衔接；劳动过程的组织主要解决劳动者之间、劳动者与劳动工具、劳动对象之间的协调。

生产准备和组织工作是企业正常生产活动所必备的基本条件，是实现生产计划的重要保证。生产准备所包括的各方面准备工作之间以及生产组织所包括的生产过程组织与劳动过程组织之间，既要保持相对的稳定性，又要随着企业经营方针、经营计划及生产政策的变化而变化，只有这样才能不断提高劳动生产率，增加经济效益。

（3）生产控制工作。生产控制是指围绕着完成生产计划任务所进行的各种检查、监督、调整等工作。具体来说，生产控制包括：投产前的控制、生产过程控制（包括生产调度工作、在产品管理等）、产品质量控制、库存和资金占用的控制、物料消耗及生产费用等方面的控制。实行生产控制，重要的是要建立和健全各种控制标准，加强信息收集和信息反馈，实现预防性控制。

2. 按生产管理所需做的决策类型划分

生产管理的内容包括生产系统设计的长期决策及实施、生产系统的运行和控制的短期决策及实施两个方面。

（1）生产系统设计的长期决策及实施，主要包括生产系统的地址选择（又称厂址选择）、工厂平面布置、产品的选择和设计、设备的选择、加工对象的生产设计等。

（2）生产系统的运行和控制的短期决策及实施，主要包括质量控制、成本控制、进度控制和设备维修等。

五、生产管理的任务

在市场经济条件下，生产管理的任务主要有：①按照规定的产品品种、质量完成生产任务；②按照规定的产品计划成本完成生产任务；③按照规定的产品交货期限完成生产任务。产品的质量（Quality）、成本（Cost）和交货期（Delivery），简称为QCD，是衡量企业生产管理成败的三要素。保证QCD三方面的要求，是生产管理的最主要的任务。这三项任务是相互联系、相互制约的。提高产品质量，可能引起成本增加；增加数量，可能降低成本；为了保证交货期而过分赶工，可能引起成本的增加和质量的降低。为了取得良好的经济效益，需要在生产管理中对QCD合理地组织、协调和控制。

生产管理的任务是为实现企业经营目标服务的。生产管理的每一项任务都是通过计划、准备、生产、销售四个阶段实现的。每项任务在生产阶段的实际情况，将反馈到准备阶段。生产管理能否保证质量的要求，最终要在销售中接受用户的检验；生产管理能否保证按期交货，将通过履约率得到反映；生产管理能否按最经济的成本生产，将由销售后的盈亏得出结论。

六、现代生产管理与传统生产管理的区别

生产管理的发展过程经历了三个阶段。

第一个阶段是1911年以前的时期。机械时钟的发明和制造，要求人的活动必须精确地协调一致起来，人们还逐渐认识了零件标准化和劳动分工的意义。

第二个阶段是以泰勒的科学管理理论为代表的管理理论所奠定的基础，具体包括动作研究、工业心理研究、移动装配原理、数理统计理论在生产管理中的运用，运筹学、系统论方法的应用等。

第三个阶段是以电子计算机的应用为根本特征的。20世纪70年代以后，美国和欧洲开始推出专门解决生产和库存管理难题的管理软件包。这些软件包极大地提高了生产管理者处理相关问题的能力，产生了很好的效果，并迅速得到了推广，从而使企业管理的状态和水平发生了根本性的改变。与此同时，成组技术和柔性制造系统在工厂里得到了应用，无人工厂开始出现。这些对于解决多品种、小批量生产与工作效率的矛盾起到了很好的作用。

现代生产管理与传统生产管理相比，其特点有以下两方面：

1. 现代生产管理面更宽

一方面，传统生产管理的范围集中在制造业，而现代生产管理的范围则扩展到了服务业；另一方面，传统生产管理的着眼点主要在生产系统内部，即着眼于一个开发、设计好的

生产系统内，对开发、设计好的产品的生产过程进行计划、组织与控制，而现代生产运作管理既包括对生产运作系统内部运行的管理，又包括对生产运作系统设计的管理。

2. 现代生产管理的管理组织结构和管理技术方法更先进

由于计算机已经替代手工成为企业管理的主要手段，各项先进的管理技术和手段日新月异，加之市场需求的多样化，企业生产类型的主流已由大批量的生产类型转化为多品种、中小批量的生产类型。因此，现代生产管理与传统生产管理相比，无论是在管理组织结构还是在管理技术方法上，都更先进。一些新型的生产方式和管理模式，如精益生产方式、敏捷制造等，相继出现，使生产效率大幅度提高，产品的质量不断提升，显示出了现代科学技术的强大生命力。

第二节 生产过程组织

一、生产过程的概念

生产过程是工业企业最基本的活动过程。任何产品的生产，都必须经过一定的生产过程。企业的生产过程包括劳动过程和自然过程。劳动过程是劳动者利用劳动手段（设备和工具），按照一定的方法、步骤，直接或间接地作用于劳动对象，使之成为产品的全部过程。自然过程是借助于自然力，改变加工对象的物理和化学性能的过程，如铸件的自然时效、化工产品的化合作用等。

企业的生产过程有广义及狭义之分。广义的生产过程是指从生产技术准备开始，直到把产品制造出来，检验合格入库为止的全部过程。狭义的生产过程是指从原材料投入生产开始直到产品检验合格入库为止的全部过程。

二、生产过程的构成

对于工业企业，根据承担的任务不同，企业的生产过程可划分为生产技术准备过程、基本生产过程、辅助生产过程、生产服务过程和附属生产过程。

1. 生产技术准备过程

生产技术准备过程是指投产前所做的各项生产技术准备工作的过程，如产品设计、工艺设计、工艺准备、材料与工时定额的制定、新产品试制等过程。

2. 基本生产过程

基本生产过程是直接为完成企业的基本产品所进行的生产活动，它代表企业的基本特征和专业方向，如纺织企业的纺纱、织布，机械制造企业的铸锻、加工装配等。

3. 辅助生产过程

辅助生产过程是指为保证基本生产过程的实现，不直接构成基本产品实体的生产过程。例如，企业不以销售为目的，仅为本企业的需要而进行的动力生产与供应、工具制造、设备修理等。

4. 生产服务过程

生产服务过程是指为基本生产和辅助生产的顺利进行而从事的服务性活动，如原材料、半成品、工具等的供应、运输、库存管理等。

5. 附属生产过程

附属生产过程是指利用企业生产主导产品的边角余料、其他资源生产市场需要的不属于企业专业方向的产品的生产过程，如飞机厂利用边角余料生产铝制日用品的过程。

生产过程的各组成部分既相互区别又密切联系。其中基本生产过程是主要的组成部分，生产技术准备是必要的前提，辅助生产过程和生产服务过程都是围绕基本生产过程进行并为基本生产过程服务的。附属生产过程与基本生产过程是相对的，根据市场需要，企业的附属产品也可能转化为企业的主导产品。

三、影响生产过程构成的因素

不同的企业有着不同的生产过程。生产过程的构成取决于下列因素：

1. 产品的特点

产品的特点是指产品品种、结构的复杂程度，精度等级，工艺要求以及原材料种类等。

2. 生产规模

在产品专业方向相同的条件下，生产规模越大，生产过程的构成越齐全，相互分工也越细。

3. 专业化协作水平

社会专业化协作水平越高，企业内部生产过程就越趋于简化，而经济效益也越高。

4. 生产技术和工艺水平

企业产品相同，但技术条件和工艺水平不同，生产过程的构成也有很大差别。随着科学技术的发展，生产过程的构成也将会发生深刻的变化。

四、合理组织生产过程的基本要求

合理组织生产过程的目的，是使产品在生产过程中行程最短、时间最省、耗费最少、效益最好。为此，组织生产过程必须满足以下要求：

1. 生产过程的连续性

生产过程的连续性是指物料处于不停的运动之中，且流程尽可能短，它包括时间上的连续性和空间上的连续性。时间上的连续性是指物料在生产过程各个环节的运动，自始至终处于连续状态，没有或很少有不必要的停顿与等待现象。空间上的连续性是指生产过程各个环节在空间布置上合理紧凑，使物料的流程尽可能短，没有迂回往返的现象。保持生产过程的连续性，可以缩短产品的生产周期，加速流动资金的周转，提高资金利用率。

2. 生产过程的比例性

生产过程的比例性是指生产过程的各组成部分和各生产要素之间，根据产品的要求，在生产能力上保持一定的比例关系。它是生产顺利进行的重要条件。

3. 生产过程的平行性

生产过程的平行性是指物料在生产过程中实行平行交叉作业。平行作业是指相同的零件同时在数台相同的机床上加工；交叉作业是指一批零件在上道工序还未加工完时，将已完成的部分零件转到下道工序加工，这样可以大大缩短产品的生产周期。

4. 生产过程的均衡性（节奏性）

生产过程的均衡性是指产品在加工过程中从投料到最后完工，在相等的时间间隔内，生产产品产量大致相等或递增。各工作地应经常保持均匀的负荷，不发生时松时紧、前松后紧的现象，保证均衡地完成生产任务。

5. 生产过程的适应性

生产过程的适应性是指企业能根据市场需求的变化，灵活进行多品种小批量生产的适应能力。用户需要什么样的产品，企业就生产什么样的产品，需要多少就生产多少，何时需要就何时提供。

以上五项要求是相互联系、相互制约的。生产过程的比例性是实现连续性、平行性的重要条件，是保证均衡性的前提；均衡性、连续性、平行性又相互影响、相互作用；适应性是市场经济对生产过程提出的要求，不与市场需要挂钩，追求连续性、平行性与均衡性是毫无意义的。

五、生产过程组织的基本内容

生产过程的组织包括生产过程的空间组织和时间组织。

（一）生产过程的空间组织

生产过程的空间组织就是企业生产系统的布置，是指应用科学的方法和手段对组成企业的各个部分、各种物质要素（设施、设备等）进行合理的配置和空间及平面布置，使之形成有机的系统，以最经济的方式和较高的效率为企业的生产经营服务。生产过程的空间组织有以下两种典型的形式：

1. 工艺专业化形式

工艺专业化又称为工艺原则，就是按照生产过程中各个工艺阶段的工艺特点来设置生产单位。在工艺专业化的生产单位内，集中着同种类型的生产设备和同工种的工人，完成各种产品的同一工艺阶段的生产。也就是说，加工对象是多样的，但工艺方法是同类的，每一生产单位只完成产品生产过程的部分工艺阶段和部分工序的加工任务，产品的制造完成需要各单位的协同努力。例如，机械制造业中的铸造车间、机加工车间及车间中的车工段、铣工段等，都是工艺专业化生产单位。

工艺专业化形式的优点是：①由于设备不是针对某一产品配置的，而是根据多种产品的某一工艺阶段的特点配置的，故对品种变化有较强的适应能力；②由于同种设备集中在一起，故有利于组织设备维修，便于对工人进行技术指导和技术培训，从而提高设备的利用率；③由于车间仅有一类工程的工艺，故有利于提高工艺管理的水平。

工艺专业化形式的缺点是：①产品加工过程中运输路线长，运输数量大，停放、等待的时间多，生产周期长；②增加了在产品数量和资金占用；③生产单位间的协作复杂，生产作业计划管理、在产品管理、成套性进度管理等诸项管理，工作量大而且复杂。

工艺专业化形式适用于企业产品品种多、变化大、产品制造工艺不确定的单件小批生产类型的企业。它一般表现为按订货要求组织生产，特别适用于新产品的开发试制。

2. 对象专业化形式

对象专业化又称为对象原则，就是按照加工对象的不同来设置生产单位，即根据生产的产品来确定车间的专业分工，每个车间完成其所负担的加工对象的全部工艺过程，工艺过程是封闭的。在对象专业化生产单位（如汽车制造厂的发动机车间、底盘车间，机床厂的齿轮车间、底盘车间等）里，集中了不同类型的机器设备、不同工种的工人，对同类产品进行不同的工艺加工，独立完成一种或几种产品（零件、部件）的全部或部分的工艺过程，而不用跨越其他的生产单位。

对象专业化形式的优点是：①生产比较集中，生产周期短，运输路线短，周转量小；②计划管理、库存管理相对简单；③在产品占用量少、资金周转快，协作关系少，有利于强化质量责任和成本责任，便于采取流水生产等生产组织形式，提高生产效率。

对象专业化形式的缺点是：①对市场需求变化适应性差，一旦因生产的产品市场不再需求而进行设备更换，则调整代价大；②设备投资大（由于同类设备的分散使用，会出现个别设备负荷不足，生产能力不能充分发挥）；③不利于开展专业化技术管理。

对象专业化形式适用于企业的专业方向已定，产品品种稳定、工艺稳定的大批量生产，如家电、汽车、石油化工品。

由于工艺专业化和对象专业化两种形式各有优缺点，因此在实际生产中，企业具体采用哪一种组织形式组织生产，应从企业自身的条件出发，全面分析、比较各种组织形式的利弊和经济效益。既要考虑当前需要，又要考虑长远发展；既可以采用其中的一种形式，也可以把两种专业化形式结合起来应用。例如，在对象专业化形式基础上，局部采用工艺专业化形式；在工艺专业化形式基础上，局部采用对象专业化形式。

（二）生产过程的时间组织

合理组织生产过程，不仅要求生产单位在空间上密切配合，而且要求劳动对象和机器设备在时间上紧密衔接，以实现有节奏的连续生产，达到提高劳动生产效率和设备利用率、减少资金占用、缩短生产周期的目的。生产过程在时间上的衔接程序，主要表现在劳动对象在生产过程中的移动方式。劳动对象的移动方式，与一次投入生产的劳动对象数量有关。以加工零件为例：当一次生产的零件只有一个时，零件只能顺序地经过各道工序，而不可能同时在不同的工序上进行加工；而当一次投产的零件有两个或两个以上时，工序间就有不同的移动方式。一批零件在工序间存在着三种移动方式，这就是顺序移动、平行移动、平行顺序移动。

1. 顺序移动方式

顺序移动方式是指一批零件在前一道工序全部加工完毕后，整批转移到下一道工序进行加工的移动方式。其特点是：一道工序在工作，其他工序都在等待。

若将各工序间的运输、等待加工等停歇时间忽略不计，则该批零件的加工周期的计算公式为

$$T_{顺} = n \sum_{i=1}^{m} t_i$$

式中　n——该批零件数量；

　　　m——工序数；

　　　t_i——第 i 道工序的单件加工时间。

【例4-1】　生产3件某产品，经4道工序加工，每道工序加工的单件工时分别为10min、5min、20min、10min。现在按三种移动方式计算其生产周期。

顺序移动方式如图4-1所示。

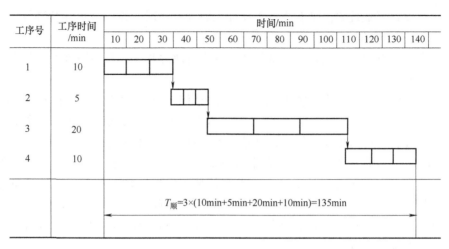

图 4-1 顺序移动方式示意图

顺序移动方式的优点是：一批零件连续加工，集中运输，有利于减少设备调整时间，便于组织和控制；其缺点是：零件等待加工和等待运输的时间长，生产周期长，流动资金周转慢。

2. 平行移动方式

平行移动方式是指一批零件中的每个零件在每道工序加工完毕以后，立即转移到后道工序加工的移动方式。其特点是：一批零件同时在不同工序上平行进行加工，因而缩短了生产周期，其加工周期的计算公式为

$$T_{平行} = \sum_{i=1}^{m} t_i + (n-1) t_长$$

式中　$t_长$——各加工工序中最长的单件工序时间。

平行移动方式如图 4-2 所示。

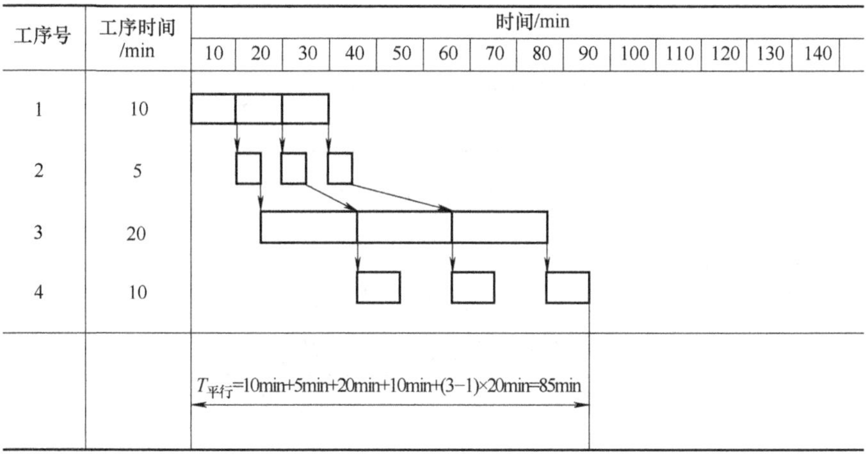

图 4-2 平行移动方式示意图

在平行移动方式下，一批零件的加工周期最短。但在相邻工序中，当后道工序单件时间

较短时会出现设备停歇现象。唯有当各工序加工时间相当时，设备方可连续进行生产。

3. 平行顺序移动方式

平行顺序移动方式的特点是，它既保持一批零件顺序加工，又尽可能使相邻工序加工时间平行进行，如图 4-3 所示。

由图 4-3 可知，在平行顺序移动方式下，因长短工序的次序不同有两种安排方法。

（1）当前道工序的加工时间小于或等于后道工序的加工时间时，前道工序加工完的每一个零件应立即转入后道工序去加工，即按平行移动方式逐件转移。

（2）当前道工序的单件加工时间大于后道工序时，后道工序（较短工序）开始加工时间的确定，是在前道工序（较长工序）一批零件加工完毕后才开始后道工序一批零件中最后一个零件的加工。依此反推，可求得该工序的开工时间。平行顺序移动方式下的加工周期，可用顺序移动方式的加工周期减去重合加工时间。重合加工时间等于每相邻工序中较短工序单件时间之和乘以 $(n-1)$。

采用平行顺序移动方式，一批零件加工周期的计算公式为

$$T_{平顺} = n \sum_{i=1}^{m} t_i - (n-1) \sum_{i=1}^{m-1} t_{i较短}$$

式中 $t_{i较短}$ ——相邻两道工序中较短的单件工序时间。

平行顺序移动方式如图 4-3 所示。

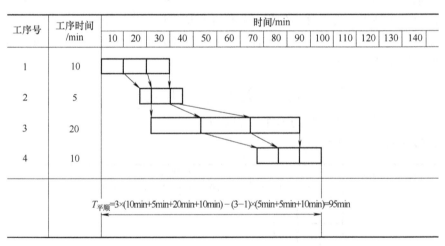

图 4-3 平行顺序移动方式示意图

4. 三种移动方式比较

三种移动方式各有优缺点，它们之间的比较如表 4-1 所示。

表 4-1 三种移动方式比较

项目	平行移动	平行顺序移动	顺序移动
生产周期	短	中	长
运输次数	多	中	少
设备利用	差	好	好
组织管理	中	复杂	简单

选择产品（零件）移动方式时，应结合企业的生产条件，考虑产品（零件）的批量大小、零件的重量、零件加工工序的时间长短、车间、工段、小组的专业化形式等因素。一般来说，批量小、工序时间短、零件重量比较轻时，宜采用顺序移动方式；批量大、工序时间长、零件比较重时，宜采用平行移动或平行顺序移动方式。工艺专业化的车间、工段、小组，宜采用顺序移动方式；对象专业化的车间、工段、小组，则宜采用平行移动方式或平行顺序移动方式。总之，要根据企业生产的特点，加以综合比较后，再选择其中最适宜的移动方式。

六、流水生产组织

流水生产又叫流水作业或流水线。它是把高度的对象专业化生产组织和劳动对象的平行移动方式有机地结合起来的一种生产组织方式。在大量生产过程中，流水生产方式占有十分重要的地位。

（一）流水生产的概念

所谓流水生产，是指劳动对象按照一定的工艺路线和统一的生产速度连续不断地通过各个工作地，顺序地加工产品（零件）的一种生产组织形式。流水生产具有以下几个主要特征：

（1）工作地专业化程度高。在一条流水线上只固定生产一种或几种产品（或零件），每个工作地都固定地完成一道或少数几道工序。

（2）工艺过程是封闭的。劳动对象某一工艺阶段的全部或大部分工序都在流水线上完成。

（3）工作地按照工艺过程的顺序依次排列。劳动对象在工序间做单向流动。

（4）生产的节奏性强，即流水线按固定的节拍进行生产。

（5）生产过程的连续程度高。劳动对象流水般地在工序间连续移动。

从上述特征可以看出，流水生产方式是一个具有较高连续性、节奏性和封闭性的先进生产组织形式。

（二）流水线的分类

（1）按生产对象是否移动，可将流水线分为固定流水线和移动流水线。固定流水线是指生产对象固定不动，工人按预先规定的路线，沿着顺序排列的生产对象移动。这主要用于不便运输的大型制品的生产。移动流水线是指生产对象移动，工人、设备和工具位置固定，生产对象依次经过各道工序的工作地进行加工和装配。

（2）按流水线上生产对象的品种数目，可将流水线分为单一对象流水线和多对象流水线。单一对象流水线是指流水线只固定生产一种产品（零件），也叫不变流水线。多对象流水线是指流水线上固定生产几种结构上、工艺上相似的产品（零件）。

（3）按生产对象的变换方式，可将流水线分为不变流水线、可变流水线和成组流水线。单一对象流水线也称不变流水线。可变流水线是轮番集中生产固定在流水线上的几种制品，当变换生产对象时，要相应地调整设备和工艺装备。成组流水线是对固定在流水线上的几种制品，同时或顺序地进行生产，在变换生产对象时，不需要重新调整设备和工艺。

（4）按生产过程的连续程度，可将流水线分为连续流水线和间断流水线。连续流水线是指产品（零件）在流水线上的加工是连续不断进行的，没有停歇等待的现象。间断流水线是指由于各道工序的劳动量不等或不成倍比关系，各工序的生产能力不平衡，使产品在生产过程中出现停歇或等待现象。

（5）按流水线的节奏性，可将流水线分为强制节拍流水线、自由节拍流水线和粗略节拍流水线。强制节拍流水线要求准确地按节拍来进行生产，它一般要靠一定速度移动的传送带来控制。自由节拍流水线不要求严格按节拍生产制品，而是靠工人的熟练操作来保证。粗略节拍流水线只要求流水线每经过一个合理的间隔，生产等量的产品，而各道工序并不完全按节拍生产。

（6）按流水线的机械化程度，可将流水线分为手工流水线、机械化流水线和自动化流水线。手工流水线多用于机器、仪表或其他器械的装配。自动化流水线是流水线的高级形式，一般投资很大，在应用上受一定的限制。机械化流水线应用最广泛。

（三）组织流水线生产的条件

实现流水线生产有一定的条件和要求，其主要条件如下：

（1）产品的产量要足够大，以保证流水线上各个工作地处于正常负荷状态。

（2）产品结构和工艺要求相对稳定，以保证专用设备和工艺装备能发挥出潜在效益。

（3）工艺过程应能划分为简单的工序，便于根据工序同期化的要求进行工序的合并和分解，且各工序的工时不能相差太大。

（4）厂房建筑和生产面积容许安装流水线的设备和运输装置。

（5）原材料、协作件必须是标准的、规格化的，并能按质按时供应。

（四）流水线的组织设计

流水线的组织设计包括流水线节拍的确定、设备需要量和负荷系数的计算、工序同期化设计、工人的配备、输送方式设计、流水线平面布置设计、流水线技术经济评价等。

流水线形式不同，决定了组织设计方法也各不一样。现以单一对象流水线的组织设计程序为例加以简要说明。

1. 确定流水线的节拍

节拍是指流水线上连续出产两件相同制品（产品、部件或零件）的间隔时间。它是流水线上其他一切设计计算的出发点。其计算公式为

$$节拍 = \frac{计划期有效工作时间}{计划期产量}$$

计划期有效工作时间，是从制度工作时间里扣除修理机器设备的停工时间和工人节假日休息时间以后的全部时间；计划期产量是按生产计划规定的出产量并考虑废品数量而确定的。

如果计算出来的节拍数值很小，同时零件的体积、重量也很小，不便于逐件运输，则可以采取整批运输。顺序出产两批相同制品的时间间隔称为节奏，它的计算公式为

$$节奏 = 节拍 \times 运输批量$$

2. 工序同期化及计算设备数量（或工作地）

工序同期化是组织流水线的必要条件。所谓工序同期化，是指根据流水线节拍的要求，采用技术组织措施来调整工序时间，使之尽可能与流水线节拍相等或成整数倍比关系。同期化程度一般允许在 0.85～1.04 的范围内变化。

实现工序同期化的措施有：①提高设备的生产效率。对影响同期化的关键工序，通过改

装设备或采用高效率的设备来提高生产效率。②改进工艺装备。采用高效专用工装,以减少装夹零件、更换刀具的时间。③改进工作地布置和操作方法,减少辅助作业时间。④提高操作工人的熟练程度。⑤改变切削用量,减少机动时间。⑥分解与合并工序。这是装配工序同期化的主要方法。在进行工序同期化后,计算流水线上的设备(或工作地)需要量和设备负荷系数。流水线各工序所需的设备(或工作地)数的计算公式为

$$某道工序所需的设备(或工作地)数 = \frac{工序单件加工时间}{流水线节拍}$$

如果计算的设备数是整数,就可以将其确定为该工序所需的设备数;若是小数,实际采用的设备数应取与该小数最接近的较大整数。

由于计算出的设备(或工作地)数与实际采用的设备数(或工作地)往往不一致,因此需要计算设备负荷系数(负荷率),它表明设备的负荷程度,其计算公式为

$$设备(工作地)负荷系数 = \frac{计算的设备(或工作地)需要数}{实际采用各工序的设备(或工作地)数}$$

$$流水线总设备负荷浸透 = \frac{流水线各工序计算设备(或工作地)数之和}{流水线各工序实用设备(或工作地)数之和}$$

一般要求流水线平均负荷系数不应低于75%。

工序同期化及计算设备需要量示例如表4-2所示。

表4-2 工序同期化示例表

原工序号	1		2			3		4		5	6	
工序时间/min	3.5		9.9			7.2		6.5		3.4	8.6	
工步号	1	2	3	4	5	6	7	8	9	10	11	12	13
工步时间/min	2.1	1.4	5.6	3.2	1.1	4.2	3	1.5	4	1	3.4	6	2.6
原工作地数	1		3			2		2		1	2	
流水线节拍/min	4.5												
同期化程度	0.75		0.73			0.8		0.72		0.76	0.96	
新工序号	1		2		3		4		5		6	7	
新工序时间/min	9.1		4.3		4.2		4.5		4.5		3.9	8.6	
新工作地数	2		1		1		1		1		1	2	
同期化程度	1.01		0.96		0.93		1.00		1.00		0.87	0.96	

3. 计算员工人数

在以手工操作为主的流水线上,流水线员工人数可由下式计算

$$每个工作地需要的员工数 = 每日工作班次 \times 每一个工作地同时工作人数$$

各工作地的员工人数之和即为整个流水线上的员工人数。

在以设备加工为主的流水线上,配备员工要考虑实行多设备看管的可能性,及配备后备员工的百分比。

4. 选择运输装置

流水线上使用的运输装置有传送带、传送链、滚道、重力滑道和各种运输车辆。选择运输装置既要考虑产品形状、尺寸、重量、精度要求,又要考虑流水线的类型。

(1)强制节拍流水线上,一般采用连续式工作传送带、间歇式工作传送带和分配传

送带。

(2) 自由节拍流水线上，一般采用连续式运输带或滚道、平板运输车等运输装置。

(3) 粗略节拍流水线上，一般采用滚道、重力滑道、手推车、叉车等运输工具。

当采用传送带运输时，需计算传送带的速度和长度，其计算公式分别为

$$传送带的速度 = \frac{相邻两工作地的中心距}{流水线的节拍或节奏}$$

$$传送带的长度 = 2 \times 工作地长度之和 + 技术上需要的长度$$

5. 流水线的平面布置

流水线的平面布置应使工人的操作方便、产品的运输路线最短，以及有效地利用生产空间。当整个生产过程由若干条流水线组成时，还必须考虑流水线之间的合理衔接。

流水线平面布置的形状一般有直线形、L形、U形、E形、环形和S形，如图4-4所示。

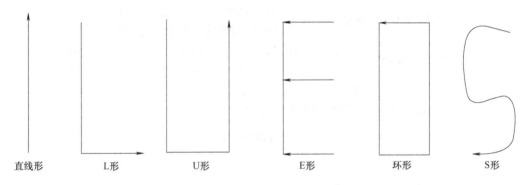

图4-4　流水线平面布置形状示意图

一般来说，当工序及工作地较少时，采用直线形；当工序或工作地较多时，可采用双直线排列，或采用L形、U形、S形等；E形一般用于零件加工和部件装配结合的情况；环形在工序循环重复时采用。

排列工作地时，要符合工艺流程，整个流水线布置要符合产品总流向，尽可能缩短运输路线，减少运输工作量。

6. 流水线经济效益指标计算及评价

因为组织流水线需投入较多的资金，故必须对流水线的经济效益进行评价，对流水线经济效益的评价可以从总量指标计算和相对指标计算两个方面进行。

第三节　现代企业生产运作计划

20世纪70年代，美国的约瑟夫·奥里奇（Joseph Orlicky）提出了物料需求计划（MRP）的思想雏形。初期，MRP作为一种库存计划方法主要用于改进物料需求计划阶段，它解决的是生产各种最终物料所需的零部件和原材料的数量问题。之后，人们在MRP思想雏形的基础上，把生产能力作业计划、车间作业计划和采购作业计划也纳入其中。同时，在计划执行过程中，加入来自车间、供应商和计划人员的反馈信息，并利用这些信息进行计划的平衡调整，从而围绕着物料需求计划，使生产的全过程形成一个统一的、闭环的MRP系统。20世纪80年代，人们把制造、财务、销售、采购、工程技术等各个子系统集成为统一的系统，

并称为制造资源计划（Manufacturing Resource Planning）系统，英文缩写还是 MRP，为了区别于物料需求计划（也缩写为 MRP）而记为 MRPⅡ。MRPⅡ可在周密的计划下有效地利用各种制造资源控制资金占用、缩短生产周期、降低成本，但它仅仅局限于企业内部物流、资金流和信息流的管理。它最显著的效果是减少库存量和减少物料短缺现象。

到 20 世纪 90 年代中后期，开始从工业经济时代步入知识经济时代，企业所处的时代背景与竞争环境发生了很大变化，企业资源计划（Enterprise Resources Planning，ERP）系统就是在这种时代背景下面世的。在 ERP 系统设计中，考虑到仅靠企业自己的资源不可能有效地参与市场竞争，还必须把经营过程中的有关各方，如供应商、制造工厂、分销网络、客户等，纳入一个紧密的供应链中，才能有效地安排企业的产、供、销活动，满足企业利用一切市场资源快速高效地进行生产经营的需求，以期进一步提高效率和在市场上获得竞争优势。

一、物料需求计划（MRP）

（一）物料需求计划的含义

在制造业中，零部件需要经过多道工序的加工和组装才能形成最终的产品，编制物料需求计划是一项十分复杂、繁重而又困难的工作，一直是生产管理中的一个"瓶颈"。随着计算机技术在企业管理领域的广泛应用，借助于计算机系统对从原材料开始直到最终产品的物料流动进行管理，才将人们从烦琐的工作中解脱出来。

物料需求计划系统目前已成为世界上推广运用最为普遍的一项现代计划管理技术，是运用电子计算机编制物料需求计划的一种方法。具体地说，它是根据反工艺顺序法的原理，按照产品出产计划要求（数量和期限），以及各个生产阶段的生产周期、库存情况，反工艺地计算出构成产品各种物料的需求量和需求时间的计划。在企业的生产计划管理体系中，它属于作业层的计划决策。

MRP 系统的基本指导思想是，只在需要的时候，向需要的部门，按需要的数量，提供需要的物料。也就是说，它既要防止物料供应滞后于需求，也要防止物料过早地出产和进货，以免增加库存，造成物料和资金的积压。

MRP 的特点是：①有了成品出产的总任务，可以自动连锁地推算出成品所包含的各个部件、零件的生产任务；②可以进行动态模拟；③库存计算精确，对库存严格控制，可减少库存；④运算速度快，便于计划的修正。MRP 系统极大地提高了生产计划的准确性和可靠性，提高了库存管理的服务水平，最大限度地降低了库存量，真正起到了指导生产的作用。

这种方法主要适用于成批生产加工装配型的企业，特别适用于根据订货进行生产或生产不稳定的成批生产企业。

（二）MRP 的逻辑流程

MRP 适用于相关需求的计划与控制，MRP 是依照最终产品的主生产计划（MPS），根据物料清单、现有库存量和预计库存量，计算哪些物料在什么时候需要多少的一系列方法。MRP 在任何一个生产过程中，都要回答要生产什么的问题。根据物料清单能够回答要用到什么，根据库存记录能够回答已经有了什么，MRP 运算后得出的结果可以回答还缺什么、何时生产或订购等问题。MRP 正是为了回答这些关键问题而设计的计算机应用软件系统。

MRP 系统是能够根据产品的需求自动地推导出构成这些产品的零件与材料的需求量，根据产品的交货期确定企业自制零部件的生产日程和外购原材料与零部件的采购日期，将主生产计划转化为物料需求表的计算机信息处理系统。MRP 的逻辑流程如图 4-5 所示。

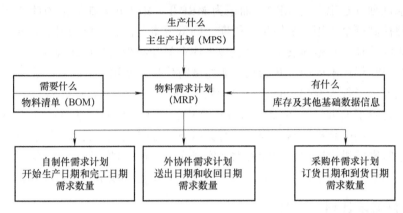

图 4-5 MRP 的逻辑流程

由图 4-5 可知，MRP 系统由三个部分组成，分别是输入、计算处理和输出。输入的是主生产计划（MPS）、物料清单（BOM）和库存状况文件。计算处理是使用事先编好的计算机程序，通过计算求得每个时间段上各种材料的净需求数量，同时也确定材料订货的数量、订货时间、订货批量和零部件的加工组装时间等内容。MRP 系统的输出分为两种报告：一种是基本报告；另一种是补充报告。基本报告的内容主要有计划订货的速度表、进度计划的执行和订货计划的修正调整以及优先次序的变更。补充报告的内容主要包括成果检验报告、生产能力需求计划报告和例外报告。

（三）物料需求计划的关键要素

从以上介绍中可以看出，主生产计划、物料清单、独立需求计划以及库存记录等信息在 MRP 的计算过程中起着关键性的作用。下面我们对这些关键要素分别进行介绍。

1. 主生产计划

主生产计划（Master Production Schedule，MPS）要确定每一个最终产品在每一个具体时间段的生产数量，是 MRP 的基本输入内容。MRP 根据主生产计划展开，导出构成这些产品的零部件与材料的需求。主生产计划必须是可以执行、可以实现的，它应该符合企业的实际情况，其制订与执行的周期视企业的情况而定。企业的物料需求计划、车间作业计划、采购计划等均来源于主生产计划，即先由主生产计划驱动物料需求计划，再由物料需求计划生成车间作业计划与采购计划。所以，主生产计划在 MRP 系统中起着承上启下的作用，实现从宏观计划到微观计划的过渡与连接。

2. 物料清单

物料清单（Bill of Materials，BOM）是产品结构的技术性描述文件，它表明了最终产品的组件、零件直到原材料之间的结构关系和数量关系。物料清单是 MRP 的第二个信息来源，也称为产品结构表，常用的表示有两种：一种为树状结构，另一种为表状结构。MRP 系统利用 BOM，把 MPS 中的产品订单分解成对零部件和材料的需求订单。MRP 运算时，需要使用 BOM 提供的物料的从属关系、底层标识、最低层次码、图样类型、虚拟件类型、设计购置类型等信息。物料需求计划的准确性和可靠度依赖于 BOM 的准确性和可靠度。

3. 独立需求计划

物料需求分为相关需求和独立需求。相关需求是指一个物料的需求直接与另一个物料的需求有关系，可以通过对另一个物料的需求精确地计算出来。例如，用于装配列入主生产计划的产品的零部件属于相关需求。独立需求是不能直接由另一个物料的需求计算得到的，如用于产品售后服务的零部件等。独立需求计划为 MRP 提供了除最终产品以外的物料需求时间和需求数量，MRP 计算根据独立需求计划的需求信息，根据独立需求物料的属性产生生产计划或采购计划，进行 MRP 运算。

4. 库存记录

库存记录说明现在的库存状况，如库存中物料的现有库存量、可用库存量、计划入库量、已分配量等。物料库存资料以每个存储项目（零部件或材料）作为一个单独的文件。它包括每个存储项目的名称、实际库存量、保险储备量、订购批量、订购周期以及物料的进出情况（计划需要量、计划到货量及计划订货量等）。这些文件平时储存在计算机系统中，在 MRP 程序运行中，根据需要取用这些文件。

5. 物料主文件及其他

物料主文件记录物料的各种属性，为 MRP 计划提供物料的描述信息、生产或采购信息（提前期、批量生产、废品系数等）。

除了物料主文件的相关信息外，还需要工艺文件、工作中心数据、工厂日历的数据、工艺文件描述、企业加工和制造零部件的工艺路线以及相关数据，如产品工艺卡、材料定额等。

二、制造资源计划（MRP Ⅱ）

（一）MRP Ⅱ 的逻辑流程图

MRP Ⅱ 的基本思想就是把企业作为一个有机整体，从整体最优的角度出发，通过运用科学方法对企业各种制造资源和产、供、销、财各个环节进行有效计划、组织和控制，使它们得以协调发展，并充分地发挥作用。MRP Ⅱ 系统在技术上已相当成熟，其逻辑流程如图 4-6 所示。

在图 4-6 中，包括决策层、计划层、执行层等企业经营计划层以及生产中物料需求和生产能力需求的基础数据和主要财务信息。其中连线表明 MRP Ⅱ 中的信息流向和相互之间的信息集成关系。经营计划是 MRP 的起点，它根据市场需求和企业现有条件，确定企业的产量、品种、利润等指标，从而决定企业产品销售计划，各种物料、资金、人工等的需求计划，再在此基础上制订出企业的具体生产计划，确定生产何种产品及其产量和投产时间。在制订生产计划的同时还需对生产能力进行平衡，以保证生产计划能够实际完成。然后根据生产计划制订产品生产计划，规定每种产品的生产数量和生产时间，它是营销和生产作业的根据。流程图中的业绩评价，是指对 MRP 系统成效进行评定，以求进一步提高和改善业绩。

MRP Ⅱ 使企业的生产经营管理达到系统化、合理化和规范化。而计算机快速处理信息的强大功能又极大地提高了管理和进行管理决策的效率和质量，于是，从根本上改变了企业管理的面貌。许多企业在实施了 MRP Ⅱ 之后都取得了显著的经济效益：①降低了库存，包括原材料、在制品和产品的库存；②资源利用趋于合理，缩短了生产周期，提高了劳动生产率；③确保按期交货，提高了客户服务质量；④降低了成本，如采购费、加班费；⑤如同财务系统集成，可减少财务收支上的差错或延误，减少经济损失。

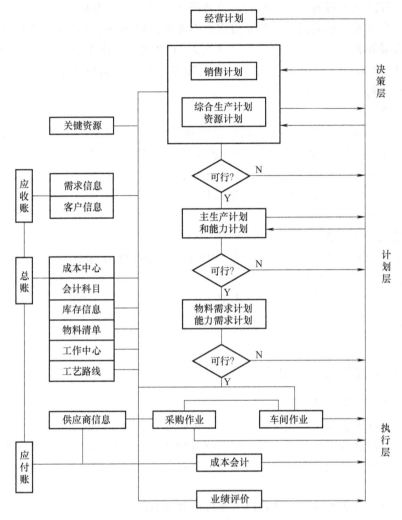

图 4-6　MRP Ⅱ 的逻辑流程

（二）MRP Ⅱ 的特点

1. 计划与管理的系统性

MRP Ⅱ 是一种计划主导型管理模式，计划层次从宏观到微观、从战略到技术、由粗到细逐层优化，但始终保证与企业经营战略目标一致。它把通常的三级计划管理统一起来，把企业所有与生产经营直接相关部门的工作联结成一个整体，各部门都从系统整体出发做好本职工作，每个员工都知道自己的工作质量及同其他职能部门的关系。这只有在"一个计划"下才能系统化，条块分割、各行其是的局面被团队所取代。

2. 数据共享性

MRP Ⅱ 是一种制造企业管理信息系统，企业各种业务在统一的数据环境下工作，最大限度地达到了信息的集成。企业各部门都依据同一数据信息进行管理，任何一种数据变动都能及时地反映给所有部门，做到数据共享，提高了信息处理的效率和可靠性，为生产计划和控制提供了依据，有利于控制生产成本，通过牵引技术实现按需准时生产。

3. 动态应变性

MRPⅡ是一个闭环系统，它要求跟踪、控制和反馈瞬息万变的实际情况，管理人员可随时根据企业内外环境条件的变化迅速做出反应，及时调整决策，保证生产正常进行。它可以及时掌握各种动态信息，保持较短的生产周期，因而有较强的应变能力。

4. 模拟预见性

MRPⅡ具有模拟功能，利用系统中的数据和建立的模型，可以对未来相当长时期内可能出现的情况进行模拟，预见到在相当长的计划期内可能发生的问题，可事先采取措施消除隐患，而不是等问题已经发生了再花几倍的精力去处理。这将使管理人员从忙碌的事务堆里解脱出来，致力于实质性的分析研究，提供多个可行方案供领导决策。

5. 物流、资金流的统一

MRPⅡ包含了成本会计和财务功能，可以由生产活动直接产生财务数据，财务部门及时得到资金信息用于控制成本，通过资金流动状况反映物料和经营情况，随时分析企业的经济效益，参与决策，指导和控制经营和生产活动。

三、企业资源计划（ERP）

企业资源计划（Enterprise Resources Planning，ERP）。ERP的概念层次如图4-7所示。可以从管理思想、软件产品和管理系统三个层次给出它的定义。

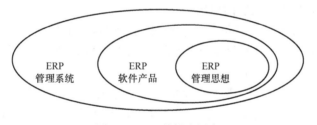

图4-7　ERP的概念层次

其一，ERP是美国著名的计算机技术咨询和评估集团（Gartner Group lnc.）提出的一整套企业管理系统体系标准，其实质是在MRPⅡ基础上进一步发展而成的面向供应链的管理思想。

其二，ERP是综合应用了客户机/服务器体系、关系数据库结构、面向对象技术、图形用户界面、第四代语言（4GL）、网络通信等信息产业成果，以ERP管理思想为灵魂设计的软件产品。

其三，ERP是集企业管理理念、业务流程、基础数据、人力物力、计算机硬件和软件于一体的企业资源管理系统，即对一个制造企业的所有资源编制计划，并进行监控和管理。

所以，对于管理界、信息界、企业界不同的表述要求，ERP分别有着它特定的内涵和外延，应分别采用"ERP管理思想""ERP软件""ERP系统"的表述方式。

（一）ERP系统的管理思想

ERP系统的核心管理思想就是实现对整个供应链的有效管理，主要体现在以下三个方面：

1. 体现对整个供应链资源进行管理的思想。

在知识经济时代仅靠企业自己的资源不可能有效地参与市场竞争，还必须把经营过程中的有关各方，如供应商、制造工厂、分销网络、客户等，纳入一个紧密的供应链中，才能有效地安排企业的产、供、销活动，满足企业利用全社会一切市场资源快速高效地进行生产经营的需求，以期进一步提高效率和在市场上获得竞争优势。换句话说，现代企业竞争不是单一企业与单一企业间的竞争，而是一个企业供应链与另一个企业供应链之间的竞争。ERP系统实现了对整个企业供应链的管理，适应了企业在知识经济时代参与市场竞争的需要。

2. 体现精益生产、同步工程和敏捷制造的思想

ERP系统支持对混合型生产方式的管理，其管理思想主要表现在两个方面。

其一，精益生产的思想。它是由美国麻省理工学院（MIT）提出的一种企业经营战略体系，即企业按大批量生产方式组织生产时，把客户、销售代理商、供应商、协作单位纳入生产体系，企业同其销售代理、客户和供应商的关系已不再简单地是业务往来关系，而是利益共享的合作伙伴关系，这种合作伙伴关系组成了一个企业的供应链，这就是精益生产的核心思想。

其二，敏捷制造的思想。当市场发生变化，企业遇有特定的市场和产品需求时，企业的基本合作伙伴不一定能满足新产品开发生产的要求，这时，企业会组织一个由特定的供应商和销售渠道组成的短期或一次性供应链，形成"虚拟工厂"，把供应和协作单位看成是企业的一个组成部分，运用"同步工程（SE）"组织生产，用最短的时间将新产品打入市场，时刻保持产品的高质量、多样化和灵活性，这即是"敏捷制造"的核心思想。

3. 体现事先计划与事中控制的思想

ERP系统中的计划体系主要包括主生产计划、物料需求计划、能力计划、采购计划、销售执行计划、利润计划、财务预算和人力资源计划等，而且这些计划功能与价值控制功能已完全集成到了整个供应链系统中。

另外，ERP系统通过定义与事务处理相关的会计核算科目与核算方式，以便在事务处理发生的同时自动生成会计核算记录，保证了资金流与物流的同步记录和数据的一致性，从而实现了根据财务资金现状，可以追溯资金的来龙去脉，并进一步追溯所发生的相关业务活动，改变了资金信息滞后于物料信息的状况，便于实现事中控制和实时做出决策。

此外，计划、事务处理、控制与决策功能都在整个供应链的业务处理流程中实现，要在每个流程业务处理过程中最大限度地发挥每个人的工作潜能与责任心，流程与流程之间则强调人与人之间的合作精神，以便在有机组织中充分发挥每个人的主观能动性与潜能。同时，实现企业管理从"高耸式"组织结构向"扁平式"组织结构的转变，提高企业对市场动态变化的反应速度。

总之，由于信息技术的飞速发展与应用，ERP系统得以将很多先进的管理思想变成现实中可实施应用的计算机软件系统。

（二）ERP系统与MRPⅡ的区别

ERP是在MRPⅡ基础上进一步发展形成的企业管理系统，为了进一步弄清ERP系统的概念及其主要功能，需要弄清ERP与MRPⅡ之间的区别。

1. 在资源管理范围方面的差别

MRPⅡ主要侧重对企业内部人、财、物等资源的管理，ERP系统在MRPⅡ的基础上扩展了管理范围，它把客户需求和企业内部的制造活动，以及供应商的制造资源整合在一起，形成企业的一个完整供应链，并对供应链上的所有环节进行有效管理。这些环节包括订单、采购、库存、计划、生产制造、质量控制、运输、分销、服务与维护、财务管理、人事管理、实验室管理、项目管理、配方管理等。

2. 在生产方式管理方面的差别

MRPⅡ系统把企业归类为几种典型的生产方式来进行管理，如重复制造企业、批量生产企业、按订单生产企业、按订单装配企业、按库存生产企业等，对每一种类型都有一套管理标准。而在20世纪80年代末90年代初期，企业为了紧跟市场的变化，多品种、小批量生产以及看板式生产等成为企业主要采用的生产方式，单一的生产方式向混合型的生产方式发展。ERP则能很好地支持和管理混合型的制造环境，满足了企业的多元化经营需求。

3. 在管理功能方面的差别

ERP除了MRPⅡ系统的制造、分销、财务管理功能外，还增加了支持整个供应链上物料流通体系中供、产、需各个环节之间的运输管理和仓库管理功能，支持生产保障体系的质量管理、实验室管理、设备维修和备品备件管理功能及支持对工作流（业务处理流程）的管理功能。

4. 在事务处理控制方面的差别

MRPⅡ是通过计划的及时滚动来控制整个生产过程的，它的实时性较差，一般只能实现事中控制。而ERP系统支持在线分析处理（Online Analytical Processing，OLAP）、售后服务及质量反馈，强调企业的事前控制能力，它可以将设计、制造、销售、运输等通过集成来并行地进行各种相关作业，为企业提供了对质量、适应变化、客户满意、绩效等关键问题的实时分析能力。

此外，在MRPⅡ中，财务系统只是一个信息的归结者，它的功能是将供、产、销中的数量信息转变为价值信息，是物流的价值反映。而ERP系统则将财务计划功能和价值控制功能集成到整个供应链上，如在生产计划系统中，除了保留原有的主生产计划、物料需求计划和能力计划外还扩展了销售执行计划和利润计划。

5. 在跨国或地区经营事务处理方面的差别

现代企业的发展，使得企业内部各个组织单元之间、企业与外部的业务单元之间的协调变得越来越多、越来越重要，ERP系统应用完善的组织架构，可以支持跨国经营的多国家地区、多工厂、多语种、多币制应用需求。

6. 在计算机信息处理技术方面的差别

随着信息技术的飞速发展，网络通信技术的应用，使得ERP系统得以实现对整个供应链信息进行集成管理。ERP系统采用客户机/服务器（C/S）体系结构和分布式数据处理技术，支持Internet/Intranet/Extranet、电子商务（E—business、E—commerce）、电子数据交换（EDI），还能实现在不同平台上的相互操作。

第四节　现代生产管理方式

随着现代科学技术在生产及生产系统中的广泛应用，发达国家兴起了管理变革的浪潮，相继建立了适应当今时代要求的新型生产方式和管理模式，其中具有代表意义的有现场5S管理、准时制生产、精益生产制、柔性制造等。

一、现场管理模式——5S 管理

（一）现场与现场管理模式

生产现场是指从事产品制造或提供生产服务的作业场所，即企业围绕经营目标而行使管理职能，实现生产要素合理组合和生产过程有机转换的作业场所。生产现场包括加工、检查、储存、运输、供应、发送等一系列的作业现场和与生产密切相关的辅助场所等。生产现场管理是为了有效地实现企业的经营目标，用科学管理制度、标准和方法，对生产现场的各个生产要素，包括人（操作者和管理人员）、机（设备、工具、工位器具）、料（原料、材料、辅料）、法（加工、检测方法）、环（环境）、能（能源）、信（信息）等，进行合理、有效的计划、组织、协调、控制和激励，使其处于良好状态，实施优化组合，保持正常运转，不断加以改进，以求达到优质、高效、低耗、均衡、安全地进行生产的目的。简言之，现场管理是生产第一线的综合性管理，是企业管理水平的直观反映。

在生产现场管理时，要运用现代先进的管理思想，采用现代化管理方法和手段，用系统论的观点对生产现场的全部活动，包括人、机、料、法、环、能、信，以及技术、质量、经营等各种生产要素与各项专业管理，进行合理结合与科学的调配，使其发挥综合、整体效能，从而实现优质、低耗、高产、增效的目的。为达到这一目的，我们通常采用以 5S 管理模式为主，兼有目视管理、标准作业流程等管理模式，这些综合模式被统称为现场管理模式，这里将主要探讨其中的 5S 管理模式。

（二）5S 管理模式的产生与发展

5S 管理模式是发源于日本流行于世界的一种现场管理方法，已流传 200 多年了。其具体含义是指在现场对人员、机器、材料、方法等生产要素进行有效的管理，这是日本企业独特的管理方法，也是一切现场管理的基础。

第二次世界大战后，日本企业将 5S 运动作为管理工作的基础，而推行其他各种先进的现场管理方法和品质控制手法，如全员生产维护（TPM）、全面质量控制（TQC）等，使产品的品质得以迅速提升，奠定了日本作为制造业霸主的地位。后来在丰田公司的倡导推行下，5S 逐渐在诸多方面发挥了越来越大的作用，如塑造企业的形象、降低成本、准时交货、安全生产、高度的标准化、创造令人心旷神怡的工作场所、现场改善等，逐渐被各国的管理界所认识。随着世界经济的发展，如今 5S 已经发展成为一种成熟的现场管理模式，并带来了一股世界范围的 5S 热潮。后来，随着企业进一步发展的需要，5S 的内涵在原来的基础上不断变化，并得到补充，如补充节约（Saving）、安全（Safe）两个"S"从而形成了 7S，也有补充三条甚至更多的，形成 8S、9S 或 10S 等，但其主要内涵仍以以下介绍的 5S 为主。

（三）5S 活动管理的内容和要求

5S 活动是指对生产现场各生产要素（主要是物的要素）所处状态，不断地进行整理、整顿、清扫、清洁，以达到提高素养的活动。由于整理、整顿、清扫、清洁、素养这五个词在日语中罗马拼音的第一个字母都是 S，所以把这一系列活动简称为 5S 活动。

1. 整理（SEIRI）

整理是指在规定的时间、地点把作业现场不需要的物品清除出去，并根据实际，对保留下来的有用物品按一定的顺序摆放好。经过整理应达到以下要求：不用的东西不放在作业现场，坚决清除干净；不常用的东西放在远处（工厂的库房）；偶尔使用的东西集中放在车间的指定地点；经常用的东西放在作业区。

2. 整顿（SEITON）

整顿是指对整理后需要的物品进行科学、合理的布置和安全、不损伤的摆放，做到随时可以取用。整顿要规范化、条理化，提高效率，使整顿后的现场整齐、紧凑、协调。整顿应达到的要求有：物品要定位摆放，做到物各有位；物品要定量摆放，做到目视化，过目知数；物品要便于取存；工具归类，分规格摆放，一目了然。

3. 清扫（SEISO）

清扫是指把工作场所打扫干净，对作业现场要经常清除垃圾，做到没有杂物、污垢等。清扫应达到的要求有：对自己用的东西，自己清扫；对设备清扫的同时，检查是否有异常，清扫也是点检；对设备清扫的同时，要进行润滑，清扫也是保养；在清扫中会发现一些问题，如跑、冒、滴、漏等，要透过现象查出原因，加以解决，清扫也是改善。

4. 清洁（SEIKETSU）

清洁是指要保持没有垃圾和污垢的环境。清洁应达到的要求有：车间环境整齐、干净、美观，保证员工健康，增进员工劳动热情；不仅设备、工具、物品要清洁，工作环境也要清洁，烟尘、粉尘、噪声、有害气体要清除；不仅环境美，工作人员着装、仪表也要清洁、整齐；工作人员不仅外表要美，而且精神上要"清洁"，团结向上，有朝气，相互尊重，有一种催人奋进的气氛。清洁贵在保持和坚持，要将整理、整顿、清扫进行到底，并且制度化，管理要公开化、透明化。

5. 素养（SHITSUKE）

素养是指努力提高人员的素养，养成良好的风气和习惯，具有高尚的道德品质，自觉执行规章制度、标准，改善人际关系，加强集体意识，它是5S活动的核心。素养应达到的要求有：不要别人督促，不要领导检查，不用专门去思考，形成条件反射，自觉地去做好各项工作。典型的例子就是要求严守标准，强调的是团队精神。

典型的5S及其具体含义如表4-3所示。

表4-3　5S内容

中　文	日　文	英　文	备　注
整理	SEIRI	Organization	倒掉垃圾，长期不用的东西放仓库
整顿	SEITON	Neatness	30s内就可以找到要找的东西
清扫	SEISO	Cleaning	谁使用谁清洁
清洁	SEIKETSU	Standardization	管理的公开化、透明化
素养	SHITSUKE	Discipline And Training	严守标准、团队精神

开展5S活动的目的是要做到人、物、环境的最佳组合，使全体人员养成坚决遵守规定的习惯。开展5S活动要坚持自我管理、勤俭办厂、持之以恒的原则。

5S是现场管理活动有效开展的基础，5S活动不仅能改善生活环境，还可以提高生产效率、减少浪费、提升产品的品质及服务水平。将整理、整顿、清扫、清洁进行到底，并进行标准化管理，使之成为企业文化的一部分，这些将为企业带来新的转变和提升。

5S也是设备得以有效使用、减少不必要浪费的基础。在没有推行5S的工厂，每个岗位都有可能出现各种各样不规则或不整洁的现象，如垃圾、油漆、铁锈等满地都是，零件、纸箱胡乱搁在地板上，人员、车辆都在狭窄的过道上穿插而行，如不对其进行有效的管理，即使是最先进的设备，也会很快加入到不合格器械的行列而等待维修或报废。在没有推行5S的工厂，员工在混乱不堪而又无人管理的环境中工作，当然是人心不稳，越干越没劲，要么得过且过混日子，要么便会另谋高就。

（四）5S 与其他活动的关系

1. 5个 S 的关系

整理、整顿、清扫、清洁、素养，这五个 S 并不是各自独立、互不相关的。它们之间是一种相辅相成、缺一不可的关系。整理是整顿的基础，整顿又是整理的巩固，清扫是显现整理、整顿的效果，而通过清洁和素养，则使企业形成一个所谓整体的改善气氛。5S 的目标就是通过综合推行整理、整顿、清扫、清洁、素养这五个 S，来消除组织的浪费现象并进行持续改善，使得公司管理维持在一个理想的水平，同时 5S 各有侧重，相辅相成。5S 是管理的基础，是全面生产性维护的前提，是 TPM 的第一步，如果再深一层地说，它是企业推行 ISO 9000 的结晶。企业任何的改善与管理活动，如果有了 5S 的推动，就能收到事半功倍的效果，反之，推行不了 5S 的企业，要想成功地进行其他活动也是难上加难。

2. 5S 与企业其他活动的关系

（1）5S 为其他活动营造整体氛围。对于一个企业来说，如果没有先行掀起 5S，或推行 5S，而是先行导入全面的体制管理，或要推动 ISO 认证、TPM 管理，或推行其他方法的活动，就很难起到良好的促进作用。实施全面的 5S 管理模式可以营造一种整体的企业氛围，让组织或企业中的每一个人都养成一种习惯并积极地参与，并使每一件事情都有严格的标准和良好的合作氛围，这时企业再去推行 ISO、TQM，或推动 TPM，就能很容易地获得员工的支持与配合，从而调动员工的积极性来形成强大的推动力与凝聚力。

（2）5S 体现效果，增强信心。推动 5S，体现出的是一种立竿见影的效果，可以增强员工对企业的信心。而实施 ISO、TQM 或者是 TPM 的活动，它的效果是一种隐蔽和长期性的，一时难以看到的，如果在推行 ISO、TQM、TPM 等活动的过程中，先导入了 5S，可以在短期内获得显著效果来增强企业员工的信心，激发其参与性与积极性。

（3）5S 为相关活动打下坚实的基础。在实施 ISO、TPM、TQM 的企业中推行 5S 的活动，等于为相关活动提供了肥沃的土壤，提供了强而有力的保障。因为 5S 是现场管理的基础，5S 水平的高低代表着现场管理水平的高低，而现场管理的水平高低则制约着 ISO、TPM、TQM 等活动的推动或推行。所以只有通过 5S 活动的推行，从现场管理着手，从根本着手来改进企业的体制与企业的氛围，才能够起到事半功倍的效果。

二、准时制生产

准时制（JIT）生产是由日本丰田汽车公司于 1953 年提出的，1961 年在全公司推广，又经过十几年的不断发展和完善，1972 年以后，准时制生产管理被广泛应用于日本的汽车和电子工业，此时，人们通常把它称为"丰田生产管理系统"。目前，专家们普遍认为准时制生产为日本企业生产高质量、低成本的产品提供了保证，并使日本产品在世界上居于领先地位。

（一）准时制生产的原理和目标

准时制生产是指在精确测定生产各工艺环节作业效率的前提下按订单准确地计划生产，是以消除一切无效作业与浪费为目标的一种管理模式，又称为零库存生产（Zero Inventories）。简单地说，就是在合适的时间，将合适的原材料和零部件以合适的数量送往合适的地点，生产出所需要的产品。合适的时间与合适的数量，即适时、适量，要求通过看板管理的方式实现生产同步化、均衡化及批量极小化；生产所需的产品可通过质量管理保证产品的质量。

准时制生产技术根据"反工序"原理，在生产系统中将任何两个相邻工序即上下工序之间都确定为供需关系，由需方起主导作用，需方决定供应物料的品种、数量、到达时间和地点。供方只能按需方的指令（一般用看板）供应物料。具体地说，就是每一个阶段加工或供应产品的品质、数量和时间由下一阶段的需求确定。在传统生产制造系统中，物流与信息流同向运动，制品根据生产计划从前制程"推"到后制程，这种生产方式被称为"推动式生产系统"；而准时制生产的物流与信息流呈相反方向运动，后制程向前制程传递需求信息，"拉"出自己所需求的制品。因此，准时制生产方式又被称为"拉动式生产方式"，送到的物料必须保证质量、无次品。这种思想就是以需定供，可以大大提高工作效率与经济效益。

准时制生产是一种理想的生产模式，因为：①它设置了一个最高标准，就是零库存。实际生产可以无限地接近这个极限，但却永远不可能达到零库存。有了这个极限，才使得改进永无止境。②它提供了一个不断改进的途径，即降低库存—暴露问题—解决问题—降低库存，这是一个无限循环的过程。

准时制生产的基本思想简单，容易理解。但是，实现准时制生产却不容易，因为准时制生产不仅仅是一种生产技术，更重要的是它是一种全新的管理模式。准时制生产涉及产品的设计、生产计划的编制、设备的改进、设备的重新布置、工序的同期化、设备的预防维修、生产组织的调整等各方面，任何一个环节不改进，准时制生产就推行不下去。

准时制生产方式将"获取最大利润"作为企业经营的最终目标，将"降低成本"作为基本目标。准时制生产方式是一个贯穿整个系统的平滑、迅速的物料流，也就是一个平衡系统。在这种思想主导下，生产过程将在尽可能短的时间内，以尽可能最佳的方式利用资源，彻底消除浪费。总目标实现程度取决于特定配套目标的完成程度，包括：①消除生产中断（如质量低劣、设备故障、进度安排改变、送货延迟等原因）；②具备多种产品生产能力的柔性系统；③减少生产时间与生产提前期；④存货最小化；⑤控制过量生产，消除浪费。

（二）实现准时制生产的重要工具——看板

准时制生产方式是以降低成本为基本目标，在生产系统的各个环节、各个方面全面展开的一种使生产能同步、准时进行的方法。为了实现同步化生产，企业开发了后工序领取、单件小批量生产、生产均衡化等多种方法。而为了使这些方法能够有效地实行，准时制生产方式又采用了被称为"看板"的管理工具。

看板管理也可以说是准时制生产方式中最为独特的部分，是实现准时制生产极为重要的手段。看板的主要功能是传递生产和运送的指令。看板作为管理工具，犹如连接工序的神经而发挥着作用。但是，这里需要再次强调的是，绝不能把准时制生产方式与看板方式等同起来。准时制生产方式说到底是一种生产管理技术，而看板只不过是一种管理工具。

看板只有在工序一体化、生产均衡化、生产同步化的前提下，才有可能发挥作用。错误地认为准时制生产方式就是看板方式，不对现有的生产管理方法做任何变动就单纯引进看板方式，是不会起到任何作用的。

1. 看板的功能

丰田汽车公司于20世纪50年代从超级市场的运行机制得到启示，创造了看板这种生产、运送指令的传递工具，其主要功能可概括如下：

（1）生产以及运送的工作指令，这是看板最基本的功能。企业根据市场预测以及订货而制定的生产指令只下达到总装配线，各个前工序的生产均根据看板来进行。看板中记载着生产量、时间、方法、顺序以及运送量、运送时间、运送目的地、放置场所、搬运工具等信息，从装配工序逐次向前工序追溯。在装配线将所使用的零部件上所带的看板取下，以此再去前工序领取；前工序则只生产被这些看板所领走的量。"后工序领取"以及"适时适量生产"就是这样通过看板来实现的。

（2）防止过量生产和过量运送。看板必须按照既定的运用规则来使用。其中的一条规则是："没有看板不能生产，也不能运送。"根据这一规则，各工序如果没有看板，就既不能进行生产，也不能进行运送；看板数量减少，则生产量也相应减少。

（3）进行"目视管理"的工具。看板的另一条运用规则是："看板必须附在实物上存放""前工序按照看板取下的顺序进行生产"。根据这一规则，作业现场的管理人员对生产的优先顺序能够一目了然，很易于管理。

（4）改善的工具。以上内容可以说都是看板的生产管理机能，此外，看板的另一个重要功能是改善功能。这一功能主要通过减少看板的数量来实现，看板数量的减少意味着工序间在产品库存量的减少。在一般情况下，如果在产品库存量较高，即使设备出现故障、不合格产品数目增加，也不会影响到后工序的生产，所以容易把这些问题掩盖起来。在运用看板的情况下，如果某一工序设备出故障，生产出不合格产品，根据看板的运用规则之一"不能把不合格品送往后工序"，后工序所需得不到满足，就会造成全线停工，由此可立即使问题暴露，从而必须立即采取改善措施来解决问题。准时制生产方式的目标是要最终实现无库存生产系统，而看板则提供了一个朝着这个方向迈进的工具。

2. 看板实施条件和形式

在实际的生产系统中，实行看板管理需要具备一定的条件，这些条件主要有：①必须是以流水生产作业为基础的作业，不适合于单件生产；②企业生产秩序稳定，生产工艺执行严格，生产均衡性较好，工序质量能控制；③设备、工装精度良好、加工质量稳定；④原材料、外协件供应数量、质量有保证；⑤实施标准化作业，企业内生产布局和生产现场平面布置合理。通常，企业所用的看板是一张装在长方形塑料袋内的卡片，依照其用途主要可以分为两类：①取货看板，用于后道工序向前道工序取货或向外协配套厂取货，板上标明后工序所应领取的物品和数量。②生产看板，它主要显示前工序应生产物品及数量；形式主要有用于一般用途的一般生产看板和用于批量生产的三角看板两种。图4-8和图4-9分别给出了两种看板的示例。

生 产 看 板		
存入货号：	工件背面号：	生产设备
工件号：		
工件：		
产品型号：	容器容量：	

图4-8 一般生产看板示例

第四章 现代企业生产管理

前工序 车间： 工位：	零件编号：			后工序 车间： 工位：
	零件名称：			
	容量	工位	料箱代号	

图 4-9 批量生产的三角看板示例

三、精益生产制

（一）精益生产方式的产生

精益生产起源于日本的丰田汽车公司。第二次世界大战以后，日本国内汽车市场不可能需要同一品种的大量汽车。要求品种多、数量小，加之无更多资金购买西方汽车生产的先进技术及其他一些原因，使丰田汽车公司面临困境。于是丰田汽车公司提出了适应小批量生产的丰田生产方式，这种方式传到美国，美国麻省理工学院的"国际汽车计划"项目组研究人员根据这种生产方式的特点，把它称之为"瘦型"方式。翻译过来比较贴切的名字为"精益生产"（Lean Production）方式。

精益生产方式是对准时制生产方式的进一步升华，是对准时制生产方式精华的提炼和理论总结。精益生产方式将原来主要应用于生产领域的准时制生产扩展到市场预测、产品开发、生产制造管理、零部件供应管理以及产品销售和售后服务等领域，贯穿于企业生产经营的全过程，使生产方式的变革更具有可操作性。

精益生产打破了传统的大规模流水生产线和金字塔式的分层管理模式，其核心思想就是消"肿"去"淤"，即以整体优化的观点，合理配置和利用企业拥有的生产要素，把参与一种产品的开发、生产、销售以及售后服务所有步骤的员工融合在一些合作小组之中，以达到增强企业适应市场多元化要求的应变能力，以获得更高的经济效益为目的。

精益生产与大规模生产方式相比，有效地缩短了生产和市场的距离，同时使企业真正地"瘦"了下来。然而，大量的裁员也带来了一些副作用，使西方的失业状况更加严重，还因触动了众多中、高层管理人员的利益，遭到了他们的反对。

（二）精益生产方式的主要特征

（1）在产品开发与生产准备工作上化整为零，采用小组工作法。小组工作法是精益生产方式的另一个突出的特点。小组工作法是指企业的生产组织以小组为单位，小组不仅进行生产，而且要参与管理和经营，它是为彻底消除无效劳动和浪费、实行拉动式生产而建立的。小组工作法强调以人为本，团结、协作，集思广益，齐心合力，以及团队精神。

（2）以人为本，充分调动人力资源的积极性，培训员工一专多能，不断提高工作技能，推行多机床操作和多工序管理，并把工人组成作业小组，且赋予其相应的责任和权力。作业小组不仅直接参与组织生产，而且参与管理，甚至参与经营。

（3）在开发产品、提高质量、改善物流、降低成本等方面密切合作，确保主机厂和协作厂共同获得利益。

（4）把多种现代管理手段和方法用于生产过程之中，如工业工程、价值工程等，计算机被更多地应用到计划、过程控制中来，使生产手段现代化，也极大地提高了生产效率。

（5）有效配置和合理使用企业资源。丰田公司十分珍惜每一份资源，认为资源来之不易，力争使每一份资源发挥最大作用。资源进入企业就转化为成本，"精耕细作"地使用资源，可使企业生产成本降低。

（6）彻底消除无效劳动和浪费，即追求"零废品、零库存"，消除一切影响工作的"松弛点"，以最佳的工作环境、条件和最佳工作态度，从事最佳的工作。

四、柔性制造系统

（一）柔性制造系统的概念

柔性制造系统（Flexible Manufacturing System，FMS），是指由计算机控制的以数控（NC）机床和加工中心（MC）为基础适应多品种、中小批量生产的自动化制造系统。FMS是20世纪60年代后期诞生和发展起来的，它综合应用现代数控技术、计算技术、自动化物料输送技术，由计算机控制和管理，使多品种、中小批量生产实现了自动化。FMS一般由多台MC和NC机床组成。它可以同时加工多种不同的工件，一台机床在加工完一种零件后可以在不停机调整的条件下，按计算机指令自动转换加工另一种零件。各机床之间的联系是灵活的，工件在机床间的传输没有固定的流向和节拍。80年代以来，FMS技术已进入实用阶段，许多工业发达国家已能成套提供作为商品出售的FMS。目前多数FMS是用于机械加工的，但焊接、钣金、成形加工和装配等领域也都在发展FMS。

（二）柔性制造系统的组成

一个FMS按其功能要求，应由加工系统、物料储运系统和计算机管理与控制系统组成。

1. 加工系统

加工系统设备的种类和数量取决于加工对象的要求。进行机械加工的FMS，其加工对象一般分为回转体和非回转体两大类。回转体进一步可分为轴类、盘套类；非回转体则可分为箱体类和板类等。根据不同的加工对象，FMS常配备镗铣加工中心、车削加工中心、各类NC机床和经过数控化改装的机床。

FMS的柔性化程度，通常以能同时加工的工件类型为评价指标。能加工的工件类型越多，则柔性程度越高。但加工的工件类型越多，对设备的要求也越高，投资就越大，因此不要盲目追求FMS的柔性化程度。采用成组技术组生产，可以使每一个FMS加工工件的类型趋于简单，节省设备投资，从而实现效率与经济的目的。

2. 物料储运系统

物料储运系统是FMS的重要组成部分，它的功能包含物料的存取、运输和装卸。储运的物料有工件毛坯、半成品、成品、工夹具、切屑等。物料的存取一般采用带堆垛机的立体仓库。关于物料的装卸，在立式或卧式加工中心通常采用托盘交换台，在车削加工中心则采用装卸料机器人或机械手。从立体仓库到各工作站之间的运输可有多种方案，常见的方案是采用轨道传送带或架空单轨悬挂式输送装置作为运输工具。采用这类运输工具的运输路线是固定的，形成直线形或封闭回路形线路。机床布置在运输线的内侧或外侧。为了使线路具有一定的存储功能并能变换工件的运输方向，常在运输线上设置一些支线或缓冲站。这种运输方案投资较少，工作可靠，是目前被广泛采用的一种。另外，还可用自动导引运料小车和工业机器人作为运输工具等。

3. 计算机管理与控制系统

计算机管理与控制系统是FMS的"大脑"，由它指挥整个FMS的一切活动。计算机管理与控制系统的基本结构如图4-10所示。

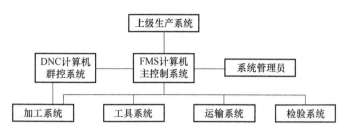

图 4-10　计算机管理与控制系统的基本结构

以 FMS 计算机为主的主控制系统，直接指挥和监控加工系统、运输系统、工具系统和检验系统等执行子系统。它和以分布式数控（DNC）计算机为主的群控系统的关系是：当工件已在加工设备上装夹好，一切准备就绪时，主控制系统就将该设备的控制权交给 DNC 控制系统。由 DNC 控制系统给该设备分配相应的数控程序，并指挥设备启动。加工完毕后 DNC 系统将控制权交还，再由主控制系统指挥将加工好的工件运往下一个工位。

一个计算机管理与控制系统在正常情况下可以自动完成 FMS 的控制任务，包括制订生产日程计划，模拟系统运行状态，协调各子系统的工作，甚至还能处理一般性的故障问题。但是计算机只能按事先确定的原则和逻辑去处理问题，对意外情况、非结构化问题就无能为力了，而且计算机本身也会出故障。所以一般采用人机结合的管理与控制方式，由计算机负责正常情况的管理与控制，非正常情况则由系统管理员来处理。平时根据需要管理员也可以随时对系统运行情况进行干预。

（三）FMS 的运行过程

FMS 应设计成一个虚拟的加工过程，当给出零件的描述说明后，就对加工该零件的任务进行分解，为零件安排加工路线、机床、刀具、夹具和质量测试等。

当一个零件被输入计算机后，首先进行分析是否可以用该 FMS 来完成。决策逻辑包括所有约束条件是否适合、系统是否有处理该零件的能力，同时还要进行生产的经济批量和经济分析。其次是选择零件组。通常根据成组技术的原理按相似性将零件分组，当然，其他条件，如几何形状、共同的刀具或夹具、生产成本、材料成分，也可作为分组的依据。有关零件设计以及零件需求数量和日期等信息来自高一级的数据。最后是计算机生成零件的工艺过程和生产作业计划。这些过程都通过优化过程完成。

在生产过程中，如出现"瓶颈"现象，则需要重新调度另一种零件加工。如果排队的零件仍然过多，就要采用判定规则使等待时间最短。每个零件都有自己的加工路线，当零件到达就激活零件程序、零件加工路线计划和质量测控程序，并开始加工。为使系统能在最佳状态下运行，加工过程还要随时采集操作数据、设备状况数据和质量数据，并送到上一层计算机进行评价。如果生产过程正常，这些数据就作为历史数据存档；如果检测到问题，计算机会找出问题所在，并努力使系统恢复正常。

（四）敏捷制造

敏捷制造（Agile Manufacturing，AM）是美国为重振其在制造业中的领导地位而提出的一种新的制造模式。1998 年，美国通用汽车公司（GM）和理海大学的艾柯卡研究所正式出版的《21 世纪制造企业的战略》，标志着敏捷制造战略的诞生。由敏捷制造战略引申出的生产管理模式即敏捷制造模式，它综合了 JIT（LP）、MRP Ⅱ 等先进的生产管理模式的优点，能系统全面地满足高效、低成本、高质量、多品种、迅速、及时、动态适应、极高柔性等要求，现在看来也是难以由一个统一生产系统来实现的生产管理目标要求，因而它代表着现代生产管理模式的最新发展。

1. 敏捷制造模式的概念和特点

所谓敏捷制造，是指以先进的柔性生产技术与动态的组织结构和高素质人员的集成，采用企业间网络技术，从而形成快速适应市场的社会化制造体系。它强调技术、管理和人力资源三个要素的支撑作用。作为一种现代生产管理模式的敏捷制造，可以认为是基于以信息技术和柔性智能技术为主导的先进制造技术，和柔性化、虚拟化、动态化的组织结构，以及先进的管理思想、方法、技术，能全面满足现代生产管理目标的要求，是对市场具有很好的动态适应性的生产管理模式。在敏捷制造中，"敏捷"是强调企业对市场的灵活、迅速、及时的动态适应。具体地说，敏捷制造有以下特点：

（1）着眼于长期获取经济效益。传统的大批量生产企业，其竞争优势在于规模生产，即依靠大量生产同一产品，以减少每个产品所分摊的制造费用和人工费用，来降低产品的成本。敏捷制造则是采用先进制造技术和具有高度柔性的设备进行生产，这些具有高柔性、可重组的设备可用于多种产品，不需要像大批量生产那样要求在短期内回收专用设备及工本等费用，而且变换容易，可在一段较长时间内获取经济效益。所以，它可以弱化生产成本与批量的相关性，做到完全按订单生产，充分把握市场中的每一个获利时机，使企业长期获取经济效益。

（2）产品设计和开发方面。积极开发、利用计算机过程模拟技术，采用柔性化、模块化的产品设计方法和并行工程的组织形式，既可实现产品、服务和信息的任意组合，从而极大地丰富品种，又能极大地缩短产品设计、生产准备、加工制造和进入市场的时间，能够迅速推出全新产品，从而保证对市场需求反应灵敏快速，变一般的市场导向为消费者参与的市场导向。敏捷制造能灵活、快速地提供丰富的品种、任意的批量，高性能、高质量、令顾客十分满意的产品。

（3）采用多变的动态组织结构，以企业内部组织的柔性化和企业间组织的动态联盟为其组织特征，虚拟企业是其理想形式。虚拟企业是一种利用信息技术打破时空阻隔的新型企业组织形式，它一般是某个企业为完成一定任务项目而与供货商、销售商、设计单位或设计师，甚至与用户所组成的企业联合体。选择这些合作伙伴的依据是他们的专长、竞争能力和商誉。这样，虚拟企业能把与任务项目有关的各领域的精华力量集中起来，形成单个企业所无法比拟的绝对优势。敏捷制造企业的组织既能保证企业内部信息达到瞬时沟通，又能保证迅速抓住企业外部的市场做出灵敏反应，以提高企业对市场反应的速度和满足用户需要的能力。

（4）以灵活的管理方式达到组织、人员与技术的有效集成，尤其强调人的作用，充分发挥各级人员的积极性和创造性，在管理理念上具有创新和合作的突出意识，在管理方法上重视全过程的管理。消除地域和时差的限制，充分合理地利用全社会资源，尤其强调环保、节能，进行绿色制造，保持良好的社区关系和社会形象。

（5）最大限度地调动、发挥人的作用。敏捷制造提倡以"人"为中心的管理。强调用分散决策代替集中控制，用协商机制代替递阶控制机制。它的基础组织是"多学科群"，是以任务为中心的一种动态组合。也就是把权力下放到项目组，提倡"基于通观全局的管理"

模式，要求各个项目组都能了解全面的愿景，着眼企业全局，明确工作目标和任务的时间要求，但完成任务的中间过程则由项目组自主决定，以此来发挥人的主动性和积极性。

2. 敏捷制造模式的推广

敏捷制造战略提出以后，便得到了美国政府、研究机构和企业的广泛响应，成立了大量的专业敏捷制造研究院所，诸多企业也纷纷尝试。例如，美国施乐（Xerox）公司通过引入敏捷制造，培养了竞争优势，战胜了日本的几家竞争者，重新夺回了20世纪70年代末失去的复印机市场，重新占据了世界领先地位。

与发达国家的先进生产管理模式相比，我国大多数企业生产管理模式仍有一定提升空间。虽然我国企业也在不断引进先进的生产管理理论、方法和技术，如有些企业引入了JIT和MRP、ERP等，但我国企业并没有从根本上改变传统生产管理模式。至于敏捷制造，我国还仅仅处于理论导入阶段，离我国企业实践似乎还有一定距离。但是，敏捷制造代表着未来生产管理模式的发展方向，应引起我们的高度重视，这是未来企业增强竞争力的重要策略。我国企业整体科技和管理水平不高，还不具备实施敏捷制造的技术、组织和管理条件。但是，我们必须有未来发展的战略眼光，让企业成为技术创新和管理创新的真正主体，努力探索适合我国企业发展的技术创新模式和生产管理模式，建立我国企业生产战略的优势。

第五节 网络计划技术

网络计划技术又称计划评审技术或关键线路法。它是20世纪50年代后期发展起来的一种科学的计划管理方法。它的基本原理是以网络图的形式，反映工程项目各项活动的先后顺序及相互关系，并通过网络分析，计算网络时间，找出影响全局的关键活动和关键线路，以便对工程项目进行统筹安排，使工期、成本、资源利用等方面达到预期目的。

与工业企业中长期沿用的甘特图（横道图）相比，网络计划技术具有十分明显的优点：①能够反映整个工程项目或生产过程中各道工序之间的相互关系和内部逻辑联系；②能指出整个工程项目或生产过程中的关键项目，使管理者能抓住关键，进行重点管理；③能运用电子计算机对网络计划技术所提供的网络模型进行优化，以选取优化方案。

网络计划技术最早起源于美国，开始用于工程管理，如北极星导弹研制、化工系统设备维修等，取得了显著效果。后在单件小批生产计划与控制等方面，如航天、机械、建筑、冶金、化工等各领域，都得到了广泛应用。我国在20世纪60年代初期开始推广应用这项技术。

一、网络图的绘制

（一）网络图的构成要素

1. 箭线

网络图中每一条箭线代表一项活动（作业或工序）。箭线的箭尾表示活动的开始，箭头表示活动的结束。箭线所代表的活动要消耗一定的时间和资源，在不附设时间坐标的网络图中，箭线的长短与活动所需的作业时间无关；如果坐标附设时间，则箭线需按比例绘制。在网络图中，通常把活动的名称或代号记在箭线的上方，作业时间记在箭线的下方。有时，在网络中还需要引用虚箭线，虚箭线代表虚活动，它不消耗时间和资源，主要表示活动之间的衔接关系。

2. 节点

节点是指某项活动的开始或结束，一般以圆圈表示。节点是两条或两条以上箭线的交会点，它可根据在节点前后完成或开始的活动的性质，而定名为某一事项。事项不消耗时间和资源，表示一项或几项活动的完成时刻或后续活动的开始时刻。在网络图中，第一个事项（节点）称为网络的始点事项，网络图中最后一个事项（节点）称为网络的终点事项，其余事项都叫中间事项。

3. 线路

从网络图的始点事项开始到终点事项为止，由一系列首尾相连的箭线和节点所代表的活动和事项组成的通道称为线路。线路中各项活动的作业时间之和就是该线路所需要的时间。在网络图中可能有很多条线路，其中时间最长的一条线路称为关键线路。

(二) 绘制网络图的原则

绘制网络图，要注意以下五个方面的原则：

(1) 一个网络图只能有一个始点事项和一个终点事项。

(2) 网络图的建立一般是从左到右，节点编号不能重复且沿箭线方向由小到大。

(3) 相邻两个事项中间只能有一条箭线存在。

(4) 在网络图中不允许出现循环线路。

(5) 网络图要能正确反映工艺流程，不允许出现没有紧前作业或没有紧后作业的中间事项。

二、网络图时间的计算

(一) 作业时间的确定

作业时间是指在一定的条件下，完成一项作业所需要的时间，也称为工序时间或工作时间。作业时间的确定有以下两种方法：

1. 单一时间估计法

对作业完成所需要的时间，要凭经验或统计资料，结合现实生产条件，确定一个时间。这种方法适用于不可知因素较少、有先例可循的情况。

2. 三点时间估计法

三点时间估计法认为完成一项作业需要估计以下三种时间：

(1) 最乐观时间（最短时间）。这是指在最有利的情况下，完成该项作业可能需要的最短时间，以 a 表示。

(2) 最保守时间（最长时间）。这是指在最不利的情况下，完成该项作业可能需要的最长时间，以 b 表示。

(3) 最可能时间（正常时间）。这是指在正常情况下，完成该项作业可能需要的时间，以 c 表示。

该项作业完成时间的平均值（T）为

$$T = \frac{a + 4c + b}{6}$$

该法适用于具有随机性、不可控因素较多、没有先例可循的情况，如研究、试验计划以及新产品开发项目等。

(二) 节点时间参数的计算

1. 节点最早开始时间（T_i^{Es}）

它是指从该节点开始的各项作业最早可能开始工作的时间。节点最早开始时间从网络图始节点开始计算，一般将始节点的最早开始时间规定为零，然后按节点编号顺序依次计算其他各节点的最早开始时间，直至终点。其计算公式为

$$T_j^{Es} = \max\{T_i^{Es} + T_{ij}\}$$

式中　T_j^{Es}——节点 j 的最早开始时间；

　　　T_i^{Es}——节点 i 的最早开始时间；

　　　T_{ij}——作业 i—j 的作业时间。

【例 4-2】 已知某项计划的作业项目及程序如表 4-4 所示。

表 4-4　某项计划的作业项目及程序

作业名称	A	B	C	D	E	F	G	H	I
紧前作业	—	—	A	B	C	I, D	I, D	G	A
作业时间/天	5	3	4	4	3	5	2	6	4

根据各项作业的相互关系绘出网络图，如图 4-11 所示。

解：根据公式 $T_j^{Es} = \max\{T_i^{Es} + T_{ij}\}$ 可计算出

$$ES(1) = 0$$
$$ES(2) = \max\{0+5\} = 5$$
$$ES(3) = \max\{0+3\} = 3$$
$$ES(4) = \max\{3+4, 5+4\} = 9$$

依次类推：ES(5) = 9，ES(6) = 11，ES(7) = 17

将上述计算结果填入图 4-11 节点旁的 □ 内。

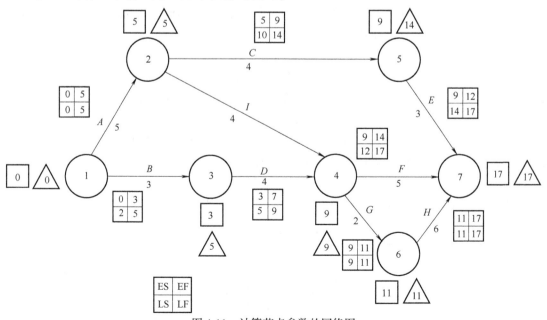

图 4-11　计算节点参数的网络图

2. 节点最迟结束时间（T_i^{LF}）

它是指进入该节点的所有作业最迟必须完成的时间。在此时间如果没有完成作业，就会影响后续作业的按时开工。

节点最迟结束时间的计算是从网络图最后一个节点开始，逆箭线方向依次计算。而网络图终点的最迟结束时间就等于它的最早开始时间。终点最迟结束时间的计算公式为

$$T_i^{LF} = \min\{T_j^{LF} - T_{ij}\}$$

式中 T_i^{LF} ——节点 i 的最迟结束时间；

T_j^{LF} ——节点 j 的最迟结束时间；

T_{ij} ——作业 i—j 的作业时间。

仍以图 4-11 为例，各节点的最迟结束时间如下：

$$LF(7) = ES(7) = 17$$
$$LF(6) = \min\{17 - 6\} = 11$$
$$LF(5) = \min\{17 - 3\} = 14$$
$$LF(4) = \{17 - 5, 11 - 2\} = 9$$

以此类推：LS(3) = 5，LS(2) = 5，LS(1) = 0。

将上述计算结果填入图 4-11 节点旁的△内。

在网络图中，一般节点最早开始时间用"□"表示，节点最迟结束时间用"△"表示。

（三）活动时间值计算

活动时间包括各项活动的最早开始时间和最早结束时间、最迟开始时间和最迟结束时间。

（1）活动最早开始时间。这是指该活动最早可能开始的时间，用 T_{ES}^{ij} 表示。它等于代表该活动箭线的箭尾节点的最早开始时间，即

$$T_{ES}^{ij} = T_i^{ES}$$

（2）活动最早结束时间。这是指该活动最早可能完成的时间，用 T_{EF}^{ij} 表示。它等于活动的最早开始时间与该活动的作业时间之和，即

$$T_{EF}^{ij} = T_{ES}^{ij} + T_{ij}$$

（3）活动的最迟结束时间。这是指一项活动为保证紧后活动按时开工，最迟必须结束的时间，用 T_{LF}^{ij} 表示。它等于代表该活动的箭头节点的最迟结束时间，即

$$T_{LF}^{ij} = T_j^{LF}$$

（4）活动的最迟开始时间。这是指一项活动最迟必须开始的时间，用 T_{LS}^{ij} 表示。它等于该项活动的最迟结束时间减去该活动的作业时间，即

$$T_{LS}^{ij} = T_{LF}^{ij} - T_{ij}$$

仍以图 4-11 为例，各项活动时间值的计算结果如表 4-5 所示。

表 4-5 活动时间值计算

作业名称	作业编号 i—j	作业时间/天	T_{ES}^{ij}	T_{EF}^{ij}	T_{LS}^{ij}	T_{LF}^{ij}	总时差 $R(i,j)$	自由时差 $r(i,j)$
A	1—2	5	0	5	0	5	0	0
B	1—3	3	0	3	2	5	2	0
C	2—5	4	5	9	10	14	5	0

(续)

作业名称	作业编号 $i-j$	作业时间/天	T_{ES}^{ij}	T_{EF}^{ij}	T_{LS}^{ij}	T_{LF}^{ij}	总时差 $R(i,j)$	自由时差 $r(i,j)$
D	3—4	4	3	7	5	9	2	2
E	5—7	3	9	12	14	17	5	5
F	4—7	5	9	14	12	17	3	3
G	4—6	2	9	11	9	11	0	0
H	6—7	6	11	17	11	17	0	0
I	2—4	4	5	9	5	9	0	0

（5）各项活动时间参数的计算方法。在人工手算的情况下，最常用的计算方法是图上计算法和表算法。图上计算法就是根据网络时间参数计算公式，直接在网络图上进行计算的方法。它的计算方法与前面介绍的节点时间参数算法相似，所不同的是，在网络图上要反映各项活动的四个时间参数。

表算法就是根据时间参数的计算公式，借助于表格进行计算的一种方法。使用这种方法，可直接求出活动的时间参数，而不需计算节点时间参数。表4-5是以图4-11为例计算各项活动时间值的计算表。

（四）时差、关键线路和工程周期的确定

1. 时差

时差是指在不影响整个工程项目按期完工的条件下，某些活动在开工时间安排上可以机动使用的一段时间。时差又称为机动时间或宽裕时间，它分为总时差和自由时差两种。

总时差表示在不影响总工期完成的前提下，某活动所具有的机动时间，用 $R(i,j)$ 表示。它等于该项活动的最迟开始与最早开始时间之差，用公式表示为

$$R(i,j) = T_{LS}^{ij} - T_{ES}^{ij}$$

自由时差表示在不影响下一活动最早开工时间的前提下，某项活动具有的机动时间，用 $r(i,j)$ 表示。自由时差等于紧后活动的最早开始时间与该项活动的最早结束时间之差。因为紧后活动的最早开始时间等于该项活动箭尾节点的最早开始时间，所以

$$r(i,j) = T_i^{ES} - T_{EF}^{ij}$$

仍以图4-11为例，在计算各项活动时间值的基础上，按上述公式计算的各项活动的总时差与自由时差如表4-5所示。

2. 关键线路与工程周期

确定关键线路的方法有最长线路法和时差法两种。最长线路法就是先计算出网络中所有线路的时间，然后从中找出时间最长的线路即为关键线路。这种方法只可应用在较为简单的网络图中。当网络图较复杂时，应用这种方法计算各项活动的总时差，然后将总时差为零的各项活动连接起来，即为工程的关键线路。关键线路上各项活动的作业时间之和，即为整个工程的工程周期。根据表4-5的计算，图4-11的关键线路为①—②—④—⑥—⑦（A—I—G—H），工程周期为17天。

三、网络计划优化

利用网络图制订计划仅仅是任务的开始，更重要的在于网络计划的优化。网络计划的优化主要是利用时差，不断改善网络的最初方案，缩短周期，有效利用各种资源。网络计划的

优化有时间优化、时间—费用优化和时间—资源优化等。

1. 时间优化

时间优化是在人力、设备、资金等有保证的条件下，寻求最短的工程周期，争取时间，迅速发挥投资效果。

在现有资源允许的条件下，尽量缩短工程周期，缩短工程周期的主要途径有以下几种：

（1）采取技术措施，压缩关键线路上的作业时间。例如，采取改进工艺方案、合理地划分工序组成、改进工艺装备等压缩作业时间的技术措施。

（2）利用时差，从非关键线路上抽调部分人力、物力集中于关键线路上的某些活动，缩短其作业时间。

（3）对关键线路上的各关键活动进行分解、组合，组织平行或交叉作业。

2. 时间—费用优化

时间—费用优化是综合考虑工期与费用两者之间的关系，寻求以最低的工程总费用获得最佳工期的一种方法。

工程项目的总费用是直接费用与间接费用的总和。

（1）直接费用是指与各项活动直接有关的费用，如人工、材料、燃料费用。

（2）间接费用是指与工程周期长短有关，不能或不宜直接分摊给某一活动的费用，如管理费、银行贷款利息等。缩短工期会引起直接费用的增加、间接费用的减小。相反，延长工期，通常可节省直接费用，而增加了间接费用。假设缩短工程周期的天数与直接费用呈线性关系，每缩短单位时间所增加的直接费用（直接费用变化率）可用如下公式表示

$$直接费用变化率 = \frac{赶工费用 - 正常费用}{正常时间 - 赶工时间}$$

式中，赶工时间是指某活动的作业时间从正常状态慢慢加以缩短，直到无法再缩短为止的时间，该时间所需的费用为赶工费用。

时间—费用优化的基本方法是：首先压缩关键线路上的直接费用变化率最低的活动的作业时间，然后压缩直接费用变化率较低的活动的作业时间，逐步逐次优化。

3. 时间—资源优化

时间—资源优化是指在一定的资源条件下，使工程周期最短，或在一定的周期条件下，使投入的资源量最小。所谓资源，是指人力、物力、财力等。由于资源的情况比较复杂，不可能在编制网络计划时，一次把时间费用及资源利用情况都能做出统筹合理的安排，往往需要进行几次综合安排之后，才能得到比较合理的优化方案。

合理安排有限资源的要求如下：

（1）保证关键线路上各项活动的资源需要量。

（2）充分利用时差，调整非关键活动的开工时间与完工时间，达到资源平衡的目的。

（3）为了达到资源合理使用，在必要时可适当延长非关键线路的作业时间，以减少每日需要的资源量。

四、网络计划技术在编制计划中的应用

网络计划技术可应用于多方面，如单件小批的订货生产、编制生产进度计划、新产品试制和设备大修理等。对一个实际工程项目，绘制网络图的基本步骤如下：

（1）确定目标。确定目标就是决定对某项工程、某项任务采用网络计划技术，要求达到什么目标。例如，在编制某产品的进度计划时，决定应用网络计划技术的目的可以是缩短工期，或合理使用设备、人力及原材料，降低产品成本。

（2）任务分解，列出活动明细表。网络图是按活动绘制的。绘制前，必须把一项工程（任务）分解成作业活动。任务分解详细程度应根据具体情况而定。例如，供领导决策用的分解宜粗，这样便于纵观全局、掌握主要矛盾后进行决策；对于基层组织活动和生产来说分解则宜细，这样便于具体应用。在把任务分解之后，还要进行活动分析，确定活动之间的关系，即明确每项活动开始以前有哪些后续活动。根据任务分解和确定的先后顺序，列出活动明细表，确定各项活动的作业时间。

（3）绘制网络图。根据活动明细表中各项活动的相互关系，按网络图的绘制规则绘制网络图。网络图的绘制有顺推法和逆推法两种。顺推法是从网络图始点事件开始，根据每项活动的后续活动，依次绘制到终点事件为止。逆推法是从网络图终点事件开始，根据每项活动的先行活动，逆箭头方向进行绘制，直到始点事件为止。

（4）计算网络时间参数。计算方法如前所述。

（5）计算时差，确定关键线路与工程工期。

（6）进行网络计划的优化，选择最优方案。

（7）加强生产调度工作，做好计划的贯彻执行。

本 章 小 结

生产管理就是对企业生产活动的计划、组织、控制。现代生产管理与传统生产管理相比，现代生产管理面更宽，现代生产管理的管理组织结构和管理技术方法更先进。

对于工业企业，根据承担的任务不同，企业的生产过程可划分为生产技术准备过程、基本生产过程、辅助生产过程、生产服务过程和附属生产过程。合理组织生产过程的基本要求有：生产过程的连续性；生产过程的比例性；生产过程的平行性；生产过程的均衡性（节奏性）；生产过程的适应性。一批零件在工序间存在着三种移动方式，这就是顺序移动、平行移动、平行顺序移动。流水生产是指劳动对象按照一定的工艺路线和统一的生产速度连续不断地通过各个工作地，顺序地加工产品（零件）的一种生产组织形式。

组织流水线生产的条件有：产品的产量要足够大；产品结构和工艺要求相对稳定；工艺过程应能划分为简单的工序；厂房建筑和生产面积容许安装流水线的设备和运输装置；原材料、协作件必须是标准的、规格化的，并能按质按时供应。

物料需求计划（Material Requirements Planning，MRP）系统是根据反工艺顺序法的原理，按照产品出产计划要求（数量和期限），以及各个生产阶段的生产周期、库存情况，反工艺地计算出构成产品各种物料的需求量和需求时间的计划。MRP系统的基本指导思想是，只在需要的时候，向需要的部门，按需要的数量，提供所需要的物料。

ERP系统与MRPⅡ的区别：在资源管理范围方面的差别；在生产方式管理方面的差别；在管理功能方面的差别；在事务处理控制方面的差别。

5S活动是指对生产现场各生产要素（主要是物的要素）所处状态，不断地进行整理、整顿、清扫、清洁，以达到提高素养的活动。准时制生产是指在精确测定生产各工艺环节作业效率的前提下按订单准确地计划生产,是以消除一切无效作业与浪费为目标的一种管理模式,又称为零库存生产。简单地说,就是在合适的时间,将合适的原材料和零部件以合适的数量送往合适的地点,生产出所需要的产品。柔性制造系统(Flexible Manufacturing System, FMS)是指由计算机控制的以数控机床(NC)和加工中心(MC)为基础适应多品种、中小批量生产的自动化制造系统。

绘制网络图的五个原则是:一个网络图只能有一个始点事项和一个终点事项;网络图的建立一般是从左到右,节点编号不能重复且沿箭线方向由小到大;相邻两个事项中间只能有一条箭线存在;在网络图中不允许出现循环线路;网络图要能正确反映工艺流程,不允许出现没有紧前作业或没有紧后作业的中间事项。

案例分析

海尔的现代生产运作管理方式

1. ERP 系统 + CRM 系统

海尔集团调整了组织机构和业务流程,形成了"前台一张网,后台一条链"(前台的一张网是海尔客户关系管理网站 haiercrm.com,后台的一条链是海尔的市场链)的闭环系统,构筑了企业内部供应链系统、ERP 系统、物流配送系统、资金流管理结算系统和遍布全国的分销管理系统及客户服务响应(Call-Center)系统,并形成了以订单信息流为核心的各子系统之间无缝连接的系统集成。

海尔 ERP 系统和 CRM 系统的目的是一致的,都是为了快速响应市场和客户的需求。前台的 CRM 网站作为与客户快速沟通的桥梁,将客户的需求快速收集、反馈,实现与客户的零距离;后台的 ERP 系统可以将客户需求快速触发到供应链系统、物流配送系统、财务结算系统、客户服务系统等流程系统,实现对客户需求的协同服务,大大缩短了对客户需求的响应时间。

2. CIMS + JIT:海尔 e 制造

海尔的 e 制造是根据订单进行的大批量定制。海尔 ERP 系统每天准确自动地生成向生产线配送物料的 BOM,通过无线扫描、红外传输等现代物流技术的支持,实现定时、定量、定点的三定配送;海尔独创的过站式物流,实现了从大批量生产到大批量定制的转化。

实现 e 制造还需要柔性制造系统。在满足用户个性化需求的过程中,海尔采用计算机辅助设计与制造(CAD/CAM),建立计算机集成制造系统(CIMS)。在开发决策支持系统(DSS)的基础上,通过人机对话实施计划与控制,从 MRP 发展到 MRP Ⅱ 和 ERP。还有集开发、生产和实物分销于一体的 JIT,供应链管理中的快速响应和敏捷制造,以及通过网络协调设计与生产的并行工程(Concurrent Engineering)等。这些新的生产方式把信息技术革命和管理进一步融为一体。

现在海尔在全集团范围内已经实施 CIMS,生产线可以实现不同型号产品的混流生产。为了使生产线的生产模式更加灵活,海尔有针对性地开发了 EOS 商务系统、ERP 系统、JIT 等辅助系统。正是因为采用了这种 FMS,海尔不但能够实现单台计算机定制,还能同时生产千余种配置的计算机,而且还可以实现36h快速交货。

3. 零距离、零库存——零运营资本

海尔认为,企业之间的竞争已经从过去直接的市场竞争转向客户的竞争。传统管理下的企业根据生产计划进行采购,由于不知道市场在哪里,因此是为库存采购,企业里有许许多多"水库"。海尔现在实施信息化管理,通过"三个JIT"打通这些"水库",把它们变成一条流动的河,不断地流动。JIT采购就是按照计算机系统的采购计划,需要多少,采购多少;JIT送料是指各种零部件暂时存放在海尔立体库,然后由计算机进行配套,把配置好的零部件直接送到生产线;海尔在全国建有物流中心系统,无论在全国什么地方,海尔都可以快速送货,实现JIT配送。海尔用及时配送的时间来满足用户的要求,最终消灭库存的空间,向零运营成本目标迈进。

(资料来源:百度文库,《海尔物流供应链管理案例》,https://wenku.baidu.com/view/67c9615843323968011c92ac.html)

案例思考题:
1. 海尔采用了哪些现代生产运作管理方式?
2. 海尔的经验中最值得称道的是什么?以此为题,写一篇读后感。

思考与习题

1. 什么是生产管理?其内容是什么?
2. 什么是生产过程?它由哪几部分组成?
3. 什么是工艺专业化和对象专业化?各有哪些优缺点?
4. 网络计划技术的基本原理及网络图的构成要素是什么?
5. 简述5S活动管理的内容和要求。
6. 简述ERP系统与MRPⅡ的区别。
7. 某工程各项活动和作业时间如表4-6所示。试根据表中资料,完成下列要求:
(1) 绘制网络图。
(2) 找出关键线路。

表4-6 某工程各项活动与作业时间

活动代号	紧后活动	作业时间/天	活动代号	紧后活动	作业时间/天
A	C, D	10	E	G	5
B	E, F	8	F	H	10
C	E, F	12	G	H	6
D	G	5	H	—	6

第五章

现代企业质量管理

学习目标

通过本章学习，要求掌握质量与全面质量管理的概念，以及全面质量管理的内容和实施过程；重点掌握产品质量管理的统计方法，并能运用其解决实际问题；熟悉ISO质量标准体系的主要内容。

◆ 导入案例

我只是想知道我做得有多好

一个替人割草打工的男孩打电话给一位陈太太说："您需不需要割草？"陈太太回答说："不需要了，我已有割草工了。"男孩又说："我会帮您拔掉花丛中的杂草。"陈太太回答："我的割草工也做了。"男孩又说："我会帮您把草与走道的四周割齐。"陈太太说："我请的那人也已做了，谢谢你！我不需要新的割草工。"男孩便挂了电话，此时男孩的室友问他说："你不是就在陈太太那割草打工吗，为什么还要打这电话？"男孩说："我只是想知道我做得有多好。"这个故事反映了ISO标准中的第一个思想，即以顾客为关注焦点，不断地探询顾客的评价，这样才有可能知道自己的长处与不足，然后扬长避短，改进自己的工作质量，牢牢地抓住顾客。这也是质量管理八项原则第6条"持续改进"思想实际运用的一个例子。

（资料来源：百度文库，https：//wenku.baidu.com/view/311c10433b3567ec102d8a73.html）

讨论：在你的工作岗位上如何做到让顾客满意？

第一节 质量管理概述

一、质量及质量管理的概念

1. 质量

ISO 9000：2015标准把质量定义为：客体的一组固有特性满足要求的程度。

质量的本质是顾客对一种产品或服务的某些方面所做出的评价，也是顾客通过把这些方面同他们感受到的产品所具有的品质联系起来以后所得出的结论。事实上，在顾客的眼里，质量不是一件产品或一项服务的某一方面的附属物，而是产品或服务各方面的综合表现特征。

质量概念的关键是"满足要求"。这些"要求"必须转化为有指标的特性，作为评价、检验和考核的依据。由于顾客需求的多样化，因此反映质量的特性也应该是多种多样的。此外，不同类别的产品，其质量特性的具体表现形式也不尽相同。

（1）硬件产品的质量特性主要有性能、寿命、可信性、安全性、经济性、适应性等。

（2）软件产品的质量特性主要有功能性、可靠性、易用性、效率、可移植性、保密性、经济性、可维护性等。

（3）流程性材料的质量特性主要有物理性能、化学性能、力学性能、外观、经济性等。

（4）服务质量特性主要有无形性、存储性、同步性、异质性、经济性、安全性、舒适性、文明性等。

对于企业来说，产品质量是企业进入市场的通行证，是开拓市场的重要手段。低质量的产品会损害企业在公众心目中的形象，增加生产产品或提供服务的成本，降低企业在市场中的竞争力。没有质量就没有竞争力，就难以占领市场。从某种程度上来说，质量就是企业的生命。因此，企业必须加强质量管理，将提高产品质量作为重要的经营和生产运作战略。

2. 质量管理

ISO 9000：2015 标准对质量管理的定义是：关于质量的管理。质量管理可包括制定质量方针和质量目标，以及通过质量策划、质量保证、质量控制和质量改进实现这些质量目标的过程。企业在整个生产和经营过程中，需要对质量、计划、劳动、人事、设备、财务和环境等各个方面进行有序的管理。由于企业的基本任务是向市场提供能符合顾客和其他相关方面要求的产品，因此围绕着产品质量形成的全过程实施质量管理是企业各项管理的主线。质量管理是企业各项管理的重要内容，通过深入开展质量管理能推动其他的专业管理。质量管理涉及企业的各个方面，能否有效地实施质量管理关系到企业的兴衰。最高管理者在正式发布本企业的质量方针、确立质量目标的基础上，应认真贯彻有关质量管理原则，运用管理的系统方法来建立质量管理体系，并配备必要的人力和物力资源，开展各种相关的质量活动。另外，应采取激励措施激发全体员工积极参与，提高他们充分发挥才干的热情，造就人人做出应有贡献的工作环境，确保质量策划、质量控制、质量保证、质量改进活动的顺利进行。

质量管理的中心任务是建立、实施和保持一个有效的质量管理体系并持续改进其有效性。

二、质量管理发展的三个阶段

质量管理的发展与人们的观念、现代社会科学技术的发展是密不可分的。随着人们的认识不断提高，现代技术、设备、方法的不断改进，质量管理从质量检验阶段、统计质量控制阶段发展到了全面质量管理阶段。

第一个阶段是质量检验阶段。第二次世界大战之前，人们对质量管理的认识还仅仅是对产品质量的检验。通过严格检验保证在每道工序传递过程和最终传到消费者手中时，产品都合格。因此，质量管理工作的核心就是检验。当时人们注重改进检测方式，提高检测手段，增加检测次数到全数检验。变化的核心是检测的主体在逐步发生变化。

20世纪之前，工人是产品的生产和检验的主体，即工人对自己的产品进行自检，也称之为"操作者的管理"。1918年以前，美国出现了以泰勒的"科学管理"为代表的"管理运动"，强调工长在保证质量方面的作用，在工厂设立了有专门检验职能的工长。这是质量检测职能的一次重大转移，真正使质量检验成为独立的管理职能，这个阶段也称为"工长的质量管理"。到1938年，由于企业规模的扩大带来了生产规模和生产批量的不断扩大，这种质量检验的职能又由工长转移给专职的质量校验人员。这一时期大多数企业都设置了专职的检验部门，并直接由工厂主要领导对质量检验工作负责。这一阶段称为"检验员的质量管理"阶段。

单靠检验产品质量只能是"事后控制"，不合格品已经产生，这对企业是个很大的损失；另外，要进行全数检测，工作量大，检测费高。正是由于质量检验存在着一系列问题，才使得质量管理进入第二个发展阶段。

第二个发展阶段是统计质量控制阶段。这个阶段是由统计学专家和质量管理专家联合，用统计理论和方法来解决质量管理问题。1924年，美国休哈特（W. A. Shewhart）提出了控制和预防缺陷的概念，这是统计质量控制阶段开始的标志。但是，当时运用此法的企业很少，直到20世纪40年代才为大众所接受和使用，此时统计质量控制阶段才真正到来。第二次世界大战期间，军工产品需求量急剧增加，质量检验远远跟不上要求，检验只是事后检验，使产品无法按期交货，对企业影响很大。控制不合格产品的发生，通过一定的方法而简化全数检验状况就成为统计控制的主要工作。

从质量检验阶段发展到统计质量控制阶段，质量管理的理论和实践都发生了一次飞跃，从"事后把关"变为"预先控制"，并很好地解决了全数检验和破坏性检验的问题，但也存在以下不足：①它仍然以满足产品标准为目的，而不是以满足顾客的需求为目的；②它仅偏重于工序管理，而没有对产品质量形成的整个过程进行管理；③统计技术难度较大，主要靠专家和技术人员，难以调动广大工人参与质量管理的积极性；④质量管理与组织管理未密切结合起来，质量管理仅限于数学方法，常被领导忽略。由于这些问题，统计质量控制也无法适应现代工业生产发展的需要。自20世纪60年代以后，质量管理便进入了第三个发展阶段。

第三个发展阶段是全面质量管理阶段。全面质量管理从20世纪60年代开始，到目前仍在不断完善之中。促使全面质量管理理论诞生的主要原因是：①顾客对产品的质量要求不仅是一般的使用性能，还包括安全性、经济性、可靠性等要求；②企业管理中的系统思想被广泛使用，新思想、新方法开始出现；③消费者权益引起人们越来越多的关注和重视；④企业为了提高自身竞争力，向顾客承诺产品质量保证。

全面质量管理是把以往的质量管理工作向前后延伸：向前延伸至市场调研、产品研发、质量设计、原料采购等工序；向后延伸至质量保证、售后服务和建立质量体系。

上述三个阶段的根本区别在于：①质量检验阶段是一种防守型的质量管理，主要依靠事后把关，防止不合格品出厂；②统计质量控制阶段是一种预防型的质量管理，主要依靠在生产过程中实施控制，把可能发生的质量问题消灭在生产过程之中；③全面质量管理是一种进攻型的质量管理，主要运用现代管理思想，采取系统管理方法，全面解决质量问题，同时还要不断改进、不断提高。

第二节 全面质量管理

一、全面质量管理的概念与特点

（一）全面质量管理的概念

全面质量管理是指一个组织以质量为中心，以全员参与为基础，指导和控制组织各方面的相互协调活动，目的在于让顾客满意，使本组织所有成员及社会受益，从而达到长期成功。

在这个定义中，"全员"是指该组织结构中所有部门层次的人员。最高管理者强有力和持续的领导，以及该组织内所有成员的教育和培训是这种管理途径取得成功所必不可少的。在全面质量管理中，质量这个概念与全部管理目标的实现有关。"社会受益"意味着满足社会要求。

质量管理发展并形成一门科学，是随着现代工业发展、科学技术的进步及企业管理理论与实践的发展而逐渐形成和发展的。我国自推行全面质量管理以来，引进了国外一些质量管理的方法，并结合我国国情，有了新的发展。目前，质量管理在我国已发展成为一门新兴的管理科学，形成了一整套质量管理的理论和方法。

（二）全面质量管理的特点

全面质量管理与以往的质量管理相比，一个重要特点在于它的全面性。它管理的质量是全面的，它实行的管理是全过程的、全员的，是一种灵活运用多种管理技术和管理手段的综合性的质量管理。

1. 质量的含义是全面的

质量包括产品质量和工作质量。

产品质量是指一组固有特性满足要求的程度。产品质量并非越高越好，越高的质量水平意味着越高的生产成本，只有顾客的需要能被充分满足且最经济的质量才是最好的质量。

工作质量是指企业的生产工作、技术工作和组织管理工作对达到产品质量标准、减少不合格品数量的保证程度。工作质量一般难以确定，通常是通过产品质量的高低，以及不合格品率的多少间接反映和定量的。工作质量客观地存在于企业的各个方面，体现在企业的一切生产经营技术活动之中，并通过产品质量及经济效果集中反映出来。

产品质量和工作质量是既不相同又有密切联系的两个概念。产品质量是企业各方面工作质量的综合反映，工作质量是产品质量的保证和基础；不改进工作质量，就不可能提高产品质量。所以，全面质量管理不仅要管理产品质量，而且要管理工作质量。通过改进工作质量，不仅可以保障产品质量，而且可以节约消耗、降低成本、及时供货、服务周到，满足顾客多方面的要求。

2. 管理的范围是全面的

全面质量管理的管理范围是生产的全过程。产品质量是生产活动的成果，它有一个逐步产生和形成的过程。因此，全面质量管理要求把不合格的产品消灭在它的形成过程中，做到防检结合，以防为主。

3. 全员参加的管理

全面质量管理必须依靠企业全体员工的参加，这是科学质量管理的客观要求。产品质量是企业各方面工作的综合反映，产品质量的好坏涉及企业所有部门和所有人员。提高产品质量需要依靠全体人员的共同努力，它要求企业在集中统一的领导下，把各部门有机地组织起来。从企业的最高管理者、工程技术人员、管理人员到每个工人，都要树立"质量管理，人人有责"的观念。只有人人关心产品质量，企业的质量管理工作才能做好，生产优质产品才有坚实的基础和保证。

4. 管理方法的全面性

随着现代化大生产和科学技术的发展，生产规模的扩大和生产效率的提高，对产品的性能、精度和可靠性等方面的质量要求也大大提高，检验测试的工作量成倍增加。另外，影响产品质量的因素异常复杂：既有人的因素，又有物的因素；既有组织管理的因素，又有生产技术的因素；既有自然因素，又有社会因素；既有企业内部因素，又有企业外部因素。相应地，对质量管理也就提出了许多新的要求。推行质量管理必须把科学管理、先进技术与数理统计方法结合起来。因此要求企业在建立严密的质量保证体系的同时，也要充分利用现代科学的一切成就，广泛地运用现代化的管理方法、管理手段和技术手段，来提高各部门的工作质量，找出产品质量存在问题的关键，控制设计和制造等过程的工作质量，达到提高工作质量的目的。

5. 经济效益的全面性

经济效益的全面性是指除保证本企业取得最大经济效益外，还应从顾客和社会角度，从产品生命循环全过程的角度综合考虑经济效益问题。也就是说，要以生命周期经济效益最大为目标，使生产者、存储企业、销售企业、顾客等均能取得最大效益。

二、全面质量管理的指导思想和原则

1. 质量第一

任何产品都必须达到顾客和社会所要求的质量水平，否则就没有或未完全实现其使用价值，就会给顾客、给社会带来损失。贯彻"质量第一"就是要求企业全体员工，特别是领导层要有强烈的质量意识；要求企业在确定经营目标时，首先应根据顾客或市场的需求科学地确定质量目标，并安排人力、物力、财力予以保证。当质量与数量、社会效益和企业效益、长远利益与眼前利益发生矛盾时，应把质量、社会效益和长远效益放在首位。

2. 顾客至上

企业要以顾客为中心，全面为顾客服务，敢于树立"顾客永远没有错"的全新理念。为顾客服务就是要使产品或服务尽量满足顾客的要求，产品质量的好坏，最终应以顾客的满意程度为唯一评价标准。这就要求在全体员工中牢固树立"顾客第一"的观念，不仅要求做到质量达标，而且要服务周到。同时还要倡导"下道工序就是顾客"的观念，不合格的零部件不能转入下道工序，否则，就是把不合格品卖给了顾客。只有这样，顾客才能买得放心，用得满意。

3. 质量是设计、制造出来的，而不是检验出来的

一个企业产品质量的好坏，主要在于产品的设计与制造，检验只能发现产品质量是否合乎质量标准。事实上，设计质量直接决定产品的质量水平，制造是实现设计质量的过程。因此，设计、制造出符合顾客要求的产品是提高质量的关键。

4. 一切用数据说话

数据是客观事物的定量反映，用数据说话就是用事实说话，就是要求在质量管理工作中要有科学的作风，深入实际掌握客观、准确的情况，要对问题进行定量分析，要掌握质量的变化规律，以便采取真正有效的措施解决质量问题。

5. 一切以预防为主

要求把不合格的产品消灭在它的形成过程中，做到防检结合，以防为主。要把管理工作的重点从管事后的产品质量转到控制事前的生产过程质量上来，在生产过程的一切环节中加强质量管理，消除产生不合格品的种种隐患，做到"防患于未然"。

在 ISO 9000：2015 标准中提出以顾客为关注焦点、领导作用、全员积极参与、过程方法、改进、循证决策、关系管理共七项质量管理原则，这些原则充分反映了全面质量管理的基本思想。但是，全面质量管理的原则不仅限于此，除此之外，在全面质量管理中，还应遵循预防为主原则和经济原则。

三、全面质量管理的基本内容

全面质量管理的基本内容包括设计过程、生产制造过程、辅助生产过程、使用过程四个方面的质量管理。

（一）设计过程的质量管理

设计过程包括市场调研、试验研究、产品设计、工艺设计、新产品试制和鉴定等产品正式投入批量生产之前的全部技术准备过程。

设计过程是企业生产活动中最基本的一个环节，它是以保证产品设计质量为目标的质量管理。产品质量满足使用要求的程度，主要取决于设计过程。"先天不足"必将导致"后患无穷"，不仅影响产品质量，而且影响投产后的生产秩序和经济效益。如果设计上有问题，一切工艺上和生产上的努力都将是徒劳无益的。因此，设计过程是全面质量管理的起点。

加强设计过程的质量管理，一般要做好以下几个方面的工作：

1. 制定产品质量目标

质量目标是指根据质量方面的要求，企业在一定期间内在质量方面所要达到的预期成果。质量目标的制定，首先要对产品的使用要求和生产实际情况做充分的调查研究，同时还要掌握国内外科学技术的发展趋向，系统地调查和积累有关情报资料，如顾客的反映和使用效果、生产过程中发现的质量问题以及国内外有关技术与经济情报等。

2. 加强设计工作中的试验研究工作

试验研究工作是设计过程质量管理中的重要环节。做好试验研究工作，可以保证产品顺利投产。

3. 设计评审

设计评审是保证产品设计质量的主要手段之一，目的在于及早发现并设法弥补设计上的缺陷，以避免对以后的生产和销售带来损害。评审的要点主要包括方案设计阶段、技术设计阶段、工作图设计阶段三个方面的内容。

方案设计阶段主要评审质量目标是否符合顾客和企业发展的要求，技术上是否先进可行，经济上是否有利。

技术设计阶段主要评审原理结构是否先进合理，其质量性能、可靠性、安全性、经济性是否符合方案设计阶段所规定的质量目标的要求。

工作图设计阶段主要评审其可生产性，质量特性和缺陷的分级是否在图上标注清楚。

4. 检查产品试制、鉴定质量

研制的新产品或改制的老产品，在完成设计后都必须通过试制、试验和鉴定，方可正式批量生产。试制是对设计的验证，只有通过试制，做出样品、样机，并经过试验和使用验证，才能确定设计的正确程度，以及发现设计中意想不到的问题和缺陷，以便对设计进行必要的修正和校正。样品试制完成后，要组织有关单位和人员进行严格的鉴定。通过鉴定，对样品从技术上和经济上做出全面评价，并形成各项技术文件，使它成为指导制造过程并在制造过程中保证产品质量的依据。

5. 保证技术文件的质量

技术文件是设计的成果，它既是生产制造过程技术活动的依据，也是质量管理的依据，这就要求技术文件本身也要有质量保证。

6. 严格标准化审查工作

实行标准化审查不仅能提高工作质量和产品质量，而且还可减少设计工作量，从而提高设计工作的质量。

7. 组织新产品设计质量的技术经济分析

一般来说，产品质量越好，其价格也相应越高，但质量超过一定限度后，其价格并不能同比例提高；反之，质量差的产品，固然在价格上可以便宜一些，但下降到一定程度，就会影响企业的经济效益和声誉。另外，产品质量好，销售额将会增加，但产品质量无限地提高，就会使价格提高，销售额反而会下降；反之，质量很差的产品，顾客根本不会购买，也就谈不上销售额。

设计上考虑得周到与否，会影响到产品制造的难易。有时即使是同一产品，如果在质量要求上有些变动，也可给制造工艺带来很大变动。而在质量水平方面，也常常因为生产过程的一些变动或革新而使产品质量大大提高，特别是生产技术上的进步，还会使生产成本下降。由此可见，设计过程又直接影响到制造过程中生产技术水平、管理水平的提高；而生产技术和管理水平的提高，对提高产品质量、增加盈利又起到了较大的促进作用。

（二）制造过程的质量管理

制造过程的质量管理是质量管理的中心环节。经过鉴定符合质量标准的新产品正式投产后，能不能保证达到质量标准，能否加工出优质产品，在很大程度上取决于生产制造过程的质量管理水平和生产车间的技术能力。生产制造过程的质量管理重点是抓好以下几方面的工作：

1. 有效控制影响制造质量的因素

在制造过程中，影响产品质量的因素很多，主要有操作者、机器工具、原材料、工艺方法、测量手段及生产环境。要通过对这些因素进行有效控制，使之能长期稳定地生产符合设计要求的优质产品。

2. 健全质量检验制度

质量检验是用一定的检验测试或检查方法，测定产品质量特性，并把它同规定的质量标准做比较，对产品是否合格做出判断。质量检验是一道工序，是监督产品质量的重要手段，是整个生产过程不可缺少的一个重要环节。要正确规定技术检验范围和设置专职检验点，凡是对质量产生重要影响的环节、部门，都应进行必要的检验。要合理选择检验方式，不同的检验方法反映了不同的检验精度要求。合理的检验方法不仅可以正确地反映产品质量的情况，而且可以减少检验费用，缩短检验周期。要建立有效的检验机制和专群结合的检验队伍，实行自检、互检、专检。

3. 掌握质量动态

为了充分发挥生产过程质量管理的预防作用，必须系统地、经常地、准确地掌握企业在一定时间内产品质量或工作质量的现状及发展动态。质量状况的综合统计与分析是掌握质量动态的有效工具。

4. 加强不合格品的统计与分析

分析不合格品产生的原因，采取措施，"对症下药"，避免再次出现不合格品。企业除进行日常不合格品统计与分析工作以外，还要做到：不合格品没有找到责任人和原因"不放过"；没有提出防患措施"不放过"；当事人没有受到教育"不放过"。

5. 实行工序质量控制

可以采用建立质量管理点、控制图等方法实行工序质量控制。

（三）辅助生产过程的质量管理

辅助生产过程包括原材料、外购件等物资供应和工具制造、设备维修、运输服务等。所有这些都是为生产第一线服务的，为之提供质量良好的物质技术条件。因此，这一过程的质量管理要面向生产、面向基层，充分发挥各自的质量保证作用。这些部门的工作质量会影响制造过程，以致出现许多质量问题，因此在质量保证体系中，辅助生产过程的质量管理占有相当重要的地位。

（四）使用过程的质量管理

使用过程的质量管理既是质量管理的归宿，又是质量管理的出发点。因此，企业的质量工作必须从生产过程延伸到使用过程。使用过程的质量管理主要是要建立好完整的服务体系，开展对顾客的技术服务工作，做好产品质量信息的反馈分析工作，认真处理顾客投诉。

四、全面质量管理的实施过程

全面质量管理活动的全部过程，就是质量计划的制订和组织实施的过程。这个过程要按照 PDCA 管理循环，周而复始地运转。PDCA 是英文 Plan（计划）、Do（实施）、Check（检查）、Action（处理）四个词的第一个字母的缩写组合，是由美国质量管理专家戴明（W. E. Deming）博士首先提出的，所以也叫"戴明环"。事实上，PDCA 循环不仅是一种质量管理方法，同时也是一套科学的、合乎认识论的通用办事程序。PDCA 循环包括四个阶段八个步骤。

1. 计划阶段

计划阶段的主要任务是确定质量目标、质量计划、管理项目和措施方案。它分为以下四个步骤：

第一步是分析质量现状，找出存在的质量问题。在分析质量现状时，必须通过数据进行分析，并用数据说明存在的质量问题。

第二步是分析产生质量问题的各种原因或影响因素。一般有人、机（设备、工具、工装）、料（材料、零配件）、法（工艺、方法）、检测、环境等因素。

第三步是从各种原因中找出影响质量的主要原因,这是解决质量问题的关键。

第四步是拟订措施计划。针对影响质量的主要原因制定对策,拟订管理、技术和组织措施,提出执行计划和预计效果。在制订措施和计划的过程中应明确为什么要制订这一措施和计划,预期达到什么目标,在哪里执行这个措施和计划,由哪个单位或谁来执行,什么时间开始执行,何时完成,怎样执行等,即 5W1H(Why、What、Where、When、Who、How)。

2. 实施阶段

这也是管理循环的第五步,就是按预定计划、目标和措施,具体组织和实施。

3. 检查阶段

该阶段是管理循环的第六步,就是把实施的结果和计划的要求进行对比,检查计划的执行情况和实施的效果。

4. 处理阶段

处理阶段包含了管理循环的第七步和第八步。

第七步,总结经验教训,巩固成绩并对出现的问题加以处理,就是把成功的经验和失败的教训都要纳入相应的标准、制度或规定之中,以巩固已经取得的成绩,防止重复出现已发生过的问题。

第八步,把未解决的问题转入下一个管理循环,作为下一个阶段的计划目标。

PDCA 管理循环的四个阶段和八个步骤如图 5-1 和图 5-2 所示。

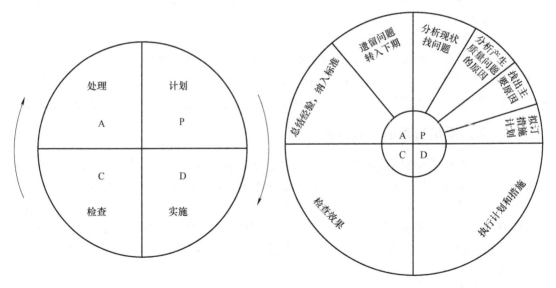

图 5-1 PDCA 管理循环的四个阶段　　　　图 5-2 PDCA 管理循环的八个步骤

PDCA 管理循环的特点如下:

(1) 大环套小环、小环保大环,互相促进。如图 5-3 所示,整个企业的质量管理体系构成一个 PDCA 管理循环,而各个部门各级单位直到每个人又都有各自的 PDCA 管理循环,依次又有更小的 PDCA 管理循环,从而形成了一个"大环套小环,一环扣一环,小环保大环,从而推动大循环"的综合管理体系。上一级 PDCA 循环是下一级 PDCA 循环的依据,下一级

PDCA 循环是上一级 PDCA 循环的贯彻落实和具体化。大循环靠内部各个小循环来保证，小循环又由大循环来带动。

（2）循环上升。PDCA 管理循环是螺旋式上升的，如同爬楼梯一样，每循环一次就前进、提高一步，循环往复，永无止境。质量问题不断解决，工作质量、管理水平和产品质量就不断提高，如图 5-4 所示。

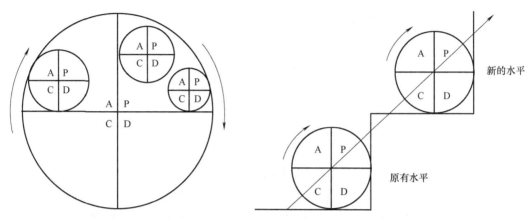

图 5-3　PDCA 管理循环大环套小环　　　　　图 5-4　PDCA 管理循环逐级上升

（3）处理阶段（A 阶段）是关键。在这一阶段要总结经验，巩固成绩，纠正错误，吸取教训，并使质量管理工作制度化、标准化，使每经过一个工作循环，质量水平就能稳定到一个新的水平上。通过不断研究解决质量问题的措施，推动产品质量的提高。没有 A 阶段的作用就不能发扬成绩，也不能防止同类问题的再度发生，PDCA 循环也就失去了意义。因此，推动 PDCA 循环，不断提高产品质量水平，一定要始终抓好 A 阶段。

第三节　质量管理中常用的统计方法

质量管理中常用的统计方法有排列图法、因果分析图法、分层法、直方图法、控制图法、散布图法和调查表法，统称为质量管理七种常用工具。

一、排列图法

排列图又叫帕累托图或主次因素分析图，它是定量找出影响产品质量的主要问题或因素的一种简便有效的方法。1897 年，意大利经济学家帕累托（V. Pareto）用它来分析社会财富的分布状况时，发现了所谓"关键的少数和次要的多数"的关系，所以，帕累托图又被称为主次因素分析图。1951—1956 年，美国的质量管理学家朱兰把它的原理应用于质量管理，作为改善质量活动中寻找主要因素的一种工具。

排列图如图 5-5 所示，它由两个纵坐标、一个横坐标、多个长方形和一条曲线（折线）构成。左边纵轴表示频数（如件数、数额等）；右边纵轴表示累计频率（累计百分比）；横轴表示影响产品质量的各项因素，并按其影响大小，从左到右依次排列；长方形高度表示因素影响大小；曲线（折线）表示各项累计频率的连线。

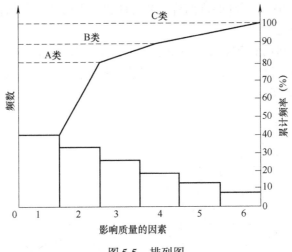

图 5-5 排列图

通常按照累计百分数把影响质量的因素分为三类：0~80% 的叫 A 类，为主要因素；80%~90% 的叫 B 类，为次要因素；90%~100% 的叫 C 类，为一般因素。抓住了主要因素就可以集中力量加以解决核心问题，从而达到控制和提高产品质量的目的。

【例 5-1】 某厂调查近一个月生产的产品，不合格品统计如表 5-1 所示。

表 5-1 不合格品统计

不合格项目	不合格品数/件	比率（%）	累计百分比（%）	不合格项目	不合格品数/件	比率（%）	累计百分比（%）
尺寸	60	30.7	30.7	光泽	17	9	95
材料	46	23.6	54.3	其他	10	5	100
零件	38	19.5	73.8	合计	195	100	—
划伤	24	12.3	86.1				

根据表 5-1 的资料，可以画出它的排列图，如图 5-6 所示。由图 5-6 可以看出尺寸、材料、零件是影响质量的主要因素。

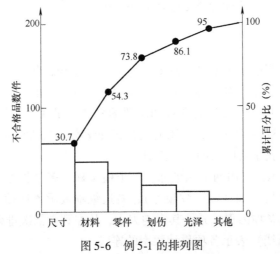

图 5-6 例 5-1 的排列图

应用排列图法应注意：①主要因素不宜过多，最多不超过三个，否则就失去了找主要原因的意义；②为避免横轴过长，不太重要的项目（影响小于5%的因素）很多时，可以统归为其他类，并统一放在横轴的最后；③当针对主要因素采取措施后，应再取数据，按原项目重新画出排列图，以检查措施效果。

二、因果分析图法

因果分析图又叫特性要因图、石川图或鱼刺图，它是日本东京大学教授石川馨提出的一种简单而有效的方法。它通过带箭头的线，将质量问题与原因之间的关系表示出来，是分析影响产品质量（结果）的诸因素（原因）之间关系的一种工具，如图5-7所示。

因果分析图的画法如下：

（1）明确画图对象，弄清什么是质量特性结果，并用同一条主干线指向结果。

（2）将影响质量的原因分类，先按大的方面分，然后由大到中、由中到小依次细分，直到可以直接采取措施为原则，并用箭头表示到图上。

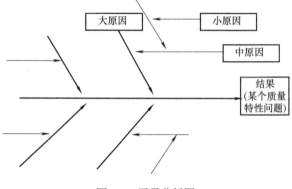

图5-7　因果分析图

（3）对起决定作用的因素画粗线或做标记使之醒目。

（4）记载必要的有关事项，包括标题，单位，参与者，制图人及年、月、日。

作因果分析图时应注意，大原因应从人、设备、材料、方法（工艺）、环境等方面考虑，原因的细分应以能够采取措施为原则。大原因不一定是主要原因，主要原因可采用排列图法或其他方法确定。找出主要原因后，确定解决措施，措施实施后，可继续用排列图法检查效果。

三、分层法

分层法又叫分类法。所谓分层，就是为了分清影响质量的原因所在和明确措施方向，把性质相同的数据分到一起，以便发现产生质量问题的原因。它的要点是将经常使工序受到相同影响的数据，按照种类、原因等差别分成几个层次，以便把错综复杂的因素分析清楚。

数据分层的标志可以按时间（如按不同日期、不同班次）分层、按操作者（如按新老工作人员、不同班次的工作人员、不同性别和不同工龄等）分层、按使用设备（如按不同的机床型号、工装夹具等）分层、按原材料（如按产地、成分、规格、制造厂、批号等）分层、按操作方法（如按不同的装卸、堆码、排列方法等）分层等。

将数据分层时，应根据分析目的，按照一定标志加以分类，将性质相同、在相同条件收集的数据归并在一起，同时应尽量使同一层的数据波动幅度较小，而层间相互差别较大，这是用分层法进行分层的关键。

分层的目的是把不同性质的问题分清楚，便于分析问题找出原因。分层方法是多种多样的，没有什么硬性规定，这种方法经常同质量管理中的其他方法一起联合使用。

四、直方图法

直方图又叫质量分析图,它是通过对测定或收集来的数据加以整理,来判断和预测生产过程质量和不合格品率的一种常用工具。它能形象、直观地表示产品质量的分布情况;通过观察分析,来判断和预测产品质量和工作质量的好坏,进行适当的调整,解决生产中存在的问题。利用直方图进行质量分析一般分两步:一是绘制直方图,二是观察分析直方图。

(一) 直方图的绘制

1. 收集数据

收集数据就是随机抽取 50 个及以上的质量特性数据,而且数据越多作出的直方图效果越好。表 5-2 是收集到的某产品的质量特性数据,其样本大小为 $n=100$。

表 5-2 质量特性实测数据

61	55	58	39	49	55	50	55	55	50
44	38	50	48	53	50	50	50	50	52
48	52	52	52	48	55	45	49	50	54
45	50	55	51	48	54	53	55	60	55
56	43	47	50	50	50	57	47	40	43
54	53	45	43	48	43	45	43	53	53
49	47	48	40	48	45	47	52	48	50
47	48	54	50	47	49	50	55	51	43
45	54	55	55	47	63	50	49	55	60
45	52	47	55	55	56	50	46	45	47

2. 找出数据中的最大值、最小值并计算极差值

根据表 5-2 中的数据可知,最大值为 63,最小值为 38。极差 = 最大值 − 最小值 = 63 − 38 = 25。

3. 确定组数和组距

根据数据的个数进行分组,分组多少的一般原则是数据在 50 以内的分 5~7 组,50~100 的分 7~10 组,100~250 的分 10~20 组。一般情况下,正态分布为对称形,故常取组数为奇数。组距就是组与组之间的间隔,等于极差除以组数。本例可分为 9 组,所以组距为

$$组距 = \frac{极差}{组数} = \frac{25}{9} = 2.78$$

为了方便计算,可以取组距 =3。

4. 确定组限值

组的上、下界限值称为组限值。由全部数据的下端开始每加一次组距就可以构成一个组的界限。第一组的上限值就是第二组的下限值,第二组的下限值加上组距就是第二组的上限值。在划分组限前,必须明确端点的归属。故在决定组限前,只要比原始数据中的有效数字的位数多取一位,则不存在端点数据的归属问题。

本例最小值为 38,根据上述原则确定第一组的组限值,取下界限值为 37.5,则上界限值 = 37.5 + 3 = 40.5;第二组下界限值为 40.5,上界限值 = 40.5 + 3 = 43.5;以后每组的组限值以此类推。

5. 计算各组的组中值

组中值就是处于各组中心位置的数值。

$$组中值 = \frac{组下限 + 组上限}{2}$$

第一组的组中值为

$$\frac{37.5 + 40.5}{2} = 39$$

以此类推计算各组的组中值。

6. 统计各组频数及频率

频数是实测数据中处在各组中的个数，频率是各组频数占样本大小的比重，统计结果如表 5-3 所示。

表 5-3　频数统计

组　号	组　界　限	组　中　值	频　　数	累计频数	累计频率（%）
1	37.5~40.5	39	4	4	4
2	40.5~43.5	42	6	10	10
3	43.5~46.5	45	10	20	20
4	46.5~49.5	48	23	43	43
5	49.5~52.5	51	25	68	68
6	52.5~55.5	54	24	92	92
7	55.5~58.5	57	4	96	96
8	58.5~61.5	60	3	99	99
9	61.5~64.5	63	1	100	100

7. 画直方图

以各组序号为横坐标（如果是机械零件可用零件尺寸作为横坐标），以频数为纵坐标，组成直角坐标系，以各组的频数多少为高度做一系列的长方形，即可得到如图 5-8 所示的直方图。

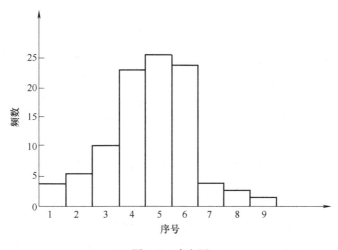

图 5-8　直方图

(二)直方图的常见典型形状

直方图能比较形象、直观、清晰地反映产品质量的分布情况。观察直方图时,应该着眼于整个图形的形态,对于局部的参差不齐不必计较。根据形状判断它是正常型还是异常型,如果是异常型,还要进一步判断它是哪种类型,以便分析原因,采取措施。常见的典型直方图形状大体有九种,如图5-9所示。

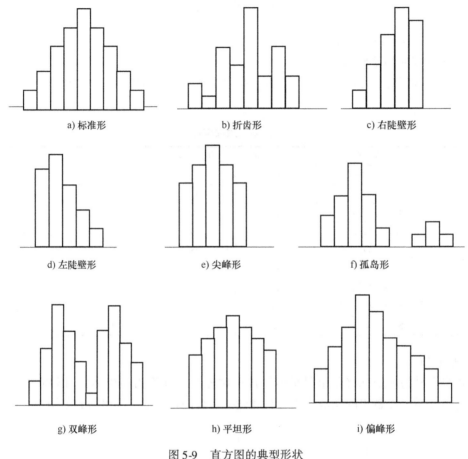

图5-9 直方图的典型形状

(1)标准形(对称形)。如图5-9a所示,中间高,两边低,左右基本对称,符合正态分布,这说明过程或工序处于稳定状态,不存在异常因素影响。

(2)折齿形(锯齿形)。如图5-9b所示,出现凹凸不平的形状,这多数是因为测量方法或读数有问题,也可能是由于作图时数据分组不当引起的。

(3)陡壁形。如图5-9c、5-9d所示,直方图像陡壁向一边倾斜,一般在产品质量较差,为得到符合标准的产品,进行全数检验来剔除不合格品时出现。当用剔除了不合格品后的产品数据作直方图时,容易产生这种类型。

(4)尖峰形。如图5-9e所示,尖峰形直方图的形状与对称形差不多,只是整体形状比较单薄。这也是用从稳定正常的工序中得到的数据作的直方图,这说明过程处于稳定状态。

(5)孤岛形。如图5-9f所示,孤岛形直方图旁边有孤立的小岛出现。当工序中有异常原因,如原材料发生变化、刀具严重磨损、测量仪器出现系统偏差、短期内由不熟练工人替班或测量有误时，容易产生这种类型。

（6）双峰形。如图5-9g所示，双峰形直方图中出现了两个峰，这往往是由于将不同原材料、不同机床、不同工人、不同操作方法等加工的产品混在一起所造成的，此时应进行分层。

（7）平坦形（平顶形）。如图5-9h所示，平坦形直方图没有突出的顶峰，顶部近乎平顶，这可能是由于多种分布混在一起，或生产过程中某种要素发生缓慢的倾向性变化，如工具磨损、操作者疲劳影响质量指标在某个区间内均匀变化。

（8）偏峰形。如图5-9i所示，从左至右（或从右至左）形状不对称，数据的平均值位于中间值的左侧（或右侧），这往往是由操作者的原因造成的。

（三）直方图的分布范围与标准界限比较

将直方图的分布范围和公差对比来观察直方图大致有以下几种情况，如图5-10所示：

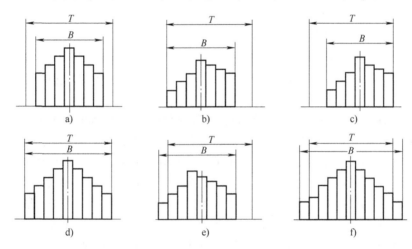

图5-10　直方图的分布范围和公差对比

（1）如图5-10a所示，直方图的分布范围B位于标准范围T内且略有余量，直方图的分布中心（平均值）与公差中心近似重合。这是一种理想的直方图，此时，全部产品合格，工序处于控制状态。

（2）如图5-10b、5-10c所示，直方图的分布范围B虽然也位于公差T内，且也略有余量，但分布中心偏移标准中心。此时，如果工序状态稍有变化，产品就可能超差，出现不合格品。因此，需要采取措施，使得分布中心尽量与标准中心重合。

（3）如图5-10d所示，直方图的分布范围B位于公差T范围之内，中心也重合，但是完全没有余地。此时平均值稍有偏移便会出现不合格品，应及时采取措施减少分散。

（4）如图5-10e所示，直方图的分布范围B偏离公差T中心，过分地偏离公差范围，已明显看出超差。此时应该调整分布中心，使其接近标准中心。

（5）如图5-10f所示，直方图的分布范围B超出公差T，两边产生了超差。此时已出现不合格品，应该及时采取技术措施，提高加工精度，缩小产品质量分散。如属标准定得不合理，又为质量要求所允许，可以放宽标准范围，以减少经济损失。

另外，还可能有一种情况，直方图的分布范围B位于公差T范围之内，且中心重合，但是如果两者相差太多，也不是很适宜。此时，可以对原材料、设备、工艺等适当放宽要求或缩小公差范围，以提高生产速度，降低生产成本。

五、控制图法

控制图又称为管理图，是对生产过程质量特性值进行测定、记录、评估，从而检查过程是否处于控制状态的一种用统计方法设计的图。其主要作用是：用于分析工序质量及判断生产过程工序质量的稳定性是否正常；用于工序质量控制，排除系统性因素干扰，防止不合格品的产生，为评定产品质量提供依据。控制图由中心线（CL）、上控制限（UCL）和下控制限（LCL），还有按时间顺序抽取的样本统计量数值的描点序列（质量波动曲线）构成，上、下两条控制限均用虚线表示，如图 5-11 所示。图中纵坐标表示需要控制的质量特性值，横坐标表示按系统取样方式得到的样本编号。

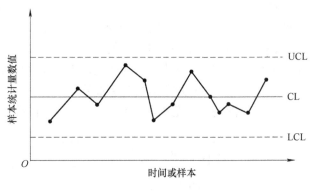

图 5-11　控制图

在生产过程中，无论工艺条件多么一致，生产出来的产品质量的特性值也不完全一致，这就是所谓质量波动。产品质量波动分为正常波动和异常波动。正常波动是由偶然因素引起的，在每个工序中都是经常发生的，具有一定的规律。引起正常波动的因素很多，如机器的微小振动、原材料的微小差异等。偶然因素为不可控因素，在生产过程中一般不予控制。异常波动是由工序中某种特定的系统性因素引起的，如机器磨损、误操作等。系统性因素为可控因素，它是引起异常波动的直接原因，在实际生产中必须严加控制。

实践证明，正常波动下，大量生产过程中产品质量特性波动的趋势大多服从正态分布。正态分布曲线采用两个参数来表示，即平均值 μ 与标准差 σ，不论 μ 与 σ 如何取值，产品质量特性值落在 $[\mu-3\sigma,\mu+3\sigma]$ 范围内的概率为 99.73%，落在 $[\mu-3\sigma,\mu+3\sigma]$ 范围外的概率为 $1-99.73\%=0.27\%$，而落在大于 $\mu+3\sigma$ 一侧的概率为 $0.27\%/2=0.135\%$，如图 5-12 所示。

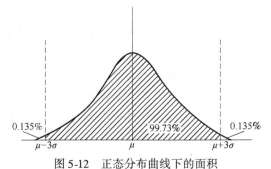

图 5-12　正态分布曲线下的面积

休哈特就是根据这一点发明了控制图。控制图中的上控制限为 $UCL=\mu+3\sigma$，中心线为 $CL=\mu$，下控制限为 $LCL=\mu-3\sigma$。控制图最大的优点是能够直观地看到控制对象是否处于控制状态。

（一）控制图的种类

控制图可分为计量值控制图和计数值控制图两大类。控制图的分类及各种控制图上下控制界限的确定和计算公式如表 5-4 所示。

表 5-4　常用控制图一览表

类别	控制图代号	控制图名称	控制图界限	备注
计量值控制图	$\bar{x} - R$	均值—极差控制图	$\bar{x}$ 图： $UCL = \bar{\bar{x}} + A_2 \bar{R}$ $CL = \dfrac{\sum \bar{x_i}}{k} = \bar{\bar{x}}$ $LCL = \bar{\bar{x}} - A_2 \bar{R}$ R 图： $UCL = D_4 \bar{R}$ $CL = \bar{R}$ $LCL = D_3 \bar{R}$	$\bar{x} = \dfrac{\sum x_i}{n}$ n——样本组内样品数 k——样本组数 $\bar{R} = \dfrac{\sum R_i}{k}$
	$\bar{x} - s$	均值—标准差控制图	$\bar{x}$ 图： $UCL = \bar{\bar{x}} + A_3 \bar{s}$ $CL = \bar{\bar{x}}$ $LCL = \bar{\bar{x}} - A_3 \bar{s}$ s 图： $UCL = B_4 \bar{s}$ $CL = \bar{s}$ $LCL = B_3 \bar{s}$	可用 $\bar{x} - s$ 图代替 $\bar{x} - R$ 图
	$\tilde{x} - R$	中位数—极差控制图	$\tilde{x}$ 图： $UCL = \bar{\tilde{x}} + m_3 A_2 \bar{R}$ $CL = \bar{\tilde{x}} = \dfrac{\sum \tilde{x}}{k}$ $LCL = \bar{\tilde{x}} - m_3 A_2 \bar{R}$ R 图： 同 $\bar{x} - R$ 图	
	$x - R_s$	单值—移动极差控制图	x 图： $UCL = \bar{x} + E_2 \bar{R}_s$ $CL = \bar{x}$ $LCL = \bar{x} - E_2 \bar{R}_s$ R_s 图： $UCL = D_4 \bar{R}_s$ $CL = \bar{R}_s$ $LCL = D_3 \bar{R}_s$	
计数值控制图	p	不合格品率控制图	$UCL = \bar{p} + 3\sqrt{\bar{p}(1-\bar{p})/n}$ $CL = \bar{p} = \dfrac{\sum pn}{\sum n}$ $LCL = \bar{p} - 3\sqrt{\bar{p}(1-\bar{p})/n}$	$\sum pn$——样品中不合格品数之和 $\sum n$——样本量之和 $\bar{p}$——平均不合格品率
	np	不合格品数控制图	$UCL = n\bar{p} + 3\sqrt{n\bar{p}(1-\bar{p})}$ $CL = n\bar{p} = \dfrac{\sum np}{k}$ $LCL = n\bar{p} - 3\sqrt{n\bar{p}(1-\bar{p})}$	$n\bar{p}$——平均不合格品数 $\sum np$——样本组中不合格品之和
	c	缺陷数控制图	$UCL = \bar{c} + 3\sqrt{\bar{c}}$ $CL = \bar{c} = \dfrac{\sum_{i=1}^{k} c_i}{k}$ $LCL = \bar{c} - 3\sqrt{\bar{c}}$	c_i——样组内缺陷数
	u	单位缺陷数控制图	$UCL = \bar{u} + 3\sqrt{\bar{u}/n}$ $CL = \bar{u} = \dfrac{\sum c_i}{\sum n}$ $LCL = \bar{u} - 3\sqrt{\bar{u}/n}$	u——单位产品平均缺陷数

表 5-4 中各种控制图控制界限计算公式中的相关系数如表 5-5 所示。

随着电子计算机辅助企业管理技术的发展,目前表中所列的各种控制图均可以利用电子计算机进行数据处理与绘制,提高了工作效率,增强了控制图法的实用性。

表 5-5 控制图用系数

n 系数	2	3	4	5	6	7	8	9	10
A_2	1.880	1.02	0.729	0.577	0.483	0.419	0.373	0.337	0.308
A_3	2.000	1.20	1.000	0.800	0.700	0.660	0.610	0.580	0.550
m_3A_2	1.880	1.187	0.796	0.691	0.549	0.509	0.432	0.412	0.363
B_3	—	—	—	—	0.303	0.118	0.185	0.239	0.284
B_4	3.267	2.568	2.266	2.089	1.970	1.882	1.815	1.761	1.716
D_3	—	—	—	—	—	0.076	0.136	0.184	0.223
D_4	3.267	2.575	2.282	2.115	2.004	1.924	1.864	1.816	1.777
E_2	2.660	1.772	1.457	1.290	1.184	1.109	1.054	1.010	0.975

(二) 控制图的绘制

现以 $\bar{x} - R$ 控制图的制作为例来说明控制图的绘制方法。

$\bar{x} - R$ 控制图是 $\bar{x}$ 控制图和 R 控制图的总称,$\bar{x}$ 控制图用于控制质量性质平均值的变动,R 控制图用于控制特性值的分散。两个图结合起来构成 $\bar{x} - R$ 控制图。它是控制图中最常用、最重要的控制图,具有适用范围广、灵敏度高等特点。

【例 5-2】 某企业为了提高产品质量,决定应用控制图对装配作业中的紧固螺栓转矩进行过程控制。

解:按照下列步骤建立 $\bar{x} - R$ 图:

步骤 1,收集整理数据,如表 5-6 所示。

一般情况下取 $n = 2 \sim 6$,$k = 20 \sim 25$;本例 $n = 5$,$k = 25$。

步骤 2,计算各组样本的平均数。

第一组样本的平均值为

$$\bar{x} = \frac{x_1 + x_2 + \cdots + x_n}{n} = \frac{\sum_{i=1}^{n} x_i}{n} = \frac{154 + 174 + 164 + 166 + 162}{5} = 164.0$$

以下类推。

步骤 3,计算各组样本的极差 R_i。

第一组样本的极差为

$$R_i = \max\{x_i\} - \min\{x_i\} = 174 - 154 = 20$$

以下类推。

表 5-6 $\bar{x} - R$ 图的数据与计算表

组号	观 测 值					$i = 1, \cdots, 25$	$\bar{x}_i$	R_i	备注
	x_1	x_2	x_3	x_4	x_5				
	(1)	(2)	(3)	(4)	(5)	(6)	(7)	(8)	(9)
1	154	174	164	166	162	820	164.0	20	
2	166	170	162	166	164	828	165.6	8	

（续）

组号	观 测 值					$i=1,\cdots,25$	$\bar{x}_i$	R_i	备注
	x_1	x_2	x_3	x_4	x_5	(6)	(7)	(8)	(9)
	(1)	(2)	(3)	(4)	(5)				
3	168	166	160	162	160	816	163.2	8	
4	168	164	170	164	166	832	166.4	6	
5	153	165	162	165	167	812	162.4	14	
6	164	158	162	172	168	824	164.8	14	
7	167	169	159	175	165	835	167.0	16	
8	158	160	162	164	166	810	162.0	8	
9	156	162	164	152	164	798	159.6	12	
10	174	162	162	156	174	828	165.6	18	
11	168	174	166	160	166	834	166.8	14	
12	148	160	162	164	170	804	160.8	22	
13	165	159	147	153	151	775	155.0	18	
14	164	166	164	170	164	828	165.6	6	
15	162	158	154	168	172	814	162.8	18	
16	158	162	156	164	152	792	158.4	12	
17	151	158	154	181	168	812	162.4	30	
18	166	166	172	164	162	830	166.0	10	
19	170	170	166	160	160	826	165.2	10	
20	168	160	162	154	160	804	160.8	14	
21	162	164	165	169	153	813	162.6	16	
22	166	160	170	172	158	826	165.2	14	
23	172	164	159	167	160	822	164.4	13	
24	174	164	166	157	162	823	164.6	17	
25	151	160	164	158	170	803	160.6	19	
$\sum$ 均值							4082.2 163.288	357 14.28	

步骤 4，计算样本总均值 $\bar{\bar{x}}$ 与平均样本极差 $\bar{R}$。

$$\bar{\bar{x}} = \sum \bar{x}_i / k = 163.288$$

$$\bar{R} = \sum R_i / k = 14.28$$

步骤 5，计算 $\bar{x}$ - R 图的控制界限。

R 图的控制界限为

$$UCL = D_4\bar{R} = 2.115 \times 14.28 \approx 30.20$$
$$CL = \bar{R} = 14.28$$
$$LCL = D_3\bar{R} = 0$$

$\bar{x}$ 图的控制界限为
$$UCL = \bar{\bar{x}} + A_2\bar{R} = 163.288 + 0.577 \times 14.28 = 171.528 \approx 171.53$$
$$CL = 163.288 \approx 163.29$$
$$LCL = \bar{\bar{x}} - A_2\bar{R} = 163.288 - 0.577 \times 14.28 = 155.048 \approx 155.05$$

步骤6，绘制 $\bar{x} - R$ 控制图，如图5-13所示。

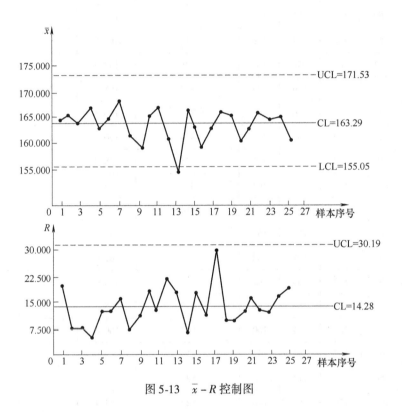

图5-13 $\bar{x} - R$ 控制图

（三）控制图的观察与分析

工序处于控制状态的判断规则是：控制图上的点子既不超过控制界限，又没有排列分布缺陷。否则，如果点子落在控制界限之外（包括落在控制界限上），或者存在排列缺陷，就可判定工序处于不稳定状态。

当点子出现如图5-14所示的情况，则判定工序处于不稳定状态：①一点落在A区以外，如图5-14a所示；②连续9点落在中心线同一侧，如图5-14b所示；③连续6点递增或递减，如图5-14c所示；④连续14点中相邻点上下交替，如图5-14d所示；⑤连续3点中有2点落在中心线同一侧的B区以外，如图5-14e所示；⑥连续5点中有4点落在中心线同一侧的C区以外，如图5-14f所示；⑦连续15点在C区中心线上下，如图5-14g所示；⑧连续8点在中心线两侧，但无一在C区中，如图5-14h所示。这些都表明生产过程处于异常状态，应采取有效措施，迅速恢复到正常状态。

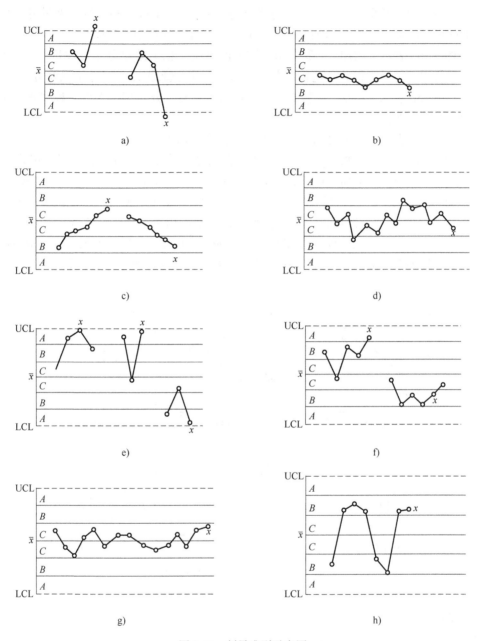

图 5-14 判异准则示意图

六、散布图法

散布图法又名散点图法或相关图法。散布图是描绘两种质量特性值之间相关关系的分布状态的图形，即将一对数据看成直角坐标系中的一个点，多对数据得到多个点组成的图形。它是用来分析研究某质量因素与质量特性之间相互关系及相关程度的方法。

它的做法是将两种有关的数据列出，并且用点子（点数 $n \geqslant 30$）画在由 x 作为自变量的横坐标和由 y 作为因变量的纵坐标所组成的直角坐标系上，进而观察两种因素（数据）之间的关系。散布图的类型主要是看点的分布状态，判断 x、y 有无相关性。两种变量之间的散布图的图形形状多种多样，归纳起来常见的散布图有六种类型，如图 5-15 所示。

（1）图 5-15a 表示 x 增加、y 随之明显增加的关系。相关结果分布的宽度 δ 小，说明 x 与 y 的关系密切，称强正相关。这种情况下，如果正确地管理 x，那么，y 也就得到了管理。

（2）图 5-15b 表示 x 增加、y 基本上随之增加的关系，分布宽度 δ 大，称弱正相关，说明对 y 的影响除 x 外，还有其他因素。

（3）图 5-15c 表示 x 与 y 之间没什么关系，称为不相关。

（4）图 5-15d 表示 x 增加、y 明显随之减少的关系，分布宽度 δ 小，称强负相关。

（5）图 5-15e 表示 x 增加、y 基本上随着减少的关系，分布宽度 δ 大，称弱负相关。

（6）图 5-15f 表示 x 与 y 之间是曲线相关关系，即非线性相关关系。把散布图分成两个区间，$A—A'$ 左方范围的点做正相关处理，而右方则做负相关处理。在实际生产中常可发现这种关系，如热处理时淬火温度或冷却速度与工件硬度的关系、机床加工时进刀量与加工精度的关系。这种关系一般难以用精确的公式或函数关系表示，但用相关图分析就比较简便易行。

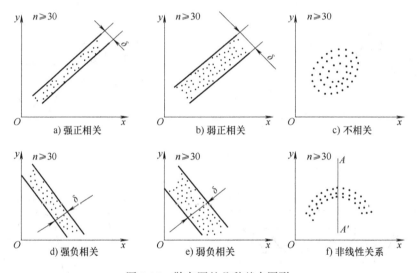

图 5-15　散布图的几种基本图形

七、调查表法

调查表又称检查表、统计分析表，是一种收集整理数据和粗略分析质量原因的工具，是为了调查客观事物、产品和工作质量，或为了分层收集数据而设计的图表。它把产品可能出现的情况及其分类预先列成统计调查表，在检查产品时只需在相应分类中进行统计，并从调查表中进行粗略的整理和简单的原因分析，为下一步的统计分析与判断质量状况创造良好条件。

为了能够获得良好的效果、可比性和准确性，调查表格设计应简单明了，突出重点；填写方便，符号好记；填写好的调查表要定时、准时更换并保存，数据要便于加工整理，分析整理后及时反馈。常用的调查表有不良品调查表、缺陷位置调查表、质量分布调查表三类。

（一）不良品调查表

不良品是指产品生产过程中不符合图样、工艺规程和技术标准的不合格品与缺陷品的总称，它包括废品、返修品和次品。不良品调查表有三种，分别调查不良品的原因、不良品项目及不良品的类型。

1. 不良品原因调查表

为了调查不良品产生的原因，通常把有关原因的数据与其结果的数据一一对应地收集起来。记录前应明确检验内容和抽查间隔，以及由操作者、检查员、班组长共同执行抽检的标准和规定。表5-7是某车间机械零件不良品原因调查表。

表5-7 不良品原因调查表

序号	抽样数	不良品数/个	批不良品率（%）	不良品原因					
				操作不慎	机床原因	刀具影响	工艺	材料	其他
1	1000	3	0.3	1	1			1	
2	1000	2	0.2	1		1			
3	1000	3	0.3		2			1	
4	1000	4	0.4	1			2		1
5	1000	2	0.2	1				1	
6	1000	1	0.1			1			
7	1000	2	0.2		1	1			
合计	7000	17	0.243	4	4	3	2	3	1

2. 不良品项目调查表

一个工序或一种产品不能满足标准要求的质量项目，叫作不良品项目。为了减少生产中出现的各种不良品，需要了解发生了哪些项目不合格以及各种不合格项目所占的比例有多大。为此，可采用不良品项目调查表。不良品项目调查表主要用来调查生产现场不良品项目频数和不良品率，以便继而用于排列图等分析研究。

下面是某合成树脂成型工序的不良品项目调查表。企业对114件不良品进行了调查，调查结果如表5-8所示。当发生不良品项目时，操作人员就在相应栏内画上调查符号。一天工作完了，发生了哪些不良品项目以及各种不良品项目发生了多少便知道了，这等于给我们指出了改进质量的方向。显然，发生不合格较多的项目应予以优先考虑进行改进。

表5-8 不良品项目调查表

不良品项目	不良品个数	合计	不良品项目	不良品个数	合计
表面缺陷	正正正正正正丅	32	形状不合格	正	5
砂眼	正正正正	20	其他	正丅	7
加工不合格	正正正正正正正正正正	50	合计		114

3. 不良品类型调查表

为了调查生产过程中出现了哪些不良品以及各种不良品的比例，可采用不良品类型调查表。表5-9就是一个不良品类型调查表。

表 5-9　不良品类型调查表

序　号	成品数/个	不良品数/个	不良品类型		
			废品数/个	次品数/个	返修品数/个
1	1000	8	3	4	1
2	1000	9	2	3	4
3	1000	7	2	2	3
4	1000	8	1	3	4
5	1000	7	1	2	4
合计	5000	39	9	14	16

(二) 缺陷位置调查表

在很多产品中都会存在"气孔""疵点""碰伤""砂眼""脏污""色斑"等外观质量缺陷，这种缺陷一般采用缺陷位置调查表比较好。这种调查表多是画成示意图或展开图。每当发生缺陷时，将其发生位置标记在图上。这种调查分析的做法是：画出产品示意图或展开图，并规定不同的外观质量缺陷的表示符号。然后逐一检查样本，把发现的缺陷用规定的符号在同一张示意图中的相应位置上表示出来。这样，这张缺陷位置调查表就记录了这一阶段样本所有缺陷的分布位置、数量和集中部位，便于进一步发现问题，分析原因，采取改进措施。

缺陷位置调查表可用来记录、统计、分析不同类型的外观质量缺陷所发生的部位和密集程度，进而从中找出规律，为进一步调查或找出解决问题的办法提供事实依据。缺陷位置调查表是工序质量分析中常用的方法。掌握缺陷发生之处的规律，可以进一步分析为什么缺陷会集中在某一区域，从而追寻原因，采取对策，更好地解决出现的质量问题。

(三) 质量分布调查表

质量分布调查表是对计量值数据进行现场调查的有效工具。要了解工序某质量指标的分布状态以及其与标准的关系，可用质量分布调查表。这是根据以往的资料，将某一质量特性项目的数据分布范围分成若干区间而制成的表格，用以记录和统计每一质量特性数据在某一区间的频数。从表格形式看，质量分布调查表与直方图的频数分布表相似。所不同的是，质量分布调查表的区间范围是根据以往的资料，首先划分区间范围，然后制成表格，以供现场调查记录数据；而频数分布表则是首先收集数据，再适当划分区间，然后制成图表，以供分析现场质量分布状况之用。制作完调查表就可研究工序质量分布状态，如果分布不是所期望的类型或出现异常状态，那么就要查明原因，采取必要的措施以求改进。

随着质量管理科学的发展，以上几种常用的统计法称为旧七种工具。近年来，在开展全面质量管理过程中，又产生了七种质量管理新方法，即关联图法、KJ 法、系统图法、矩阵图法、矩阵数据分析法、过程决策程序图（PDPC）法、矢线图（网络图）法。

第四节　ISO 9000 质量管理系列标准简介

ISO 9000 族标准是由国际标准化组织的质量管理和质量保证技术委员会（ISO/TC 176）制定的一组国际标准。该标准族可以帮助组织实施并有效运行质量管理体系，是质量管理体系通用的要求和指南。它不受具体的行业或经济部门的限制,可广泛适用于各种类型和规模的组织。

一、ISO 9000 族标准的产生与发展

国际标准化组织（ISO）是国际上从事标准化工作最具权威和影响的民间组织,成员遍及 100 多个国家和地区。ISO 成立于 1947 年 2 月,其宗旨是"在全世界范围内促进标准化工作的发展,以便于国际物资交流和服务,并扩大知识、科学和经济方面的合作";其主要活动是制定国际标准,协调世界范围的标准化工作,组织各成员和技术委员会进行交流,以及与其他国际组织进行合作,共同研究有关标准化的问题。

中国是 ISO 创始成员之一,也是最初的 5 个常任理事之一。由于中华民国政府未按章交纳会费,1950 年被 ISO 停止会籍。1978 年 9 月中国以中国标准化协会名义参加 ISO,2001 年机构改革后,国家标准委代表中国组织参加该组织的活动。后国际标准委改名为"质量管理和质量保证技术委员会"。该组织先后制定并颁布了一系列标准。表 5-10 展示了从 1987 版 ISO 9000 标准到 2015 版 ISO 9000 标准的发展历程。

表 5-10　ISO 9000 标准的发展历程

ISO 标准	主要修改条款	我国推出的相应国家标准（GB/T）
1987 版 ISO 9000 标准	总结了工业发达国家先进企业质量管理的实践经验,统一了质量管理和质量保证有关的术语和概念,有助于推动组织质量管理的国际化,在消除贸易壁垒、提高产品质量和顾客满意程度等方面产生了积极和深远的影响	1990 年国内编制了等效采用标准。1991 年由等效改为等同
1994 版 ISO 9000 标准	保持了 1987 版标准的基本结构和总体思路,只对标准的内容进行技术性局部修改,并通过 ISO 9000-1 和 ISO 8402 两个标准,提出了 ISO 9000 族标准的概念,引入了一些新的概念和定义	GB/T 19001—1994
2000 版 ISO 9000 标准	在充分总结了前两个版本标准的长处和不足的基础上,对标准总体结构和技术内容两个方面进行彻底的修改。对提高组织的运作能力、增强国际贸易、保护顾客利益、提高质量认证的有效性等方面产生了积极而深远的影响	GB/T 19001—2000,2001 年 6 月 1 日正式实施
2008 版 ISO 9000 标准	提高了兼容性和协调一致性,使两个标准便于应用于相同的质量管理体系	GB/T 19001—2008,并于 2009 年 3 月 1 日实施
2015 版 ISO 9000 标准	在范围和结构上都进行了修改,强调产品和服务的差异、更关注风险和机会、明确提出将管理体系要求融入组织的过程等,删除了质量手册、文件化程序等大量强制性文件的要求,合并了相关条款	《质量管理体系　基础和术语》（GB/T 19000—2016）、《质量管理体系　要求》（GB/T 19001—2016）,2017 年 7 月 1 日实施 《环境管理体系　要求及使用指南》（GB/T 24001—2016）于 2017 年 5 月 1 日实施

二、"ISO 9000 现象"

自从 1987 年 ISO 9000 系列标准问世以来，为了加强品质管理，适应品质竞争的需要，企业家们纷纷采用 ISO 9000 系列标准在企业内部建立品质管理体系，申请品质体系认证，很快形成了一个世界性的潮流。目前，全世界已有近 100 个国家和地区正在积极推行 ISO 9000 国际标准，约有 40 个品质体系认可机构，认可了约 300 家品质体系认证机构，20 多万家企业拿到了 ISO 9000 品质体系认证证书，第一个国际多边承认协议和区域多边承认协议也于 1998 年 1 月 22 日和 1998 年 1 月 24 日先后在中国广州诞生。一套国际标准在短短的时间内被这么多国家采用，影响如此广泛，这是在国际标准化史上从未有过的现象，已经被公认为"ISO 9000 现象"。

ISO 9000 族标准越来越成为需方对供方提出质量体系要求和供方证实自己能力的依据。由于各国广泛采用 ISO 9000 族标准，使得 ISO 9000 族标准成为国际标准化组织发布的标准中采用量最大的标准。主要表现在以下六个方面：①ISO 9000 族标准很快在工业界得到承认，被各国标准化机构采纳并成为 ISO 标准中销路最好的一个。②至少有 50 个国家，根据 ISO 9000 标准开展了第三方评定和注册服务工作。有些国家，等待注册的公司甚至要等上好几个月才能得到评定。③ISO 9000 族标准被欧洲测试与认证组织（EOTC）作为开展本组织工作的基本模块。在某些领域，例如医疗器械，欧洲联盟在立法中引用 ISO 9000 族标准，供货商必须取得 ISO 9000 注册。④许多国家一级和国际一级的产品认证制度（例如英国 BSI 的风筝标志、日本的 JIS 标志）都把 ISO 9000 标准作为取得产品认证的首要要求，要求把 ISO 9000 结合到产品认证制度中去。⑤许多大公司，尤其是跨国公司，都要求实施 ISO 9000 族标准，如大众汽车公司、杜邦公司、康宁公司、雷诺公司等等。⑥许多大型政府采购集团，如英国国防部、新加坡国防部、美国海军军部等，都采用 ISO 9000 族标准与其供货商签订合同。1996 年，我国政府部门如电子工业部、石油部、建设部等逐步将通过 ISO 9000 认证作为政府采购的条件之一，从而推动了我国 ISO 9000 认证事业的迅速发展。

三、2015 版 ISO 9000 族标准的质量管理七项原则

1. 以顾客为关注焦点

组织依存于顾客。因此，组织应当理解顾客当前和未来的需求，满足顾客需求并争取超越顾客的期望。

2. 领导作用

这里的"领导者"就是最高管理者，他确立组织统一的宗旨及方向。领导者应当创造并保持使员工能充分参与实现组织目标的内部环境。

3. 全员积极参与

各级人员都是组织之本，只有他们的充分参与，才能使各自的才干为组织带来收益。世界上很多优秀的组织都成功地实践了这一原则，并受益匪浅。松下公司创始人松下幸之助曾说过："在一个充斥着危机和竞争且变化莫测的环境里，任何一个企业都没有绝对的把握能生存下来。对松下而言，管理就是使所有员工都付出全部智慧为公司效劳。因为少数技术管理者的智慧（即便他们绝顶聪明）不足以应对上述挑战，唯有所有员工都积极参与，集思

广益，才能使公司在波折起伏的经济环境中生存下去。"

4. 过程方法

将活动和相关的资源作为过程进行管理，可以更高效地得到期望的结果。ISO 9000 族标准鼓励在建立、实施质量管理体系及改进其有效性时采用过程方法，通过不断满足顾客的要求和期望，努力增强顾客的满意程度。

5. 改进

改进对于组织保持当前的绩效水平，对其内、外部条件的变化做出反应，并创造新的机会，都是非常必要的。"没有最好，只有更好。"一个组织要不断取得成功，就不能故步自封，要承认本组织有不断改进的需要，树立永远进取、不断改进的观念。

6. 循证决策

循证决策即是基于数据和信息的分析与评价所进行的决策，更有可能产生期望的结果。一项活动的成功与否，基础在于决策的理智、可靠；而有效的决策是建立在对有效数据和信息进行合乎逻辑的分析及直观判断基础上的。组织管理者能否对与质量有关的各个过程做出正确的决策，将直接影响到组织和过程的有效性与效率。因此，组织管理者在进行决策前一定要深入调查研究，掌握第一手资料，使组织的各项决策实事求是、有据可依。

7. 关系管理

为了持续成功，组织需要管理与有关相关方（如供方）的关系。有关相关方的决策和行为会影响到组织的绩效。所以当组织管理与所有相关方的关系，以尽可能有效地发挥其在组织绩效方面的作用时，持续成功更有可能实现。

四、企业实施 ISO 9000 族标准的意义

ISO 9000 族标准诞生于市场经济环境。它总结了经济发达国家企业的先进管理经验，为广大企业完善管理、提高产品/服务质量提供了科学的指南，同时为企业走向国际市场找到了"共同语言"。ISO 9000 族标准明确了在市场经济条件下，顾客对企业共同的基本要求。企业通过贯彻这一系列标准，实施质量体系认证，证实其能力满足顾客的要求，提供合格的产品和服务。这对规范企业的市场行为、保护消费者的合法权益发挥了积极的作用。ISO 9000 族标准是经济发达国家企业科学管理经验的总结，通过贯标与认证，企业能够找到一条加快经营机制转换、强化技术基础与完善内部管理的有效途径，企业实施 ISO 9000 族标准的意义主要体现在以下五个方面：

1. 企业的市场意识与质量意识得到增强

通过贯彻标准与认证，引导企业树立"以满足顾客要求为经营宗旨，以产品和服务为本，以竞争手段向市场要效益"的经营理念。

2. 稳定和提高产品/服务质量

通过贯彻标准与认证，企业对影响产品和服务的各种因素与各个环节进行持续有效的控制，稳定并提高了产品和服务的质量。

3. 提高整体的管理水平

通过贯彻标准与认证，使企业全体员工的质量意识与管理意识得到增强；促使企业的管理工作由"人治"转向"法制"，明确了各项管理职责和工作程序，各项工作有章可循，使

4. 增强市场竞争能力

通过贯彻标准与认证，一方面，企业向市场证实自身有能力满足顾客的需求，提供合格的产品和服务；另一方面，产品和服务的质量也确实能够得到稳定与提高。这都能够增强企业的市场竞争能力。

5. 为实施全面科学管理奠定基础

通过贯彻标准与认证，员工的管理素质得到提高，企业规范管理的意识得到增强，并建立起自我发现问题、自我改进、自我完善的机制，为企业实施全面科学管理（如财务、行政、营销管理等）奠定了基础。

五、ISO 9000 族标准与全面质量管理的差异

ISO 9000 族标准与全面质量管理的差异主要体现在以下方面：

1. 全面质量管理是一门科学，而 ISO 9000 族标准是一项科学技术成果

全面质量管理作为一门科学，它涉及一整套科学思想、理论和方法，具有科学性的特征。而 ISO 9000 族标准，是从标准的角度对全面质量管理的质量体系理论和内容进行系统性的提炼、概括和总结，在规范化的基础上，为企业建立质量体系，为实施外部质量保证的有关内容方面提供指导，是一项科研成果。

2. ISO 9000 族标准是质量管理科学发展的产物

从质量管理的发展历史来看，首先是操作者的质量管理，然后是工长的质量管理，再到检验员的质量管理，再到统计员的质量管理，最后到现在的全面质量管理。不难看出，每当科学技术和工业经济发展到一个新的阶段，生产力发展到一个新的水平，总会伴随着出现一种与之相适应的新的质量管理方法，从而推动经济的发展。同时，质量管理的手段和方式也必须与生产力的水平相适应，否则也会影响生产力的发展。

3. 全面质量管理的内容所涉及的范围比 ISO 9000 族标准更广

全面质量管理包括一整套的思想、理论和方法，如可靠性技术、抽样技术等。而 ISO 9000 族标准是一套结构比较严谨、定义明确、规定具体而实用的标准，没有涉及具体的技术和方法。

本 章 小 结

质量是指客体的一组固有特性满足要求的程度。质量管理是指关于质量的管理。质量管理可包括制定质量方针和质量目标，以及通过质量策划、质量保证、质量控制和质量改进实现这些质量目标的过程。

全面质量管理是指一个组织以质量为中心，以全员参与为基础，指导和控制组织各方面相互协调的活动，目的在于让顾客满意，使本组织所有成员及社会受益，从而达到长期成功。全面质量管理的指导思想和原则：质量第一；顾客至上；质量是设计、制造出来的，而不是检验出来的；一切用数据说话；一切以预防为主。

本章介绍了排列图法、因果分析图法、分层法、直方图法、控制图法、散布图法、调查

表法等质量管理中常用的统计方法。

2015版ISO 9000族标准的质量管理七项原则：以顾客为关注焦点；领导作用；全员积极参与；过程方法；改进；循证决策；关系管理。企业实施ISO 9000标准的意义：企业的市场意识与质量意识得到增强；稳定和提高产品、服务质量；提高整体的管理水平；增强市场竞争能力；为实施全面科学管理奠定基础。

案例分析

三角集团的质量意识

三角集团是以轮胎生产经营为主导，兼营精细化工、机电维修、三产服务的大型企业集团。从1991年至2004年的13年时间里，三角集团的固定资产、净资产分别增长了25倍和15倍，员工年人均收入在原来2300元的基础上增长了6.4倍，达到了17000元，累计实现利税28亿元，上缴税金18亿元，出口创汇4.3亿美元。三角集团振兴的法则：管理——将严格的、细微科学的管理渗透到企业流程的每一个神经末梢。

三角集团对自身产品质量的定义，不仅仅停在内在质量特性和外在质量特性，不仅仅在产品的性能、外观、形状、款式等方面对质量进行控制，集团认识到产品的工序质量与工作质量决定产品的品质质量，因此把质量概念延伸到生产工序的每个环节和员工工作的每一步，从而有了企业高标准的质量概念。工序质量是指轮胎每一生产工序能够稳定地生产合格产品的能力；工作质量是指企业的管理工作、技术工作和组织工作对达到质量标准和提高产品质量的保证程度。三角集团的质量管理理念认为，产品质量只是工序质量和工作质量的综合反映。因此，三角集团将质量管理延伸到企业生产经营活动的全过程，强调的是质量形成的各部分的有机联系、相互制约的关系。

首先，集团通过认真分析市场，找准了推进子午轮胎战略的切入点，将发展重心转向全钢子午轮胎；同时优化原有斜交轮胎产品结构，实现与竞争对手的差异化。三角集团抢在市场结构发生重大变化之前先行一步赢得了规模效益。

其次，围绕一个好的产品确立科学规范的质量管理体系。三角集团根据企业自身的发展特点，确立了全套质量管理体系，分别是目标管理体系、质量追溯体系、标准化管理体系、质量保证体系。公司每年都要针对市场情况和内部质量问题，提出有针对性和突破性的质量目标，并进行层层分解落实，对各生产车间实行关键质量指标领导集体承包，对质量管理和技术部门实行全公司综合质量指标承包，对涉及多方面的质量问题实行多部门联合承包，形成责任共同体。通过完善的激励约束机制，实行质量否决权制度，确保质量管理方针、目标的顺利实现。

三角集团的质量追溯体系是从供应商到各工序再到外部用户，从原材料、零部件到半成品再到成品的一整套体系。生产过程中出现的质量问题，可以通过信息系统检索追查到原材料采购及各个工序的每一个操作工，从而形成了全员对轮胎生产全过程负责的机制。集团多年始终重视质量管理的标准化工作，不断追求企业内部建立一个只有本企业特点的、能有效运行的质量体系，保证了产品质量的稳定性并使之持续提高。

质量保证体系是三角集团质量管理的最后保障。它向轮胎用户保证产品在生命周期内可以被放心地使用，如果出现故障，企业愿意赔偿相应损失。三角集团的质量管理从生产领域又延伸到流通领域，无处不在。集团生产领域之外的协作单位与内部各环节技术、管理、经营活动的职责、任务、权限细化，建立统一这些活动的组织机构和质量信息反馈系统，形成了一个完整的质量管理体系有机体。

三角集团认为，没有质量保证体系，质量管理就是有缺陷的。而集团着重要建立的保证体系，关键环节是高效灵敏的质量管理信息反馈系统。集团对相关信息流进行周密的收集与组织，包括市场需求动向、用户意见、工序质量表、不合格率、工艺规程等。这些质量信息最终将成为集团进行质量决策、制订质量计划、组织质量改进、监督和控制生产过程、协调各方面质量活动的依据。

（资料来源：百度文库，https：//wenku.baidu.com/view/1026a6de6f1aff00bed51e3c.html）

案例思考题：

1. 结合案例分析质量管理在企业管理体系中的作用。
2. 分析质量保证体系与全面质量管理的关系。

思考与习题

1. 什么是质量？提高质量有何重要意义？
2. 试述全面质量管理的含义、特点及指导思想和原则。
3. 排列图法、因果分析图法各自的作用是什么？两者有何异同？
4. 什么是直方图？其作用如何？怎样观察分析和使用直方图？
5. 分层法主要解决什么问题？
6. 某精密铸造机匣小组一周的质量不良项目有表面疵点、气孔、未充满、形状不佳、尺寸超差及其他等项，其缺陷记录表如表 5-11 所示，试进行计算并作排列图。

表 5-11　缺陷记录表

缺陷项目	频数/个	频率（%）	累计频率（%）
疵点	41		
气孔	18		
未充满	13		
形状不佳	10		
尺寸超差	6		
其他	7		
合计	95		

7. 某螺栓外径尺寸的技术标准要求为直径（3.50±0.15）mm，从制造过程抽取 100 个样本，其尺寸如表 5-12 所示。试作直方图并进行分析。

表 5-12 数据表

3.68	3.46	3.43	3.54	3.54	3.52	3.54	3.60	3.59	3.50
3.47	3.45	3.48	3.51	3.53	3.58	3.46	3.50	3.49	3.47
3.52	3.51	3.50	3.52	3.51	3.51	3.46	3.46	3.53	3.52
3.63	3.64	3.49	3.45	3.58	3.49	3.62	3.53	3.46	3.54
3.56	3.57	3.53	3.46	3.61	3.50	3.56	3.60	3.48	3.58
3.50	3.45	3.49	3.60	3.48	3.50	3.53	3.49	3.52	3.53
3.54	3.55	3.53	3.54	3.48	3.53	3.49	3.51	3.54	3.51
3.65	3.49	3.58	3.57	3.47	3.54	3.53	3.54	3.53	3.60
3.51	3.57	3.54	3.50	3.54	3.61	3.52	3.57	3.51	3.39
3.53	3.58	3.47	3.51	3.54	3.44	3.49	3.46	3.59	3.58

8. 某工序拟使用 $\bar{x} - R$ 控制图进行质量控制。现已在保证工序稳定的条件下从生产工序生产的产品中抽取了 25 个样本,每个样本包括 5 件产品,取得了 25 组数据。经过计算得出:各组数据的平均数之和为 325 个单位,各组数据的极差之和为 35 个单位。试分别确定 $\bar{x}$ 控制图和 R 控制图的中心线和上下控制限。

9. 2015 版 ISO 9000 标准所提出的质量管理原则有哪些?

第六章 现代企业物流管理

学习目标

通过本章学习，要求学生掌握现代物流的概念及构成要素，企业物流结构及其合理化途径；熟悉企业供应物流、生产物流、销售物流和逆向物流的管理过程，物料分类方法和内容，以及库存管理中的 ABC 分类控制法；了解物料储备定额和物料消耗定额的概念及确定方法，物资库存控制法。

◆ 导入案例

虹鑫物流公司的物流

上海虹鑫物流有限公司（以下简称虹鑫物流）的战略定位是第三方物流服务，被中国物流与采购联合会命名为上海第一家"中国物流实验基地"，总部位于上海，在广州、武汉、重庆、天津、西安、北京和沈阳等城市设有办事处。

虹鑫物流是一家物流操作和项目管理相结合的物流公司。虹鑫物流拥有自己的运作平台，包括全国运输平台、仓储管理平台、超市配送平台、生产制造企业 JIT（精益）供应物流平台和物流管理信息系统等。虹鑫物流拥有三个非常优秀的团队：第一个团队是在物流操作领域具有 10 年以上经验的"老法师"团队；第二个团队是年轻、灵活、负责，具有项目规划、管理能力的项目管理团队；第三个团队是知识丰富、经验丰富，具有战略视野的顾问团队。虹鑫物流始终将客户的服务需求（明确的和潜在的）放在首位，通过项目规划、设计、管理、操作和 KPI 评估等一系列过程，为客户提供增值服务。

虹鑫物流为不同类型的客户提供形式多样的物流服务。从单一运输到多式联运，从单项物流服务（运输、仓储、配送等）到一体化（供应物流系统、配送物流系统甚至供应链管理）的综合物流服务，从标准化服务（通过虹鑫物流现有平台实现）到量身定制的个性化服务（在客户平台和虹鑫物流平台上实现），虹鑫物流提供多种选择。

（资料来源：http：//www.56885.net/news/2007312/12766.html）

讨论：虹鑫物流的成功给第三方物流的发展带来了哪些启示？

第六章 现代企业物流管理

第一节 物流和企业物流

物流的概念随着社会经济的进步及科学技术的飞速发展正在发生着深刻的变化。企业物流是企业生产经营活动的重要组成部分，具有其自身的构成要素和特点。提高企业物流的管理水平，对于创造利润、增强市场竞争力具有重要的意义。

一、物流概念和构成要素

1. 物流

中文的"物流"一词源于日语，在日语中"物流"是"物的流通"一词的简称，意思是具有物理性质的流通。1986 年，美国物流管理协会对物流（Logistics）所下的定义是："物流是以满足客户需求为目的，为提高原料、在制品、制成品，以及相关信息从供应到消费的流动以及储存的效率和效益，而对其进行的计划、执行和控制的过程。"由此可以看出，当前提到的物流，特点是突破了商品流通的范围，把物流活动扩大到生产领域，因此有人称之为供应链。现代物流是人们为满足某种需要而组织社会物质运动的总称，是货物流动、信息传递和价值增值等过程。功能整合、过程整合和资源整合是物流理念最本质的内容。

"物流"一词的出现，是世界经济和科学技术发展的必然结果。当前物流业正在向全球化、信息化、一体化发展。一个国家的市场开放与发展必将要求物流业的开放与发展，随着世界商品市场的形成，从各个市场到最终市场的物流日趋全球化。信息技术的发展，使信息系统得以贯穿于不同的企业之间，使物流的功能发生了质变，大大提高了物流效率，同时也为物流需求、配送和库存管理的一体化创造了条件。所有这些已成为国际物流业的发展方向。

2. 现代物流

现代物流活动是由一系列创造时间价值和空间价值的经济活动，如需求预测、订单处理、客户服务、分销配送、物料采购、存货控制、交通运输、仓库管理、工业包装、物料搬运、工厂和仓库或配送中心的选址、零配件和技术服务支持、退货处理、废弃物和报废产品的回收处理等部分组成，具有实质流动、实物存储、信息流动和管理协调四个关键组成部分。

物流始终伴随着采购、生产和销售的价值链过程，是交易和生产过程中必不可少的重要组成部分，从这一角度出发，物流具有以下特点：

（1）系统性。物流是一个完整的运作过程，各个物流环节以及物流要素有机关联组成动态的物流系统，又包含了物的流通和信息的流通两个子系统。同时作为社会流通系统的重要组成部分，物流与商流、资金流、信息流具有同等重要的价值，它不是完全独立的领域，会受到多种因素的制约。

（2）复杂性。物流系统拥有大量的资源，包括物质资源、人力资源、资金占用等，单就物的流通中所包含的运输、保管、包装、流通加工等环节来看，也不是简单的流程，而是具有复杂结构的物流链。在物流活动的过程中，又贯穿着大量的信息流动，这些信息的搜集处理也非常复杂。同时基于实现价值增值的目标，对物的流通和信息流通的集成要求越来越高，这也不断增加着物流的复杂性。

（3）高成本。在物的流通环节就包含了运输、保管、包装、装卸和加工等综合成本，在信息流通中，信息量的急剧增长和大量先进技术的运用，也使成本不断增加。物流由于高昂的成本，才被视为是降低成本的"第三利润源泉"，同时其价值增值的功能，使得现代物流系统获得了越来越多的资金投入。

（4）生产和营销的纽带。在社会流通中，物流活动架起了企业通向市场、服务客户的桥梁，相应的物流功能性活动跨越了生产和销售领域。

3. 物流系统

物流系统的功能要素由以下七方面组成：

（1）运输。即使物品发生空间移动的物流活动。需要根据不同的物品，分析各种运输手段的特点，选择合适的机具。

（2）储存。即商品储藏管理，有时间调整和价格调整的机能。主要设施是仓库，在商品出入库的信息基础上进行在库管理。

（3）配送。即将货物送交收货人的一种活动。做到收发经济合理、运输过程完善、库存保持合理，为用户提供方便，可以降低缺货风险，减少了发货费用。

（4）流通加工。即在流通阶段所进行的为保存或转换形态而进行的加工。具体包括切割、细分和组装等轻微的生产活动，以及单位化、价格贴付、标签贴付和商品检验等辅助作业。

（5）包装。即在商品运输或储存过程中为保证商品的价值和形态而从事的物流活动。从机能上来看可以分为保持商品的品质而进行的工业包装和以销售促进为目的的商业包装。

（6）装卸搬运。即发生在运输、储存、包装前后的商品取放活动，包括放入、卸出、分拣和理货等作业行为。

（7）信息。即通过收集与物流活动相关的信息，使物流活动能有效、顺利地进行，包括与商品数量、质量、作业管理相关的物流信息，以及与订货、发货和货款支付相关的商流信息。

物流系统处于复杂的社会经济系统中，要确定其地位，要协调其与其他系统的关系，还需要有支撑要素，主要包括法律、规章、行政命令和标准化系统等。

二、物流的分类

按照物流系统的作用、属性及作用的空间范围，可以从不同角度对物流进行分类，分类的目的是便于研究。

1. 按照物流活动的作用分类

（1）供应物流。生产企业、流通企业或消费者购入原材料、零部件或商品的流动过程称为供应物流，也就是物料生产者、持有者至使用者之间的物流。对于工厂而言，供应物流是指生产活动所需要的原材料、备品备件等物料的采购、仓储、供应活动所产生的物流；对于流通领域而言，供应物流是指交易活动中，从买方角度出发的交易行为中所发生的物流。企业的流动资金大部分被购入的物料、材料及半成品等所占用。供应物流的严格管理及合理化对于企业节约成本有很重要的意义。

（2）生产物流。从工厂的原材料投入生产起，直到工厂成品库的成品发出为止，这一全过程的物流活动称为生产物流。生产物流是制造产品的工厂企业所特有的，它和生产流程同步。原材料、半成品等按照工艺流程在各个加工点之间不停顿地移动、流转形成了生产物流。如果生产物流中断，生产过程也将随之停顿。

（3）销售物流。生产企业和流通企业售出产品的物流过程称为销售物流，是指产品从生产者或持有者到客户之间的物流。对于工厂，销售物流是指售出产品；而对于流通领域，销售物流是指交易活动中，从卖方角度出发的交易行为中的物流。

（4）回收物流。在生产及流通活动中有一些资材是要回收并加以利用的，如作为包装容器的纸箱、塑料筐和酒瓶等，建筑行业的脚手架也属于这一类物料。此外，回收物流还包括可用杂物的回收分类和再加工，如旧报纸、书籍通过回收和分类可以再制成纸浆加以利用。而对于金属的废弃物而言，由于金属具有良好的再生性，可以回收并重新熔炼成有用的原材料。

（5）废弃物流。生产和流通系统中所产生的无用的废弃物，如开采矿山时产生的土石、炼钢生产中的钢渣、工业废水，以及其他一些无机垃圾等，如果不妥善处理，不但没有再利用价值，还会造成环境污染，就地堆放会占用生产用地以致妨碍生产。对这类物料的处理过程产生了废弃物流。废弃物流没有经济效益，但是具有不可忽视的社会效益。为了减少资金消耗，提高效率，更好地保障生活和生产的正常秩序，对废弃物料综合利用的研究很有必要。

2. 按照物流活动的空间范围分类

（1）地区物流。所谓地区物流，有不同的划分原则：①按行政区域划分，如西南地区和河北地区等；②按经济圈划分，如苏（州）无（锡）常（州）经济区和黑龙江边境贸易区；③按地理位置划分的地区，如长江三角洲地区和河套地区等。

地区物流系统对于提高该地区企业物流活动的效率，以及保障当地居民的生活福利环境，具有不可取代的作用。研究地区物流应根据地区特点，从本地区的利益出发组织好物流活动。例如，某城市建设一个大型物流中心，显然这对于当地物流效率的提高、降低物流成本、稳定物价有很大作用，但是也会引起供应点集中、货车来往频繁、产生废气噪声、交通事故增加等消极问题。因此，物流中心的建设不单是物流问题，还要从城市建设规划和地区开发计划出发，统一考虑，妥善安排。

（2）国内物流。国家或相当于国家的实体，是拥有自己的领土和领空的政治经济实体。它所制定的各项计划、法令和政策都应该是为其自身的整体利益服务的。物流作为国民经济的一个重要方面，也应该纳入国家总体规划。我国的物流事业是社会主义现代化事业的重要组成部分，全国物流系统的发展必须从全局着眼，对于部门分割、地区分割所造成的物流障碍应该清除。在物流系统的建设投资方面也要从全局考虑，使一些大型物流项目能尽早建成，为社会主义经济服务。国家整体物流系统化的推进，必须发挥政府的行政作用，具体来说有以下几方面：①物流基础设施的建设，如公路、高速公路、港口、机场、铁道的建设，以及大型物流基地的配置等；②各种交通政策法规的制定，如铁道运输、货车运输、海运、空运的价格规定及税收标准等；③与物流活动有关的各种设施、装置、机械的标准化，这是提高全国物流系统运行效率的必经之路；④物流新技术的开发、引进和物流技术专门人才的培养。

（3）国际物流。当前世界的发展主流是国家与国家之间的经济交流越来越频繁，任何国家不投身于国际经济大协作的交流之中，本国的经济技术就难以得到良好的发展。工业生产也走向了社会化和国际化，出现了许多跨国公司，一个企业的经济活动范畴可以遍布各大洲。国家之间、洲际之间的原材料与产品的流通越来越发达，因此，国际物流的研究已成为物流研究的一个重要分支。

3. 按照物流系统的性质分类

（1）社会物流。社会物流一般是指流通领域所发生的物流，是全社会物流的整体，所以有人称之为大物流或宏观物流。社会物流的一个标志是：它是伴随商业活动（贸易）发生的，也就是说物流过程和所有权的更迭是相关的。

就物流科学的整体而言，主要研究对象是社会物流。社会物料流通网络是国民经济的命脉，流通网络分布的合理性和渠道是否畅通至关重要。必须对社会物流进行科学管理和有效控制，采用先进的技术手段，保证其高效率、低成本地运行，这样做可以带来巨大的经济效益和社会效益。物流科学对宏观国民经济的重大影响是物流科学受到高度重视的主要原因。

（2）行业物流。同一行业中的企业是市场上的竞争对手，但是在物流领域中常常互相协作，共同促进行业物流系统的合理化。

行业物流系统化的结果使参与的各个企业都能得到相应的利益。各个行业的协会或学会应该把行业物流作为重要的研究课题之一。

（3）企业物流。企业是为社会提供产品或某些服务的经济实体。例如，一个工厂要购进原材料，经过若干工序的加工，形成产品销售出去；一个运输公司要按客户要求将货物输送到指定地点。在企业经营范围内由生产或服务活动所形成的物流系统称为企业物流。

综上所述，对物流系统分类是为了便于研究和分析其活动规律，可以从不同角度对其进行分类，图6-1表明了物流系统的分类状况。

图 6-1 物流的分类

三、企业物流及其管理的内涵

1. 企业物流

企业是为社会提供产品或服务的经济实体，企业物流是指在企业生产经营过程中，物料从原材料供应，经过生产加工到产出成品并将之销售，以及废弃物的回收利用的完整循环过程。

企业物流按照企业的业务性质可以分为两类，即生产企业物流和流通企业物流，我们在本章中要学习的主要是前者，所以上述的概念也主要是针对生产企业而言的。

企业物流的作业目标是快速反应、最小变异、最低库存、追求质量及整合运输等，总之是追求企业物流的合理化。提高企业物流的管理水平对于创造利润、增强市场竞争力具有重要的意义。

2. 企业物流管理

企业物流管理是企业对所需原材料、燃料、设备工具等生产资料有计划地进行采购、供应、保管、合理使用等各项工作的总称。企业物流管理根据物料运动过程的不同阶段，可分为供应物流管理、生产物流管理、销售物流管理和回收物流管理等，内容极为丰富。

四、企业物流管理的任务

企业物流管理的基本任务是自觉运用商品价值规律和遵循有关物料运动的客观规律，根据生产要求全面地提供企业所需的各种物料，通过有效的组织形式和科学的管理方法，监督和促进生产过程中合理、节约地使用物料，以达到确保生产发展、提高经济效益的目标。具体来说，企业物流管理有以下几方面的任务：

1. 通过科学的物料供应管理，控制物料的供需

企业所需的物料品种繁多，数量各不相同，又需要通过其他许多企业生产和供应的活动来实现，所以要在认真调查本企业的实际需要和做好物资信息的收集、反馈的基础上，科学地采购供应物料，保证有计划、按质、按量、按时、成套地供应企业所需要的物料，以保证生产正常进行。

2. 通过科学地组织物料使用，控制物料的耗用

企业的产品成本中，物化劳动部分所占比重一般高达60%～80%，而物料储备资金占企业全部流动资金的60%以上，因此在提供实物形态的各种物料的过程中，降低产品成本是物流管理的重要任务之一。这就需要在保证质量的前提下，尽量地选择货源充足、价格低廉、路途较近、供货方便的货源；制定先进合理的物料消耗定额，搞好物料的综合利用，努力降低消耗。

3. 通过合理地组织物料流通，控制物料的占用时间

积极推广、应用现代科学技术，提高物料采、运、供、储等各项业务水平。物料管理工作的科学性，是保证物料供应、提高工作质量和效益的关键。因此，要在系统规划的基础上，提高员工的思想水平和技术素质，激发他们的积极性、创造性；广泛采用先进技术和工具，加快有关作业的标准化、机械化和自动化进程；不断完善工作方式与方法，认真改进有关的计量检测手段，使各项工作日益现代化。

五、企业物流结构及其合理化途径

1. 企业物流的水平结构

企业物流的水平结构如图6-2所示。

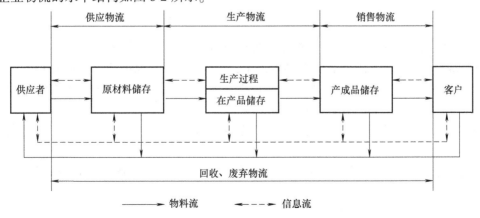

图6-2　企业物流的水平结构

根据物流活动发生的先后次序，可将其划分为四部分：

（1）供应物流，包括原材料等一切生产资料的采购、进货、运输、仓储、库存管理和用料管理。

（2）生产物流，包括生产计划与控制、厂内运输（搬运）、在产品仓储与管理等活动。

（3）销售物流，包括产成品的库存管理、仓储发货运输、订货处理与客户服务等活动。

（4）回收、废弃物流，包括废旧物料、边角余料等回收利用及各种废弃物的处理（废料、废气、废水等）。

2. 企业物流的垂直结构

企业物流的垂直结构如图 6-3 所示，物流系统通过管理层、控制层和作业层三个层次的协调配合实现其总体功能。

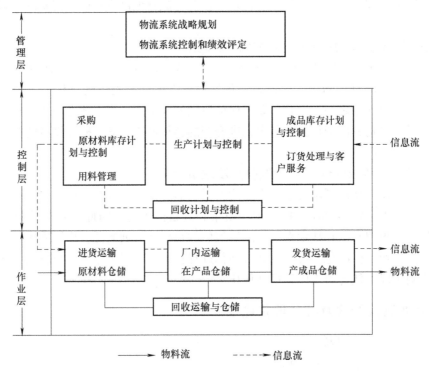

图 6-3　企业物流的垂直结构

（1）管理层。其任务是对整个物流系统进行统一的计划、实施和控制。其主要内容有物流系统战略规划、物流系统控制和绩效评定，形成了有效的反馈约束和激励机制。

（2）控制层。其任务是控制物料流动过程，主要包括订货处理与客户服务、库存计划与控制、生产计划与控制、用料管理、采购等。

（3）作业层。其任务是完成物料的时间转移和空间转移，主要包括发货与进货运输、厂内装卸搬运、包装、保管、流通加工等。

由此可见，企业物流活动几乎渗入所有生产活动和管理工作中，对企业的影响甚为重要。

3. 企业物流合理化的途径

（1）各种设施在生产空间的合理布置。生产系统和服务系统的各类设施的空间布置规划与设计是物流合理化的前提。工厂内各车间的相对位置以及车间内各台设备的相对位置一经决定，物流路线也随之被决定。因此，物流分析是设施布置规划与设计的主要依据，合理布置的目的是减少物料流的迂回、交叉以及无效的往复运输，并避免物料运输中的混乱、路线过长等现象。

（2）合理控制库存。企业的流动资金大部分是被各种物料库存所占用的。降低库存可以减少占用的流动资金，有效加快资金周转速度。理论上可以证明，在制品的数量和生产周期成正比，减少在制品库存就是缩短生产周期。而且，在制品的库存减少，可以促进企业管理水平的不断提高。

因此，应尽可能降低企业库存。但是库存降低是有约束条件的，要综合考虑库存管理的目标。例如，原材料的库存管理要满足三个目的：①原材料成本下降。原材料采购时，如采取大批量购买战略，价格和供应费用可下降；但批量太大又会导致库存增加，库存费用也随之上升。反之，为了降低库存，采取小批量购货原则，又会导致价格和采购费用的损失。应按照原材料成本最低的原则决定购货批量。②保证供应，防止缺货。企业要有一定数量的原材料库存，以保证生产的连续进行，因此，要根据原材料种类、它们对生产的重要性、采购的难易程度，合理制定各种物料的存货定额。③减少流动资金的占用。上述三点是相互制约的，应综合考虑各方面的因素，将库存控制在一定的范围内。

（3）均衡生产。从物流的角度来看，均衡生产就是生产物流流量的均衡，这是杜绝生产浪费现象的重要措施。实行均衡生产的主要措施是科学地制订生产计划和加强对生产的组织管理。

（4）合理地配置和使用物流机械。为了提高作业效率，增强物料搬运能力，应不断地开发各种类型和规格的物流机械设备。物流的机械化和自动化水平直接反映物流系统的能力和水平。

第二节　企业供应物流的管理

物料的采购和供应历来就是企业生产的前提。习惯上我们把位于生产前的物流活动统称为供应物流，包括确定物料需求数量、采购、运输、流通加工、装卸搬运、储存等活动。供应物流不仅仅是保证供应的物流活动，也是以最低成本、最少消耗、最快速度来保证生产的物流活动，对有效解决供应商和供应方式等问题尤其重要。

一、确定物料储备定额

物料储备多少对企业有着极为重要的经济意义。物料储备过少，既不能有效地协调供需之间的关系，又影响企业生产秩序的正常运行；相反，物料储备过多，则会造成物料大量积压，流动资金占用过大，不利于企业经济效益的提高和改善。

（一）物料储备定额的概念和作用

物料储备定额是指在一定的生产技术组织条件下，为了保证生产不间断地顺利进行所必需的、经济合理的物料储备数量的标准。

企业的物料储备定额，通常分为经常储备定额和保险储备定额。此外，某些企业还需要制定季节性储备定额。

企业物料储备定额是反映企业管理水平的重要标志之一，它除了能保证生产过程的正常进行外，还对提高企业的经济效益起着十分重要的作用。

(1) 它是企业编制物料供应计划和组织采购订货的重要依据。
(2) 它是企业掌握和监督物料库存动态，使库存物料经常保持在合理水平的标准。
(3) 它是企业核定流动资金定额的重要依据之一。
(4) 它是企业确定物料仓库储存面积和仓库所需设备的数量以及仓库定员的主要依据。

(二) 物料储备定额的制定方法

1. 经常储备定额的制定方法

经常储备定额是指前后两批物料进厂的供应间隔期内，为了保证企业日常生产所必需的、经济合理的储备量。这种储备是动态的，当一批物料进厂时，达到最高储备量，随着生产的耗用，储备量逐渐减少，直到下批物料进厂前，降到最低储备量。这样，不断补充，不断消耗，由高到低，由低到高，周而复始，不断循环。经常储备定额的制定，首先要确定物料供应的间隔期，然后据以确定物料的经常储备量。其计算公式为

经常储备定额 = (平均供应间隔天数 + 验收入库天数 + 使用前准备天数) × 平均每日需用量

式中　平均供应间隔天数——前后两批物料进厂入库的平均供应间隔天数；

　　　验收入库天数——物料进厂后，搬运、验收、入库所需的时间；

　　　使用前准备天数——物料在投入使用前，进行化验、整理或加工所需的时间；

　　　平均每日需用量——年度的物料计划需用量除以全年日历天数，一般按 360 天计算。

2. 保险储备定额的制定方法

保险储备定额是指为了预防物料供应过程中可能发生的到货误期，或来料品种、规格、质量不符及超产等不正常情况，以免产、供脱节而设置的一种储备。

保险储备定额的大小是由平均每日需用量和保险储备天数两个因素决定的。其计算公式为

保险储备定额 = 保险储备天数 × 平均每日需用量

其中，保险储备天数一般是根据物料供应条件而确定的，也可根据上年度统计资料中实际到货平均误期天数来确定。

在确定了某种物料的经常储备定额和保险储备定额之后，就可以求出该种物料的最高和最低储备量：

最高储备量 = 经常储备定额 + 保险储备定额

最低储备量 = 保险储备定额

如果某种物料库存达到最高储备量，应停止进货，以防超量储存，积压过多的资金。当库存物料降到最低储备量时，应立即设法迅速进货，以免供、产脱节影响生产。对于供应正常或容易购买的物料可以不设或少设保险储备。

3. 季节性储备定额的制定方法

季节性储备定额是指企业为了克服生产的季节性或某些物料供应、运输的季节性等因素影响，保证生产正常进行而建立的物料储备数量。它是由平均日需用量和季节性储备天数两个因素决定的，其计算公式为

季节性储备定额 = 季节性储备天数 × 平均每日需用量

其中，季节性储备天数主要是由季节性生产或供应中断天数决定。

凡是建立季节性储备的物料，一般不再考虑经常储备和保险储备。建立季节性储备，既要保证生产的需要，又要防止过量储备而造成积压和浪费。

二、编制物料供应计划

企业物料供应计划是企业组织采购的重要依据。企业物料的需用量是指计划期内保证生产正常进行所必须消耗的经济合理的物料数量，是按照每类物料的品种、规格和用途分别计算的，其方法有直接计算法和间接计算法两种。

1. 直接计算法

直接计算法也叫定额计算法，直接根据材料供应定额和计划任务来核算需要量。其基本公式为

某种物料需要量 = 计划产量 × 该种物料消耗定额

这种方法比较准确，凡是能够直接制定物料供应定额的都可以采用这种方法。

如果某些物料可以回用废料，则计算公式为

某种物料需要量 = (计划产量 + 技术上不可避免的废品数量) × 该种物料消耗定额 - 计划回收废料数量

式中　　计划产量——产品生产量，包括商品产量和期末期初在制品差额；

技术上不可避免的废品数量——根据统计资料结合计划期内的废品量来确定。

2. 间接计算法

间接计算法也称比例计算法，是按有关技术经济指标的一定比例系数来计算物料需要量的方法。这种方法主要用于某些不便于制定消耗定额的物料或耗用量不大的辅助材料，如以某种物料消耗占主要材料消耗的百分比来确定，或以每千元产值的某种物料消耗百分比确定。其计算公式为

$$\text{某种辅助材料需要量} = \frac{\text{上年实际消耗量}}{\text{上年产值(千元)}} \times \text{计划年度产值(千元)} \times (1 - \text{可能降低的百分率})$$

三、确定期初期末库存量

由于生产任务和供应条件的不断变化，计划期的期初库存量和期末库存量往往是不相等的。即使物料需用总量不变，但由于供应组织工作上的改进或生产技术水平的提高，也会使物料申请的供应数量发生相应的增减变动。当期初库存大于期末库存时，计划期就要减少物料供应量，反之则要增加物料供应量。

1. 期初库存量

期初库存量一般是根据库存的实际盘点数，并考虑编制计划时到计划期初的到货量和耗用量来计算。其计算公式为

计划期初库存量 = 编制计划时实际库存量 + 计划期初前到货量 - 计划期初前耗用量

2. 期末库存量

期末库存量通常是指物料储备定额，即平均经常储备量加上保险储备量。同时，还应考虑计划年度的第四季度物料供应情况及下一年第一季度生产任务的变化情况。

在实际工作中，通常采用50%~75%的经常储备量加保险储备量作为期末库存量。对于品

种较多的小宗物料，可按物料"小类"或"组"计算平均经常储备量加保险储备量来确定。

四、确定物料的采购量或申请量

企业确定了各种物料的需要量和期初、期末库存量后，经过综合平衡，就可算出各种物料的采购量或申请量。其计算公式为

某种物料的采购量或申请量 = 物料的需要量 + 期末库存量 − 期初库存量 − 企业内部可利用的资源

市场经济条件下，企业所需物料一般均通过向市场采购实现，故绝大多数企业只需编制物料采购计划。对部分需要国家计划分配物料的企业，需先提出申请，经主管部门进行供需平衡并予批准之后，才能进行订货和采购。这类企业需编制物料申请计划。

企业年度物料供应计划需通过编制季度、月份物料供应作业计划，并进一步细化和具体化，作为组织采购订货和向生产部门发料的依据。同时在物料供应计划执行过程中，由于生产情况和市场供应情况的变化，原来计划的平衡状态常被打破，因此也需要通过季度、月份作业计划及时进行调整和组织，以达到新的平衡。

企业在确定各种物料需用量和物料申请（采购）量之后，就可按物料的具体品种、规格编制物料平衡表。物料平衡表编好后，即可按物料类别加以汇总，编出物料供应计划。

五、物料的库存控制

企业为保障生产的连续进行，不但要经常采购物料，还必须保留一定数量的库存物料作周转之用。库存是一种处于储备状态的、尚未被利用的社会资源。在它投入使用之前不仅是多余的，而且需要花费人力、物力对它进行维护和保管。

在科学技术发展十分迅速的今天，随着新型资源的出现，库存物料常常因新资源的出现而贬值，甚至完全被取代而报废。因此，现代物料管理要求在保持正常的供需关系条件下，应尽可能降低库存。若库存量大，占用的流动资金就多，产品成本就会增加；若库存量太少，又可能影响生产的正常进行。所以要将物料周转库存量控制在一个合适的水平（物料储备定额）上，这就是物料库存控制研究的中心内容。

（一）物料库存的控制方法

物料库存控制，是对物料库存量动态变化的掌握和调整，是实现物料计划和控制流动资产的重要环节。物料库存控制的方法主要有定期库存控制法、定量库存控制法和经济批量控制法等。

1. 定期库存控制法

定期库存控制法是以固定时间盘点和订购周期为基础的一种库存量控制方法。其特点是订购日期一定，每次订购的数量不定。订购数量依据库存实际盘点临时决定，这叫定期不定量。它的计算公式为

订购量 = 平均每日需用量 × (订购周期 + 订购间隔期) + 保险储备量 − 现有库存量 − 已订购未到货量

式中　订购周期——从提出订货到该批物料入库为止所需时间；

订购间隔期——相邻两次订购日之间的时间间隔；

现有库存量——提出订购时盘点的库存量；

已订购未到货量——已订购，能在下次订购前到货的数量。

这种方法的优点是可以按规定的时间核查各种物料的库存量，然后把各种物料汇集起来

统一地组织采购订货,这不仅有利于降低采购费用,而且能减少采购工作量。其缺点是储备量或保险储备量相对要增加一些。

2. 定量库存控制法

定量库存控制法是以固定订货点和订购批量为基础的一种库存控制方法。这种方法是订购时间不固定,而每次订购的数量固定不变。具体办法是预先规定一个订货点量,当实际库存量下降到订货点时,就按预先规定的订购数量提出订货或采购,所以又称订货点法。其计算公式为

$$订货点库存量 = 平均每日需用量 \times 订购时间 + 保险储备量$$

保险储备量应根据供应条件来确定,如果供应条件较好,可以考虑不要或尽量减少保险储备量。这种管理制度一般适用于生产稳定和供应条件较好的物料,其优点是有明确的订购批量和订货点,便于有效地控制和管理。其缺点是每种物料严格按订货点订货采购,不利于各种物料合并组织采购,会提高采购费用,增加采购工作量。

订货点法又称"双堆法"。在实际工作中,当一批物料进厂时,库存量达到最大,这时可把该物料分作两堆保管,第一堆数量等于订货点量,先不动用;其余的作为第二堆。在发料时,首先动用第二堆,一旦第二堆用尽,需要动用第一堆时,说明库存量已降至订货点量,此时应及时订购。这种控制方式使库存量形象化,控制方法比较简便,适用于价格便宜、用量小、占用资金少的物料。

3. 经济批量控制法

经济批量控制法是侧重从提高企业本身经济效益的角度出发,来综合分析物料订购和库存保管费用的一种科学方法。它一般分为不允许缺货的经济批量和允许缺货的经济批量两种。

(1) 不允许缺货的经济批量也称最优订购量,其分析计算同经济订购批量法。

(2) 允许缺货的经济批量。当企业生产不均衡,供货又没有绝对保证,加大保险储备的代价又大于因缺货造成的损失时,就需要采用允许缺货的经济批量法。它是指使订购费用、保管费用、缺货损失费用三者之和最小的批量。其计算公式为

$$经济批量 = \sqrt{\frac{2 \times 每次订购费用 \times 年需用量}{物料单价 \times 年保管费用率 \times (1 - 每日耗用量/每日进货量)}}$$

(二) 库存物料的管理

物料 ABC 分类控制法又叫重点物料管理法,是现代企业物料管理中广泛采用的一种管理方法。首先将企业各种物料按其价值高低依次排列,再以每个品种的库存资金占总库存资金的累计百分比为基础,将排好顺序的物料分为 A、B、C 三类。将品种数量少、价值高、占用资金多的物料,划为 A 类;将品种数量较少、价值中等的物料划为 B 类;将品种数量繁多,而价值又较低的物料划为 C 类。

对 A、B、C 三类物料应分别采用不同的控制方法:A 类物料品种最少而占用资金最多,对物料储备必须严加控制,尽量缩短采购周期,增加采购次数,以利于加速资金周转速度,从而达到在保证生产正常进行的前提下,最大限度地节约或减少资金占用。B 类物料的品种数和占用资金数均次之,一般可适当控制,根据供应条件和采购力量等情况,可以适当延长采购周期或减少采购次数,适当增加储备天数。C 类物料品种繁多复杂,占用资金的比重很小,在资金使用上可适当放宽控制,采购周期可更长一些,储备天数可更多一些,这样,可以大大

地降低这部分的采购和管理工作，而对企业整个资金的使用效果也不会有太大的影响。

第三节 企业生产物流的管理

物料一旦进入生产过程即成为在制品，它按照产品生产工艺的顺序，经过各个生产环节、各道工序的加工，由半成品变为制成品。在我国，企业的物料消耗费一般要占到产品成本的70%以上。生产阶段物流管理是整个物流过程中十分关键的一环，控制物耗，充分发挥物料的效能直接决定着企业经济效益的高低。

一、物料消耗定额的概念和作用

物料消耗定额是指在一定的生产技术组织条件下，生产单位产品或完成单位工作量所必须消耗的物料数量的标准。先进合理的物料消耗定额对企业物料管理工作具有重要作用：①是确定物料需要量、编制物料供应计划的基础；②是物料供应部门核算生产用料、组织限额发料的依据；③是合理使用和节约使用物料、核算产品成本的重要手段；④是促进企业技术水平、生产组织水平和工人生产技能提高的重要条件；⑤是考核员工工作质量的主要依据。

二、物料消耗定额的构成

正确制定物料消耗定额，必须分析物料消耗的构成。物料消耗的构成是指从取得物料直到制成成品为止的整个过程中物料的消耗走向。以主要原材料为例，物料消耗的构成一般包括三部分内容。

（1）构成产品净重的物料消耗。这是指图样所要求的加工后零件净重。这部分属于材料的有效消耗，是物料消耗的主要部分。

（2）工艺性损耗。这是指产品在加工或准备加工的过程中，由于工艺技术上的原因而不可避免地产生的原材料损耗，如机械加工过程中的铁屑，木材加工过程中的木屑和刨花等。

（3）非工艺性损耗。这是指由于运输、保管、管理等工作的不善而造成的损耗。这部分损耗属于人为的原因造成，应尽量避免或减少。

根据物料消耗构成的不同，工业企业的物料消耗定额可分为材料消耗定额和物料供应定额两种。其中材料消耗定额包括产品净重的物料损耗和工艺性损耗两部分。在一定的生产条件下，有些非工艺性损耗一时还难以完全避免，为了保证供应，可以在工艺消耗定额的基础上，按一定比例加入非工艺性损耗，称为物料供应定额。

三、物料消耗定额的制定方法

（一）制定物料消耗定额的基本方法

（1）技术计算法。这是指根据产品设计图样和工艺文件，在工艺计算的基础上，充分考虑先进技术和先进经验制定定额的方法。这种方法比较科学、准确，但工作量大，技术性较强，适用于制定企业主要原材料的消耗定额。

（2）统计分析法。这是指根据以往生产中物料消耗的统计资料，并考虑计划期内生产技术组织条件等各方面的变化因素，通过分析和比较，再吸取先进技术和经验制定定额的方法。该方法比较简单，但需要有详细可靠的统计资料。

（3）经验估计法。这是指根据技术人员和生产工人的实际经验，并参考有关的技术文件和产品实物，以及生产技术组织条件等因素来制定定额的方法。该方法简单易行，工作量小，但科学性、准确性较差，一般在缺少技术资料和统计资料的情况下才采用。

（4）实际测定法。这是指在生产现场或实验室条件下，运用称量和测算等方式对物料的实际消耗量进行测定，进行分析修正确定定额的一种方法。它适用于测定那些外形复杂的零件或毛坯的重量，也适用于制定许多辅助材料的消耗定额。

上述几种方法各有优缺点，在实际工作中应根据企业的具体情况和管理水平而定。有时，也可以将几种方法结合起来运用。

（二）各类物料消耗定额的具体制定方法

1. 主要原材料消耗定额的制定

主要原材料消耗定额包括工艺性消耗定额和材料供应定额两种。前者作为向车间、班组发料和考核的依据，后者是核算物料需要量和采购量的依据。根据产品图样和工艺文件，用技术计算法和实际测定法计算产品的净重和各种不可避免的工艺消耗，即可得到原材料的消耗定额。

单位产品原材料(零件)消耗定额 = 单位产品(零件)的净重 + 各种工艺性消耗量(合理部分)

材料供应定额是在材料消耗定额的基础上，按一定百分比估算非工艺性消耗的数量。

材料供应定额 = 工艺性消耗定额 × (1 + 材料供应系数)

$$材料供应系数 = \frac{单位产品(零件)非工艺性消耗数量}{单位产品(零件)材料工艺性消耗定额}$$

以上为一般原理，各个行业因产品品种不同，工艺各异，其计算方法也有区别。

2. 辅助材料消耗定额的制定

辅助材料消耗定额，根据其用途不同，采用不同的方法来确定，一般有以下几种方法：

（1）与主要原材料成正比例变化的辅助材料，可按主要原材料单位消耗量的比例计算，如炼钢时1t生铁需加多少熔剂。

（2）与产品产量成正比例变化的辅助材料，可按单位产品用量计算，如包装材料。

（3）与设备开动时间有关的辅助材料，可按设备开动时间来确定，如润滑油等。

（4）与辅助材料本身使用期限有关的，可按规定的使用期限来确定，如皮带、轴承和清扫工具等。

（5）对难以具体确定消耗数量的辅助材料，可采用金额控制，如化验室用的烧杯和纸张等。

3. 燃料和动力消耗定额的制定

燃料和动力消耗定额，应按不同用途分别规定，如动力用燃料消耗定额，以发1kW·h电、生产1m³压缩空气或生产1t蒸汽所消耗的燃料为标准制定。

4. 工具消耗定额的制定

工具消耗定额，一般是用制造一定数量产品的某种工具使用时间除以某种工具的耐用期限来确定。

第四节　企业销售物流的管理

一、企业销售物流的内涵

（一）企业销售物流的概念

企业的产品只有经过销售才能实现其价值，从而创造利润，实现企业价值。企业销售物流是指企业在销售过程中，将产品的所有权转给客户的物流活动，是产品从生产地到客户的时间和空间的转移，是以实现企业销售利润为目的的。销售物流是包装、运输、储存等诸环节的统一。销售物流是企业物流的一部分，占据了企业销售总成本的20%。因此，销售物流的好坏直接关系到企业利润的高低。销售物流是企业物流活动的一个重要环节，它以产品离开生产线进入流通领域为起点，以送达客户并经售后服务为终点。

企业销售物流是生产企业赖以生存和发展的条件，又是企业本身必须从事的重要活动，它是连接生产企业和消费者的桥梁。对于生产企业来讲，物流是企业的第三个利润源，降低销售物流是企业降低成本的重要手段。企业一方面依靠销售物流将产品不断运至消费者和客户，另一方面通过降低销售过程中的物流成本，间接或直接增加企业利润。销售物流以满足客户的需求为出发点，从而实现销售并完成售后服务，因此销售物流具有更强的服务性。销售物流过程的终结标志着商业销售活动的终结。销售物流是以实现销售为目的的，它的所有活动及环节都是为了实现销售利润，因此物流本身所实现的时间价值、空间价值及加工价值在销售过程中处于从属地位。

（二）企业销售物流的流程

企业制造过程的结束就意味着销售工作的开始。对于按照订单进行生产的企业而言，销售过程中，不存在产成品的在库储存阶段，也就是说，产成品可以直接进入市场流通领域，进行实际销售；而对于按照产品的需求制订计划进行生产的企业，产成品进入流通领域以前多数会经过短暂的在库储存阶段，然后再根据企业销售部门收到的产品订单和产品运输时所选择的运输方式等来决定产品的运输包装。产品的外包装工作结束后，企业就可以将产成品放入企业所建立或选择的销售渠道中进行实物的流转了。图6-4表示了企业可以选择的三种销售渠道：①配送中心—批发商—零售商—消费者；②配送中心—零售商—消费者；③配送中心—消费者。

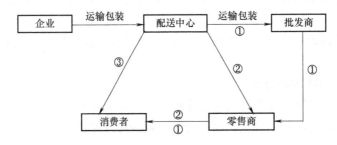

图6-4　企业销售物流的流程图

销售物流中的基本作业环节主要包括以下几个方面：

1. 产品的储存

销售物流的基础是可供商品量，可供商品量的形成途径有：①零库存下的即时生产；②一定数量的库存。

就目前大多数工商业企业而言，一定数量的库存是企业的首选，其原因为：①维持较高供货服务水平，就必须保有一定的库存，因为任何企业的生产经营活动都存在着多种不确定因素和需求的波动，这些不确定因素和需求波动会影响企业经营活动的稳定性和持续性。因此，企业大多通过保持一定量的库存来避免不确定因素带来的经营风险，因缺货而引起的客户流失是风险的主要表现。②对于需求呈明显周期性或季节性变化的商品，企业为保证生产的持续性和供给的稳定性，也要保持必要的库存。

2. 运输包装

产品的包装通常分为销售包装和运输包装。销售包装是与产品直接接触的包装，是企业销售工作的辅助手段，许多企业都通过产品的销售包装来进行新产品推销或企业形象宣传；而产品的运输包装主要是在产品的运输过程中起到保护作用，避免运输、搬运活动造成产品毁损的现象。企业可以选择在生产过程中对产品进行销售包装，而将产品的运输包装推迟到销售阶段，在决定运输方式以后再进行对产品的运输包装。这样企业就可以依据产品配送过程中的运输方式和运输工具等来决定运输包装选用的材料和尺寸，不但可以更好地发挥运输包装对产品的保护作用，而且可以通过选择不同的包装材料来节省包装成本，也可通过与运输工具一致的标准化包装来提高运输工具的利用率。

3. 产品发送

产品发送以供给方和需求方之间的运输活动为主，是企业销售物流的主要管理环节。产品发送工作涉及产品的销售渠道、运输方式、运输路线和运输工具等的选择问题，因此企业在销售物流管理过程中需要进行大量的决策工作，通过对各方面因素进行综合考虑做出对企业经营最有利的、最低成本的选择。同时，企业在产品发送过程中除了要关注运输活动外，还应重视产品在运输端点的搬运和装卸等活动，它是运输作业中不可缺少的重要组成部分，对运输产品的质量有直接影响。

4. 信息处理

企业销售物流中的信息处理主要是指产品销售过程中对客户订单的处理。订单处理过程是从客户发出订货请求开始到客户收到所订货物为止的一个完整过程。在这个过程中进行的有关订单的诸多活动都是订单处理活动，包括订单准备、订单传输、订单录入、订单履行和订单跟踪等。由于客户采用的订货方式存在差异，订单处理的环节也会随着订货方式的不同而有所变化，如网上购物，订单传输就不是一个必要的环节。

二、企业销售物流合理化

（一）企业销售物流合理化的实现

传统的销售物流是以工厂为出发点，采取有效措施，将产品送到客户手中。而从市场营销观点来看，销售物流应先从市场着手，企业首先要考虑客户对产品及服务水平的要求，同时企业还必须了解其竞争对手所提供的服务水平，然后设法赶上并超过竞争对手。许多企业把销售物流的最终目标确定为以最短的时间和最少的成本把适当的商品送达客户手中，但在实际工作中很难达到上述目标，因为没有任何一种销售物流体系能够既最大限度地满足客户的需求，又最大限度地减少销售物流成本，同时又使客户完全满意。例如，如果客户要求及时不定量供货，那么销售企业就要准备充足的库存，这样就会导致库存量高，库存费用增加，同时，及时不定量的随时供货又使运输费用增加，从而使企业在销售过程中物流成本费用增加。若要使销售物流成本降低，则必须选择低运费的运输方式和低库存，这样就会导致送货间隔长，增加了缺货风险，而客户的满意度则会降低。

1. 销售物流的职能成本与系统成本的矛盾

为了实现销售活动，仓储、运输和包装等各职能部门所投入的成本称为职能成本。系统成本则是整个销售物流活动过程中各职能成本的总和。不少企业往往认为自己的物流系统已达到高效率水平，因为库存、仓储和运输各部门经营良好，并且都能把各自成本降至低水平。然而，如果仅能降低个别职能部门的成本，而各部门之间不能互相协调，那么总系统成本也不一定最低，这就存在着各职能部门的成本与系统总成本的矛盾。企业销售物流系统的各职能部门具有高度的相关性，企业应从整个物流系统的成本考虑来制定物流决策，而不能仅考虑降低个别职能部门的成本。

2. 制定系统方案，进行综合物流成本控制

（1）直销方案的综合物流费用分析。把商品直接销售到客户手中，这种销售物流方案一般会耗费较高的物流成本费用，因为通常直销的货物数量不会很大而且运输频率较高，所以运送成本较高。但是这种直销一般针对急需的客户，一旦延误，很有可能会失去客户。如果失去销售机会所损失的成本大于物流成本，则企业还是应采取直销方案。

（2）中转运输方案的综合物流费用分析。如果企业经计算发现，将成品大批量运至销售地区仓库或中转仓库，再从那里根据订单送货给每一位客户的费用少于直接将货物送至客户，则可采用经中转再送货的方案。增建或租赁中转仓库的标准是增建或租赁仓库所节约的物流费用与因之而增加顾客惠顾的收益大于增建或租赁仓库所投入的成本。

（3）配送方案的费用分析。配送价格是到户价格，与出厂价相比，其构成中增加了部分物流成本，因而价格略高于出厂价。与市场价相比，其构成中也增加了市场到客户这一段运输的成本，因而价格也略高于或等于市场价。但是客户若将以往的核算改成到户价格的核算，就可以发现，配送价格更优越。

对于生产厂家，仅以出厂价交出货物，不再考虑以后到客户的各物流环节的投入，省去大量的人力物力。配送方案可以使企业、配送中心和客户三方分享规模化物流所节约的成本，因此，配送中心的代理送货将逐渐成为合理资源配置的一种方案。

3. 销售物流的统一管理

在销售物流过程中，仓储、运输、包装决策应该是互相协调的。在不少企业，将物流运营权分割到几个协调性差的部门，就会使控制权过于分散，而且还会使各职能部门产生冲突。例如，运输部门只求运费最低，宁愿选用运费少的运输方式大批量运输；库存部门尽可能保持低库存水平，减少进货次数；包装部门则希望使用便宜的包装材料。各部门都从自己的局部利益出发，就会使整个系统的全局利益受损。因此，企业应对销售物流活动统一管理，协调各职能部门的决策，这对于节约企业的物流投入是非常有利的。

（二）企业销售物流合理化的形式

销售物流合理化应该做到在适当的交货期，准确地向客户发送商品；对于客户的订单，尽量减少商品缺货或者脱销；合理设置仓库和配送中心，保持合理的商品库存；使运输、装卸、保管和包装等操作省力化；维持合理的物流费用；使订单到发货的情报流动畅通无阻；将销售额等订货信息，迅速提供给采购部门、生产部门和销售部门。

构筑厂商到零售业者的直接物流体系中一个最为明显的措施是实行厂商物流中心的集约化，即将原来分散在各支店或中小型物流中心的库存集中到大型物流中心，通过信息系统等现代化技术实现进货、保管、库存管理、发货管理等物流活动。原来的中小批发商或销售部门则可以成为品牌授权销售机构。虽然从配送的角度看，物流中心的集约化造成了成本上升，但是因为它削减了与物流关联的人力费、保管费和在库成本等费用，在整体上起到了提高物流效率、削减物流成本的目的。

销售物流活动受企业的销售政策制约，仅从物流效率的角度是不能做出准确评价的。例如，食品厂为了把自己新开发的商品打入市场，在向大型超级市场配送货物时，可能要改变原来经由批发部门供货的做法，哪怕是一箱货物也采取从工厂直接送货这种效率极低的物流方式。因为要保证商品供应，使本厂制品在销售市场上不断货是新品打入市场的一个重要步骤。这说明销售物流活动作为市场营销的服务手段，有时不能仅考虑自身的效率问题。所以，在考虑销售物流的合理化问题时，考虑企业的销售政策是十分重要的。因为在很多情况下，要合理组织销售物流，至少必须改变买卖交易条件。

销售物流合理化的形式有大量化、计划化、商物分离化、差别化和标准化等多种形式，下面分别给予简单介绍。

1. 大量化

这是通过增加运输量，实现规模经济，使物流合理化的一种做法。一般通过延长备货时间得以实现，如家用电器企业规定三天之内送货等。这样做能够掌握配送货物量，以此提高配送装载效率。

2. 计划化

通过适当控制客户订货量，使发货均衡化，这是实行计划运输和计划配送的前提。为此必须对客户的订货按照某种规律制订发货计划，并实施管理，如按路线配送、按时间表配送、混装发货、返程配载等各种措施的合理使用。

3. 商物分离化

其做法之一，是订单活动与配送活动相互分离。把自备载货汽车运输与委托运输乃至共同运输联系在一起，利用委托运输可以压缩固定费用开支，提高运输效率，从而节约运输费用。商流、物流分离把批发商和零售商从大量的物流活动中解放出来，使其可以把这部分力量集中到销售活动上，从而使企业的整个流通渠道通畅，物流效率得以提高，成本得到降低。

4. 差别化

根据商品周转速度的快慢和销售对象规模的大小，把仓储地点和配送方式区别开来，这就是利用差别化实现合理物流的策略，即依据周转较快的商品分散保管、周转较慢的商品尽量集中保管的原则，以压缩流通阶段的库存，有效利用库存面积等。此外，也可以依据销售对象决定物流方法，如供货量大的销售对象从工厂直接送货，供货量分散的销售对象通过配送中心供货，对于供货量大的销售对象每天送货，对于供货量小的销售对象集中配送等，灵活掌握配送次数。无论哪一种形式，在使用时，都应把注意力集中在平衡好节约物流费用与提高服务水平之间的关系上。

5. 标准化

这是以国际标准作为销售物流的作业基础。同时，以销售批量规定订单的最低数量成套或整包出售，会明显提高配送和库存管理效率。

三、销售物流配送

配送作为企业销售物流的重要环节，其重要性已经得到了越来越多的社会认可。配送中心是企业为了更好地运行产品配送活动而建立的企业销售物流的运作节点。配送是一个销售物流活动的综合表现形式，但是这个综合不是简单的物流活动的集合，而是科学地把物流相关活动进行有机的结合，从而提高企业销售物流运作的效率。企业的配送就是将产品的包装、搬运、装卸、仓储、运输等相互独立运行又相互制约的销售物流环节组织在同一个物流运作系统中，通过这个系统合理地安排一系列的销售物流作业活动，从而在将产品送达消费目的地的过程中实现物流运作的效率化。

（一）配送的分类

从不同的角度（配送主体、配送对象、服务对象、配送方式、流通环境等）考察配送系统，配送系统之间是存在差异的，根据不同的分类标准，可对企业配送进行分类。

1. 按实施配送的节点不同进行分类

（1）配送中心配送。这种配送业务的组织者是配送中心，它规模大，有实施产品配送的设施设备和装备。配送中心配送专业性比较强，和客户一般有固定的配送关系，配送设施及工艺是按照客户需求专门设计的。因此，配送中心配送具有能力强、配送品种多、数量大的特点。

（2）仓库配送。它一般以仓库为据点进行产品配送，也可以在原仓库保持储存保管功能的前提下，增加一部分配送职能，或经过原仓库的改造，使其成为专业的配送中心。

（3）商店配送。这种配送业务的组织者是商业企业或物资供应企业的门市网点。商店配送形式是除自身日常的零售业务外，按照客户的要求将商店经营的品种配齐，或接受客户的委托外订、外购一部分本店平时不经营的商品，并将本店经营的品种配齐后送达客户。因此，在某种意义上讲，它是一种销售配送形式。

（4）生产企业配送。这种配送业务的组织者是生产企业。一般认为这类生产企业具有生产本地化趋势比较强的产品的特点，生产的产品包括食品、饮料、日用百货等。

2. 按照配送商品的种类和数量进行分类

（1）单（少）品种大批量配送。这种配送适用于需求量大、品种单一或少品种的生产企业。由于这种配送品种单一、数量多，可以实行整车运输，有利于车辆满载和采用大吨位车辆运送。

（2）多品种少批量配送。由于这种配送的特点是客户所需的物品数量不大、品种多，因此在产品配送的时候，要按照客户的具体要求，将所需要的各种物品配备齐全，凑整装车后送达客户。

（3）配套成套配送。这种配送的特点是客户所需要的物品是具有成套性的。例如，装配性的生产企业为生产某种整机产品，需要许多零部件，需要将所需的全部零部件配齐，按照生产节奏定时送达生产企业，生产企业随即将此成套零部件送入生产线，进行产品的装配。

3. 按照配送时间和数量进行分类

（1）定时配送。这种配送是按照规定的时间间隔进行配送，每次配送的品种、数量可按照计划执行，也可以在配送之前以商定的联络方式通知具体配送产品的品种和数量。它可以区分为日配送和准时—看板方式配送。

（2）定量配送。它是指按规定的批量在一个指定的时间范围内进行配送。这种配送方式由于配送数量固定，备货较为简单，可以通过与客户的协商，按照托盘、集装箱以及车辆的装载能力确定配送数量，这样可以提高配送效率。

（3）定时定量配送。这种方式是按照规定的配送时间和配送数量进行配送，兼有定时配送和定量配送的特点，要求配送管理水平比较高。

（4）定时定路线配送。它是在规定的运行路线上指定到达时间表，按照运行时间表进行配送，客户可以按照规定的路线和规定时间接货，或提出其他配送要求。

（5）即时配送。这种配送是完全按照客户提出的配送时间和数量随机地进行配送，是一种灵活性很高的应急配送方式。采用这种配送方式的物品，客户可以实现安全库存为零的零库存管理，即以即时配送代替安全库存。

（二）销售配送中心

配送中心是一种仓库，但它不是只有仓储功能的仓库，而是一个在仓储基础上建立的多功能、信息化仓库。配送中心的多功能化和信息化使其成为企业销售配送系统的核心场所，它已成为企业配送系统充分发挥运作效率的关键。企业物流活动的目的就是将不同的操作点通过运输路径连接起来，实现实物的顺畅流通，而配送中心就是众多物流运作连接点中的一种形式，而且是其中最重要的一种形式。

1. 配送中心的职能

配送中心作为企业销售物流系统的重要连接点，向整个物流系统提供着多项服务，如货物的包装、加工、仓储、装卸和分拣等。配送中心的每一个操作环节都向企业提供着不同的服务，其中主要表现为三方面的职能：

（1）集货职能。它是配送中心最基本的职能。配送中心是从仓库发展演变而来的，而仓储作为仓库的主要职能又是集货的一种表现形式，因此不难理解集货是配送中心的基本职能。配送中心的集货是为其他环节的操作进行准备，同时也可以为企业扩大运输规模、实现运输成本的节约而进行的集运提供暂时的存储场所。在仓储、加工和包装等操作环节之前，配送中心主要是起到接收企业各供应点送货的作用，然后再对所收货物进行质量检查、分拣和储存等操作，最后按照企业的送货指令进行产品的配送。实物在配送中心的整个流动过程都是以集货为起点的，而配送中心要想更有效地发挥集货的职能就必须做好仓储设施的建设，为不同特点的产品提供合适的存储环境。

（2）加工和包装职能。它是配送中心与传统仓库之间差异的主要表现，既是配送中心的重要职能，也是物流运作提供的一种增值服务。配送中心对产品进行简单的加工，可以有效地推迟产品的个性化，有利于增强企业经营的柔性；配送中心的包装职能主要针对产品的运输包装，也就是将产品的运输包装时间推迟到企业收到订单以后，企业可以根据产品的运输要求、运输方式等决定性的因素来选择适合于产品的运输包装（包括包装的材料和包装的尺寸），这是提高企业销售物流效率的一种有效方法。同时，加工和包装职能也是配送中心向企业提供的一项增值服务，改变传统仓库只是实现产品时间价值的工具，成为创造产品价值的一种手段。

（3）分拣和理货职能。作为产品流通的一个中转站，分拣和理货职能已成为配送中心的一个核心职能。企业销售环节需要的产品进入配送中心，经过仓储、加工和包装等操作后，就需要配送中心按照企业产品的运输要求（包括产品的数量、规格和运输目的地等）对产品进行分拣和理货操作，从而使产品的配送运输环节具有高效性。

2. 配送中心的作业流程

配送中心的作业主要是为了实现配送中心的职能，因此，配送中心的作业内容都是围绕着三大职能安排的，包括产品的入库、包装、加工、仓储、分拣和出库发送等环节。而整个流程是以供应端点（起点，产品的生产厂）开始，以需求端点（终点，零售商、批发商、最终客户）结束。图6-5所示的配送中心作业流程图清晰地展示了配送中心各个作业环节的作业顺序，虚线以上的各项作业均是在配送中心内完成的。

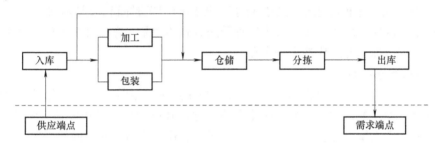

图6-5 配送中心作业流程

（1）入库。产品从配送中心的供应端点（对生产企业而言供应端点就是企业产品的生产车间）进入配送中心的过程就是配送中心的入库作业。配送中心先将供应端点送达的产品放置于到货入库区，在这里进行产品质量、数量的检验，以及对企业送货单的审核。审核合格的产品就可以进入作业流程的下一个环节；若产品出现质量问题，就会产生产品的返退工作，这部分产品可以在入库区暂时存放，方便企业进行产品的返回运输安排等。

同时，在入库作业阶段，配送中心还需要完成产品入库信息的存储工作，信息化处理是配送中心与传统仓库的又一显著区别，为所有入库产品编制条码等电子化信息识别标志，以帮助企业提高验货的效率和验货的准确度。

（2）加工、包装。加工、包装作业不是一个必要环节，对于需要加工或包装的产品，配送中心在产品入库作业完成后对其进行简单的加工和包装操作。配送中心的加工、包装操作是现代物流推迟原则的实际应用，也就是产品个性化的推迟，有利于企业产品的销售安排，也有利于包装材料和包装尺寸的选择。这个作业环节可以为入库产品增加价值，是配送中心重要职能的体现。

（3）仓储。仓储是配送中心的基础职能，它使配送中心流动性得到了更好的发挥。按照产品的存储时间将配送中心的仓储区分为两类：暂时存储区和长期存储区。对于存放在暂时存储区的产品而言，配送中心实质上是一个中转站，产品入库的目的就是进行分拣，然后按照企业收到的订单安排产品的发送工作；对于存放在长期存储区的产品而言，配送中心更像是一个仓库，只是产品的存储位置、存储形式以及存储时间等都可以通过配送中心的管理信息系统进行电子化管理。当然，长期存储区内的产品与暂时存储区内的产品之间存在着相互的转换，当暂时存储区内的产品不足以履行订单要求数量的时候，长期存储区内的产品就会被搬运到暂时存储区，以备进行产品分拣。

（4）分拣。配送中心的分拣作业就是根据企业的发运指令将暂时存储区内的待发运产品搬运到分拣区进行集中配货，为产品的出库发送环节做准备。配送中心进行产品的配货有两种方式可以选择：摘取式配货和播种式配货。摘取式配货是以订单为单位，对订单中的商品配货后汇集成一个出库单位，它是按每一个订单的数据从商品的保管场所将商品"摘取"下来，顾名思义称为摘取方式；播种式配货是将计算机系统中存储的各个订单内容，以一天中一定时间段为订单截止时间，按每一种商品的汇总打印配货清单，然后从商品的保管场所将每种商品拣出，在商品分货区再将商品按订货方的要求进行分配。配货完成后，配送中心还需要对零散出库产品进行必要的捆绑，这是提高配送中心运作效率的必要手段。

（5）出库。配送中心根据配货清单配好产品，对存放在出库待运区的产品进行核对，包括产品数量、品种、运输标识等的核对，在审核无误的情况下给产品安排适当的车辆进行装车操作，然后按照事先指定的发送路线进行产品的发送。提高产品发送效率的一个关键就是产品发送路线的选择，根据产品的数量、车辆的载重以及需求点的数量和分布选择对企业最有效的配送路线。

第五节　企业生产中逆向物流的管理

由于社会对物流管理的日益重视以及人们环境保护意识的增强，绿色物流的概念正逐步被人们所认识。而作为与绿色物流密切相关的生产中的逆向物流，也已逐渐成为社会经济生活中的一个重要问题，受到了社会各界的关注。

一、企业生产中物料回收的管理

废料、呆滞物料和陈旧物料的处理是企业物流管理人员面临的一个难题。废料是在目前状态下不能使用的物料。部分废料可通过收集、分类、加工和供应等环节转化成新的产品，重新投入到生产或消费中，这一过程称为回收物流。对那些无明显使用价值的废料，一般通过销毁和填埋等方式予以处理，这一过程称为废弃物流。呆滞物料是指一段时间内未使用或存量超出一段时期内需用量的物料。而陈旧物料是指已使用过或长期未使用过的，但仍有使用价值的物料。这里将废料、呆滞物料和陈旧物料通称为废旧物料。多余的存货会增加企业的储存成本，从而造成销售成本过高，而这些损失都要由收入来补偿。

（一）企业生产中废旧物料的形成

在企业生产的组织过程中，不可避免地会产生一些废旧物料，废旧物料产生的原因也有很多，主要原因可以归纳为以下几点：

（1）生产过程中产生的废旧物料。这包括报废残次品、半成品，加工产生的边角废料、钢渣、炉底，生产中损坏报废的设备，以及由于设计变动或产品更新换代而不再使用的呆滞物料等。

（2）流通过程中产生的废弃物料。这包括各种原材料和设备的包装物、流通中因长期使用而损坏的设备工具、产品更新过程中因标识改变而废弃的物料、保管过程中因储存时间过长而丧失部分或全部使用价值的物料。

(3) 由于精神损耗而产生的废旧物料。精神损耗是指由于生产率提高、技术进步而造成某些物料继续使用不经济的现象。尤其是机电产品，更新换代很快，老的产品只能作为废旧物料被淘汰。

(二) 企业生产中废旧物料回收的作用

企业生产中对废旧物料进行回收利用的工作是利国利民的大事，它不仅可以减少生产过程中的资源消耗、弥补自然资源的不足，而且可以降低成本、提高经济效益。其具体作用表现如下：

(1) 使社会资源量相对增加。物料资源总是有限的，回收利用废旧物料就相当于利用社会资源的潜在资源，从而可以在一定程度上缓解资源的紧张状况。

(2) 节约各种能源。利用废旧物料既可以节约开采资源的能源消耗，又可以节约物料生产过程中的能源消耗。

(3) 减少废旧物料对环境的破坏污染。通过回收利用废旧物料，可以大大减轻废旧物料对环境的污染。

(4) 节约时间，加快工业发展速度。利用废钢铁炼钢，可以节约铁矿石、石灰石等原材料的生产时间和运输时间，从而提高生产效率。

(三) 企业生产中废旧物料的处理

废旧物料的处置方法有很多，不同性质的废旧物料可以利用其不同的特点进行处置。下面是几种在企业中常见的处置方法。

(1) 将钢铁、铝、铅等废旧物料适当分类，再分成若干等级，以便于企业内部设法利用。

(2) 对拆卸下来的大件废料，如钢或其他金属，可用乙炔剪断，作为废料；或予以拼接，以备日后代作新料。

(3) 对某些拆下来后可以转用到其他地方的废料，如电动机、泵和管道等，应小心拆解，再送到维修保养部门整修后，重新入库待用。

(4) 对某些存量很多且有利用价值的废旧物料，可以在组织内部调用或设法利用，如代作其他物料使用或大材小用，或退还给供应商，或集中定期向外出售，如直接销售给其他企业等。

(5) 对某些已无明显利用价值的物料，可以采取焚毁、破毁、掩埋等方法处理。

二、产品退回物流管理

产品的退回物流与废旧物料回收物流一样是一种逆向物流，它与废旧物料回收的不同之处在于产品不是在生产企业内部的逆向流动，而是在物流系统中不同的企业或客户（最终用户）与零售商之间的逆向流动。

(一) 产品退回物流

产品退回物流就是物品自零售商开始沿着供应链向最初供应商或其他处理点的整个回流过程。产品退回物流管理就是要对回流的产品进行处理，或是返还给生产商，或是去二级市场，或是掩埋处理，这也是整个物流系统规划设计时必须考虑的，它会影响整个物流系统运作的效率与企业在市场上的竞争能力。

1. 产品退回的原因

产品退回在现代经济生活中是常见的现象，其原因很多，可分别从客户（最终用户）和供应链合作伙伴或零售商作为产品退回源的角度分析产品退回的主要原因。客户产品退回的原因主要有：①购买产品的功能或质量未能满足客户需要；②产品的使用技术与操作方法过分复杂烦琐，导致客户难以正常使用该产品；③客户购买产品后，在使用过程中或使用前发现产品存在严重的缺陷；④某些客户滥用一些零售商在销售产品时承诺的"无理由退货"的销售政策。

2. 产品退回物流的作用

有效而科学的产品退回物流管理，除与废旧物料回收物流一样具有减少资源消耗、节约成本、增加企业利润及减轻对环境的污染等作用之外，还有以下三方面作用：

（1）提高客户满意度，是培养忠诚客户群的有效手段。在某些产品的流通渠道中，客户可以将任何产品退回给零售商，如某些零售企业承诺"无理由退货"，而零售商和批发商与生产企业又有自由退回协议。由生产企业对产品的市场生命周期负起完全责任，这对提高产品的品牌价值，培养品牌忠诚客户以及提高产品在市场上的竞争力等都能起到促进作用。"以旧换新"可以被理解为产品退回方式的延伸。

（2）使企业获得社会效益，提高企业公众形象。企业把那些部分损坏但仍可以使用的产品或过时产品直接捐赠给慈善机构，可以提升企业在公众中的良好形象。当然，企业也可以采取其他的产品退回处置方式来达到这一目的，如耐克公司鼓励客户把他们穿破的耐克鞋送回到当初购买鞋的商店，这些鞋会被送回耐克公司的工厂，然后被碎化，制成球场和跑道的铺设材料。在这里，耐克公司不是给消费者优惠，而是让消费者把材料捐赠出来，作为体育运动场地的建设材料，为社会造福，这在无形中提升了耐克公司的社会公众形象。

（3）建立有效的供应链合作伙伴，取得"双赢"的效果。供应链合作伙伴退回产品，可能是由于商家购买了太多的产品，但销售量却没有预期的那么好，这样会造成库存积压；也可能是因为产品在市场上已过了它的生命周期；或是产品已过了销售季节；还有可能是产品在运输过程中被损坏。因此，建立公平合理的产品退回机制，对建立良好的供应链战略合作伙伴关系是十分重要的。

当然，在制定产品退回物流的原则时，应尽量避免鼓励客户欺诈和滥用产品退回政策。例如时装公司采用"无理由退货"政策时，会遇到客户的恶意退货，退货的频率常常会高于公司能够忍受的程度。建立科学、合理、公平、高效的产品退回机制是产品退回物流管理取得良好效果的先决条件。

（二）产品退回物流的管理

利用产品退回物流为企业带来积极影响的同时，加强对产品退回物流的管理是十分必要的。

1. 产品退回物流管理的原则

产品退回物流管理必须注重以下几个方面的原则：

（1）加强对产品退回物流起始点的控制。产品退回物流起始点控制就是在产品退回的入口对有缺陷或无依据的退回产品进行审查与控制。客户满意是企业成功的关键，所以许多零售商的成功都在很大程度上归功于以客户为导向的营销策略，这其中包括了"无理由退货"策略，也称为自由回流策略。企业承担了产品的缺陷、破损或客户不想要的风险，吸引了客户并增加了销售额，但同时也会给零售商带来诸多困难和问题，如客户欺诈或滥用"无理由退货"政策等问题，且这种行为发生的频率往往高于零售商能够容忍的限度。

零售商是起始点控制的关键，而目前许多零售商都把在它们店铺内审查有缺陷或无根据退货看作额外工作，而店铺的一线员工也不愿把好商品退回物流的入口关，导致积累的退回产品堆积如山，而零售商只承担处理这些退回物品成本中的一小部分，这种方式破坏了制造商和零售商之间的交流渠道。如果产品退回物流的起始点控制功能成为优先考虑的项目，而不是作为补充的话，这种伤害应该是可以避免的。

（2）尽量缩短产品退回处理的周期。在产品退回物流管理方面比较成功的企业大多是那些能够比较好地在退回产品的入口上进行控制，同时也能够缩短与退回物品的转移和处置有关的回流周期的企业。

（3）建立一套完善的物流信息系统。完善的物流信息系统是产品退回物流管理有效与否的关键，但是这一点在许多企业中往往被忽视。尤其是有关产品退回的物流信息往往不被信息系统部门考虑为优先发展的系统。

当然，有些企业较好地建立了相关信息子系统，以压缩产品退回处理周期，如某些工厂设计了人工系统以改善退回产品的处理过程。这一人工系统的基本方法是：他们使用的是三色系统，如果这件产品将被退回工厂，则贴上黄色；如果该产品要被放入处理品托盘，则贴上绿色；如果系统显示红色，则这件产品另做处理，需进一步调查。尽量把显示为红色的产品的数目控制到最少。由于处理决定是由系统做出的，它并不依赖于个人判断，因此退回产品处理周期将大大缩短。

（4）组建集中的退回产品处理中心。在集中式的系统中，所有要进入逆向物流管道的退回产品都被带至处理中心，在那里经分类和加工，然后运至下一目的地。这个系统还能使企业最有效、最大数量地处理退回产品，这里的分拣人员均是分拣专家，他们拥有该领域的专门知识，可以为每件产品找到最佳的退回通道。

集中式退回物品处理中心的运作过程一般是：零售商把物品送回至集中退回物品处理中心，如果零售商规模很大，比如是全国性甚至国际性的，那么它很可能拥有不止一家的集中式退回物品处理中心。一般来说，根据零售商和制造商的指导，集中式退回物品处理中心会对如何处理退回产品做出合适的决定。

（5）实行零返回产品流策略。零返回产品流策略就是制造商和分销商不允许产品在退回通道中流通，而是给零售商或其他下游企业一个产品退回额度（一般为3.5%~4%），由他们自行处置。这种策略一般能大大降低成本。实施这类策略的企业可以通过预先设定的退回产品成本限额来减少退回成本的不确定性，从而改善企业计划，保证财务健康。在评价"零返回产品流"策略时，必须考虑它对"销售渠道"可能造成的影响。

（6）对退回产品实行资产恢复。资产恢复就是对退回的产品、过剩产品、过时产品等进行分级和处理，以达到降低处理成本和提高该类产品所有者回报率的目标，也就是尽可能地恢复产品的经济和生态价值，从而降低最终废品的数量。

资产恢复过程还包括销毁退回产品。当退回产品进入二级市场后，许多零售商和制造商仍然希望他们的商标和产品的形象不受损害，所以他们常常要求销毁退回产品。这种销毁包括去掉制造商的名字或撕去标签。

2. 产品退回的处理方法

由于产品的特性、产品退回的原因、分销合同的责任划分以及产品需求均不相同，因此企业对退回产品的处理方法也不同，但总体上对退回产品的处理可以归纳为以下几种方法：

（1）把产品退回至制造商。零售商会因为产品缺陷、营销回流、产品过时或过量库存等原因，把产品退回给制造商。这里的营销回流是指当制造商以某种优惠促销策略，激励零售商大批量订货，但事实上零售商不能售完增大的进货量时，零售商需要退回这些产品。有时，为帮助零售商避免库存产品过时或过多，制造商也会允许产品退回。

对制造商来讲，产品退回很可能是源于销售代理协议或类似的相关协议。在销售代理协议中，代理商并不拥有产品的所有权，因此，如果代理商代理的产品没有卖完，往往要制造商负责转移产品，而代销产品的库存一般不纳入零售商产品退回的逆向物流系统中。

（2）将退回产品作为新产品出售。如果退回产品没有被使用过、也无明显缺陷，零售商可能把它送至商店，作为新产品再次出售。当然产品需要重新包装。例如，在汽车零部件这样的产业中，企业在重新包装上每年都要花费大量的人力与资金，通过重新包装，客户就不会察觉到产品是二次出售的。

（3）将退回产品"打折"出售。如果产品被退货，或零售商的库存太大，产品可通过"打折"出售。在服装业，不可能把退回的服装当作新衣服，因此，"打折"就是零售商处理这类产品的唯一渠道。一般来说，零售商会有大量的即将撤下商店柜台的处于销售季末的产品，而在"打折商店"，客户有时甚至希望能找到过季产品。

（4）将退回产品卖给二级市场。当企业不能够自己售完某产品，又不能把它退给制造商，也不能通过"折扣商店"出售时，还可以选择通过二级市场销售。二级市场主要由专门从事低价购买清仓产品的企业构成，价格有时甚至只有原价的1/10。

（5）将退回产品捐赠给慈善机构。如果产品只是表面有轻微破损，但仍然可以使用，零售商和制造商可能会决定把这些产品捐赠给慈善机构，而不收任何费用。

（6）将退回产品进行重造、整修后再出售。在认定产品已完全损坏并被回收再利用之前，许多企业都会尽量对这些产品重造或整修。根据产品类型及进入企业回收物流系统的原因不同，企业在这方面可选择的范围非常广。许多消费品不能重造，一旦使用过，就不能对它做什么整修，所以不存在将该类退回产品进行重造、整修后再出售的问题。

（7）将退回产品中的物料进行回收、循环和掩埋。由于某些原因，企业可能禁止把退回物品卖给二级市场，也不允许丢弃，那么最后只好对其进行销毁。企业处理该类退回产品的目标依然是从产品中恢复最大的价值或使销毁成本最小化。

本 章 小 结

物流是以满足客户需求为目的，为提高原料、在制品、制成品以及相关信息从供应到消费的流动和储存的效率和效益，而对其进行的计划、执行和控制的过程。企业物流管理的任务是：通过科学的物料供应管理，控制物料的供需；通过科学地组织物料使用，控制物料的耗用；通过合理地组织物料流通，控制物料的占用时间。

企业物流合理化的途径为：各种设施在生产空间的合理布置；合理控制库存；均衡生产；合理地配置和使用物流机械。

物料库存的控制方法包括：定期库存控制法；定量库存控制法；经济批量控制法。物料ABC分类控制法又叫重点物料管理法，将品种数量少、价值高、占用资金多的物料，划为A类；将品种数量较少、价值中等的物料划为B类；将品种数量繁多，而价值又较低的物料划为C类。

物料消耗定额是指在一定的生产技术组织条件下，生产单位产品或完成单位工作量所必需消耗的物料数量的标准。物料消耗定额的构成包括：构成产品净重的物料消耗；工艺性损耗；非工艺性损耗。

企业销售物流是指企业在销售过程中，将产品的所有权转给客户的物流活动。配送中心的职能有：集货职能；加工、包装职能；分拣、理货职能。

产品退回物流管理的原则为：加强对产品退回物流起始点的控制；尽量缩短产品退回处理的周期；建立一套完善的物流信息系统；组建集中的退回产品处理中心；实行零返回产品流策略；对退回产品实行资产恢复。

案例分析

海尔的物流

一、现代企业物流——以时间消灭空间

8月7日上午9时，在信息中心副总经理詹丽的计算机终端上，看到这样一条订单信息：哈尔滨工贸公司需要150台XQB48—62型洗衣机，要求8月8日完工，8月11日到货。

物流订单执行事业部部长王正刚负责物料的采购和配送。在他的计算机终端上，刚才看到的那150台洗衣机销售订单已经转化为生产订单，而且这种洗衣机所需的配件也已分解完毕。分解结果：共需要258种零部件。排查库存，有199种零部件缺货，需采购。所有这些，都是计算机在瞬间自动完成的，并形成了199份采购订单。

海尔目前拥有全球800家国际化原材料分供方，包括50家世界500强企业，它们的供货基地有的就在海尔工业园周边。此刻，在他们的计算机终端上，也同时出现了这批订单的信息，依托海尔的B2B（Business to Business）商务网，它们得到了供货订单。150台洗衣机底板的订单发出后，海士茂电子塑胶公司的人员马上从网上看到了它，鼠标单击"确认"，物流车队当天就将这些零部件运到了指定位置。

与此同时，洗衣机产品本部根据终端传递的信息，将这批订单按生产能力安排给一分厂3号生产线来生产，并将各种物料需要的具体时间和放置工位号等信息传递给了物流配送部门。经过此番紧锣密鼓的安排，生产线启动了。洗衣机事业部一分厂3号生产线每隔几米设一个工位，上面有号码、摆放物料的种类、摆放时间和周期以及责任人等。这些信息引导着物品的和谐流转。

二、按订单采购——海尔革了仓库的命

8月7日下午2时，海尔国际物流中心。这批150台洗衣机的订单信息早在上午9时许就已转化为生产订单，物流中心的工作人员同时从计算机终端上得到供货信息，一辆辆无人驾驶的激光导引车随即将这批货所需的电线、传送带、稳压块等59种已有物料下架运出。4个小时后，物料送达车间。这座高22m、面积7200m²的物流中心立体库，只有19名操作工，其中叉车工仅9名。这里已经不是传统意义的仓库了，而是一个高速流动的物流中心，里面的每一件物品都在计算机终端的控制下。原材料在这里停留的时间最长不超过7天，成品则不到24h便发往全国42个配送中心，每天的吞吐量相当于40多个同样大小的普通平面仓库。整个海尔因此减少的仓储面积，有43个足球场那么大。

8月8日上午10时，洗衣机一分厂。一辆辆写着"海尔物流"字样的大货车已经开到了生产线下线的终端。包装操作工邢增志师傅用红外线扫描仪往一台成品洗衣机的条码上一扫，就标志着150台洗衣机中的1台退出了制造系统，随即装车。

当150台洗衣机还在不断生产中时，分拨物流事业部已经打印出了这批成品货物的发货单。8月11日上午10时许，150台洗衣机已经分别进入了哈尔滨、牡丹江、齐齐哈尔的三个商场，与客户见面了。

（资料来源：http://tech.sina.com.cn/roll/2006-03-07/1631860197.shtml）

案例思考题：
1. 海尔的物流有哪些优点？
2. 现代物流与传统的物料管理有哪些区别？
3. 如果你是企业顾问，你将采取什么措施来加速物料流动？

思考与习题

1. 物流的含义是什么？物流是怎样分类的？
2. 什么是物料储备定额？它有哪些作用？
3. 如何制定物料储备定额？
4. 怎样确定物料需要量？
5. 物料库存量大小受哪些因素影响？
6. 什么是物料消耗定额？它有哪些作用？
7. 物料消耗定额的构成及其制定方法是什么？
8. 企业应如何制定产品销售物流的流程？
9. 如何实施企业逆向物流管理？

10. 某企业全年需采购乙材料25000kg，每次订购费用为20元，该种物料单价为16元，年保管费用率为年平均存储值的15%，试计算该物料的经济订购批量。

11. 某企业的钢材订购间隔期为30天，订购时间为10天，日需用量为15t，保险储备定额为90t，订购时的实际库存量为250t，已订购在途的为40t。试根据上述资料，采用定期库存方式计算物料的订购量，并说明实际库存是否超储。

第七章

现代企业人力资源管理

学习目标

通过本章学习，了解人力资源、人力资源管理的概念及其内容；掌握人力资源规划的相关内容，绩效管理和绩效评价；理解人员招聘、培训与薪酬管理等内容。

◆ 导入案例

D集团的人力资源经理

D集团在短短五年之内由一家手工作坊发展成为国内著名的食品制造商，企业最初从来不定什么计划，缺人了，就现去人才市场招聘。企业日益正规后，开始每年年初制订人才招聘计划：收入多少，利润多少，产量多少，员工定编人数多少等，人数少的可以新招聘，人数超编的就要求减人，一般在年初招聘新员工。可是，因为一年中不时有人升职、有人平调、有人降职、有人辞职，年初又有编制限制不能多招，而且人力资源部也不知道应当多招多少人或者招什么样的人，结果人力资源经理一年到头地往人才市场跑。

近来由于三名高级技术工人退休，两名离职，生产线立即瘫痪，集团总经理召开紧急会议，命令人力资源经理三天之内招到合适的人员顶替空缺，恢复生产。人力资源经理两个晚上没睡觉，频繁奔走于全国各地人才市场和面试现场之间，最后勉强招到两名已经退休的高级技术工人，使生产线重新恢复了运转。人力资源经理刚刚喘口气，地区经理又打电话对他说自己的公司已经超编了，不能接收前几天分配过去的五名大学生，人力资源经理不由怒气冲冲地说："是你自己说缺人，我才招来的，现在你又不要了！"地区经理说："是啊，我两个月前缺人，你现在才给我，现在早就不缺了。"人力资源经理分辨道："招人也是需要时间的，我又不是孙悟空，你一说缺人，我就变出一个给你？"……

（资料来源：百度文库，https://wenku.baidu.com/view/208cb9b46529647d272852c0.html）

讨论：试用人力资源管理相关理论分析D公司出现的问题并提出相关建议。

第一节 人力资源管理概述

一、人力资源的含义及特点

（一）人力资源的含义

人力资源是由管理大师彼得·德鲁克（Peter Drucker）于1954年在其《管理的实践》

一书中首次提出的概念。目前比较流行的定义是："人所具有的对价值创造起贡献作用并且能够被组织所利用的体力和脑力的总和。"

人力资源的含义包括以下几个要点：

（1）人力资源的本质是人所具有的脑力和体力的总和，可以统称为劳动能力。

（2）这一能力要能对财富的创造贡献其作用，成为社会财富的源泉。

（3）这一能力要能够被组织所利用，这里的"组织"可以大到一个国家和地区，也可以小到一个企业或作坊。

（4）人力资源的形态多种多样，包括潜在的人力资源（如学生、退伍军人、家庭妇女等，他们是人力资源的后备军）、正在进行财富创造的人力资源（如在岗工人、在职教师、国家公务人员等）、暂时退出劳动力供应市场的人口（如下岗工人、待业人员等，这种人力资源可以通过培训、再教育等再次为社会做出贡献）。

（二）人力资源的特点

人力资源同物质资源及其他生物资源相比有以下特点：

1. 能动性

这是人力资源和其他一切资源最根本的区别。在构成生产力的三个要素中，劳动对象和劳动手段都是一种固定的资源，而劳动者却是一种"活"的资源。每个正常的人都具有思维能力，他们有思想、有感情，能够有目的、有意识地进行活动，可能动地认识自然世界和改造世界，始终处于利用和改造的主体地位。

人力资源的这种能动性主要体现在三个方面：①自我强化。通过学习和实践来强化、提高自己的知识和能力。②创造性。利用自身拥有的智力和体力，不断地创造社会财富，从而推动人类历史的发展。③目的性。人类的一切活动都带有主观色彩，都是有目的、有意识地去适应社会、选择生活、进行劳动。

企业的人力资源应主动投入使用，如果不用则会造成人才流失，抑或形成一股反抗的力量，带来不稳定，给组织的运行带来阻力。要充分发挥人力资源的能动性，这是人力资源的特殊性决定的。

2. 再生性

人力资源同其他资源一样也存在磨损与消耗，包括生理磨损与消耗、心理磨损与消耗、能力磨损与消耗等。但是人力资源的这种磨损与消耗，不仅可以通过人口的再生产和劳动力的再生产重新获得，而且可以通过能动地适应和主动地提高，以及不断地学习和实践实现再生。也就是说，人力资源的使用过程，就是人力资源的持续开发、再生过程。人力资源可以实现自我补偿、自我更新、自我丰富、持续发展。

3. 双重性

人力资源同时具有生产性和消费性，既是生产者又是消费者。任何财富的创造都离不开人力资源，这体现了人力资源的生产性；与此同时，人力资源又必须消耗大量的有形或无形资源才能得以形成、维持和开发。两者是相辅相成的，但是生产性占主导地位，生产性必须大于消费性。只有这样，企业才能获益，社会才能发展。

4. 社会性

人力资源的开发使用模式受社会影响很大。作为个体的人不可能单独存在，必须生活在一定的群体之中，人力资源也总是与一定的社会环境相联系，它的形成、开发、使用和维护都离不开一定的社会环境和社会实践。人力资源在社会环境和社会实践的相互作用和相互影响中，可以产生正面效应，也可以产生负面效应，因此两者的和谐统一非常重要。

5. 时效性

人力资源作为劳动能力资源，自身具有生命周期、劳动周期和知识周期。人力资源也有培养期、成长期、成熟期和老化期，在不同的阶段其劳动能力各不相同。人力资源不像其他资源那样不被开发和利用仍然可以长期存在，如果人力资源长期不用，就会荒废和退化。对人力资源个体而言，时间是极其珍贵的，过时无效。

二、人力资源管理的含义及目标

（一）人力资源管理的含义

所谓人力资源管理，就是为了实现企业的生产、经营目标（即企业的最大效益），在企业战略的指导下，有计划、有目的地对人力资源进行获取、配置、培养、使用、激励、控制等，最终实现人力资源与企业协调发展的过程。它可以概括为：选人、育人、用人、留人。

（二）人力资源管理的目标

从微观上讲，人力资源管理的基本目标是吸引、保留、激励与开发企业所需要的人力资源。

从宏观上讲，人力资源管理的目标是谋划企业的生存、发展和长期繁荣。

从生产和服务的角度讲，人力资源管理的目标是生产力加质量和服务。

从企业与员工之间的关系上讲，人力资源管理的目标是增强企业竞争优势和实现员工自我价值。

总之，人力资源管理的目标是提高员工的生产和工作效率，实现员工的自我价值和人力资源的效益最大化，从而增强企业的竞争优势，促进员工与企业和谐统一的可持续发展。

（三）传统人事管理与现代人力资源管理的区别

人力资源管理是在传统的人事管理基础上发展、演变而成的。随着人们对人的研究不断发展和管理实践的不断深入，现代人力资源管理与传统人事管理相比，发生了根本性的变化。人力资源管理与人事管理最主要的区别反映为对人的理解有所不同，管理的基本职能有所不同。表 7-1 表示了两者的区别。

表 7-1　传统人事管理与现代人力资源管理比较

比较内容	传统人事管理	现代人力资源管理
管理观念	以事为中心，重视组织权威，把人当成企业的成本、工具，注重投入、使用和控制，人是机器设备的附属物	以人为中心，注重人与事的统一，重视人的管理；把人当成一种资本、资源，注重产出和开发；人在管理中处于"中心地位"
管理地位	档次低，技术含量低，是短期导向性部门，管理范围狭窄，多是行政性事务	全局性的部门，技术含量提高，战略性的长期导向，是重要的职能部门，涉及全员、产权、创新、文化等各个方面
管理模式	被动应对型的操作式管理，单纯强调管理	主动开发型的策略式管理，使用与培养并重
管理技术与手段	简单、僵化、技术含量低	专门方法与技术，技术含量高
管理者	无须特殊专长，谁都可以；单纯认为是人事部门的事，与其他部门无关；注重理论知识（重理论，轻实践）；人事部门是"成本中心"	专业性、技术性要求较高；管理者是人力资源（HR）职业人员、信息技术人员或第一线管理人员；以知识为依托，更强调实践经验；人力资源管理是企业全体人员的责任，人事部门是"利润中心"

三、人力资源管理的作用及主要内容

（一）人力资源管理的作用

各国人力资源管理的实践表明，现代人力资源管理无论对国家、对企业还是对个人都具有重要作用，而且随着社会经济的发展、市场竞争的加剧、管理领域的扩展，其重要性更加突出。人力资源管理的主要作用有五个方面：①能够提高员工的工作绩效；②能够协调组织管理人员实现组织管理目标；③有利于促进员工与企业的和谐发展；④有利于建立企业人力资源优势，增强企业的竞争能力；⑤能够提高组织绩效，实现员工自我价值，扩展人力资本，实现人力资源效益最大化。

（二）人力资源管理的主要内容

1. 人力资源规划

根据企业的发展战略和经营计划，对组织在一定时期内的人力资源需求和供给做出预测；根据预测的结果制订出平衡供需的计划和应采取的措施。

2. 招聘录用

这一职能主要包括招聘和录用两个部分。招聘是指通过各种途径发布招聘信息，将应聘者吸引过来；录用是指从应聘者中挑选出符合要求的人选并吸收到企业中。

3. 培训与开发

培训与开发主要是通过各种形式的培训，提高员工的技能和知识，增强企业凝聚力，帮助员工设计职业生涯发展计划，使其与组织的发展目标相协调。主要包括的活动有：建立培训体系，确定培训需求和计划，组织实施培训过程，对培训效果进行反馈总结等。

4. 绩效管理

绩效管理就是根据既定的目标对员工的工作结果进行评价，发现其工作中存在的问题并加以改进，包括制订绩效计划、进行绩效考核以及实施绩效沟通等。

5. 薪酬管理

制定公平合理且具激励性的薪酬体系，要从员工的资历、职级、岗位及实际表现和工作成绩等方面综合考虑，制定相应的、具有吸引力的工资报酬标准和制度，并安排养老金、医疗保险、工伤事故赔偿、节假日等福利待遇项目，使得企业在保持一定人力成本的基础上，能够吸引优秀的员工加入企业，保持其稳定性。

四、企业人力资源管理者应具备的能力

人力资源管理涉及面广、内容复杂，同时面临着诸多挑战，这就要求人力资源管理者必须具备多种技能，以提高管理质量和效益，促进企业可持续发展。

1. 业务能力

管理者对企业的总体业务比较熟悉，懂得生产和经营，熟悉业务流程，对企业的现状和经济实力有充分的认识，具备一定的外部关系基础，具有敏锐的洞察力、灵活的观念和较强的适应性。

2. 理论知识基础

管理者要具备一定的理论知识功底，以实现有效的管理。人力资源管理者应具备管物的能力、管事的能力，还需要具备发现问题、分析问题、解决问题的能力，更重要的是具有管

人的能力，通过人员使用、配置、激励、沟通、考核等形式，以发掘人力资源的最大潜能，提高产出比率，创造更多的价值。

3. 创造能力

作为一个好的管理者，不仅要具备很强的适应和应变能力，更重要的是敢于创新、敢于打破常规，保持企业始终具有领先的优势。

4. 人际交往能力

无论是在企业内部还是在企业外部，管理者都应具备良好的沟通能力和人际交往能力。对内要建立相互之间的信任关系，让企业员工在和谐的人际氛围中保持愉快的心情专心工作；对外通过建立良好的人际关系，树立企业形象，保证企业在健康的大环境中稳步前进。

5. 人格魅力

人格魅力是指文雅的谈吐、开阔的胸襟、乐观的性格和坚毅的品性等。管理者应该是企业员工的楷模，除了具备健康的体魄之外，还要有良好的精神状态。在个人能力、人格、价值观、信念、领导特质等各个方面都应具备优秀的素养，在管理过程中通过影响和感染，促使企业员工提高自身素质，树立良好的风貌，形成团队合力。

第二节　人力资源规划与预测

一、人力资源规划的含义及作用

（一）人力资源规划的含义

人力资源规划是为实现企业目标，在综合考虑企业发展战略和内外环境的基础上，通过对企业一定时期内人力资源的变化、需求、供给等状况的分析和预测，制定相应的政策和措施，保证企业人力资源供需平衡、满足员工与企业可持续协调发展的过程。

（二）人力资源规划的作用

1. 有利于保证企业战略目标的实现

人力资源规划与企业其他方面的规划，如企业的营销计划、生产计划、财务计划、技术计划等，共同构成了企业战略规划的支撑体系。它们可以从三个方面对高层管理者制订和执行战略规划提供帮助：①企业外部机遇和所受威胁的判断与预测；②企业内部优势和劣势的决策信息；③推动企业战略计划的实现。

2. 有利于实现企业人力资源的优化配置，最大限度地发挥人力资源的潜力

作好人力资源规划有利于保证企业人力资源的开发利用，使企业人力资源达到合理配置，优化企业内部人员结构，从而最大限度地实现人尽其用，提高企业的生产效率。人力资源规划的一项基本任务是对组织的现有能力进行分析，对员工预期的能力和要求进行估计与分析，企业由此决定人员配置的数量与质量，并对人力资源的需求做出必要的修正来决定招聘与解雇员工的数量。

3. 确保企业变化对各种人力资源的需求

新世纪的企业均面临着一个不断变化的动态环境，如市场需求迅速变化、生产技术不断更新等。与之相适应，企业也要进行相应调整，企业的人力资源状况自然也会发生相应变化。为了更好地应对环境变化对人力资源提出的新要求，通过对企业现有人力资源状况的分析，对人力资源供求进行预测，提出相应的政策与措施，及时引进所需要的人才或调整现有的人员结构，为企业未来的人力资源需求提前做好谋划。

4. 为企业的人事决策提供依据和指导

人事决策对企业管理影响巨大，且持续时间长，调整困难，为了避免人事决策的失误，准确的信息是至关重要的。人力资源规划能够为企业人事决策提供准确、及时的信息。例如，通过人力资源信息库，可以全面掌握企业现有人员的基本情况，能为招聘、晋升、调动等人事决策提供第一手资料。因此，企业应制订人力资源规划，为人事决策提供相关而准确的信息，保证人力资源管理活动沿着正确的轨道运行。

5. 有效控制人工成本

通过制订并执行人力资源规划，企业可以获取现在及未来的人员信息，从而能有效控制企业的人工成本。如通过制订招聘计划，能够有效节约企业招聘成本，提高招聘效率；运用人力资源规划，可以对企业未来的人力资源进行较准确的预测，从而估计出未来的人工成本，以便企业采取针对性的措施来控制成本上升，提升利润空间。

6. 有助于调动员工的积极性和创造性

人力资源规划展示了员工在企业内部未来的发展机会，使员工能充分了解自己的哪些需求可以得到满足及满足的程度，能有效激发员工的积极性、主动性和创造性；否则，员工看不到自己的前途，会严重挫伤员工的工作积极性，长此以往将导致人员流失。如果有能力的员工流失过多，就会削弱企业实力，降低员工士气，从而进一步加速员工流失，使企业的发展陷入恶性循环。

二、人力资源规划的分类与内容

（一）人力资源规划的分类

人力资源规划有许多分类方法，可以按时间长短、规划的范围、规划的性质、层次等进行分类。

1. 按时间划分

按人力资源规划涉及时间的长短可分为短期规划（一般在1年以内，含1年）、中期规划（1~3年，含3年）和长期规划（3年以上）。

2. 按范围划分

按照人力资源规划的范围可分为整体规划、部门规划和项目规划。

3. 按性质划分

按照人力资源规划的性质可分为战略规划、战术规划和管理规划。

4. 按层次划分

按照人力资源规划的层次可分为总体规划和业务规划。其中业务规划又分为人员编制规划、人员社交规划、人员变动规划、人员培训规划、薪酬规划和劳动关系规划。

（二）人力资源规划的内容

企业人力资源规划一般按照层次来进行划分，包括总体规划和业务规划两个层次的内容。

1. 总体规划

人力资源总体规划是根据企业总体战略，确定在规划的时间内人力资源管理的总目标、配套政策、实施步骤及预算支出。

2. 业务规划

（1）人员编制规划。人员编制规划是根据企业的发展规模，制定与之相对应的人员结构和人员数量的方案。需要设置多少岗位，设置什么样的岗位，岗位要求的资格和条件是什么，都要根据企业生产经营的需要进行设计，尽量做到事得其人、人适其位、人事相宜。

（2）人员补充规划。由于企业规模扩大，员工离职、退休、晋升等原因，企业会出现岗位空缺，就需要企业有一定的后备人员保证空缺岗位人员的连续性，维持企业稳定发展。

（3）人员变动规划。根据企业发展的需要和员工的表现，对有望晋升或不能胜任岗位的工作人员进行有计划、有目的的调整，以实现企业内部人力资源的最佳配置。

（4）人员培训开发规划。为了让员工更好地适应和胜任工作，完成工作任务，要制订相应的培训和开发规划。通过培训，提高员工的素质，改善员工的工作绩效，使其端正工作态度，树立良好的工作作风。人员培训开发规划包括培训的数量和类型、培训时间的安排、培训效果的保证等。

（5）薪酬规划。制订这项规划的目的是调动广大员工的工作积极性、主动性和创造性，鼓舞士气，减少人才流失，提高企业效益，主要通过薪酬政策、激励政策完成。具体包括薪酬总额、分配方式、分配标准、激励范围、激励程度等。

（6）劳动关系规划。制订这项规划的目的是减少员工的投诉与不满，降低非期望离职率，预防劳动争议，改善劳资双方的关系。可以通过让员工参与管理、加强沟通、获得认同感等方法改进劳资关系。

三、人力资源规划的程序

人力资源规划的程序包括：搜集相关信息、人力资源预测、确定人力资源净需求、制订人力资源规划、执行人力资源规划、人力资源规划的评价与反馈。不同规模的企业人力资源规划的程序存在着细微差异，但主要内容大同小异。

1. 搜集相关信息

信息资料是制订人力资源规划的基础和依据，信息的可靠性和真实性关系到人力资源规划的效果。人力资源规划信息包括企业内部信息和企业外部信息。

企业内部信息主要有企业战略、企业人力资源战略、员工调整流动情况、技术更新速度、员工离职率、员工的薪酬福利待遇水平及人力资源结构比例等。

企业外部信息主要有政策和法规、宏观经济形势和行业经济形势、人口状况、市场竞争程度、文化交通和教育环境、劳动力市场的供给状况、劳动力的择业趋势及科技发展水平等。

2. 人力资源预测

人力资源预测是人力资源规划中技术性较强的工作，企业人力资源的管理者要判断各种不同类型人力资源的供求状况，估计企业内部哪些部门在未来的经济运行中会出现劳动力缺乏或过剩的情况。在预测中要预测未来需要的员工数量、可供数量、所需要的技术组合、内部与外部劳动力供给量等。

人力资源预测包括需求预测和供给预测。人力资源的需求预测包括短期预测与长期预测、总量预测与各个岗位需求预测。人力资源的供给预测包括内部供给预测和外部供给预测。

3. 确定人力资源净需求

分析比较人力资源需求和供给预测的结果，计算出各类人员的净需求量。净需求量可能出现三种情形，即供求平衡、供过于求、供小于求。

（1）供求平衡是企业发展需要的最佳状态，有利于企业获得最佳效益；但这种状态不可能长期维持，绝对的平衡也不存在，企业管理者要以发展的眼光看待人力资源的供需变化，尽量将供需差距控制在尽可能小的范围内。

（2）供过于求，即劳动力过剩。这种情况可以通过辞退、解聘、劳务输出、提前离岗、缩短工作量等方式进行减员增效。

（3）供小于求。此时要先进行内部平衡，通过晋升、培训与开发、调配、职业发展等方式予以补充。当内部平衡满足不了需求或代价较高、效果不佳时，要通过招聘、引进的方式加以平衡。

4. 制订人力资源规划

根据战略规划和已经确定的人力资源净需求量，制订人力资源总体规划和各项业务规划，并明确规划完成的期限。针对人力资源净需求量的不同情形，要分别制定不同的政策和措施，以实现人力资源的供需平衡；同时要注意协调各种规划间的关系（如协调人力资源规划内部的各项业务规划之间的关系，协调与企业其他规划之间的关系等），确保各种规划间的相互衔接与平衡，实现人力资源规划的预期目标。

5. 执行人力资源规划

在执行人力资源规划之前，要做好充分的准备工作，执行时要全力以赴，严格按照已经制订好的规划进行，同时要完善监督和控制机制，保证人力资源规划的顺利实施。

6. 人力资源规划的评价与反馈

对人力资源规划执行以后的效果要进行评价，这是必不可少且非常重要的环节。不能由规划制订者、部门自身或下级来进行评价，而应由执行者、部门的上级、平级根据执行的实际情况对人力资源规划进行评价。评价要有针对性，应事先列出评价提纲、评价内容、评价标准，然后逐条逐项评价。评价结果要及时与规划的制订者或部门沟通反馈。信息反馈应及时、准确，以便对原来制订的规划进行适时修正，从而确保规划的可操作性和连续性。

对人力资源规划进行评价的目的是检验规划中所制定目标的合理性，通过规划目标与实际效果之间的比较可以找出差距，修正和指导今后的人力资源规划。差距越小，表明人力资源规划越符合实际，也就越有利于规划目标和企业整体目标的实现。

一个企业通过定期与不定期地对人力资源规划进行评价，能及时地引起企业高层领导对人力资源管理工作中存在问题的高度重视，使有关的政策和措施得以及时改进并落实，有利于调动员工的积极性，提高人力资源管理的效率。

四、人力资源预测及影响因素

预测是根据事物的过去和现在科学地推测它的未来，由已知预计未知。人力资源预测是人力资源规划的重要组成部分，是指在对企业人力资源的过去和现状进行科学分析的基础上，综合考虑各种因素的影响，对未来一定时期内人力资源状况的预计。企业人力资源预测包括需求和供给两部分。

企业的人力资源预测可以帮助企业管理人员认识和控制未来的不确定情形，使之对未来的无知降低到最低限度，使规划的预期目标与变化的环境相协调，能够事先估计规划实施后可能产生的后果，提出预防措施。

(一) 人力资源需求预测

人力资源需求预测是指在对企业人力资源的过去和现状进行估计和分析的基础上，为实现企业目标而对企业未来一定时期内所需人力资源的种类、数量和质量的一种预计。

人力资源需求预测的方法较多，简单常用的主要有现状分析法、经验推断法和德尔菲法等。

1. 现状分析法

这是一种最简单的预测方法。假设企业目前各类人员的配备比例和人员的总数将完全能够适应预测期限内人力资源的需求，即不考虑企业生产规模和生产技术的变化，在相对静止中预测人力资源需求。在此预测方法中，所要做的工作就是预测出在规划期限内有哪些人员将会晋升、降职、退休或调出，再通过预定人选或人员调整对那些可能出现空缺的岗位进行弥补。

2. 经验推断法

经验推断法是预测者根据以往的经验先推断企业产品或服务的需求，然后就产品或服务的特性、所含技术量等，将这种需求转化为工作量，按数量比率将工作量转化为人力需求。企业常采用这种方法预测企业将来某段时间内对人力资源的需求。这种预测方法多由有经验的专家或人力资源管理人员进行，其精度取决于预测者的经验和判断能力。它适用于技术比较稳定的企业的中、短期人力资源需求预测。

3. 德尔菲法

德尔菲法也称专家征询法或集体预测法，是一种简单、常用的主观判断预测法。它起源于 20 世纪 40 年代美国兰德公司，是有步骤地使用专家的意见去解决问题的预测方法。这种方法主要依靠专家的知识、经验和分析判断能力，对人力资源的未来需求做出预测。这里所说的"专家"既可以是来自第一线的管理人员，也可以是高层经理；既可以是组织内部的，也可以是外部的。

德尔菲法的基本特点有：①专家参与。吸收同学科或不同学科的专家共同参与预测，集思广益。②匿名进行。参与预测的专家互不见面也互不知情，单独做出自己的判断。③多次反馈。预测过程必须经过几轮反馈，使专家的意见互相补充、启发，并逐渐趋于一致。④采取统计方法。将每一轮反馈的预测结果用统计方法加以处理，做出定量的判断。

德尔菲法用于人力资源预测的具体做法是：利用问卷形式，让每一位参与的专家或主管自由表达对某一问题的看法，提供估计数字并陈述理由。在问卷调查进行期间，各位专家不能直接接触，以免大家的意见发生冲突或受到影响。各位专家提供的资料由另一位中间人搜集整理，将所有估计数值汇集成一份资料，再分发给每个专家。他们参阅过所有资料后重新估计，以决定是否要修正其原先的数值。如此反复进行几次，可以将估计值的差距拉近，做出最后的估计及陈述的理由，得出一个比较满意的结果。它适用于中期和长期的人力资源预测。

(二) 人力资源供给预测

人力资源供给预测是指在对企业人力资源的过去和现状进行估计和分析的基础上，为实现企业既定目标，对未来一定时期内企业内部和外部各类人力资源补充来源情况的一种预计。

人力资源供给包括内部人力资源供给和外部人力资源供给。人力资源需求预测分析的是内部对人力资源的需求；而供给预测既要研究组织内部的人力资源供给，又要研究外部的人力资源供给。

1. 企业内部人力资源供给预测

人力资源内部供给预测的方法有许多种，在此仅介绍人员分布现状分析法、马尔科夫分析法的基本内容。

（1）人员分布现状分析法。人员分布现状分析法同人力资源需求预测中的现状分析法相似，是通过对企业现有人力资源的数量、质量、结构和在各职位上的人员分布状况进行分析，从而掌握企业可调配的人力资源拥有量及潜在的人力资源状况。在分析的基础上，评价当前各类人力资源的供应状况，估计现有员工晋升、调换工作岗位可能性的大小，预测哪些人可以补充到企业当前的空缺岗位上。通过分析有助于确定晋升和进行岗位轮换的人选，确定是否需要外部供给。为把这项工作做好，人力资源管理部门在日常工作中，要及时形成人力资源分布情况一览表，做好员工能力的记录。

（2）马尔科夫分析法。马尔科夫分析法又称转换矩阵法，是一种定量分析预测企业内部人力资源供给状况的统计预测技术方法。其基本思路是：在对企业过去等时间段间隔点上（一般为1年）各类人员的分布状况进行分析的基础上，找出企业过去人员变动的规律，并以此来推测未来企业人员变动的趋势。

该方法的前提是：企业内部人员的转移是有规律的，且其转移率有一定的规律。马尔科夫模型预测法的关键是确定转移率。

【例7-1】 某企业人力资源供给情况的马尔可夫分析。

假设某企业有高层管理者、基层管理者、一般员工、辅助人员四类职位，各类人员的分布情况如表7-2所示。

表7-2 企业人员的分布情况

职 位	高层管理者	基层管理者	一般员工	辅助人员
人数/人	10	30	120	40

在预测时，首先要确定出各类职位的人员转移率，这一转移率可以表示为表7-3。

表7-3 企业人员转移率矩阵

		人员调动的频率（概率）				
		G	J	Y	F	离职
职位层次	高层管理者（G）	0.5				0.5
	基层管理者（J）	0.1	0.6			0.3
	一般员工（Y）		0.05	0.8	0.05	0.1
	辅助人员（F）			0.2	0.7	0.1

在表7-3中，以五年为界，在任意五年内，平均有50%的高层管理者仍在该企业内，而有50%离职。在任意五年内，60%的基层管理者仍在原岗位，有10%的基层管理者晋升为高层管理者，有30%的基层管理者退出。在任意五年内，有80%的一般员工仍在原岗位，

5%的一般员工晋升为基层管理者，5%的一般员工转为辅助人员，10%的一般员工离职。在任意五年内，70%的辅助人员仍在原岗位，20%的辅助人员转岗到一般员工岗位，10%的辅助人员离职。用这些数据代表每一种工作人员变动的概率，就可以推测出未来的人员变动（供给量）情况。将计划初期每一种工作的人员数量与每一种工作的人员变动概率相乘，然后纵向相加，即得到组织内部未来劳动力的净供给量。如表7-4所示。

表7-4 任意五年内企业人员的分布情况 （单位：人）

			人员调动的频率（概率）				
		初期人员数量	G	J	Y	F	离职
职位层次	高层管理者（G）	10	5				5
	基层管理者（J）	30	3	18			9
	一般员工（Y）	120		6	96	6	12
	辅助人员（F）	40			8	28	4
	合计		8	24	104	34	30

如果下五年与上五年相同，可以预计下五年将有高层管理者8人，基层管理者24人，一般员工104人，辅助人员34人。这些人员变动的数据，与正常的人员扩大、缩减或维持不变的计划相结合，就可以用来决策怎样使预计的劳动力供给与需求相匹配。

2. 企业外部人力资源供给预测

当企业内部人力资源供给不能满足要求时，企业就要考虑从外部补充人力资源，以弥补企业职位空缺。对外部人力资源供给预测包括总体经济状况预测、当地市场情况预测及职业市场预测等。企业人力资源外部供给渠道主要有大中专院校应届毕业生、复员转业军人、职业技术学校毕业生、失业人员、其他组织人员、流动人员等。

（三）影响企业人力资源供求的因素

影响企业人力资源供求的因素包括企业外部环境因素和企业内部环境因素。企业外部环境因素是硬性的，企业无法改变；而企业内部因素是自身可以通过控制和调整加以改变的。

1. 影响企业人力资源需求与供给的外部因素

（1）宏观经济形势。宏观经济形势的走向直接影响市场的兴衰。在经济繁荣时期，企业对人力资源的需求量较大，招聘的难度大；反之，企业人力资源供给过剩。

（2）行业经济形势。人力资源需求量大，而人力资源供给增长相对缓慢的行业，人力资源供不应求，企业选拔和招聘的余地较小；反之，企业外部的人力资源供给大于或等于需求，企业人力资源的供应比较充足。

（3）市场竞争程度。企业产品市场的竞争归根结底是相关专业人才的竞争。竞争激烈时，人才流动就会加剧，人力资源不稳定性就会提高，企业对人力资源的需求就越难以满足；反之，竞争不激烈时，企业人力资源的稳定与补充则相对容易。

（4）劳动力市场状况。随着社会的发展、科技的进步和企业相互之间竞争的加剧，企业对人力资源的要求越来越高。劳动力市场上简单劳动力的过剩和高层次管理人才、技术人才的不足导致了企业人力资源需求与供给的错位。

（5）政府行为。企业制订人力资源规划，必须服从政府相关的各项政策法规；否则，再好的规划也不可能得以实施，企业的预期目标也不可能实现。

(6) 地区吸引力。相比较而言，经济发达地区人力资源的需求与供给要优于经济欠发达地区。由于利益的驱动，促使人员流动总是趋向于在交通、文化、教育环境等方面占优势的经济发达地区，这给经济落后地区的企业招聘、引进和留住所需人才增加了难度，往往会造成企业人力资源的需求得不到满足。

2. 影响企业人力资源供给与需求的内部因素

（1）企业的经营战略与目标。企业经营战略与目标是企业经营和生产活动的中心，人力资源的需求与供给也必须围绕这一中心进行。

（2）企业的人力资源现状。企业的人力资源现状包括人力资源的构成、使用情况、培训情况等。由于人才观念和人力资源市场的不成熟，企业往往倾向于内部培养，而轻于外部招募，这在一定程度上影响了企业人力资源的需求与供给。

（3）企业本身的吸引力。企业提供给员工的工作机会、薪酬待遇水平、工作生活环境等，都构成了企业对外部人力资源的吸引力。企业在这些方面做得好，吸引力就大，人力资源供给就会比较充足，企业对人力资源的需求比较容易满足；反之，则比较困难。

（4）企业人员的流动调整情况。企业人员的离职和流动率越高，企业对人力资源的需求就越大；反之，就越小。

（5）企业的用人观念。管理者的用人观念越先进，越符合实际情况，就越容易招聘到所需的人才；反之，则比较困难，企业人力资源的稳定性也比较容易被破坏。

第三节　人员招聘与培训开发

一、人员招聘

（一）招聘的含义及作用

招聘是指企业为实现既定目标和持续发展，根据人力资源规划和工作要求，运用科学的方法，通过寻找、吸引内部和外部有愿望且能胜任的人员来任职，并予以录取和聘用的过程。

员工招聘是人力资源管理的重要环节，企业经营战略发展的每个阶段都要以合格的人才为支持，因此员工招聘对企业的稳定与发展起着重要作用。

（1）能够提高企业生产效益，增添新的活力。从内部招聘可以鼓舞士气，激发员工的积极性、主动性；从外部招聘能够为企业带来新的活力，会刺激内部员工努力工作，提高工作效率。

（2）有利于扩大企业的知名度，树立企业形象。通过招聘能够让更多的人了解企业、关注企业。同时，通过招聘工作的运作和招聘人员的素质向外界展现企业的精神风貌和良好形象。

（3）能够让企业更多地了解内部和外部人员对企业的要求及工作意向。招聘不是单方面的，是一个双向选择的过程，企业在招聘员工的同时，员工也在选择企业。通过招聘，能够使企业扩展视野，了解人力资源的发展变化情况，从而促进企业自身人力资源管理的发展。

企业进行员工招聘的目的是要实现员工与岗位的匹配，使人事相宜。一方面企业有人力资源需求，需要有人补充岗位空缺，保证企业长期发展，这就要使岗位的要求与员工个人素质相匹配；另一方面是员工有择业、晋升等需求，这就要使工作报酬与员工个人期望相匹配。达到这两方面的有机统一，企业就会和谐、顺利、蓬勃地发展。

（二）员工招聘的原则

员工招聘的原则直接影响到招聘工作是否能够满足企业的人力资源要求。一般来说，员工招聘应当遵循以下原则：

1. 因事择人原则

招聘工作要依据人力资源规划进行。企业的人力资源规划，通常是以自身的业务发展规划、组织架构变化或人员结构调整的要求为依据的。换言之，人员招聘任务是基于企业发展的需求提出的，招聘人员的数量和质量是以企业发展的具体岗位数量和职责对能力的要求来决定的。无论是多招少招还是招错了人，都会给招聘企业带来诸多方面的负面影响，如人力成本的无益增长、人浮于事、工作效率低下、人际关系紧张而伤及团队合作和企业文化等。因此，人员招聘要因事择人，不能因某人的关系搞安置性招聘。

2. 公开双向选择原则

人员招聘是一种市场行为。市场行为的基本要求是供需双方的平等互利、自由选择。劳动者有选择适合自己的企业和工作岗位的权利，招聘者有依据自身选人标准选拔应聘者的自由。为了适应市场选择机制的要求，招聘者应将招聘信息、招聘流程和招聘方法公之于众，公开组织招聘活动。这样一方面可以防止不正之风，搞人情关系；另一方面可以招聘录用符合标准的人才，提高招聘工作的效率。

3. 用人所长原则

在人员招聘中，不仅要考虑选人的标准，力争将合适的人员放在合适的岗位，而且要关注应聘人员的特长和兴趣，尽量用其所长，使工作内容与个人兴趣结合，做到量才使用、人尽其才、事得其人。这样的招聘结果，可以达到企业与个人"双赢"的效果。

4. 平等竞争原则

平等竞争是市场有效性的特征，招聘工作也应遵循平等竞争的规则，应对所有应聘者一视同仁，不能因地域、户籍、种族、性别等因素而有所歧视，以严格的岗位胜任素质为评价标准，用科学的测评方法对应聘人选进行测评，任人唯贤，依据测评结果择优确定录用人员。只有通过公平、公正的选拔程序，实行平等竞争，才能确保将真正符合要求的优秀人才招聘进来。

5. 效率优先原则

效率优先是市场有效性的重要规则。这一规则在组织招聘活动中，就是要依据不同的招聘要求，灵活选用合适的招聘程序和选拔方法。例如，对高级管理人员的招聘选拔，因用人标准高、识别难度大，招聘选拔的程序可选择较复杂的流程，运用多种测试手段进行鉴别，确保选出的人才符合高级管理职位的要求；但对普通岗位人员的招聘、选拔，就不必选用复杂的测评系统。这样在保证招聘质量的前提下，可尽量降低招聘成本，体现的就是效率优先的招聘原则。

6. 合法原则

企业进行招聘时，要遵守国家相关的法律、法规和政策，如禁止未成年人就业、照顾特殊群体、保护妇女儿童的合法权利等。

（三）员工招聘的程序

员工招聘是一个十分复杂的工作，涉及面广、影响大，必须高度重视，有计划、有目的、有步骤地进行。其一般程序如下：

（1）根据企业人力资源规划，预测人力资源供给和需求。
（2）制定招聘政策，明确空缺岗位的任职资格和招聘标准。
（3）拟订具体的人员招聘计划。
（4）确定招聘渠道，发布招聘信息。
（5）审查求职申请表和个人简历，进行初步筛选。
（6）安排笔试或面试，组织选拔。
（7）核实拟录用人员信息，调查取证。
（8）体检和试用。
（9）评估与决策，正式录用人员，签订劳动合同。

（四）招聘渠道及其选择

要进行有效的人员招聘，必须明确应聘的人员来源。根据应聘者的来源，可将招聘分为内部招聘和外部招聘。

1. 内部招聘

内部招聘又称内部选拔，是指从企业内部选拔合适的人员补充空缺或新增岗位。内部招聘是一种既经济又快速的人力资源补充方式。严格来说，内部招聘不属于人力资源吸收的范畴，而应该属于人力资源开发的范畴。

内部招聘的方法主要有推荐选拔、考试选拔、人员调动、内部提升等。

（1）推荐选拔。这是内部招聘的一种特殊方法，一般由上级主管人员向人力资源管理部门推荐候选人，通过对候选人的审查、考核（候选人数多于招聘人数时还要进行筛选）、岗前培训等一系列程序，把符合条件的人员安排在新的工作岗位上。对候选人的个人信息获取，除了由推荐人提供相关材料以外，还可以通过查阅档案记录来了解该员工是否符合招聘职位的条件。档案通常记录员工的教育、经历、技能、培训、绩效等有关情况。员工档案对于帮助了解并确定符合某空缺职位要求的人员是非常重要的。推荐选拔的步骤是通过在各部门发布空缺职位的招聘信息，先由各主管人员负责推荐符合条件的候选人，再经过对候选人的综合评定并征集各部门的意见，最后确定该职位的最佳人选。

（2）考试选拔。这是最常用的内部招聘方法，尤其是非管理层的职位出现空缺时，通过各种内部媒体，如广播、厂报、宣传栏、墙报等，公开空缺职位，吸引人员来应聘，并通过考试录用。此种方法简便、经济、快速、实用。

运用考试选拔的方法招聘应注意以下问题：①公布的内容应包括对空缺职位的描述、待遇和报酬、工作日程和必要的工作资格等；②媒体宣传应覆盖企业的全体员工，从而使每个人都有平等的竞争机会，所有拥有这些资格的员工都可以申请应聘该职务；③人力资源部门或用人部门通过对应聘者进行考核和测试，确定最适合该职位的人选；④竞争考试的成绩是内部招聘方式的首要评价标准，但也应重视应聘者以往在原工作岗位上的表现；⑤在综合评定某一应聘者的任职资格时，要参照人力资源部门的员工个人档案，以保证安排最合适的人选，最大限度发挥其潜能。

考试选拔的步骤通常是：人力资源部门或（和）用人部门根据实际需要制订招聘规划，

确定空缺职位的招聘条件、工作资格等，在企业内部发布招聘信息，征集应聘者，对候选的应聘者进行资格考核及评定，确定其是否适合从事该项工作。

(3) 人员调动。人员调动包括"调换"和"轮换"两种方式。人员调换也称"平调"，通过将企业内部平级人员之间进行互相调换，为员工提供在企业内从事多种相关工作的机会，从而使员工能够从事最适合自己的工作，更好地提高工作效率。"轮换"通常是短期的，通过让不同岗位上的员工定期地轮流换岗，从而使那些有潜力的员工了解到企业的不同方面，减少他们因长期从事某项工作而带来的枯燥、无聊感，避免因这种单调重复劳动引起的生产效率降低。

人员调动的步骤是由人力资源部门根据企业和员工个人的发展需要，首先制订调动的时间、职位、人员等计划，再对需要调动的员工进行必要的培训，最后将其安排到新的岗位上。

(4) 内部提升。让企业内部符合条件的员工从一个较低级的岗位晋升到一个较高级的岗位的过程就是内部提升。内部提升的主要优点是：有利于激励员工奋发向上，较易形成企业文化。其主要缺点是：自我封闭，不易吸收优秀人才，可能使企业缺少活力。内部提升应遵循唯才是用、有利于调动大部分员工的积极性、有利于提高生产效率的原则。

2. 外部招聘

内部招聘选择的范围比较小，往往不能满足企业的需要，特别是需要高级管理人员或者特殊人才时，企业就要考虑采用外部招聘的方式来挑选符合要求的人员。企业外部招聘的主要方法有媒体招聘、校园招聘、网络招聘、职业中介机构招聘和猎头公司招聘。

(1) 媒体招聘。利用电视、广播、报纸、杂志等媒体发布招聘广告进行招聘，是一种普遍而又有效的招聘形式。

媒体招聘的优点是发布信息迅速，能够在短时间内传达给外界；成本比较低，并且可以同时发布多种类型的职位招聘信息；可以让企业拥有更大的选择空间。

利用媒体招聘，要做到标题新颖，具有吸引力；用语简明诚恳，真实可靠；内容翔实清楚，要说明工作地点、工作性质、发展前景、资格要求、福利待遇等；要说明招聘的方式；招聘广告不能带有歧视性或误导性用语。

(2) 校园招聘。学校是培养人才的重要场所，我国每年都有上百万的高校毕业生，校园招聘也是招收人才的主要途径。单位可以有选择地分别到各有关学校召开招聘洽谈会。为了让学生增进对企业的了解，鼓励学生毕业后到本企业来工作，招聘者应当向学生详细介绍企业情况、工作的性质与要求，以及所能提供的待遇与发展机会。

(3) 网络招聘。这是通过在互联网上发布招聘信息，征集应聘者，在网上对应聘者进行筛选、评估、测试等，并经过必要的面试，最终确定企业的招募对象的招聘方法。随着互联网的普及，越来越多的企业会使用互联网进行人才招聘，也会有越来越多的求职者在网上发布求职信息。

(4) 职业中介机构招聘。职业中介机构是近几年来随着我国市场经济体制的建立和完善而产生发展起来的。它作为职业供需双方的中介，承担着双重角色——既为企业择人，也为求职者择业。目前，我国职业中介机构的主要种类有：劳务市场、人才交流中心或人才市场、人才咨询公司、高级人才咨询公司等。企业可以利用这些职业中介机构所提供的信息和条件扩大招聘范围，直接面对应聘者对其进行评价和筛选，从而提高招聘工作的效率。

(5) 猎头公司招聘。在国外，猎头已成为一个成熟的行业，我国自1993年成立第一家猎头咨询事务所以来，猎头公司这一形式的人才中介机构逐渐发展起来。一般对于高级管理人员、高级经营人员及高级技术人员的招聘，通常都有赖于猎头公司的帮助。企业可向猎头公司提出要求，包括要聘请的人员未来的职位、责任、待遇，由猎头公司推荐合适的人才。一般很少在提出职务要求的同时，直接指出希望何处、何人来担任该职务。

内部招聘的重点是管理人才，外部招聘的重点是技术人才。内部招聘和外部招聘都有其优势和局限。在一定程度上，两者又是互补的，因此企业在选择人员招聘渠道时，可以考虑将二者结合起来，发挥出最佳效果。

二、员工培训

员工培训是指企业为实现自身目标和员工个人发展目标，采取一定的方式，有计划、有目的、系统地对员工进行培训和训练，使员工在知识技术能力和工作态度等方面有所改进，达到企业工作要求，进而使其融入企业文化，促进企业发展的一种过程。

员工培训是人力资源开发的重要手段。对员工个人而言，培训可以促进员工充分发挥和利用其个人潜能，实现自身价值，提高工作满意度，增强对企业的归属感和责任感；对企业而言，有效的培训有利于减少工作失误，降低成本，提高工作效率和经济效益，增强企业竞争力。

企业人力资源的开发和培训在某种意义上有所区别，这种区别表现在：培训是一种短期行为，因某种原因，如工作性质的变化、岗位调整，员工需要通过再培训才能适应工作要求，其目的是促进员工获得完成某特定工作所必需的知识和技能；而开发是一种比较长期的培训，其目的是使员工获得组织发展所必需的知识和技能储备。培训是被动的，有需求才培训；而开发是主动的，带有预期性。但是两者在本质上是相通的，所以不能把两者分离开来。

（一）员工培训的意义

(1) 培训能提高人力资源成本的使用效益。因为培训可以使资源增值，增值的过程正好是员工被利用的过程；员工被利用的过程正好是资源的开发和展示的过程，是资源自然力与潜能力的表现过程。投入人力、物力、财力对员工进行培训，才会使员工素质提高、人力资本升值，企业业绩就能得以改善，获得更多的投资收益。

(2) 培训是保持企业竞争力的重要手段。面对当今社会如此迅速的变化，只有通过培训，才可以提高员工的知识水平，提高员工的首创精神和创新能力，才可以提高员工的工作热情和合作精神，建立良好的工作环境和工作气氛。只有通过培训，使新员工适应新环境、掌握操作技能，老员工不断补充新知识、获得新技能，才能提高员工队伍的整体素质，增强企业竞争力。

(3) 培训是提高生产力的有效方式。员工通过有效的培训，在生产商品或服务时，能减少所需的工作时间，从而降低人力及推销成本；可以减少材料的浪费和不合格产品的产生，从而降低了供应成本；能有效变换企业将产品或服务输送到用户手中的方法，因而降低了服务成本。

(4) 培训是激励员工的有效方法。在现代社会，员工为了适应自身发展的需要，把自我增值摆在一个很重要的位置，而培训是自我增值的手段之一。许多员工甚至把培训作为企业福利政策的一个方面,所以培训是有效激励员工的方法之一。同时,以主动心态参与培训的人,在接受新知识、新信息的过程中,往往会产生丰富的感悟。这些感悟与工作中的体验相结合,极易产生创新思维的火花,给人以精神上的激励。这使得培训不仅具有拓展知识、提高技能的作用,而且具有鼓舞自信心、激发工作热情的功效。

(二) 员工培训的原则

(1) 学以致用原则——目的性。员工培训的直接目的是提高员工的素质和技能,使员工更好地适应工作。这就要求培训必须有明确的目的性,从实际工作需要出发,与岗位要求相联系,做到学以致用。

(2) 全员培训与重点提高相结合的原则——层次性、针对性。员工培训要有计划、有步骤、有重点、有层次地进行,不能搞一刀切,对企业发展所需要的高层次管理人才、专业技术人才要优先培训。只有这样才符合企业实际的需要,才有利于培训目标的顺利实现。

(3) 激励原则。培训是一种重要的人力资本投资方式,通过培训可以使员工个人受益,提高自身价值,从而对员工产生一种激励作用。企业通过对培训结果的考核,将培训与晋升、奖惩、工资福利等有机结合起来,可确保培训的质量,激发员工的积极性。

(4) 因材施教原则——多样化、灵活性、针对性。员工在知识水平、经验、能力、兴趣、爱好等方面存在个体差异,员工所在的工作岗位在内容、性质及要求等方面也存在差异,因此,企业在进行员工培训时就要采用不同的方式、途径、内容来完成,针对个性特点和岗位差异因材施教。

(三) 培训的组织形式及分类

企业培训的形式要根据不同的培训目的、不同的培训内容、不同的受训者等因素来确定。培训组织形式可按照培训对象岗位的不同、培训对象工作性质的不同、培训形式的不同、培训内容的不同、员工培训时间的不同等进行分类。

1. 按照培训对象岗位的不同分类

按照培训对象岗位的不同,可将培训分为岗前培训、在岗培训和转岗培训。

(1) 岗前培训。岗前培训又叫新员工培训,是对新员工在任职上岗前给予的培训。岗前培训可以使新员工对企业文化、工作环境、拟担任的工作有基本的认识和了解,尽快进入工作角色。一般岗前培训主要包括两方面的内容:①企业文化教育,包括企业的总体目标、使命、管理思想、有关规章制度、工作内容、工作关系、工作职责。这些培训的目的主要是培养和激发新员工的责任心、信誉、价值观、质量意识、团队精神等。②业务知识培训,主要包括企业的生产操作技术、沟通协作技术、管理技能等。其目的是使员工掌握必要的业务知识和业务技能,为适应将来工作岗位的要求奠定良好的基础。

(2) 在岗培训。在岗培训是针对员工对某一岗位的需要进行的培训。企业中每个岗位都有员工工作所必需的理论知识、专业知识和操作技能。很多在职员工可能只会机械操作而缺乏必要的理论知识和专业知识,因此,对在职员工进行定期或不定期的培训是非常必要的。在职培训除了进行必要的理论知识、专业知识培训外,还要对员工的业务能力进行培养和训练,使员工熟练掌握操作技能。

(3) 转岗培训。转岗培训是针对员工工作岗位调动及新工作岗位工作需要而进行的培训。企业内部工作岗位的调整多是因为工作和人员配置的需要。无论是各级管理人员还是一般员工,在进入一个新的岗位前都需要进行这种培训。转岗培训主要是对转岗员工进行新岗位所必需的新知识、新技术、新能力的培养和训练，使其能够尽快地适应新的工作岗位。

2. 按照培训对象工作性质的不同分类

按照培训对象工作性质的不同，培训分为管理人员培训、专业技术人员培训和基层员工培训。

（1）管理人员培训。管理人员培训的主要目的是使管理人员掌握必要的管理技能以及新的管理知识与理论、先进的管理方法。

（2）专业技术人员培训。专业技术人员培训是为了提高技术人员专业领域的能力，同时培训其财务、营销、时间管理、信息管理、沟通技巧、团队建设、人际能力、指导员工等方面的知识与能力。

（3）基层员工培训。基层员工培训是针对不同岗位所要求的知识与技能进行的培训，主要是为了提高员工的操作技能。

3. 按照培训形式的不同分类

按照培训形式的不同，培训分为在职培训和脱产培训。

（1）在职培训。在职培训是指员工不离开工作岗位，在实际工作过程中接受培训。

（2）脱产培训。脱产培训是指员工离开工作岗位，专门接受培训。

4. 按照培训内容的不同分类

按照培训内容的不同，培训分为知识培训、技能培训和素质培训。

（1）知识培训。知识培训是指以业务知识为主要内容的培训。

（2）技能培训。技能培训是指以工作技术和工作能力为主要内容的培训。

（3）素质培训。素质培训是指以工作态度、价值观、思维习惯、人生目标为主要内容的培训。

5. 按照员工培训时间的不同分类

按照员工培训时间的不同，培训分为全脱产培训、半脱产培训和业余培训。

（1）全脱产培训。全脱产培训是指受训者在一段时期内完全脱离工作岗位，接受专门培训后再继续工作。

（2）半脱产培训。半脱产培训是指受训者每天或每周抽出一部分时间参加学习的培训形式。

（3）业余培训。业余培训是指受训者利用个人业余时间参加，不影响正常生产或工作的培训形式。

（四）员工培训管理的基本程序

员工培训需要花费大量的时间、精力和费用。员工培训是人力资源管理的重要内容，是人力资源投资的主要形式，是保持员工与工作岗位匹配的关键环节，其成败直接关系到人力资源管理的效果。因此，必须精心设计与组织。

通常，员工的培训包括培训需求分析、培训计划制订、培训计划实施、培训效果评估及培训反馈等环节。

1. 培训需求分析

培训需求分析是指在规划实施每次培训活动之前，由培训组织者、主管人员等采用科学的方法或技术对企业的发展、任务内容及员工个人情况进行系统的鉴别与分析，以确定培训需求的过程。培训需求分析是确定培训目标、制定和实施培训项目的前提，也是进行培训效果评估的依据。培训需求分析的方法有观察法、问卷法、访谈法、文件资料法、必要性分析方法等。培训需求分析包含组织分析、任务分析、人员分析三个层面。

（1）组织分析。组织分析是根据对企业环境、发展战略和资源的检查，确定企业层面的培训需求，以保证培训计划符合企业的整体目标与战略要求。企业面临的环境变化、企业的战略导向、企业拥有的各种培训资源的存量与变化都是影响培训需求产生的因素。

组织分析主要包括：分析企业的经营目标及相关技能和观念，从而确定培训的内容；分析人员素质，人员素质的优劣关系到工作效率、目标实现程度、企业形象，从而决定培训的需求；分析各级各类目标的实现程度，企业总体目标的实现并不能代表各分目标的完全实现，其达到的程度受组织因素和个人因素的影响，使分目标往往存在差异，由此确定最需要的培训群体。

（2）任务分析。任务分析是以工作任务及有关内容的研究为基础，确定员工达到理想的工作绩效所必须掌握的知识和技能。首先要对工作包含的任务和职责进行罗列和分析；再弄清完成每一项具体工作对员工的要求；最后确定培训内容和培训方式。任务分析可以通过观察员工的工作表现、同员工及其直接主管面谈、比较员工之间的差距等途径完成。

（3）人员分析。人员分析是指对员工进行绩效评估和技能差距预测，从而确定培训人员的过程。首先，对员工目前的实际工作绩效与理想的绩效标准比较，并以员工现有技能水平与预期技能要求进行比较，发现偏差；其次，分析这些偏差产生的原因，是否可以通过培训来矫正，培训是否为最好的纠正办法；最后，确定培训人员。人员分析可以通过绩效评估和前瞻性培训需求预测来完成。

2. 培训计划制订

培训计划制订又称培训设计，是培训目标的具体化。它是指按照既定培训目标，确定培训时间、方式、对象、培训教师及费用预算的过程。

（1）培训目标。确定目标是制订培训计划的前提，也是培训实施和评估的依据。培训目标要明确员工在接受培训后企业期望其在知识、技能、素质上达到的预期效果。培训目标可以是单向的，如技能培养、知识更新、态度转变等；也可以是综合的，如工作绩效目标、企业目标等。

（2）确定培训时间。企业拥有的时间资源也会影响培训需求的产生。如果企业员工总是处于繁忙的工作之中，培训需求也可能会出现，但不具备现实性。

在确定培训时间时要考虑：①企业当前的资金状况是否允许；②培训设施是否已经健全；③培训是否会影响企业的正常生产和工作；④此时培训是否能使培训效果达到最佳。

（3）培训方式。企业应针对不同的情况，采用不同的培训方式，可以按时间、对象、性质分为不同的培训方式进行，但要符合企业和受训者的实际情况。

（4）确定培训对象。在有些情况下，工作本身促使员工通过被动培训，满足任职条件，适应工作要求；同时会有员工主动要求培训，以提高自身价值，胜任从事的工作。因此，在选择培训对象时，务必要综合考虑工作需求和员工需求，使二者达到最佳结合。

一般情况下培训对象可优先考虑新参加工作的员工，工作绩效不符合标准的员工，晋升到更高岗位的员工，需要运用新技术、新设备、新流程的员工，新政策、新制度执行时将会影响到的员工，以及需要改变技术专长的员工。

（5）确定培训课程及教师。根据培训目标的要求及培训对象的特点，设置培训课程，选择培训教师。

（6）培训费用预算。企业要认识到员工培训是人力资本投资，企业的发展、战略目标的实现都要靠人力资源的支持，因此企业在制订计划时，必须把培训经费作为一项重要投资认真进行预算和控制。

3. 培训计划实施

培训计划实施的一般步骤是：培训前的工作准备→合理安排培训进程→发出通知→组织培训。培训活动的具体组织与企业的规模和结构有很大关系，培训活动的实施可以采用企业自己培训、企业与学校联合培训、专业培训机构培训等方式。

4. 培训效果评估

培训效果评估是指采用一定的技术方法对员工通过培训获得的知识、技能及应用在工作中的程度进行客观评价的过程。员工培训的效果主要体现在所获得的知识技能状况、态度的改变程度、工作绩效的提高程度和组织的受益程度四个方面。通过培训评估，能够了解实际绩效与预期培训目标之间的差异，为企业改进培训工作及增强培训效果积累经验。

5. 培训反馈

培训反馈是企业员工培训的最后一个环节，是对培训评估结果进行总结并且归档资料的过程。它能为培训工作积累经验，并制定相应的激励政策，为以后的员工培训打下良好的基础。

第四节 人力资源的绩效管理与评价

一、绩效管理与绩效评价概述

1. 绩效的含义

绩效有多种含义。从经济学的角度看，绩效与薪酬是员工和组织之间的对等承诺关系，绩效是员工对组织的承诺，而薪酬是组织对员工所做出的承诺。从社会学的角度看，绩效意味着每一个社会成员按照社会分工所确定的角色承担他的那一份职责。而从管理学的角度看，绩效是组织期望的结果，是组织为实现其目标而展现在不同层面上的有效输出，包括个人绩效与组织绩效两个方面。

2. 绩效评价的含义

绩效评价又称绩效考核、人事考核、员工考核等，是指在一定时期内按照一定的标准，检查和评定企业员工对职务所规定的职责的履行程度，以确定其工作成绩的一种有效的管理方法。简而言之，它是指主管或相关人员对员工的工作进行系统的评价。

绩效评价是企业管理者与员工之间的一项管理沟通活动。绩效评价的结果可以直接影响薪酬调整、奖金发放及职务升降、辞退等诸多员工的切身利益。

3. 绩效管理的含义

绩效管理是企业管理者通过一定的方法和制度确保企业及其子系统（部门、流程、工作团队和员工个人）的绩效成果能够与企业的战略目标保持一致，并促进企业战略目标实现的过程。

绩效管理是企业在目标共识和目标达成过程中，管理者与员工之间进行沟通、反馈、指导和支持的持续活动。其关键行为是设定目标和衡量标准，如总结、评估、沟通、激励和发展等。其核心目的是不断提升个人和组织绩效，实现员工与企业共同发展的长期目标。大多数企业在进行绩效管理时，往往只注重绩效评价，而忽略了绩效管理的整个过程。

4. 绩效管理与绩效评价的区别

绩效管理与绩效评价并不相同，绩效管理是人力资源管理体系中的核心内容，而绩效评价只是绩效管理中的关键环节；绩效管理是一个过程，注重过程的管理，而绩效评价是一个阶段性的总结；绩效管理具有前瞻性，能帮助企业和经理前瞻性地看待问题，有效规划企业和员工的未来发展，而绩效评价则是过去的一个阶段回顾总结，不具备前瞻性；绩效管理有着完善的计划、监督的控制手段和方法，而绩效评价只是提取绩效信息的一个阶段；绩效管理能建立管理者与员工之间绩效合作伙伴的关系，而绩效评价则使管理者和员工站到了对立的两面，距离越来越远，甚至会造成紧张的气氛和关系。表7-5比较清晰地表述了绩效管理与绩效评价的区别。

表7-5 绩效管理与绩效评价的区别

区 别 点	过程的完整性	侧 重 点	出现的阶段
绩效管理	一个完整的管理过程	侧重于信息沟通与绩效的提高，具有前瞻性和过程性，强调事先的承诺与持续沟通	伴随着管理活动的全过程
绩效评价	管理过程的局部环节和手段	侧重于判断和评估，具有阶段性和总结性，强调事后的评价	只出现在特定的时期

（资料来源：李文静，《绩效管理》，大连：东北财经大学出版社.）

虽然绩效管理与绩效评价有着很大的区别，但是它们又是一脉相承的。绩效评价是绩效管理一个不可或缺的核心组成部分，绩效评价成功与否不仅取决于考核本身，而且很大程度上取决于与考核相关联的整个绩效管理过程。有效的绩效评价有赖于整个绩效管理活动的成功开展，而成功的绩效管理也需要有效的绩效评价来支撑。

二、绩效管理程序

绩效管理的过程通常被看作一个循环，这个循环的周期分为四个步骤：绩效计划、绩效实施、绩效评价及绩效反馈与面谈。绩效管理系统流程如图7-1所示。

（一）绩效计划

绩效管理的第一个环节就是绩效计划，它是绩效管理过程的起点。绩效计划是在绩效管理期间开始的时候由管理者和员工共同制定的绩效契约，是对本绩效管理期间结束时员工要达到的期望结果的共识。一般来说，是由管理者与员工合作，就员工下一年应该履行的工作职责、各项任务的重要性等级和授权水平、绩效的衡量、组织提供的帮助、可能遇到的障碍及解决的方法等一系列问题进行探讨并达成共识的过程，是整个绩效管理体系中最重要的环节。

绩效计划是员工和管理者开始绩效管理过程的起点。管理者和员工一起讨论，要搞清楚在计划期内员工应该做什么工作，做到什么地步，为什么要做这项工作，何时应做完，以及其他的具体内容，如员工权力大小和决策级别等。制订绩效计划时应注意以下事项：

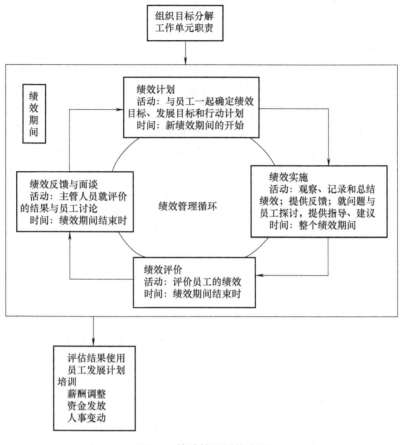

图 7-1 绩效管理系统流程

（1）管理者和员工的共同参与。如果是管理者单方面布置任务，员工单纯接受要求，就变成了传统的管理活动，改变了协作性的意义，绩效管理就将名不副实。

（2）绩效计划通常是一年期，在年中可以根据具体情况灵活修订。

（3）绩效计划要以企业目标为导向。

（4）绩效目标要以任职资格为基础，具有挑战性，但必须是员工经过努力可以实现的。

（二）绩效实施

绩效计划设定好之后，员工开始按照计划工作。在这个过程中，管理者主要应该做好绩效辅导和持续性沟通工作。

1. 绩效辅导

绩效辅导就是管理者辅导和帮助员工提高业绩操作能力，实现绩效计划。绩效辅导贯穿整个绩效目标达成的始终。这对管理者来说，可能是一个挑战，是一项烦琐而细致的工作。所以，必须让管理者意识到自我的绩效也必须通过下属的绩效来实现，帮助下属改进业绩才能提高自我的绩效。同时，帮助下属应是现代管理者所具备的素质修养，是一种责任，也是职业道德的体现。

在绩效辅导过程中，管理者需要：①了解员工的工作进展情况和遇到的障碍；②帮助员工清除工作的障碍；③提供必要的组织支持、物质帮助和所需要的培训；④对员工的工作进行指导，及时解决发现的问题；⑤根据实际情况对计划进行适当调整；⑥将员工的工作表现及时反馈给员工。

2. 持续性沟通

持续性沟通是一个双方追踪进展情况、找到影响绩效的障碍，以及得到使双方成功所需信息的过程。沟通首先要关心和尊重员工，与员工建立平等、亲切的关系，在实现目标的过程中为员工清除各方面障碍，双方共同探讨员工在组织中的发展路径和未来目标。持续性沟通能保证管理者和员工共同努力，及时处理出现的问题，修订工作职责。只有这样，上下级才能在平等的绩效沟通中相互获取信息、增进了解、联络感情，从而保证员工的工作正常开展，使绩效实施的过程顺利进行。

持续性沟通往往可以通过定期召开例会、定期或不定期让每位员工汇报其完成任务和工作的情况、收集和记录员工行为或结果的关键事件及数据等形式开展。

沟通贯穿于绩效管理的始终，需要持续不断地进行。

（三）绩效评价

绩效评价是在绩效计划确定和持续有针对性的绩效辅导的基础上，按照事先确定的衡量标准，考察员工实际完成的绩效的过程。

绩效评价在人力资源管理中是很重要的一个环节，因为绩效评价给人力资源管理各个方面提供反馈信息，它是整个系统必不可少的。它与各个部分紧密联系在一起，是工资管理、晋升、人员使用和培训的主要依据，是调动员工积极性的重要环节。绩效评价是人力资源管理与开发的手段、前提和依据。

（四）绩效反馈与面谈

完成绩效评价后，管理者还需要与员工进行一次面对面的交谈。通过绩效反馈面谈，使员工了解管理者对自己的期望，了解自己的绩效，认识自己有待改进的方面。员工也可以提出自己在完成绩效目标中遇到的困难，请求管理者的指导或帮助。在员工与管理者双方对绩效评价结果和改进点达成共识后，管理者和员工就需要确定下一绩效管理周期的绩效目标和改进点，从而开始新一轮的绩效评价周期。

在绩效的问题上，管理者与员工的目标是一致的。管理者的工作是通过员工完成的，管理者的绩效则通过员工的绩效得以体现，所以员工绩效的提高就是管理者绩效的提高，员工的进步就是管理者的进步。在双方充分理解和认同企业远景与战略规划的基础上，对企业的经营目标、员工个人绩效的完成状况进行面谈、沟通，使双方真正站在同一条船上，共同进步、共同发展。

绩效评价的反馈面谈应注意建立和维护彼此间的信任基础，清楚地说明面谈的目的，鼓励员工说话并有针对性地交流，尊重员工的意见，注重事实依据。

在这个循环中所得到的绩效结果具有多种用途。例如，绩效结果可用于指导员工工作业绩和工作技能的提高，通过发现员工在完成工作过程中遇到的困难和工作技能上的差距，制订有针对性的员工发展培训计划。绩效结果还可以比较公平地显示出员工对企业做出的贡献大小，据此可决定员工的奖惩和报酬的调整。此外，通过员工的绩效状况，也可以发现员工与现任职位是否适应，根据员工绩效高于或低于绩效标准的程度，决定相应的人事变动，使员工能够从事更适合自己的工作。

通过这样的绩效管理过程，就完成了一个绩效周期的循环。管理者很好地承担了绩效管理的责任，扮演了绩效管理者的角色，把帮助员工提高绩效能力的责任落到了实处。实际上，这是一个双方受益的双赢局面。在这个过程中，管理者和员工都在不同程度上获得了提高。更重要的是，绩效管理的不断循环必将带来组织绩效的持续提升、管理的不断进步。

三、绩效评价

（一）绩效评价的内容

绩效评价的主要内容可分为德、能、勤、绩四个方面。

1. 德

德主要是指员工的工作态度和职业道德。在现代企业里，整个企业经营管理都以人为中心，这一点尤其集中地体现在企业人才的作用上。企业技术骨干和经营骨干的工作态度与工作积极性对企业的效益影响极大，为此，不仅需要企业有适当的激励办法，而且需要企业员工具有较强的敬业精神和企业责任心。从德的方面考评员工，主要也就是考评这种精神和责任心。

2. 能

能主要是指工作人员从事本职工作的能力，即分析和解决问题的能力以及独立工作的能力等。具体地说，它主要包括学识水平、工作能力和身体能力三个方面。

（1）学识水平。它包括文化水平、专业知识水平、学历、工作经历等。

（2）工作能力。它包括领导能力、管理能力、决策能力、计划能力、组织能力、监督能力、调控能力以及反应能力、适应能力、预见能力、创造能力、表达能力、谈判能力等。

（3）身体能力。它主要是指年龄和健康状况两个因素。

3. 勤

勤主要是指员工的工作态度，处理本职工作的方式，如事业心、出勤率等。企业的工作是在分工协作中进行的，一个员工的工作与其他员工有直接关系，即使是比较独立的岗位，也会有同其他工作衔接的地方，不能只看他能否完成自己的任务，还要看他是如何工作的，是否尽到了自己的责任，是否有协作精神。尽职尽责但完不成任务，和能完成任务但不努力，都不是好的状态，说明管理中有问题。合理的情况应该是员工愿意也能够较好地完成任务。勤是联系德、能、绩之间的纽带。

4. 绩

绩主要是指工作成绩，包括岗位上取得的成绩和岗位之外取得的成绩。岗位成绩与岗位职责有关，是员工成绩的主体。在企业管理中，岗位职责体现为一系列任务标准和操作标准，要求每一个员工均要达到这种标准，达标成绩是员工的起码成绩。在此之上，根据工作任务和工作规范的执行情况，表现出不同的业绩水平。除了本职工作之外，作为企业的一员，还可能为企业做出其他方面的成绩，这些成绩也体现着员工对企业的贡献，评价时不能忽视。

（二）绩效评价的方法

绩效评价的方法很多，下面简单介绍几种常用的方法。

1. 简单排序法

简单排序法是评价者先确定最好和最次的，再确定次优次劣的，以此类推，直到把所有的员工评价完毕。由于在评级的起初，员工差距比较大，评价者很容易做出正确的决策。越接近中间的员工,由于员工水平比较接近,在评价的时候就越应谨慎。

2. 对偶比较法

对偶比较法要求评价者把员工两两对比,按照对比构成中获取的最优次数的总数来确定次序。这种方法相对科学合理,但不适应于员工数量过多的情况。每一次比较时,给表现好的员工记"＋",表现差的员工就记"－"。所有员工都比较完之后,计算每一个人"＋"的个数,依次对员工做出评价。谁的"＋"的个数多,谁的名次就排在前面。如表7-6所示。

表7-6　对偶比较法示例

对比人 姓名	A	B	C	D	E	"＋"的个数
A		－	－	＋	＋	2
B	＋		＋	＋	＋	4
C	＋	－		＋	＋	3
D	－	－	－		－	0
E	－	－	－	＋		1

3. 强制分布法

强制分布法认为员工的工作绩效一般呈正态分布,因此企业可以将员工分为绩效优秀、良好、一般、合格、不合格五种情况。而且往往是中间大、两头小,优秀的是少数,绩效很低的不合格者也是少数,大部分居于良好、一般、合格的水平。将五种情况按百分比确定总数,可以是10%、20%、40%、20%、10%,也可以是5%、20%、50%、20%、5%等。如表7-7所示。采用这种方法,可以避免评价者过分宽容而导致评价结果普遍较高,或者过分严厉而使评价结果普遍过低的现象。特别是当评价对象过多时,强制分布法是一种较为可行的方法。其缺点是:如果企业所设定的分布等级不符合员工的实际情况,那么实行强制分布法来评价会使员工产生一些不满情绪。

表7-7　强制分布法示例

等　级	对应绩效状况	比例分布
A	绩效最高的	10%
B	绩效较高的	20%
C	绩效一般的	40%
D	绩效低于要求水平的	20%
E	绩效很低的	10%

4. 评定量表法

评定量表法是绩效考评中较常用的一种方法。它是将被评价岗位的工作内容划分为相互独立的几个模块,在每一个模块中用明确的语言描述完成该模块工作需要达到的工作标准。同时,将标准分为几个等级选项,如优、良、称职、不称职等,考核人根据被考核人的实际工作表现,对每个模块的完成情况进行评估,综合出的总成绩即为该员工的考评成绩。评定量表法使得考核者可以以连续的方式标明员工的表现,由于其简单易行,这一方法使用得最普遍。

第七章 现代企业人力资源管理

5. 关键事件法

关键事件法是负责评价的主管人员把员工在完成工作任务时所表现出来的特别有效的行为和特别无效的行为记录下来，形成一份书面报告，每隔一段时间（一般为半年），主要管理者和其下属员工面谈一次，根据记录的特殊事件来讨论后者的工作绩效。表7-8为运用关键事件法对工厂助理管理人员进行工作绩效评价的实例。

表7-8 关键事件法应用例表

工作责任	目 标	关键事件
安排工厂的生产计划	充分利用工厂中的人员和机器；及时发布各种指令	为工厂建立新的生产计划系统；上个月的指令延迟率降低了10%；上个月提高机器利用率20%
监督原材料采购和库存控制	在保证充分的原材料供应的前提下，使原材料的库存成本降低到最小	上个月使原材料库存成本上升了15%；"A"部件和"B"部件的订购富余了20%，而"C"部件的订购却短缺了30%
监督机器的维修保养	不出现因机器故障而造成的停产	为工厂建立了一套新的机器维护和保养系统；由于及时发现机器部件故障而阻止了机器的损坏

需要注意的是，所记载的事件必须是较突出的且与工作绩效直接相关的关键事件，而不是一般的、琐碎的、生活细节方面的事；所记载的应是具体的事件和行为，而不是类似"此人是认真负责的"等空洞的评判。关键事件法一般与其他考评方法结合起来使用，作为其他方法的一种补充。

6. 评语法

评语法是指由考核人撰写一段评语来对被考核人进行评价的一种方法。评语的内容包括被考核人的工作业绩、工作表现、优缺点和需努力的方向等。由于该考核方法主观性强，最好不要单独使用。

7. 目标考核法

目标考核法是根据被考核人完成工作目标的情况进行评价的一种绩效评价方法。在开始工作之前，考核人和被考核人应该对需要完成的工作内容、时间期限、评价的标准达成一致。在时间期限结束时，考核人根据被考核人的工作状况及事先制定的评价标准来进行评价。表7-9就是从实际目标管理评估表中摘录出的目标示例。

表7-9 目标示例

组织中的职位	组织类型	目 标 阐 述
销售代表	中型石油化工企业	接触六个新客户和在下一半年期内至少完成对这些新客户中两个的销售
产品经理	大型食品加工厂	在下一目标会议之前（距今9个月），在增加成本不超过2%的前提下将花生黄油的市场份额增加至少3.5%
熟练技师	小型商店	在8月15日之前降低8%的法兰废弃
会计	小型企业	在夏末之前（9月15日）参与两个审计研讨会来改善和更新审计知识
生产经理	中型流水线工厂	在1月1日之前将操作员工的缺勤率从18.9%下降到10%以下
工程师	大型建筑公司	在政府规定的截止日期（11月10日）之前的30天内完成能源设备塔

（三）绩效评价的程序

一般来说，绩效评价应包括制订计划、建立评价指标体系、收集资料信息、分析评价、绩效反馈和结果运用六个环节。绩效评价的一般程序如图 7-2 所示。

1. 制订计划

绩效评价必须有计划地进行，首先必须明确评价的目的和对象，再根据目的、对象选择重点考评的内容、时间和方法。

2. 建立评价指标体系

绩效评价是一项技术性很强的工作，包括拟订、审核评价标准，选择或设计评价方法，培训考核人员等。

3. 收集信息资料

能否收集到评价信息就成为评价是否可信和有效的前提条件。一般来说，信息资料可以从考勤记录、工作日记、生产报表、备忘录、现场视察记录、立功记录、事故报告等资料中获得。

4. 分析评价

这一阶段的任务是要对员工个人或被评价群体各方面的绩效做出综合性的评价。在这个阶段需要注意的问题是，企业在对处于不同地位的员工进行评价时，其侧重点也不一样。

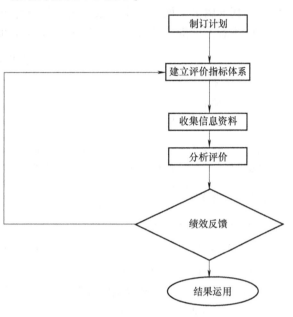

图 7-2　绩效评价的一般程序

5. 绩效反馈

只做评价而不将结果反馈给被评价的下级，绩效评价便会失去它激励、奖惩与培训的重要作用。反馈的方式主要是绩效面谈，而在绩效面谈中需要掌握一定的技巧。

6. 结果运用

评价不是目的，因此应当特别注意评价结果的运用。评价结果主要可以应用到工资、奖金、股权分配，职务晋升或调迁，培训教育等方面。

第五节　薪 酬 管 理

在现代企业管理中，薪酬管理是人力资源管理的有效手段之一。在企业中，最直观体现人力资源价值大小的指标就是薪酬。随着经济的发展，人力资源成本在企业总成本中占的份额不断增加，这使企业更加重视人力资源的管理。所以，薪酬管理已成为企业管理者和企业成员共同关心的中心内容。

一、薪酬的概念及其构成

薪酬是指员工从事某种工作而得到的以货币形式或非货币形式所表现的价值补偿，是企业支付给员工的劳动报酬。薪酬和工资的含义不同，工资是薪酬的一部分，薪酬既有货币形式，也有非货币形式。

从狭义的范围来理解，薪酬是指直接获得的物质报酬，如基本工资、奖金和津贴等，通常称为直接报酬（工资）。从广义的范围来看，薪酬还包括福利，如社会保险、生活补贴、交通补贴、通信补贴、带薪休假等，通常又称为间接报酬（福利）。

1. 基本工资

基本工资即基本薪酬，它是以员工的劳动熟练程度、工作的复杂程度、责任大小、工作环境、劳动强度为依据，并考虑劳动者的工龄、学历、资历等因素，按照员工实际完成的劳动定额、工作时间或劳动消耗而计付的劳动报酬。

2. 奖金

奖金即奖励薪酬，它是指员工因超额完成了任务或取得优秀工作成绩而取得的额外薪酬。基本薪酬虽然能帮助员工避免收入风险，但它与员工的工作努力程度和超额完成劳动成果没有直接联系，奖励薪酬是对员工额外完成了任务或取得优秀工作成绩的奖励。

3. 津贴、补贴

津贴、补贴即附加薪酬，它是指根据员工的特殊劳动条件和工作特性，以及特定条件下的额外生活费用而计付的劳动报酬，其作用在于鼓励员工在苦、脏、累、险等特定岗位工作。习惯上把属于生产性质的附加薪酬称为津贴，属于生活性质的附加薪酬称作补贴。

4. 股权

股权是通过员工持股付给劳动者报酬，即股权的转移，是一种有效的长期激励手段。

5. 福利待遇

福利待遇包括法定福利和资源福利，是企业成员间接享受的报酬，包括社会保险、交通补贴、误餐费、带薪休假等。其目的是吸引、保留和凝聚员工，以提高企业的整体和长期绩效水平。

二、薪酬管理的基本原则

薪酬管理最主要的是薪酬体系设计，一般情况下要遵循以下几条原则：

1. 公平原则

公平是制定薪酬体系时要考虑的一个重要原则。要使员工认识到人人平等，只要在相同岗位上做出相同的业绩，都将获得相同的薪酬。薪酬系统是否公平，直接反映在员工工作的努力程度和工作态度上。只有员工认为薪酬体系是公平的才可能产生薪酬的激励作用。当员工对薪酬系统感觉不公平时，通常会采取消极的应对措施，如减低对工作的投入和责任心，不再珍惜这份工作，对企业的亲和力降低，或者辞职等。

2. 竞争原则

企业要想获得具有真正竞争力的优秀人才，必须要制定出一套对人才具有吸引力并在行业中具有竞争力的薪酬系统。如果企业制定的薪酬水平太低，那么在与其他企业的人才竞争中必然处于劣势地位，甚至本企业的优秀人才也会流失。在进行薪酬设计时，除了较高的薪酬水平和恰当的薪酬价值观外，企业应针对各类员工的自身特点，制定灵活的多元化的薪酬结构以增强对员工的吸引力。

3. 激励原则

科学合理的薪酬系统对员工是最持久也是最根本的激励，因为科学合理的薪酬系统解决了人力资源所有问题中最根本的分配问题。对一般企业来说,通过薪酬系统来激励员工的责任心和工作的积极性是最常见和最常用的方法。

简单的高薪并不能有效地激励员工,只有一个能让员工有效发挥自身能力和责任的机制、一个努力越多得到回报就越多的机制才能有效地激励员工。也只有建立在这种机制之上的薪酬系统,才能真正解决企业的激励问题。

4. 经济原则

经济原则在表面上与竞争原则和激励原则是相互对立和矛盾的。竞争原则和激励原则提倡较高的薪酬水平,而经济原则提倡较低的薪酬水平,但实际上三者并不对立也不矛盾,而是统一的。当三个原则同时作用于企业的薪酬系统时,竞争原则和激励原则就受到经济原则的制约。这时,企业管理者所考虑的因素就不仅仅是薪酬系统的吸引力和激励性了,还会考虑企业承受能力的大小、利润的合理积累等问题。

经济原则的另一方面是要合理配置劳动力资源,当劳动力资源数量过剩或配置过高时,会导致企业薪酬的浪费。只有企业劳动力资源的数量需求与数量配置保持一致,学历、技能等的要求与配置大体相当时,资源利用才具有经济性。

5. 合法原则

薪酬系统的合法性是必不可少的,合法是指薪酬系统必须建立在遵守国家相关政策、法律法规和企业一系列管理制度的基础之上。如果企业的薪酬系统与现行的国家政策和法律法规、企业管理制度相抵触,则企业应该迅速进行改进使其具有合法性。

三、影响薪酬的主要因素

从企业外部看,国家的宏观经济、行业特点和行业竞争、人才供应状况等,都对薪酬定位和工资增长水平有不同程度的影响。在企业内部,盈利能力和支付能力、人员的素质、企业发展阶段、人才稀缺度、招聘难度、企业的市场品牌和综合实力,也是薪酬重要的影响因素。

1. 内部因素

影响薪酬的内部因素很多,主要有以下几个方面:

(1) 工作量与工作能力。员工的薪酬水平受到员工所提供给企业的劳动量大小的限制。员工提供给企业的工作量与企业支付给员工的工资水平成正比,工作量越大,工资水平越高;反之,则越低。同时,员工的工作能力也有大有小,对组织产生的效能也会导致薪酬水平的不同。

(2) 技能水平。技能水平越高,所获得的薪酬也会越高。高薪不仅能够弥补员工在学习技术时所耗费的直接成本(时间消耗、体能消耗、心理压力等)以及因为学习而减少收入所产生的机会成本,而且还具有积极的激励作用,从而促使员工不断地学习新技术,提高生产效率。

(3) 工作环境的特殊性。由于某些工作环境恶劣,如高温作业、高危作业等,导致对员工本身造成危害,那么这些工作人员的工资就应当比在舒适环境下工作的人员的工资高。

(4) 福利。福利是企业为员工改善直接的劳动条件之外,从生活的诸多侧面为提高员工及其家属的生活水平而采取的措施。企业为员工提供的福利是员工的间接报酬。

2. 外部因素

影响薪酬的外部因素是指与从事的工作性质以及状况无关的，但对薪酬多少有影响的一些经济因素。主要包括以下几点：

（1）企业的发展能力。员工的薪酬与企业的发展能力息息相关。企业的发展能力包括企业的生产发展以及企业开拓市场的能力。企业发展能力的大小是影响企业员工薪酬的关键和保证因素。

（2）生活费用与物价水平。企业在制定员工工资水平时，应保证员工及其家庭获得能维持生活的费用，当时的社会物价指数是最基本的考虑因素。

（3）劳动力的市场状况及替代状况。在市场经济的条件下，劳动力的市场供求水平是影响劳动力工资水平的重要因素，即劳动力的工资水平在很大程度上应视劳动力的供求状况而定。另外，除了受劳动力市场直接的影响之外，如现代化的机器设备也可能是人的潜在替代物，这都会成为影响劳动力工资水平的因素。

（4）行业与地区间的工资水平。企业在制定员工的工资水平时，企业的所在地和所属的行业环境是企业不得不考虑的因素。企业顺应这种大的环境要求来制定工资水平，将不会被市场竞争所淘汰，使企业可以尽量地减少员工的流动，以保证企业的稳定发展。

四、薪酬体系的设计程序

薪酬体系的设计是一个系统工程，它以岗位分析与评价、薪酬调查和绩效评价为基础，通常有以下几个程序：

（1）薪酬调查：了解同行业、同地区市场水平及员工薪酬满意度。
（2）比较分析：根据调查情况分析比较，掌握市场水平与企业工资水平的关系。
（3）了解增资实力：了解高层认可程度及企业的增资额度。
（4）确定薪酬结构：确定不同员工的薪酬构成及各构成项目所占的比重。
（5）岗位评价：确定薪酬等级及固定薪酬，即岗位和能力工资的标准。
（6）绩效考核：确定浮动薪酬，即奖金或年终分红。
（7）确定特殊津贴：确定津贴工资，即个人津贴。
（8）确定长期激励：确定长期激励方式及激励力度。
（9）确定调资政策：确定薪酬制度调整的条件及调整额度等。
（10）评估调整：执行薪酬制度，对不合理之处进行调整。

一般来说，薪酬体系是企业根据劳动的复杂程度、精确程度、繁重程度、责任大小、能力要求的高低和劳动条件的好坏等因素，将各类岗位划分为若干等级，再按等级确定薪酬标准的一种制度。在市场竞争中，各个行业千差万别，即使在同一行业内部，不同的企业也有不同的个性和特点，企业内部还有许多形态各异的工作岗位。因此，不可能存在一种薪酬管理体系能够适用于所有的企业。实际上，不同性质的企业，薪酬体系有不同的构成，其侧重点也有所不同。

五、几种常见的薪酬体系

1. 技术等级薪酬

它是将劳动技术和复杂程度等因素划分成不同的等级，并规定相应的薪酬，然后再对员工的技术水平、熟练程度进行评定，确定其薪酬水平。

2. 职务薪酬

它是指依据该职务对人员的知识、技能需求，工作复杂程度，责任大小及工作环境等因素来确定薪酬标准。

3. 职等薪酬

它是在按照工作性质、繁简程度、资历条件和工作环境等因素进行职位分类的基础上，给每一职位等次和职位级别配以不同的薪酬标准，薪酬由职位等级决定，并依年资和绩效评价结果决定晋升。

4. 岗位技能薪酬

它是以工作技能、责任、强度、工作环境等因素为评价基础，以岗位工资和技能工资为主要单元的薪酬制度。

5. 结构薪酬

它是按照薪酬的各种职能将其分为相应的几个组成部分，分别确定薪酬额，包括基本工资、年功工资、职位工资、绩效工资等。

6. 年薪制

年薪制是以企业的有关经营业绩指标为依据，确定员工年度薪酬。它以企业会计年度为时间单位计发薪酬，主要用于高层管理人员。这是一种风险薪酬制度，依靠的是约束和激励相互制衡的机制。

六、薪酬制度的调整

1. 工资定级性调整

工资定级是对原来没有工资等级的员工进行工资等级的确定，包括对试用期满、没有试用期但办完聘用手续的新员工，原来没有岗位的人员，转业军人，以及已工作过的新调入企业员工的工资定级等的确定。

2. 物价性调整

物价性调整是为了补偿因物价上涨给员工造成经济损失而实施的一种工资调整方法。企业可以建立员工工资水平与物价指标自动挂钩的体系。

3. 工龄性调整

如果企业的薪酬构成中包含了年功工资，那么这样的企业普遍采取的提薪方式就是工龄性调整。随着时间的推移和员工在本企业连续工龄的增加，要对员工进行提薪奖励。工龄性调整是把员工的资历和经验当成一种能力和效率予以奖励的工资调整方法。

4. 奖励性调整

奖励性调整一般是用于当一些员工做出突出成绩或重大贡献后，为了使他们保持这种良好的工作状态，激励其他员工积极努力向他们学习而采取的薪酬调整方式。奖励的办法和形式多种多样，有货币性和非货币性的，有一次性支付的，也有分批或终身享用的。

5. 效益性调整

效益性调整是当企业效益提高时，对全体员工予以奖励的薪酬调整方法。

6. 考核性调整

考核性调整是根据员工的绩效评价结果，每达到一定的优秀次数即可以提升一个薪酬档次的调整工资方法。

本 章 小 结

人力资源是人所具有的对价值创造起贡献作用并且能够被组织所利用的体力和脑力的总和。人力资源管理，就是为了实现企业的生产、经营目标（即企业的最大效益），在企业战略的指导下，有计划、有目的地对人力资源进行获取、配置、培养、使用、激励、控制等，最终实现人力资源与企业协调发展的过程。它可以概括为：选人、育人、用人、留人。

人力资源规划是为实现企业目标，在综合考虑企业发展战略和内外环境的基础上，通过对企业一定时期内人力资源的变化、需求、供给等状况的分析和预测，制定相应的政策和措施，保证企业人力资源供需平衡、满足员工与企业可持续协调发展的过程。人力资源预测是指在对企业人力资源的过去和现状进行科学分析的基础上，综合考虑各种因素的影响，对未来一定时期内人力资源状况的预计。企业人力资源预测包括需求和供给两部分。

招聘是指企业为实现既定目标和持续发展，根据人力资源规划和工作要求，运用科学的方法，通过寻找、吸引内部和外部有愿望且能胜任的人员来任职，并予以录取和聘用的过程。招聘工作要遵循一定的程序，即根据企业人力资源规划，预测人力资源供给和需求；制定招聘政策，明确空缺岗位的任职资格和招聘标准；拟订具体的人员招聘计划；确定招聘渠道，发布招聘信息；审查求职申请表和个人简历，进行初步筛选；安排笔试或面试，组织选拔；核实拟录用人员信息，调查取证；体检和试用；评估与决策，正式录用人员，签订劳动合同。

员工培训是指企业为实现自身目标和员工个人发展目标，采取一定的方式，有计划、有目的、系统地对员工进行培训和训练，使员工在知识技术能力和工作态度等方面有所改进，达到企业工作要求，进而使其融入企业文化，促进企业发展的一种过程。

绩效管理是人力资源管理体系中的核心内容，绩效管理的过程分为绩效计划、绩效实施、绩效评价及绩效反馈与面谈四个步骤。绩效评价是绩效管理中的关键环节，绩效评价的主要内容可分为德、能、勤、绩四个方面。

薪酬管理是人力资源管理的有效手段之一，企业在制定薪酬管理政策时，应当遵循公平、竞争、激励、经济、合法的原则。常见的薪酬体系有技术等级薪酬、职务薪酬、职等薪酬、岗位技能薪酬、结构薪酬、年薪制。

案例分析

"人"

求索咨询服务公司的项目经理陈峰接到了四海电子有限公司（以下简称四海公司）对公司中层经理进行培训的要求。四海公司是近两年刚刚发展起来的私营公司，由于良好的市场前景，这家公司的发展速度非常快。四海公司对培训提出的要求是：既要系统地介绍管理知识，又最好能有一些可以操作的东西。参加培训的经理中主要有生产部经理梁超、计划办公室主任张卫国、营销部经理葛洪旗、人事部经理赵建、研究发展部经理王志扬、财务经理杨兆丰，还有一些经理助理等。

陈峰："我想，今天听课的除了人事部的赵经理外，其他人对听课的兴趣都不大。如果是这样，与其光听我一个人讲，不如我们一块讨论一些管理问题。难得各位经理都在，大家在四海公司这几年，同公司一同发展，经过大家的努力，公司有了良好的发展势头。不过，随着公司规模的扩大和来自外部市场的激烈竞争，我们正在或将要面临许多挑战。大家不妨从各自的角度谈谈自己在工作中遇到的与人有关的主要问题。"

研究发展部的王志扬说："陈先生，我先介绍一下研究发展部。我们这个部门的前身是四海公司的一个办公室，当初就我和今天的经理助理小沈两个人。刚开始，我们的工作仅仅是维修设备，做一些简单的设计。这两年，随着公司发展的要求，我们在产品设计开发、技术引进等方面做了大量的工作，同时招聘了一些高等院校的本科生、研究生，充实了我们的技术力量。目前，让我最头疼的事或者说挑战是：技术人员跳槽的太多了。经常有一些学生，在这里工作了半年或一年后，就离开四海公司，去了其他电子公司。我们也做了很多思想工作，可他们说那边的工资高，有更多的晋升机会。现在，我们部门被他们搞得人心惶惶。"

营销部经理葛洪旗举手示意："我们营销部应该是四海公司规模最大的部门了，在华北、东北和华东都建立了自己的经销网络和维修机构。上半年的统计显示，我们的市场份额大概有35%，比去年增长了40%。应该说，公司确立的紧抓服务的营销战略是对的。其实今天您的课我是很想听的，因为就在上个月，东北地区的销售经理给我写的信对我的震动很大。他说：公司单纯以销售额来评价各个地区销售业绩的政策影响了东北区的销售。因为不管从消费者数量，还是从收入来说，东北区都明显不如其他两个地区。而公司制定年初目标时，对这方面的考虑似乎不够充分。他还说，销售人员的士气有些低落。我想请问，对这种情况，我们应该采取什么样的考核手段或方式来激励员工呢？"

"我看我们还是把想说的说出来，然后再讨论吧！"生产部经理梁超大声说，"我们部门的问题和你的关系很大啊。"他冲着赵建摇了摇手："为什么这么说呢？你们每次提出培训要求，我们都积极地安排。你们说一线员工感到工作压力大，我们还专门安排了羽毛球比赛和卡拉OK比赛。""还有什么？"赵建有些不高兴。

梁超接着说："你先别生气，听我慢慢解释。根据质检部门的抽查和顾客服务部门的反馈，产品质量出现了下滑。上个月，我们召开班组长会，大家讨论的结果是，有些工人的操作不符合规定。三个月前，我们曾经提出了对员工的培训要求。因为是出国培训，你们就选派了那些平时表现好的员工。"

"那当然，我们就是要让所有的员工知道，只有努力工作，才会有更好的机会。"

"这我不管，那些没有得到培训的员工，以前的技术就需要提高，这次又失去了机会。现在，不仅技术有缺点，而且情绪低落。虽然我们安排了一些文体活动，但似乎没有彻底解决他们的思想压力。我真的很担心，如果这种状态继续持续下去，产品质量将很难得到保证。"

财务经理杨兆丰欠一欠身，慢慢地说："我们部门的人员较少，类似的问题倒不多。我经常遇到的比较麻烦的问题是：如何给我的财务人员分工。有时候有些人非常忙，而有些人又没有事做。坦率地说，财务部门的效率不高。"

陈峰整理了一下自己的记录，发现计划办公室主任张卫国还没有发言，于是就问："张主任，你的主要工作职责是什么呢？"

"我们的主要任务是做好公司的整体计划，包括公司的发展计划、生产计划等。有时还会同财务部门做预算。"

"有人力资源计划吗？"

"人力资源计划？这好像是人事部的事。是吧，赵经理？"

"人事部每年都有一个计划，很简单的，主要是有关招聘和薪酬方面。"

（资料来源：豆丁网，http://www.docin.com/p-88346073.html）

案例思考题：

1. 四海公司的经营问题有哪些？
2. 导致四海公司经营问题最根本的原因是什么？
3. 陈峰下一步该怎么办？

思考与习题

1. 人力资源有哪些特点？
2. 何为人力资源管理？现代人力资源管理与传统人事管理有何区别？
3. 什么是人力资源规划？人力资源规划的主要内容有哪些？
4. 人力资源规划的程序是怎样的？
5. 什么是人力资源预测？影响企业人力资源供求的因素有哪些？
6. 简述员工招聘的原则和程序。
7. 简述员工培训的原则和意义。
8. 绩效管理与绩效评价有何不同？
9. 什么是绩效评价？绩效评价的内容有哪些？
10. 常用的绩效评价方法有哪些？
11. 简述绩效评价程序。
12. 薪酬管理应遵循的原则有哪些？
13. 薪酬体系的设计程序有哪些？
14. 如何调整薪酬制度？

第八章 现代企业技术经济分析

学习目标

通过本章学习，掌握技术经济分析的基本原理和资金时间价值的概念及其等值计算；熟悉技术分析的一般方法；了解项目可行性研究的基本内容、工作阶段和步骤。

◆ 导入案例

1250亿美元的账单

一家美国公司1966年将6亿美元存入瑞士田西纳镇内部交换银行。存款协议要求银行按每周1%的利率付款，银行由于经营不善于1967年破产。1994年10月，纽约州布鲁克林的法院做出判决：从存款日开始的前7年以每周1%的复利计息，后21年按8.54%的年度百分率计息，付款金额接近1250亿美元，法院宣布瑞士田西纳镇的居民应对银行的这一债务承担连带付款责任。该镇居民不服从该判决，向美国高级法院提起了上诉。若高级法院支持这一判决，为偿还债务，所有田西纳镇的居民都不得不靠吃廉价食品度过其余生。

（资料来源：百度文库，https://wenku.baidu.com/view/a0e06b513968011ca2009131.html）

讨论：1250亿美元是如何计算出来的，对你有何启示？

第一节 企业技术经济分析的基本原理

企业技术经济分析，是运用科学的方法，通过计算和分析，结合技术方案特点和要求对技术方案的优劣进行评价和论证，为企业决策者提供依据和建议。通过企业技术经济分析，可以使生产经营活动建立在技术上适用可行、经济上合理有效的基础上，指导我们按客观经济规律办事，寻求以最少的人力、物力和财力，以最快的速度发挥最佳的经济效果。

一、经济效益的概念

经济效益是指企业从事生产经营活动时所取得的经营成果与资源消耗的比较或产出与投入的比较。企业在经营过程中所取得的经营成果称为"产出"，即生产出来的产品或服务；资源的耗费和占用称为"投入"，即生产某些产品所耗费的活劳动与物化劳动，产出要符合社会需要。在不同的情况下，经济效益具有不同的表达形式。

1. 差式经济效益

$$E = B - C$$

式中　E——经济效益；
　　　B——劳动成果或项目收入；
　　　C——劳动消耗或投资，成本费用等。

这种形式一般在投入与产出的计量单位相同时使用，表明技术方案的绝对经济效果，即收支相抵后的有用效果，如利润、净收益等。根据公式，只有 E 值大于零才有经济效益。

2. 商式经济效益

$$E = \frac{B}{C}$$

这种形式使用较广，在投入与产出的计量单位不相同时也可以使用，表明技术方案的相对经济效果，表明 1 元钱的投入（或支出）能产生多少收入（或利润）；当用同一价值量指标计算时，E 值大于 1 才有经济效益。

一般而言，最大的经济效益是指用最小的投入获得一定的产出，或者在投入不变的情况下，力求产出最大化。也就是说，在产出相同时，投入最小的技术方案，经济效益最大；而当投入相同时，产出多者经济效益最大。

二、技术方案选择的原则

技术经济分析是一项政策性、科学性、系统性很强的工作，在进行技术方案选择时必须遵守下列几项基本原则：

（1）符合客观经济规律、政策和法令。在进行技术经济分析时既要考虑技术、经济等问题，也要考虑国家的社会制度、政策和法律规定的具体要求，以是否符合国家和消费者的根本利益为最高原则。

（2）技术与经济相结合。对工程技术项目进行经济分析时，既要分析技术上的先进性，又要分析经济上的合理性。技术上先进是指技术上可靠、成熟、安全、指标先进，经济上合理是指花费了投资后能取得较好的经济效果。技术与经济要完善地、紧密地结合，互相促进。

（3）从整体观点出发，全面衡量技术方案的经济效益。应做到局部利益与整体利益相结合，当前利益与长远利益相结合，直接利益与间接利益相结合，定性分析与定量分析相结合，静态评价与动态评价相结合。

三、企业技术经济指标体系

对技术方案做经济评价时，首先应确定进行评价的依据和标准，这些依据和标准被称为经济评价指标。一个评价指标一般只能反映技术方案经济效益的一个方面，为了系统、全面地评价技术方案的经济效益，需要采用多个评价指标所构成的指标体系。按不同的标志可以将经济评价指标分为不同的类型。按评价内容的不同，经济评价指标一般包括以下三类：

1. 反映收益的指标

（1）数量指标。产品数量指标反映生产活动的直接有用成果，可以用实物量和价值量表示。

（2）品种指标。产品品种指标是指经济用途相同而实际使用价值有差异的同种产品，是衡量一个国家技术水平高低的重要指标。

（3）质量指标。产品质量是指产品性能、功能和满足使用者要求的程度。包括反映产品本身质量的指标和反映工作质量的指标。

2. 反映劳动耗费的指标

（1）投资指标。投资指标是为实现技术方案而预先垫支的资金，包括固定资产投资和流动资产投资。

（2）总成本费用指标。总成本费用指标是指项目在一定时期内为生产和销售产品所花费的全部成本和费用。

（3）时间指标。它是指实现技术方案所需要耗费的时间，如产品研发周期、项目生命周期、工程建设期等。

3. 反映经济效益的指标

反映经济效益的指标综合反映了收益和劳动耗费，通常可分为：反映某一技术方案本身经济效益的绝对效益指标和反映一个技术方案相对另一个技术方案的相对经济效益指标。其所包含的具体指标有很多，如劳动生产率、设备利用率、产值利润率、成本利润率、投资收益率、投资回收期、内部收益率等。

四、企业技术经济分析可比原理

技术经济方案比较法是技术经济分析最常用的方法，它通过对各技术方案进行计算、分析和比较，从中选出最优方案。不同方案进行比较，首先应具备可比性。

满足需要上的可比性，有两层含义：一是相比较的多个技术方案的产出都能满足同样的社会需要；二是这些技术方案能够相互替代。

1. 满足需要的可比性

任何技术方案都是以满足一定的客观需要为基础，一个方案与另一个方案进行比较，两个方案必须能满足相同的需要，否则就不能进行比较。若两个方案满足需要的程度不同，则首先必须进行调整，使指标具备可比性。

2. 消耗费用的可比性

所谓消耗费用可比，首先要求在计算各个方案的消耗费用时，应采用统一的计算原则和方法，费用所包含的内容应相同；其次在方案比较时不仅要考虑方案本身实施的费用，还要考虑相关费用；同时在方案比较时应充分考虑各方案不同的技术经济特点造成的消耗费用差异。

3. 价格指标的可比性

无论是费用指标还是收益指标都要借助价格指标来计算分析，而价格又经常波动和变化。所以在进行比较时，必须采用同一时期的价格指标计算各技术方案的经济效益，力求保持各技术方案经济效益的可比性。

4. 时间的可比性

技术方案时间上的可比性表现为：首先，应该采用相同的计算期作为比较的基础；其次，必须考虑不同技术方案由于人力、物力、资源的投入和发挥效益的时间不同对经济效益大小的影响，将各方案在时间上先后不同的各项收入和产出，按资金的时间价值折算到同一时点上进行比较。

第二节　企业技术经济分析的一般方法

一、资金时间价值及其等值计算

（一）资金时间价值的含义

资金时间价值又叫货币的时间价值，是指同一笔钱在一段时间的不同时点上具有不同的价值，即今天把一笔资金投入到生产或流通领域中，它不断运动，并随着时间的推移发生增值，这部分增值即为资金的时间价值。资金的时间价值是指等额资金在不同时间价值上的差值。

对于资金的时间价值，可以从两个方面来理解：①从投资者的角度看，在市场经济条件下，资金的运动伴随着生产与交换而进行。资金投入生产或流通领域，会给投资者带来利润或投资收益，表现为资金的增值。资金的增值特性使资金具有时间价值。②从消费者的角度看，资金一旦用于投资，就不能用于现期消费。牺牲现期消费是为了能在将来得到更多的收益，资金的时间价值体现为放弃现期消费而换取的按放弃时间长短计算的报酬。

（二）资金时间价值的相关术语

资金的时间价值有两种表现形式：①把资金投入生产与流通领域产生的增值，称为利润或盈利；②把资金存入银行所得到的增值额（报酬）叫作利息。在技术经济分析中，利息不仅是指银行存款利息，还包括其他投资可能获得的报酬。一个计息周期内所得的利息额与本金的比率叫作利息率，一般用百分数表示。其公式为

$$i = \frac{I}{P} \times 100\%$$

式中　i——利息率；
　　　I——一个利息周期的利息；
　　　P——本金。

利息有单利计息和复利计息之分。

1. 单利法

单利计息是指仅用本金计算利息，对其所获得的利息不再计算利息。其公式为

$$I_n = Pni$$

n个计息周期后的本利和为

$$F_n = P(1 + in)$$

式中　F_n——本利和；
　　　in——利息；
　　　n——计息期。

【例8-1】　某人存入银行2万元，定期3年，年利率为2%，单利计息。问3年后的利息及本利和各多少？

解：3年后的利息为：

$$I_n = Pni = 20000 \text{元} \times 3 \times 2\% = 1200 \text{元}$$

本利和为：$F_n = P(1+in) = 20000\text{元} \times (1 + 2\% \times 3) = 21200\text{元}$

单利法考虑了资金的时间价值，且计算简单，但由于未考虑以前的利息再生息，而与资金的增值规律不相符。

2. 复利法

复利计息是以本金与前期累计利息总额之和为基数进行计息。即每一计息周期的利息都要并入本金再生利息，也就是所谓"利滚利"的计息方法。其公式为

$$F_n = P(1+i)^n$$

【例 8-2】 某人以 5% 的利率借入 2 万元，3 年后一次偿还全部本金和利息。若复利计息，试求偿付总额。

解：偿付总额为

$$F_n = P(1+i)^n = 20000\text{元} \times (1+5\%)^3 = 23152.5\text{元}$$

从资金在社会再生产过程中运动的实际情况看，采用复利法计算比较符合资金运动和增值规律。

在技术经济分析中，资金的时间价值均采用复利计算，其常用术语有以下几个：

(1) 现值（P），是指某一资金现在的瞬时价值。

(2) 终值（F），是指货币到未来某一特定时刻的资金价值，即按一定的利率和时间将现值换算成将来某一时刻的价值。

(3) 折现（或贴现），是指把将来某一时刻的资金，按一定的利率折算为现在时刻的金额。折算时所用的利息率叫作折现率或折现系数（贴现率或贴现系数）。

(4) 年金（A），也叫等额年金，是指在 n 期内，每期连续存入（或支付）等额款项，到期一次收回本金；或一次存入若干款项，每期连续按等额领取本息，直到本息全部取完为止。

(5) 残值（S），是指资金投入生产以后所形成的固定资产，在整个生产周期终了时残余的价值。

(6) 实际利率和名义利率。实际利率是指计息周期实际发生的利率；名义利率是指计息周期的利率乘以每年计息周期数。计息周期可以是年、季、月、周、日等。若用 m 表示计息次数，则

$$\text{实际利率 } i_m = \left(1 + \frac{i_a}{m}\right)^m - 1$$

【例 8-3】 名义利率 i_a 为 20%，若半年付息一次，每次付息利率为 $20\% \div 2 = 10\%$，年实际利率不是 20%，而是 $i_m = (1 + 20\% \div 2)^2 - 1 = 21\%$。计算货币的时间价值是按实际利率计算的。

(7) 内部报酬率，是指单位时间的资金时间价值与本金（或原投资）的比值。它是衡量资金时间价值的相对尺度。

(8) 现金流量和现金流量图。若把资金运动看作一个独立系统，则凡是在某一时间上，流出该系统的货币称为现金流出（或负现金流量），流入该系统的货币称为现金流入（或正现金流量）。同一时间上的现金流出与流入的代数和称为净现金流量。现金流出、流入及净现金流量统称为现金流量。

为了直观反映项目在建设和服务生产年限内现金流出与流入的情况，便于计算分析现金

净流量,在技术经济分析中,一般要绘制现金流量图,如图 8-1 所示。

现金流量图是在时间坐标上用带箭头的垂直线段形象地表示现金流发生的时间及现金流的大小和现金流的流向。图中横轴表示时间(即方案的全生命周期);垂直线段的长度与现金流成正比例;箭头向下表示资金流出,箭头向上表示现金流入。为方便计算,计算现金流量时,一般约定计息周期单位为年,投资发生在年初,经营费用、销售收入与残值回收发生在年末。

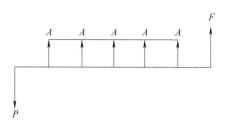

图 8-1 现金流量图

(三) 资金等值计算

等值是指在考虑时间因素的情况下,不同时点发生的绝对值不等的资金可能具有相等的价值。例如,将 100 元现金存入银行,年利率为 6%,一年后本利和为 106 元,则现在的 100 元和一年后的 106 元绝对值虽不相等,但经济价值相等,因而叫等值。利用等值概念,我们可以把某一时间(时期、时点)上的资金值按一定利率换算为与之等价的另一时间上的资金值,这一换算过程称为资金的等值计算。

在考虑资金时间价值的情况下,不同时间发生的收入或支出,其数值不能直接相加或相减,只能通过资金等值计算将它们换算到同一时点上才能进行分析和比较。资金时间价值的计算分一次偿付计算和等额分付计算两大类。

1. 一次偿付计算

一次偿付又称整付,是指所分析的经济系统的现金流量,无论是流入还是流出均发生在一个点上。

(1) 一次偿付终值公式:

$$F = P(1+i)^n$$

此式用于已知现值 P,求终值 F,如图 8-2 所示。

$(1+i)^n$ 称为一次偿付终值系数或复利终值系数,用 $\left(\dfrac{F}{P}, i, n\right)$ 表示,可由复利系数表查得。故上式也可写成

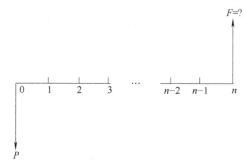

图 8-2 一次偿付终值的现金流量图

$$F = P\left(\dfrac{F}{P}, i, n\right)$$

【例 8-4】 某企业向银行借款 100 万元,年利率为 10%,两年还清,求本利和是多少?

解: $F = P(1+i)^n = 100$ 万元 $\times (1+0.1)^2 = 121$ 万元

(2) 一次偿付现值公式:

$$P = F\dfrac{1}{(1+i)^n}$$

此式用于已知终值 F,求现值 P,如图 8-3 所示。

$\dfrac{1}{(1+i)^n}$ 称为一次偿付现值系数(或贴现系数),用 $\left(\dfrac{P}{F}, i, n\right)$ 表示。故上式也可写成

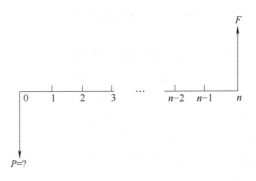

图 8-3 一次偿付现值的现金流量图

$$P = F\left(\frac{P}{F}, i, n\right)$$

【例 8-5】 假设 5 年后要从银行取 1 万元,在利率为 8% 的情况下,现需存入多少钱?

解:$P = \dfrac{F}{(1+i)^n} = 10000 \text{ 元} \times \dfrac{1}{(1+8\%)^5} = 6806 \text{ 元}$

2. 等额分付计算

等额分付是多次支付形式的一种。这种类型的现金流量发生在多个时点上,且现金流数额(一般用 A 表示,称年金或等额年值)的大小相等,方向相同。

(1) 等额分付终值公式(即年金终值公式)。

已知连续等额分付值为 A(称为年金),求 n 期末的本利和(即终值)F,如图 8-4 所示。其公式为

$$F = A\left[\dfrac{(1+i)^n - 1}{i}\right]$$

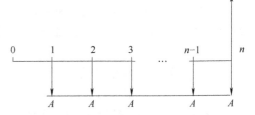

$\dfrac{(1+i)^n - 1}{i}$ 称为等额分付终值系数,用 $\left(\dfrac{F}{A}, i, n\right)$ 表示。故上式可写成

图 8-4 等额分付终值的现金流量图

$$F = A\left(\dfrac{F}{A}, i, n\right)$$

【例 8-6】 某项目年投资额为 10 万元,连投 5 年才建成投产,利率 i 为 6%,求建成投产时的投资总额。

解:$F = A\left[\dfrac{(1+i)^n - 1}{i}\right]$

$= 10 \text{ 万元} \times \left[\dfrac{(1+0.06)^5 - 1}{0.06}\right]$

$= 10 \text{ 万元} \times 5.6370$

$= 56.37 \text{ 万元}$

(2) 等额分付偿债基金公式。已知预期需要支出一笔资金 F,求 n 个计息周期内每次需要等额投入的金额 A,即为等额分付终值公式的逆运算,如图 8-5 所示。

其公式为

$$A = F\left[\frac{i}{(1+i)^n - 1}\right]$$

系数 $\left[\frac{i}{(1+i)^n - 1}\right]$ 称为等额分付偿债基金系数（或为偿债年金系数），记为 $\left(\frac{A}{F}, i, n\right)$。故上式也可写成

$$A = F\left(\frac{A}{F}, i, n\right)$$

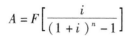

图 8-5 等额分付偿债基金的现金流量图

【例 8-7】 某企业计划筹集 3 年后扩建投资 200 万元，银行年利率 12%，每年年末至少要存款多少万元？

解：将 $n = 3$、$i = 12\%$、$F = 200$ 万元，代入

$$A = F\left[\frac{i}{(1+i)^n - 1}\right]$$

得 $A = 200$ 万元 $\times \left[\dfrac{12\%}{(1+12\%)^3 - 1}\right]$

$\quad = 200$ 万元 $\times 0.29635$

$\quad = 59.27$ 万元

(3) 等额分付资金回收公式。已知现值 P、年利率 i，要在 n 个计息期内等额分期偿付时，求每期末应回收多少资金 A，如图 8-6 所示。

其公式为

$$A = P\left[\frac{i(1+i)^n}{(1+i)^n - 1}\right]$$

$\left[\dfrac{i(1+i)^n}{(1+i)^n - 1}\right]$ 称为等额分付资金回收系数，记为 $\left(\dfrac{A}{P}, i, n\right)$。故上式也可写成

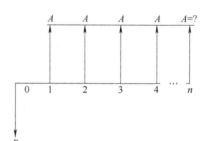

图 8-6 等额分付资金回收的现金流量图

$$A = P\left(\frac{A}{P}, i, n\right)$$

【例 8-8】 某项贷款为 100 万元，年利率为 10%，分 5 年偿还，问每年至少应偿还多少才能还清全部贷款？

解：
$$A = P\left[\frac{i(1+i)^n}{(1+i)^n - 1}\right]$$
$$= 100 \text{ 万元} \times \left[\frac{0.1 \times (1+0.1)^5}{(1+0.1)^5 - 1}\right]$$
$$= 26.38 \text{ 万元}$$

(4) 等额分付现值公式（即年金现值公式）。已知在 n 个计息周期内的一系列等额期末偿付金额 A（年金），利率为 i，期数为 n，求现值 P，如图 8-7 所示。

$$P = A\left[\frac{1 - (1+i)^{-n}}{i}\right] = A\left[\frac{(1+i)^n - 1}{i(1+i)^n}\right]$$

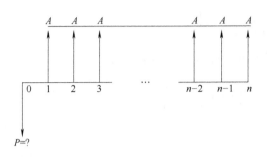

图 8-7 等额分付现值的现金流量图

$\left[\dfrac{(1+i)^n-1}{i(1+i)^n}\right]$ 称为等额分付现值系数，记为 $\left(\dfrac{P}{A},i,n\right)$。故上式也可写成

$$P = A\left(\dfrac{P}{A},i,n\right)$$

【例 8-9】 已知某投资项目计划在 10 年内收回全部投资，若每年收回 20 万元，年利率为 10%，最多投资多少钱？

解：
$$P = A\left[\dfrac{(1+i)^n-1}{i(1+i)^n}\right]$$
$$= 20\ \text{万元} \times \left[\dfrac{(1+0.1)^{10}-1}{0.1\times(1+0.1)^{10}}\right]$$
$$= 20\ \text{万元} \times 6.1445$$
$$= 122.89\ \text{万元}$$

为便于应用，将资金时间价值计算的六个公式汇总于表 8-1。

表 8-1 资金时间价值计算的基本公式统计表

序号	公式名称	已知→未知	公式	应用说明	备注
1	一次偿付终值公式	$P \to F$	$F = P(1+i)^n$ $= P\left(\dfrac{F}{P},i,n\right)$	已知现值 P、利率 i，求 n 期末的本利和 F	$\left(\dfrac{F}{P},i,n\right)=(1+i)^n$ 为一次偿付终值系数
2	一次偿付现值公式	$F \to P$	$P = \dfrac{F}{(1+i)^n}$ $= F\left(\dfrac{P}{F},i,n\right)$	已知终值 F、利率 i，求现值 P	$\left(\dfrac{P}{F},i,n\right)=\dfrac{1}{(1+i)^n}$ 为一次偿付现值系数
3	等额分付终值公式	$A \to F$	$F = A\dfrac{(1+i)^n-1}{i}$ $= A\left(\dfrac{F}{A},i,n\right)$	连续期末等额支付值 A，利率 i，求 n 年年末本利和 F	$\left(\dfrac{F}{A},i,n\right)=\dfrac{(1+i)^n-1}{i}$ 为等额分付终值系数
4	等额分付偿债基金公式	$F \to A$	$A = F\dfrac{i}{(1+i)^n-1}$ $= F\left(\dfrac{A}{F},i,n\right)$	已知预期 n 年后需要一笔资金 F，利率 i，求每年需要的等额投入金额 A	$\left(\dfrac{A}{F},i,n\right)=\dfrac{i}{(1+i)^n-1}$ 为偿债基金系数

(续)

序号	公式名称	已知→未知	公式	应用说明	备注
5	等额分付资金回收公式	$P \to A$	$A = P \dfrac{i(1+i)^n}{(1+i)^n - 1}$ $= P\left(\dfrac{A}{P}, i, n\right)$	已知现值 P、利率 i，希望分 n 年等额回收，那么每次应回收多少（A），才能连本带利回收全部投资	$\left(\dfrac{A}{P}, i, n\right) = \dfrac{i(1+i)^n}{(1+i)^n - 1}$ 为等额分付资金回收系数
6	等额分付现值公式	$A \to P$	$P = A \dfrac{(1+i)^n - 1}{i(1+i)^n}$ $= A\left(\dfrac{P}{A}, i, n\right)$	已知一系列的等额期末偿付金额 A、利率 i、期数 n，求现值 P	$\left(\dfrac{P}{A}, i, n\right) = \dfrac{(1+i)^n - 1}{i(1+i)^n}$ 为等额分付现值系数

二、投资回收期法

投资回收期又称返本期，是指以投资项目所产生的净收益补偿该项目的投资总额所需要的时间，它反映了投资项目资金回收的速度。它通过计算和比较回收期的长短来评价技术方案的优劣。

1. 静态投资回收期

静态投资回收期，即不考虑货币时间价值的情况下，回收投资所需的时间，其公式为

$$\text{投资回收期(年)} = \frac{\text{投资总额(元)}}{\text{年盈利额或净收益(元)}}$$

投资回收期一般从投产年算起，投资额包括固定资产投资和流动资金投资，年盈利额或净收益包括年平均利润、折旧等。

利用投资回收期法进行评价时，将投资回收期 T 与标准投资回收期 T_n 进行比较，如果 $T \leq T_n$，则投资方案可取，反之则不可取。若有多个方案，则以投资回收期最短的方案为优。

2. 动态投资回收期

动态投资回收期，是指考虑货币时间价值的情况下，回收投资所需的时间。由等额分付现值公式，可以推导出其公式为

$$n = -\frac{\ln\left(1 - \dfrac{P}{A}i\right)}{\ln(1+i)}$$

【例 8-10】 某工程初期投资 1000 万元，一年建成。每年可获净收益 200 万元，若年收益率为 8%，需要多长时间才能收回投资？

解：$n = -\dfrac{\ln\left(1 - \dfrac{P}{A}i\right)}{\ln(1+i)} = -\dfrac{\ln\left(1 - \dfrac{1000 \times 0.08}{200}\right)}{\ln(1+0.08)}$ 年 $= 6.64$ 年 ≈ 7 年

3. 追加投资回收期

追加投资回收期，是指由经营成本的节约额补偿还其追加投资部分所需要的时间 T_a。对于投资额不同的技术方案，需要用追加投资回收期法进行评价，其评价方法是将 T_a 与规定标准投资回收期 T_n 相比较，如果 $T_a \leq T_n$，投资额大的方案可取；反之，则投资额小的方案可取，其公式为

$$T_a = \frac{K_2 - K_1}{C_1 - C_2} = \frac{\Delta K}{\Delta C}$$

式中　T_a——追加投资回收期；

　　K_1、K_2——方案1、2的投资（$K_2 > K_1$）；

　　C_1、C_2——方案1、2的年经营费用（$C_1 > C_2$）；

　　ΔK——追加投资额；

　　ΔC——经营费用节约额。

【例8-11】 某厂拟建一机修车间，有甲乙两种方案，甲方案基建投资为1000万元，年经营费用为1200万元；乙方案基建投资为1500万元，年经营费用为800万元，标准投资回收期 $T_n = 5$，采用哪一个方案较为合理？

解：$T_a = \dfrac{K_2 - K_1}{C_1 - C_2} = \dfrac{1500 - 1000}{1200 - 800}$ 年 $= 1.25$ 年

因为 $1.25 < T_n(5)$，故应选择乙方案。

三、净现值法

净现值（Net Present Value，NPV）法就是通过比较各个技术方案的净现值来决定方案取舍的方法。净现值是将技术方案整个计算期内各年的净现金流量，按具体给定的折现率（部门或行业的基本收益率或选定的目标利润率），折算到计算期初（第零年）现值的代数和，其公式为

$$NPV = \sum_{t=0}^{n} (CI - CO)_t \frac{1}{(1+i)^t}$$

$$= \sum_{t=0}^{n} CF_t \frac{1}{(1+i)^t}$$

式中　　　CI——现金流入量；

　　　　　CO——现金流出量；

$(CI - CO)_t = CF_t$——第 t 年的净现金流量；

　　　　　n——计算期（年）；

　　　　　i——基准折现率（目标利润率）。

当 NPV ≥ 0 时，方案才经济可行。若有多个方案，以净现值最大的方案为优。

【例8-12】 某项目一年建成。期初投资15000元，以后每年因节能所带来的净收益为2000元，假定年利率为5%，使用寿命为15年，期末残值为500元，试判断该方案是否可行。

解：$NPV = -15000$ 元 $+ 2000$ 元 $\times \left(\dfrac{P}{A}, 5\%, 15\right) + 500$ 元 $\times \left(\dfrac{P}{F}, 5\%, 15\right)$

$\qquad = -15000$ 元 $+ 2000$ 元 $\times 10.380 + 500$ 元 $\times 0.4810$

$\qquad = 6000$ 元

因 NPV > 0，所以该方案经济可行。

由于净现值指标只反映了一个技术方案所获净收益现值的绝对量大小，而没有考虑投资的使用效率，净现值大的方案投资使用效率不一定大，因此在对投资额和使用时间不同的多

个方案的评价分析中,还应计算净现值率(又称净现值指数,Net Present Value Ratio,简称 NPVR),它是指技术方案的净现值与投资现值之比,其计算公式为

$$\text{NPVR} = \frac{\text{NPV}}{\text{NPI}} \times 100\%$$

式中 NPI——全部投资的现值(Present Value of Investment)。

【例 8-13】 某建设项目有两个方案,第一个方案的净现值为 154 万元,投资现值为 821 万元;第二方案的净现值为 103 万元,投资现值为 509 万元。试比较两个方案的优劣。

解:$\text{NPVR}_1 = \frac{\text{NPV}_1}{\text{NPI}_1} \times 100\% = \frac{154}{821}$万元$\times 100\% = 18.8\%$

$\text{NPVR}_2 = \frac{\text{NPV}_2}{\text{NPI}_2} \times 100\% = \frac{103}{509}$万元$\times 100\% = 20.2\%$

虽然 $\text{NPV}_1 > \text{NPV}_2$,但 $\text{NPVR}_1 < \text{NPVR}_2$,所以第二方案优于第一方案。

四、内部收益率法

内部收益率又称内部报酬率,是指在项目计算期内,使项目净现值(NPV)等于零时的折现率,记为 IRR,即满足公式

$$\text{NPV}(i) = \sum_{t=1}^{n}(\text{CI}-\text{CO})_t \frac{1}{(1+i')^t}$$

$$= \sum_{t=1}^{n} \frac{\text{CF}_t}{(1+i')^t} = 0$$

式中 n——项目的经济寿命周期(即计算期);

i'——项目的内部收益率(IRR)。

内部收益率反映技术方案本身所能达到的收益率水平,即技术方案对占用资金的恢复回收能力。如果 IRR $\geq i_0$(基准收益率),则认为项目在经济上可行;如果 IRR $< i_0$,则不可行。IRR 的值越高,一般来说方案的经济性越好。

直接从方程式 NPV = 0 求解内部收益率 IRR 的困难较大,通常采用线性插值法求 IRR 的近似值。其做法是先用试算法计算项目累计净现值,找出使方案的净现值接近于零的正值的利率 i_1 和使方案的净现值接近于零的负值的利率 i_2,然后用线性插入值公式求出 IRR 的近似值,其公式为

$$\text{IRR} \approx i_1 + (i_2 - i_1)\frac{\text{NPV}_1}{\text{NPV}_1 - \text{NPV}_2}$$

式中 NPV_1——利率为 i_1 时方案的净现值(正值);

NPV_2——利率为 i_2 时方案净现值(负值)。

为减小误差,i_2 与 i_1 之差一般不得超过 2%,最大不超过 5%。

【例 8-14】 某投资方案的现金流量资料如表 8-2 所示,假定企业自定的基准内部收益率(目标利润率)为 15%,试对该技术方案进行经济评价。

表 8-2 某投资方案的现金流量资料

项 目	投资额/元	使用期/年	残值/元	年收入/元	年支出/元
数据	10000	5	2000	5000	2200

解：为使 i_1 计算出的 $NPV_1 > 0$，先以 $i_1 = 15\%$ 计算：

$$NPV_1 = (5000 \text{元} - 2200 \text{元}) \times \left(\frac{P}{A}, 15\%, 5\right) + 2000 \text{元} \times \left(\frac{P}{F}, 15\%, 5\right) - 10000 \text{元}$$

$$= 2800 \text{元} \times 3.352 + 2000 \text{元} \times 0.4972 - 10000 \text{元}$$

$$= 380 \text{元}$$

为使 i_2 计算出的 $NPV_2 < 0$，假设 $i_2 = 20\%$ 计算：

$$NPV_2 = (5000 \text{元} - 2200 \text{元}) \times \left(\frac{P}{A}, 20\%, 5\right) + 2000 \text{元} \times \left(\frac{P}{F}, 20\%, 5\right) - 10000 \text{元}$$

$$= 2800 \text{元} \times 2.991 + 2000 \text{元} \times 0.4019 - 10000 \text{元}$$

$$= -821 \text{元}$$

采用内插法计算内部收益率：

$$IRR = i_1 + (i_2 - i_1) \frac{NPV_1}{NPV_1 - NPV_2}$$

$$= 15\% + (20\% - 15\%) \times \frac{380 \text{元}}{380 \text{元} - (-821) \text{元}}$$

$$= 15\% + 5\% \times 0.3164$$

$$= 15\% + 1.58\%$$

$$= 16.58\%$$

由计算结果知，该技术方案的 $IRR = 16.58\% > i_0 = 15\%$，可以采用。

五、不确定性分析

在进行技术方案经济评价时，由于外部环境变化的不可预见性（如政策变化、市场变化、技术工艺进步）和数据资料的误差等不确定因素的影响，对技术方案的评价会有误差和风险。为减少风险，必须分析各种不确定因素对方案经济效益产生的影响，以便在方案的评价和实施过程中加以考虑和控制。这里主要介绍盈亏平衡分析和敏感性分析两种方法。

1. 盈亏平衡分析

盈亏平衡分析是通过分析产量（Q）、成本（C）和利润（E）三者之间的数量依存关系，确定项目盈亏平衡的界限（BEP），分析和预测产销量、价格和成本等不确定因素的变动对项目盈亏影响的一种分析方法。

2. 敏感性分析

各种不确定因素对技术方案经济效益的影响程度是不一样的，影响较大的称为敏感因素，影响较小的称为非敏感因素。敏感性分析就是对影响方案经济效益的少数关键不确定因素的影响程度，进行预测分析。常采用单因素敏感性分析法，即假定其他参数不变，研究一个参数值变化时对方案经济效益影响的敏感度。然后，根据各因素对指标值变动的影响程度，找出影响技术方案的敏感因素，并采取相应措施，以减少方案选择的风险性。进行敏感性分析的一般步骤为：①确定经济效益分析的指标；②选择需要分析的不确定因素；③对敏感性因素进行分析计算，计算时先固定其他因素，每次只变动一个因素，并限定一个变动范围（如 ±5%、±10%、±15%、±20% 等），并将计算结果与引起的经济效益指标的变动结果建立一一对应的数量关系，用图或表的形式表示出来；④找出最敏感因素，对方案的风险情况做出判断。

敏感性分析的计算虽然不难,但较烦琐,重复计算过多,对大中型项目需借助于电子计算机来完成。

第三节 项目可行性研究

一、可行性研究概述

可行性研究是技术经济论证的一种主要的科学方法。它是对各种科学技术方案、工程建设项目、产品开发、技术改造及生产经营方案等的必要性、实施的可能性和经济价值,从技术、社会、经济等方面进行综合分析和全面科学论证,为管理决策提供科学依据的技术研究活动。其目的是更好地保证实施项目在技术上的先进可行,经济上合理有利,避免或减少决策失误,提高企业投资的综合效果。

可行性研究在20世纪30年代美国制定开发田纳西河流域工程规划时开始应用,在第二次世界大战后进一步得到发展。1983年,我国国家计委正式颁布《关于建设项目进行可行性研究的试行管理办法》,将可行性研究列为工程项目建设前期的工作内容,纳入基本建设程序并明确规定:一切工业建设项目都要进行可行性研究,凡是没有进行可行性研究或研究深度不够的项目,不应批准其设计任务书。可行性研究的对象,一般包括新建、改建、扩建的工业项目、科研项目,地区开发、技术措施的应用与技术政策的制定等。这里着重介绍工程建设项目的可行性研究。

对工程投资建设项目进行可行性研究,就是对项目的一些主要问题,如市场需求、资源条件、原材料、燃料、动力供应条件、建设规模、厂址选择、设备选型、工艺方法、资金筹措等方面,从技术和经济两个方面进行详细调查研究,对方案进行计算分析和比较,并对建成后可能取得的经济效果进行预测,从而提出这个项目是否值得投资建设和怎样建设的意见,为投资决策提供可靠的依据。

可行性研究是投资项目建设前期研究工作的关键环节,从宏观上可以控制投资的规模和方向,改进项目管理;微观上可以减少投资决策失误,提高投资效果。其具体作用有:①作为投资项目决策的依据;②作为投资项目设计的依据;③作为向银行贷款的依据;④作为向当地政府和环保当局申请建设执照的依据;⑤作为该项目与有关部门相互订协议、签订合同的依据;⑥作为工程建设的基础资料;⑦作为科学试验和设备制造的依据;⑧作为项目建成后,企业组织管理、机构设置、员工培训等工作的依据。

二、可行性研究的阶段和步骤

(一)可行性研究的阶段划分

一个工程建设项目从开始酝酿、研究到建成投产的全过程,在国际上称为"项目发展周期"。整个周期分为三个时期:投资前时期,即可行性研究时期;投资时期,即项目建设实施时期,包括项目设计、试验试制、施工建设、试运转等;运行时期,即生产时期。每一时期又分为若干阶段,每个阶段各有不同的工作内容和要求,如图8-8所示。

可行性研究时期或投资前时期的工作至关重要,它是投资时期和生产时期工作的基础,是决定投资项目命运的关键环节。它主要包括以下几个工作阶段：

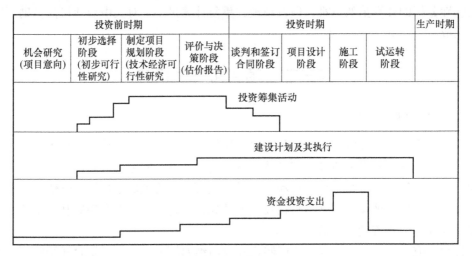

图 8-8　工程项目发展周期

1. 机会研究阶段

其主要任务是对投资方向提出设想建议，即所谓的"项目意向"，选择有利的投资项目。它要求以自然资源调查和市场预测为基础，在一个确定的地区或行业内寻求最有利的投资机会。其主要内容是选择投资项目，笼统估算投资和成本，并将项目设想变为项目投资建议。

2. 初步可行性研究阶段

它又叫预可行性研究，是为节约时间和经费，在详细可行性研究之前，对机会研究认为可行的项目进行初步可行性研究。其目的是要确定是否需要进行下一步的详细可行性研究；确定有哪些关键问题需要进行辅助性专题研究；判断项目的设想是否具有生命力，能否获得较大的经济效益，发现不可行时应及时放弃。

3. 技术经济可行性研究阶段

它也称详细可行性研究或最终可行性研究阶段，是在初步可行性研究的基础上，对项目进行确定性分析，其详细程度应达到初步设计水平。它是项目投资决策的关键阶段。其主要任务是对项目进行深入的技术、经济论证，深入研究有关市场需求、厂址选择、工艺技术、设备选型、土木工程、项目总费用，以及管理机构等问题，通过进行多方案比较，确定出最优化的方案。

4. 评价与决策阶段

其主要任务是对可行性研究报告提出评价意见，最终确定这个项目是否可行，所推荐的方案是不是最佳方案，并做出最终的投资决策。项目评价的主要内容是审核可行性研究报告中反映的各项情况是否属实，分析计算是否正确，从企业、国家和社会等方面综合判断工程项目的可行性，最后写出评价报告。

（二）可行性研究的步骤

可行性研究工作涉及面广、综合性强，在具体进行时需要吸收具有专业知识的各方面专家参加，一般按以下步骤开展工作：

1. 筹划准备

这个时期要了解项目提出的背景、开展可行性研究的主要依据，摸清委托者的目标和意图，讨论研究项目的范围、界限，明确研究的内容，制订工作计划。

2. 调查研究

这是指进行实地调查和技术经济研究工作。这一步涉及的项目很多，每项调查研究都要分别做出评价。

3. 优化和选择方案

这是把前阶段项目调查研究的各个不同方面的内容进行组合，设计出各种可供选择的方案，决定选择方案的重大原则问题和选择标准，并经过多方案的分析和比较，推荐最佳方案。对推荐的方案进行评价，对放弃的方案说明理由。

4. 详细研究

这是对选出的最佳方案进行更详细的分析研究，复查和核定各项分析材料，明确建设项目的范围、投资、经营费用和收入等数据，并对建设项目的经济和财物特性做出评价。经过详细研究，应能证明所选方案在设计和施工方面是可以顺利实现的，在财务、经济上是有利的，是令人满意的。另外，还要说明成本、价格、销售量、建设工期等不确定因素变化时，对企业收益率所产生的影响。

5. 资金筹措规划

这是对建设项目资金来源进行全面筹划，对于项目不同资金筹划方案进行分析和比较，尤其对中外合资项目更应注意做好详细的资金筹措规划。

6. 编写可行性研究报告

这是指根据可行性研究报告书的形式、结构和内容的规范要求，编写详尽的可行性研究报告书。

三、可行性研究的内容

可行性研究的内容总起来讲可以概括为三个方面：①市场研究，这是可行性研究的前提和基础，其主要任务是解决建设项目的"必要性"问题；②工艺技术研究，它主要解决建设项目技术的"可行性"或"可能性"问题；③研究建设项目的经济效益，这是可行性研究的核心和重点，是解决建设项目在经济上的"合理性"问题。具体内容包括以下几方面：

1. 项目背景和发展概况

它主要说明项目提出的背景、投资理由、在可行性研究前已经进行的工作情况及其成果、重要问题的决策和决策过程等情况。

2. 市场分析与建设规模

市场分析的重要性在于，任何一个项目，其生产规模的确定、技术的选择、投资估算甚至厂址的选择，都必须在对市场需求情况有了充分了解之后才能解决，而且市场分析的结果，还可以决定产品的价格、销售收入，并最终影响项目的盈利和可行性。在可行性研究报告中，要详细阐述市场需求预测、价格分析，并确定建设规模。

3. 建设条件与厂址选择

它是根据产品方案与建设规模中建议的产品方案和规模来研究资源、原料、燃料、动力等的需求和供应的可靠性；并对可供选择的厂址做进一步技术与经济比较，确定最佳厂址方案。

4. 项目技术方案

它主要研究项目应采用的生产方法、工艺和工艺流程、重要设备及其相应的总平面布置、主要车间组成及建筑物结构形式等技术方案。在此基础上，估算土建工程量和其他工程量，并绘制总平面布置图、工艺流程示意图等。

5. 环境保护与劳动安全

在项目建设中，必须贯彻执行国家有关环境保护和职业安全卫生方面的法律、法规，对于项目可能对环境造成的近期和远期影响，对影响劳动者健康和安全的因素，都要在可行性研究阶段进行分析和评价，并提出防治措施。按照国家规定，凡从事对环境有影响的建设项目都必须实行环境影响报告书的审批制度，要推荐技术可行、经济合理、对环境的有害影响较小的最佳方案。

6. 企业组织和劳动定员

根据项目规模、组成和工艺流程，提出相应的企业组织机构、劳动定员总数、劳动力来源及相应的人员培训计划。

7. 项目实施进度安排

项目实施时期又称投资时期，是指从正式确定建设项目（批准可行性研究报告）到项目达到正常生产的这段时间。它包括项目实施准备、资金筹集安排、勘察设计和设备订货、施工准备、生产准备、试运转直到竣工验收和交付使用等各个工作阶段。这些阶段的各个环节，有的相互影响、前后紧密衔接，有些则同时开展、相互交叉进行。因此，在此阶段，需将项目的各个工作环节进行统一规划、综合平衡，做出合理而又切实可行的安排。

8. 投资估算与资金筹措

它是指计算项目所需要的投资总额，应分析投资的筹措方式，并制订用款计划。

9. 财务与经济效益评价分析

财务评价是根据国家现行财务和税收制度以及现行价格，分析测算拟建项目未来的效益及费用。考察项目建成后的获利能力、债务偿还能力及外汇平衡能力等财务状况，以判断建设项目在财务上的可行性，即从企业角度分析项目的盈利能力。财务评价采用动态分析与静态分析相结合、以动态分析为主的办法进行。评价的主要指标有财务内部收益率、投资回收期、贷款偿还期、净现值、投资利润率等。

10. 可行性研究结论与建议

它是指根据前面的研究分析结果，对项目在技术上、经济上进行全面的评价，对建设方案进行总结，提出结论性的意见和建议。

可行性研究的内容，虽然不同行业和不同项目各有侧重，但基本内容必须完整，文件必须齐全，其深度和质量应能达到国家规定的标准，满足该项目投资决策的要求。可行性研究报告应该全面反映可行性研究的基本内容。

本 章 小 结

企业技术经济分析，是运用科学的方法，通过计算和分析，结合技术方案特点和要求对技术方案的优劣进行评价和论证，为企业决策者提供依据和建议。经济效益是指企业从事生产经营活动时所取得的经营成果与资源消耗的比较或产出投入的比较。经济效益具有差式经济效益、商式经济效益两种表达形式。在进行技术方案选择时必须遵守一些基本原则，比如符合客观经济规律、政策和法令；技术与经济相结合；从整体观点出发，全面衡量技术方案的经济效益。对技术经济方案进行比较时，需满足以下条件：满足需要的可比性；消耗费用的可比性；价格指标的可比性；时间的可比性。

资金时间价值及其等值计算、投资回收期法、净现值法、内部收益率法、不确定性分析是技术经济分析的一般方法。

可行性研究是技术经济论证的一种主要的科学方法。它是对各种科学技术方案、工程建设项目、产品开发、技术改造及生产经营方案等的必要性、实施的可能性和经济价值，从技术、社会、经济等方面进行综合分析和全面科学论证，为管理决策提供科学依据的技术研究活动。主要包括机会研究阶段、初步可行性研究阶段、技术经济可行性研究阶段、评价与决策阶段四个工作阶段。可行性研究的内容包括项目背景和发展概况、市场分析与建设规模、建设条件与厂址选择、项目技术方案、环境保护与劳动安全、企业组织和劳动定员、项目实施进度安排、投资估算与资金筹措、财务与经济效益评价分析、可行性研究结论与建议等方面。虽然不同行业和不同项目各有侧重，但基本内容必须完整，文件必须齐全，其深度和质量应能达到国家规定的标准，满足该项目投资决策的要求。

案例分析

租赁还是自建？

东港机械厂是一家多品种小批量生产的国有小企业，在改革开放的形势下，企业原有的运作方式受到了极大的冲击，企业员工议论纷纷："大鱼吃小鱼，小鱼吃虾米，迟早我们企业会被吃掉。"人心浮动，干劲不足，思"跳"可谓人心所向。产品市场怎样呢？该厂为下游厂家生产专用零件，由于长期的合作关系，达成了一种默契，迄今为止，下游厂家还没有试图转移合作伙伴的意向。在某种意义上，按订货生产的方式显得不尽完善，因为潜在的市场需求往往从订货单上不易发现，通过市场预测，胡厂长决定产品的产量一部分按订货要求生产，另一部分按潜在的市场需求生产，以备不时之需。这就不得不储备些紧俏的原材料。原材料要有储备，产品也要储备，这就使原有的仓储条件显得格格不入了。在全厂大会上胡厂长指出："全体员工必须振奋起来，努力工作，如果企业效益上来了，员工也一定会获得收益。不能因为对未来企业发展的预期茫然而使企业发展处于停顿状态，我们应积极努力去寻找、开拓新的产品市场，并将现有产品与服务不断完善。这都需要改善生产条件，完善仓储设施……"胡厂长的话还未说完，就有人插话道："现在能应付一天就算一天，一旦新建了仓库，随之又被大企业兼并或者市场萧条，岂不徒劳无益！"胡厂长说："经济形势的发展给每个企业都会带来影响，不能因此而消极地持观望态度，坐以待毙。办企业也如逆水行舟，该是力争上游！好，现在我说具体些，根据我们的生产经营特点和职能科室提供的资料，增设仓库已是当务之急，问题的关键是要确定自建还是租用仓库好？"与会的大多数人纷纷议论这一问题，最后达成了共识。

现有两个方案，其一是租赁仓库，每年租金20万元，其中含有维修费，应付10年；其二是自己建仓库，初始投资100万元，先建小仓库，4年后增加投资50万元，扩建仓库，前4年每年维护费用为1万元，后6年每年2万元，10年后残值为40万元，年利率为6%。

（资料来源：百度文库，https://wenku.baidu.com/view/7f00782ee2bd960590c677ea.html）

案例思考题：
1. 上述两种观点哪种正确？
2. 请帮助该企业做出租赁或自建的决策。

思考与习题

1. 什么是经济效益？
2. 技术方案选择的基本原则是什么？
3. 什么是资金的时间价值？在进行技术经济分析时为什么必须考虑资金的时间价值？
4. 资金等值的含义是什么？它在技术经济分析中有什么重要作用？
5. 静态和动态投资回收期的区别是什么？
6. 技术经济分析的方法和步骤有哪些？
7. 为什么要进行不确定性分析？
8. 敏感性分析的目的是什么？
9. 什么叫可行性研究？为什么要进行可行性研究？
10. 可行性研究有哪些主要内容？
11. 1997年的5万元资金，在年利率为10%的条件下，它在1980年、1990年、2000年、2010年的等值资金各是多少？
12. 某企业拟向银行借款1500万元，5年后一次还清，甲银行贷款年利率为17%，按年计息；乙银行贷款年利率为16%，按月计息。问企业向哪家银行贷款较为经济？
13. 某工程第1年年初投资1000万元，第2年年初投资2000万元，第3年年初又投资3000万元。贷款年利率为10%，要求第6年至第10年，5年等额还清全部本息，问每年应偿还银行多少元？
14. 某工程项目各年净现金流量如表8-3所示。

表8-3　各年净现金流量

年　份	第1年年初	第2年年初	第3~10年年末
净现金流量/万元	−2500	−2000	1200

根据表中数据计算静态投资回收期、动态投资回收期、净现值、内部收益率（基准贴现率为10%）。

15. 某公司欲购买一台价值为18000美元的专用设备，现有两种购买方案：
（1）一次性支付现金16000美元（优惠价）。
（2）先付4000美元，余额14000美元在以后5年内每年年末等额分期支付。
如果公司的基准收益率 $i_0 = 10\%$，试用现值法判定应选择哪个方案。

16. 某企业正研究一项投资方案，该方案预计投资额为150万元，投产后年销售收入为40万元，年经营成本为11万元，年税金为销售收入的10%。方案中设备使用寿命为14年，残值为20万元，基准投资收益率为10%。试分析各不确定因素的敏感性。

第九章

现代企业管理信息系统与管理沟通

学习目标

通过本章学习,掌握企业管理信息系统的功能、作用,管理信息系统的开发方法与维护程序,管理沟通的过程和作用;熟悉企业信息管理系统和管理沟通工作的改善渠道;了解企业信息管理系统的设计和管理沟通的形式与方法。

◆ 导入案例

沃尔玛的信息系统

沃尔玛采用了高效的电子订货系统(Electronic Ordering System),提高了决策效率,该系统具有以下特征:

1. 能及时获得准确的信息

节省从接到订单到发出订货的时间,缩短订货商品的交货期,减少商品订单的出错率,使效率得以提高,减少了库存成本。

2. 迅速获得销售时点数据

保证核算购买行为时间短,票据少,误差小,收集到的数据准确高效。促进了店铺作业合理化,提高了店铺运营能力。资金周转率和商品周转率得以大大提高。

3. 具有强大的数据库管理系统

数据库信息来自企业内部和外部。沃尔玛通过保存详细的记录并恰当地整理这些记录来推进沃尔玛的决策系统。这个系统帮助管理者真正建立起自己的报告工具,并按自己的需要任意选择数据。

4. 配备先进的物流配送系统

先进的卫星通信网络使沃尔玛每天都能清楚地知道每一件商品的实际销售情况。这套系统使配送中心、供应商及每一分店的每一销售点都能形成在线作业,提高了营业的高效性和准确性。通过迅速的信息传送与先进的计算机跟踪系统,沃尔玛可以在全美范围内快速地输送货物,使各分店即使只维持极少存货也能保持正常销售,从而大大节省了存储空间和存货成本。

(资料来源:MBA 智库文档,http://doc.mbalib.com/view/6d28eaff5ab3c2be32927b7f5337dcf4.html)

讨论:沃尔玛的信息系统有什么值得借鉴的地方?

第一节　企业管理信息系统概述

一、管理信息系统的概念

管理信息系统（Management Information System，MIS）是一个以人为主导，利用计算机硬件、软件、网络通信设备以及其他办公设备，进行信息的收集、传输、加工、储存、更新和维护，以企业战略竞争、提高效益和效率为目的，支持企业高层决策、中层控制、基层运作的集成化的人机系统。

管理信息系统的概念包含以下三个特征：

1. 管理信息系统是一个人机系统

机器包括计算机硬件及软件（包括业务信息系统、知识工作系统、决策支持系统），各种办公机械及通信设备；人员包括高层决策人员、中层职能人员和基层业务人员，由这些人和机器组成一个和谐的配合默契的人机系统。系统设计者应当很好地分析把什么工作交给计算机做比较合适，什么工作交给人做比较合适，人和机器如何联系，从而充分发挥人和机器各自的特长。

2. 管理信息系统是一个集成系统

也就是说管理信息系统进行企业的信息管理是从总体出发，全面考虑，保证各职能部门共享数据，减少数据的冗余度，保证数据的兼容性和一致性。具有集中统一规划的数据库是管理信息系统成熟的重要标志，它象征着管理信息系统是经过周密的设计而建立的，它标志着信息已集中成为资源，为各种用户所共享。

3. 管理信息系统用数学模型分析数据，辅助决策

只提供原始数据或者综合数据，管理者往往感到不满足，管理者希望得到决策的数据。为得到这种数据往往需要利用数学模型，如联系于资源消耗的投资决策模型，联系于生产调度模型等。模型可以用来发现问题，寻找可行解、非劣解和最优解。在高级的管理信息系统中，系统备有各种模型，供不同的子系统使用，这些模型的集合叫作模型库。高级的职能模型能和管理者以对话的形式交换信息，从而组合模型，并提供辅助决策信息。

二、管理信息系统的基本功能

为了满足管理者的信息需求，信息系统需要完成大量的信息处理工作。其基本功能可概括为以下六个基本方面，即信息的收集、传输、加工、储存、维护和使用。

1. 信息的收集

根据数据和信息的来源不同，可以把信息收集工作分为原始信息收集和二次信息收集两种。原始信息收集是指在信息或数据发生的当时当地，从信息或数据所描述的实体上直接把信息或数据取出，并用某种技术手段在某种介质上记录下来。二次信息收集则是指收集已记录在某种介质上，与所描述的实体在时间与空间上已分离的信息或数据。

2. 信息的传输

当信息系统具有较大的规模，在地理上有一定分布的时候，信息的传输就成为信息系统必备的一项基本功能。系统越大，地理分布越广，这项功能的地位就越重要。

信息系统的管理者与计划者必须充分考虑所需要传输信息的种类、数量、频率、可靠性要求等因素。

3. 信息的加工

一般说来，系统总需要对已经收集到的数据或信息进行某些处理，以便得到某些更加符合需要或更能反映本质的信息，或者使信息更适于用户使用。

信息加工的种类很多。从加工本身来看，可分为数值运算和非数值处理两大类。数值运算包括简单的算术与代数运算，数理统计中的各种统计量的计算以及各种校验，运筹学中的各种最优化算法以及模拟预测算法等。非数值数据处理包括排序、归并、分类等。

4. 信息的储存

信息系统必须具有某种信息存储功能，否则它就无法突破时间与空间的限制，发挥提供信息、支持决策的作用。信息系统的存储功能就是保证已得到的信息能够不丢失、不走样、不外泄，并整理得当，随时可用。

在实际工作中，信息传输与信息存储常常是联系在一起的。当信息分散地存储在若干地点时，信息传输量可以减少，但安全性、一致性就会变得难以解决。如果信息集中存储在同一地点，存储问题比较容易解决，但信息传输的负担将大大加重。实际工作者常常面临对两者的权衡和合理选择。

5. 信息的维护

保持信息处于可用状态叫信息维护，它包括系统建成后的全部数据管理工作。信息维护的主要目的在于保证信息的准确、及时、安全和保密。

信息的保密性是当前备受关心的一个问题。随着信息越来越成为一种资源，人们也越来越把它当成一种财产来对待，因而被盗的情况也越来越多。为了维护信息的保密性，信息系统采用了很多技术，如在机器内部以及信息系统程序中设置密码，以及在机器上记录终端设置试探次数等。

6. 信息的使用

信息系统的服务对象是管理者，因此它必须具备向管理者提供使用信息的手段或机制，否则它就不能实现自身的价值。提供信息的手段是信息系统与管理者的接口或界面，它的情况应根据双方的情况来定，即需要向使用者提供的信息情况以及使用者自身的情况。

从需要向用户提供的信息来看，决策支持系统的复杂程度及灵活性要求是最高的，因此对话式的用户接口是比较适宜的。业务信息系统和管理信息系统，一般倾向于提供固定的例行信息服务。

三、信息系统的评价与改进

对管理工作的信息需求满足到何种程度，是信息系统评价与改进的基本准则。

（1）系统的功能，即信息系统能够为本系统的管理工作提供哪些信息服务。例如，同为物资管理系统，有的能够利用运筹学的方法对物资调拨这项工作提出最优方案，有的则不能，那么，前者的功能就比较强。不管是以计算机为主的还是以手工处理为主的信息系统，我们都可以列出其为管理提供的信息服务项目，通过对比，比较其优劣。

（2）系统的效率，即系统为完成信息处理任务而付出的人力、物力、财力、时间等情况。人力、物力、设备都可以折算成一定的经济价值来计算与比较；但时间则不容易折算，常用的时间指标有三个：吞吐量、单位业务处理时间以及响应时间。响应时间一般用于查询系统、决策支持系统等要求实时处理的系统，如飞机订票系统中，响应时间就是十分重要的。

（3）信息服务的质量，即系统向信息使用者提供的信息的可读性、适用性及准确性等。信息系统的作用与价值，只有通过使用它所提供的信息，切实改善了管理，才能真正体现出来。因此，在比较信息系统时，必须看其提供的信息服务的质量如何。例如，把用冗长的表格提供信息改变为用一目了然的图形来提供同一批信息，这也是信息系统的一种改善。

（4）系统的可靠性，即系统在遇到外界有意或无意的干扰下，保持自身正常工作的能力。一个信息系统，不管功能多强、效率多高，如果不具有足够的可靠性，外界稍有干扰就不能正常工作，那么，这个系统是无法真正发挥作用的。最常见的干扰是错误的信息输入，信息系统应能识别、区分，并分情况予以适当的处理。此外，信息系统应具有备份功能，以便遇到计算机硬件、软件故障及其他一些自然因素的干扰时，仍能正常工作。

（5）系统的适应性，即当环境发生变化时，系统是否能比较容易地改变其结构与工作方式，以便在新的情况下顺利有效地工作。社会经济条件的变化，计算机软、硬件技术的发展及更新换代，使用者新的信息要求的提出，都向信息系统提出了适应性的要求。有些信息系统由于适应性差、难于改动，使用寿命很短。随着计算机应用的发展，这个问题越来越突出，因此，适应性日益受到人们的重视，成为评价信息系统的又一重要指标。

对信息系统的评价与改进，除以上五个方面以外还有很多，如稳定性、敏感性、可测性等。对于某些特定的信息系统，它们也起着十分重要的作用。

四、管理信息系统在企业管理中的作用

企业是国民经济的基本单元，企业的发展对我国的工业现代化建设有着不可估量的影响。在发达国家，为了在激烈的市场竞争中求得生存，企业在管理中逐步形成了一种以生产计划和控制为主导的管理模式、管理思想和管理方法。在计算机的帮助下，对企业生产经营诸要素进行优化组合和合理配置，使生产和经营过程中的人流、物流、资金流和信息流处于最佳状态，达到以最小的投入获得最大的产出，这就是企业管理信息系统的作用所在。

具体说来，MIS 带给企业的效益有以下几点：

1. 加快资金周转

财务部门可以及时发现问题，不失时机地调度资金，提高资金使用效率，从而节省银行利息支付。例如，实施 MIS 较成功的某电子集团，三年内公司的资金周转期分别为 184.8 天、157.4 天和 99.8 天，效果显著。

2. 降低生产成本

计算机生产管理加强了对产品全过程的监控，能及时反馈信息。制订在产品设计和工艺计划，对材料选用、设备使用等方面进行分析，制订合理和优化的生产计划与作业计划，对原材料、辅料、在制品库存及时调整等，都可以达到降低生产成本的目的。

3. 压缩库存积压

在满足生产供应的前提下，合理调整原材料和备品备件的库存，及时采购入库，压缩库存积压，减少流动资金的占用；充分发挥生产计划和销售管理的作用，做好产销衔接的平衡工作，从而压缩成品库存。例如，某企业集团 1991 年实施 MIS 后，尽管因原材料涨价损失

了 189 万元，但因降低成本增加利润 245 万元；产品集成电路的库存由 1623 块下降到 1121 块，库存减少了约 1/3。

4. 缩短生产周期

在市场竞争中，缩短产品生产周期，尽快交货和投放市场是扩大市场份额的关键。例如，在印染厂中，要迅速根据订单安排工艺试验，调整生产计划，准备坯布和染料，维护关键设备。在生产过程中，不断掌握生产进度和问题，随时监测质量。最后，及时取得成品检验和入库信息，及时包装发货。

5. 提高工作效率和管理水平

计算机全面管理保证了数据的准确性，减少了繁重的统计报表的工作量，及时向各级领导提供了信息。共享数据库保证了整个企业数据的一致性，方便了各类人员不同要求的查询。例如，某机器生产厂统计，该厂劳动处定额室仅就工时汇总和工时完成情况统计一项，全年就节省工作时间 14685.5h，相当于一个人工作 1.7 年；财务处与银行对账，原来需要半个月的时间，用计算机后半小时即可完成；计量仪器处的仪器清查工作，以前每年才进行一次，需要花大量人力工作两个月，用计算机后可以随时清查，一次十几分钟即可完成。

更重要的是，各个环节的工作效率提高后，企业将出现新的工作方式，传统组织机械的层次信息传递和跨级命令逐渐转换为平铺传递。这样，可以将工作责任更多地直接赋予工作人员，从而改变以往的多层领导方式。全厂人员素质和管理水平的提高，有利于企业的长远发展。

6. 扩展信息渠道，加快市场反应

我国企业已加快了走向市场的步伐，扩大了与外部的联系。获取外部的市场信息，进行及时的处理和分析，做出快速反应，可以获得显著的经济效益。例如，某棉纺集团通过 1995 年建立的 MIS 广域网，及时获得棉纱市场信息，一笔交易就获利了 220 万元。

第二节 管理信息系统的开发与维护

一、管理信息系统开发

系统开发的任务就是根据企业管理的战略目标、规模、性质等具体情况，从系统论的观点出发，运用系统工程的方法，为企业建立起计算机化的信息系统。在计算机领域中，人们经常用"系统开发"一词来概括管理信息系统从项目提出直到运行、评价为止的整个过程。

系统开发具有以下特点：

1. 系统开发复杂性高

企业属于非确定型的复杂系统，而且随着企业规模的扩大，系统的功能日益增强，也增加了系统的复杂性。此外，系统开发本身又是一项综合性技术，它涉及计算机科学、通信技术、数学、管理科学等多种学科，具有知识密集的特点。同时，应用软件系统开发的各个阶段，都有大量人的参与和干涉，工作十分细致、复杂，容易出错。因而，系统一般都要耗费大量的人力、物力和时间资源，是一个复杂的系统问题。

2. 系统开发是一项创造性活动

信息系统建立的真正目的是给组织带来新的活力、新的功能和新的面貌，这里面有着无数的创新。不能用传统的思维方式来思考问题，进行系统的开发和设计，必须有创新、有突破。

3. 系统开发的质量要求高

系统开始的标准就是必须满足用户的需求，必须实现双方事先所商定的目标。这就要求所开发的系统必须是高质量的，必须经得起时间的考验。另外，信息系统是一个软件系统，软件产品是不允许有任何语法错误或语义错误的。

4. 产品是无形的

软件产品是存储在计算机系统之内的程序和数据，它们是无形的。

5. 历史短、经验不足

和其他的一些工业制品不同，软件的生产只有几十年的历史，经验不足，有关的开发技术与管理技术的研究还在进行中，特别是大型的软件生产。

二、结构化系统开发方法

结构化系统开发方法是自顶而下的结构化方法、工程化的系统开发方法和生命周期方法的结合，它是迄今为止开发方法中应用最普遍、最成熟的一种。

（一）结构化系统开发的基本思想

结构化系统开发的基本思想是用系统工程的思想和工程化的方法，按用户至上的原则，结构化、模块化，自顶而下地对系统进行分析与设计。具体来说，就是先将整个信息系统开发过程划分出若干个相对独立的阶段，如系统规划、系统分析、系统设计、系统实现等。在前三个阶段坚持自顶而下地对系统进行结构化划分。在系统调查或理顺管理业务时，应从最顶层的管理业务入手，先考虑系统整体的优化，然后再考虑局部的优化问题。在系统实施阶段，则应坚持自底向上地逐步实施。也就是说，组织人力从最基层的模块做起，然后按照系统设计的结构，将模块一个个拼接到一起进行调试，自底向上逐渐地构成整体系统。

（二）结构化系统开发方法的特点

结构化系统开发方法主要强调以下特点：

（1）自顶而下整体性的分析与设计和自底向上逐步实施的系统开发过程，即：在系统分析与设计时要从整体和全局考虑，要自顶而下地工作；而在系统实现时，则要根据设计的要求先编制一个个具体的功能模块，然后自底向上逐步实现整个系统。

（2）用户至上。用户的需求是研制工作的出发点和归宿，故在系统开发过程中要面向用户，充分了解用户的需求和愿望。

（3）深入的调查研究，即强调在设计系统之前，深入实际单位，详细地调查研究，努力弄清实际业务处理过程的每一个细节，然后分析研究，制定出科学合理的新系统设计方案。

（4）严格区分工作阶段。把整个开发过程划分为若干个工作阶段，每个阶段都有其明确的任务和目标。在实际开发过程中要求严格按照划分的工作阶段，一步步地开展工作，如遇到较小、较简单的问题，可跳过某些步骤，但不可打乱或颠倒。

（5）充分预料可能发生的变化。系统开发是一项耗费人力、财力、物力且周期很长的工作，一旦周围环境发生变化，都会直接影响到系统的开发工作，所以结构化开发方法强调在系统调查和分析时对将来可能发生的变化给予充分的重视，强调所设计的系统对环境的变化具有一定的适应能力。

（6）开发过程工程化。要求开发过程的每一步都按工程标准规范化，文档资料也要标准化。

三、系统开发的生命周期

用结构化系统开发方法开发一个系统，将整个开发过程划分为五个首尾相接的阶段，一般称之为系统开发的生命周期。

1. 系统规划阶段

系统规划阶段是根据用户的系统开发请求进行初步调查，明确问题，确定系统目标和总体结构，确定分阶段实施进度，然后进行可行性研究。

在适当的准备完成之后，主要是开展初步综合业务调查。调查由企业人员和开发单位人员共同进行，覆盖面要大，应包括企业的绝大多数部门。调查的方式多种多样，如问卷调查、面谈、座谈会、搜集文件资料、查阅档案、现场考察等。调查的内容包括：企业概况、管理状况、外部环境、现行信息系统、需求调查等。

企业状况分析是总体规划中的重要环节。其关键问题是整理出企业的业务流程和信息流程，找出现行管理中的问题。这包括：分析建立计算机管理信息的应用需求、数据处理需求和管理功能需求；分析现行管理体制的合理性与缺陷，包括机构设置、职能划分、业务流程的合理性；分析建立计算机管理的信息系统影响程度；分析现行信息系统运行效果；分析影响管理水平提高的薄弱环节和"瓶颈"问题。

新系统的规划要确定几个重要内容：明确新系统的目标；确定新系统的总体结构和层次；确定新系统的主要功能和子系统划分；确定新系统的配置原则。同时要考虑在新系统中现有资源的利用，MIS 与本企业计算机辅助设计（CAD）、办公自动化（OA）等系统的接口，与外部系统的连接等问题。

接着是制订新系统实施计划，包括：系统开发阶段划分、系统开发的进度计划、开发的组织方式、制定投资概算，以及对管理方面调整的初步构想。

另外，企业在准备 MIS 时，必须进行可行性分析，主要是必要性分析和效益分析，以决定是否建立 MIS。在总体规划中，还要进一步进行技术可行性、投资/效益分析和组织管理可行性分析等。

2. 系统分析阶段

系统分析的主要任务是将在系统详细调查中所得到的文档资料集中到一起，对组织内部整体管理状况和信息处理过程进行分析。它侧重于从企业全过程的角度进行分析。系统分析的主要内容是：业务和数据流程是否通畅，是否合理；数据、业务过程和实现管理功能之间的关系；老系统管理模式改革和新系统管理方法的实现是否具有可行性等。系统分析的目的是将用户的需求及其解决方法确定下来。其中包括：开发者对组织管理状况的了解；用户对信息系统功能的需求；数据和业务流程；管理功能和管理数据指标体系；新系统拟改动和新增的管理模型。系统分析所确定的内容是今后系统设计、系统实现的基础。

系统分析过程分两步：首先应将业务或数据流程弄清楚，然后再提出新系统拟采用的方案。与初步综合业务调查相比，详细业务调查要明确既定的调查范围，不像初步调查那样广，但却详细、深入得多。详细调查的内容有：组织机构和功能调查、业务调查、信息调查、现行信息系统调查等。

现行系统的分析主要包括：系统目标分析、系统功能分析、内部关系分析、信息分析、存在问题和解决问题的途径分析、需求分析等。最后，要绘制出分部门和分业务的业务流程图、业务关联图等系统分析文档。

接下来要进行新系统逻辑模型的确定。其主要内容包括：确定新系统的目标、系统的总体结构描述、子系统功能描述、子系统数据分析、数据输入输出描述、确定技术性能指标、优化业务处理流程和数据流程、定义经济数学算法和模型。

确定代码体系是系统分析的一项重要内容，也是企业的一项基础管理工作。企业的产品、原材料、设备以及人员、机械都应该有统一的代码，否则就不可能达到信息共享。

另外，还需确定计算机系统配置，主要内容包括：计算机体系结构、主机或服务器选型、外部设备的确定、网络和系统集成、工作站配置以及系统软件和应用软件的配置等。

3. 系统设计阶段

系统设计是信息系统开发过程中的另一个重要阶段。在这一阶段中我们将要根据前一阶段系统分析的结果，在已经获得批准的系统分析报告的基础上，进行新系统设计。系统设计包括两个方面：①总体结构的设计；②具体物理模型的设计。系统设计的主要内容包括新系统总体结构框架设计、代码设计、数据库设计、输入/输出设计、处理流程及模块功能的设计。

输入数据的正确性对于整个系统质量的好坏起决定性的作用。输入设计不当有可能使数据发生错误，即使计算和处理十分正确，也不可能得到正确的输出。因此输入设计既要给用户提供方便的界面，又要有严格的检查和纠错功能，以尽可能减少输入错误。同时，尽可能采用自动输入方式，如条码输入、在线监测等。输入设计包括：输入类型设计，输入来源和频度、输入格式、内容和精度、输入设备和介质、输入检查纠错。

输出设计的出发点是保证输出达到用户的要求，正确地反映和组织各种有用的信息。输出设计包括：输出类型、输出频度和对象、输出格式、内容和精度、输出设备和介质等。

数据库设计在系统设计阶段主要包括数据库的逻辑设计和物理设计，需要综合企业各个部门的存档数据和数据需求，分析各个数据之间的联系，按照数据库管理系统（DBMS）提供的功能和描述工具，设计出规模适当、正确反映数据关系、数据冗余少、存取效率高、能满足多种查询要求的数据模型。其步骤是：①数据库结构设计；②数据表定义；③存储设备和存储空间组织；④数据使用权限设置；⑤数据字典设计。

系统设计阶段还包括其他一些设计，如系统安全性、可靠性设计，与外部系统的连接设计等。

4. 系统实施阶段

系统实施是使系统设计的物理模型付诸实现的阶段。要投入大量时间、人力、物力进行设备安装调试、程序设计、编程和系统测试工作，形成目标系统的运行环境。

程序设计的准备工作主要包括：编程的规范约定的制定、结构化程序模块设计、模块内部处理过程描述和程序设计语言选择。

编程工作量较大，要分模块进行，通常把程序分配给多个程序员完成。因此，要严格遵守程序设计规范。编程主要包括：程序设计、程序运行和程序测试。

测试工作在软件开发中占有重要的地位。测试的目的是寻找和发现程序中的错误。测试的方法有多种，常用的有黑盒法和白盒法。测试的步骤为：①模块测试；②组装测试；③确认测试。

5. 系统运行与维护阶段

新系统在试运行成功之后，进行系统转换，进入系统运行与维护阶段，这标志着新的MIS已经建成。运行与维护阶段的主要任务是做好系统的正常管理和维护工作，使系统处于良好状态，在系统运行中不断根据环境变化和用户要求修改、扩充软件，使目标系统更加完善。要保证系统的正常运行，必须建立各种制度，包括安全保密制度、软件管理制度和备份制度。

系统维护是 MIS 生命周期中的一个重要阶段，工作量大，需要人员和资金保证。系统维护主要包括：计算机硬件、系统软件维护，机房设备的管理和维护，数据库及其代码维护，以及应用软件维护。

四、系统维护

管理信息系统不同于其他产品，它不是"一劳永逸"的最终产品，它有"样品即产品"的特点，它需要在使用中不断完善。

（一）系统维护的内容

1. 程序的维护

新系统的业务处理过程是通过运行程序来实现的，如果在运行系统的过程中，程序出现了问题或业务发生了变化或用户提出了新的需求，都需要对所使用的程序进行修改和调整。因此，系统维护的主要内容是对程序进行维护。

2. 数据的维护

数据是管理信息系统中的宝贵财富，数据的丰富和新鲜程度是管理信息系统好坏的重要指标，也是决定性的指标。数据要不断更新和补充，数据库文件的结构也必须得到有效的维护。在当今激烈的竞争中，企业的生存环境不断变化，为了适应这种变化，企业要不断地改变经营策略，调整业务处理过程。当业务处理过程发生变化时，需要重新建立相应的数据文件，或修改现有文件的结构，这些是数据维护的主要内容。

3. 代码的维护

随着系统应用环境的变化和应用范围的扩大，系统中的各种代码都需要进行一定程度的增加、修改和删除，需要设置新的代码体系。代码维护工作中，最困难的工作是如何使新代码得到贯彻。因此，各个部门要有专人来负责代码管理工作。

4. 设备的维护

设备的维护主要包括计算机系统、计算机配套设备的日常管理和维护。一旦机器发生故障，要有专门人员进行修理，保障系统的正常运行。另外，随着业务的不断扩展，有时还要对硬件设备进行调整和补充。

（二）系统维护的类型

系统维护的主要工作是对程序的维护。由于对程序维护的原因、要求和性质不同，维护工作分为四种，即纠错性维护、适应性维护、完善性维护和预防性维护。

1. 纠错性维护（Corrective Maintenance）

系统测试不可能发现系统中存在的所有问题，因此，在系统投入使用后的实际运行过程中，系统内隐藏的错误就有可能暴露出来，诊断和修正这些错误，是纠错性维护的主要工作内容。

2. 适应性维护（Adaptive Maintenance）

这是为了适应外界环境的变化而增加或修改系统部分功能的维护。由于计算机科学技术的迅速发展，必然要求管理信息系统能够适应新的软硬件环境，以提高系统的性能和运行效率。另外，管理信息系统的应用对象也在不断发生变化，机构的调整、管理体制的改变、数据与信息需求的变更，这也要求管理信息系统去适应各方面的变化，以满足用户的实际需求。

3. 完善性维护（Perfective Maintenance）

这是为改善系统功能或适应用户需要而增加新的功能的维护。在使用系统的过程中，用户往往要求扩充原有系统的功能，提高其性能，如增加数据输出的图形方式、增加在线帮助功能、调整用户界面等。

4. 预防性维护（Preventive Maintenance）

系统维护工作不应总是被动地等待用户提出要求后才进行，应进行主动的预防性维护，即选择那些还有较长使用寿命、目前尚能正常运行、但可能将要发生变化或调整的系统维护，目的是通过预防性维护为未来的修改与调整奠定更好的基础。

根据以往维护工作的统计，在这四种维护工作中，一般纠错性维护占整个维护工作的21%，适应性维护占25%，完善性维护占50%，而预防性维护及其他类型的维护仅占4%。可见在系统维护工作中，一半以上的维护工作是完善性维护。

（三）系统维护的管理

在系统维护的工作中，特别是在进行程序维护、数据维护和代码维护时，由于系统各功能模块之间的耦合关系，可能会出现"牵一发而动全身"的问题。因此，维护工作一定要特别慎重。

系统维护工作的程序如图9-1所示。

1. 提出修改要求

由系统操作人员或某业务部门的负责人根据系统运行中发现的问题，向系统主管领导提出具体项目工作的修改申请。

2. 报送领导批准

系统主管人员在进行一定的调查后，根据系统目前的运行情况和工作人员的工作情况，考虑这种修改是否必要、是否可行，并做出是否进行这项修改工作、何时进行修改的明确批复。

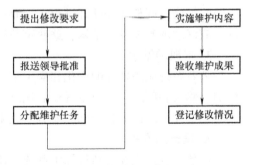

图9-1 系统维护工作的程序

3. 分配维护任务

维护工作得到领导批准后，系统主管人员就可以向程序人员或系统硬件维护人员下达维护任务，并制订出维护工作的计划，明确要求、完成期限和复审标准等。

4. 实施维护内容

程序人员和系统硬件维护人员接到维护任务后，按照维护的工作计划和要求，在规定的期限内实施维护工作。

5. 验收维护成果

由系统主管人员对修改部分进行测试和验收。若通过了验收，由验收小组撰写验收报告，并将该修改的部分嵌入到系统中，取代原来相应的部分。

6. 登记修改情况

登记所做的修改，作为新的版本通报用户和操作人员，说明新的功能和修改的地方，使他们尽快地熟悉并更好地使用修改后的系统。

第三节 管理沟通概述

管理是引导群体和自己一起完成组织目标的过程。沟通是管理的神经系统。沟通实际上渗透于各个管理职能的形式之中，不懂得沟通就无法管理。美国著名学府普林斯顿大学对一万份人事档案进行分析，结果发现："智慧""专业技术"和"经验"只占成功因素的25%，其余75%取决于良好的人际沟通。哈佛大学就业指导小组1995年的调查结果显示，在500名被解雇的男女中，因人际沟通不良而导致工作不称职者占82%。沟通是最普遍的管理现象，在企业中，人们每时每刻都通过沟通而共同工作和交流着。所以，沟通已成为企业管理的重要职能之一，同时，也是企业面临的最大问题。正如有人总结的："人们用80%的时间进行沟通，而80%的问题也出在沟通"，这就是研究沟通的意义。

一、沟通与沟通过程

（一）沟通的概念

沟通，即信息交流，是指将某一信息传递给客体或对象，以期得到客体或对象做出相应反应的过程。管理学家纽曼（W. H. Newman）和萨默（C. E. Summer）将沟通解释为：在两个或更多人之间进行的在事实、思想、意见和情感等方面的交流。企业管理的沟通，是为了达到既定目标，用一定的符号，把思想、感情和信息在组织人员之间进行传递的过程。

在企业中管理沟通一般在如下范畴内进行：

（1）人与人之间的交流。例如，管理者或下属发出情报，通过联络人员进行组织编排、整理，然后传递给管理者或下属。

（2）人与机器之间的交流。例如，将各种情况通过人或其他手段，把人的语言变成机器语言，使机器接收并执行，工人对机器的操作、协调。

（3）组织与组织之间的沟通。例如，营销公司与技术研发部门就客户需求和新产品开发所进行的信息交流。

（二）沟通过程

沟通是一个复杂的过程，信息沟通过程的模型可以用图 9-2 反映出来。任何的沟通都是发送者将信息传递到接受者的过程，其中发送信息的内容可以多种多样，如想法、观点、资料等。完整的沟通过程应包括七个环节，即主体（发送者）、编码、媒体（信息传递渠道）、解码、客体（接收者）、做出反应（沟通效果）和反馈。

沟通的过程可以分解成以下步骤：

（1）发送者发出信息。信息发送者出于某种原因，希望接收者了解某个信息，发送者明确自己要进行沟通的内容。

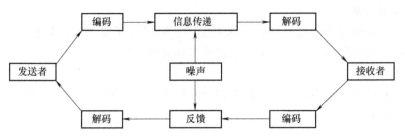

图9-2 信息沟通过程的模型

（2）编码。发送者将这些信息译成接收者能够理解的一系列符号，如语言、文字、图表、照片、手势等。要发出信息只有经过编码才能传递。

（3）信息传递。通过某种通道将信息传递给接收者，由于选择编码的方式不同，传递的方式也不同。传递的方式可以是书面的，也可以是口头的，甚至还可以通过形体动作来表示。

（4）解码。接收者将通道中加载的信息翻译成为他能够理解的形式。解码的过程包括接收、译码和理解三个环节。

（5）反馈。接受者将其理解的信息编码，再返送回发送者；发送者对反馈信息加以解码、核实并做出必要的修正。反馈的过程只是信息沟通的逆过程，它也包括了信息沟通过程的发出信息、编码、传递信息、解码和再反馈。反馈构成了信息的双向沟通。

（三）沟通障碍

噪声的干扰会破坏沟通的有效性。所谓噪声是指一切干扰、混淆或者模糊沟通的因素，既包括来自沟通过程系统外在因素的影响，也包括系统内部功能上的扰动因素。例如，由于发送者、接收者自身知识和能力的不足，而造成的对于有效沟通的扰动等。有数据表明，5%～20%的人存在着不同程度上的沟通焦虑，他们害怕在人群中讲话，缺乏沟通技术。

事实上，沟通的七个环节都会受到噪声的干扰。发送者不能明确所要沟通的内容，或者不能正确编码就会造成发出的信息失真；通道的选择不利和传递中信号的遗失又会造成信息传递的失真；接收者在接受、翻译、理解过程中的不当往往带来信息接收的失真；同样，反馈也会带来反馈失真。由于存在信息的发出失真、传递失真、接收失真和反馈失真，因此，无障碍的沟通变得十分困难。要正视有效沟通的困难性，沟通能力已成为衡量领导能力水平的重要尺度之一。

二、管理沟通的目的和作用

（一）管理沟通的目的

组织中沟通联络的目的是促进变革，即按有利于组织的方向左右组织的行动。由于组织规模的不同和社会环境的变化，不同类型和不同规模的组织对联络的着重点有所不同。譬如，在过去，"企业主"也在工厂（或工场）中参加劳动，情报沟通几乎全是对外的。小企业主需要从外部获得情报，以便利用它来使自己的事业兴旺发达。他们着重注意社会环境的信息，从而注意社会的变化，以确定他们的产品、生产方向、生产方式等问题。由于社会的发展，大型组织的出现，大型组织的管理者不仅只是同社会环境沟通，而且把相当大的注意力放在组织内部的沟通联络上。因为在员工众多的组织中，要对外界输入的信息立即理解并

第九章 现代企业管理信息系统与管理沟通

付诸行动是有一定困难的。人的因素需要特殊对待，因为他首先必须理解，然后采取行动。组织的人员越多，问题的涉及面就会越广，而且有些事情不一定会得到完美的解决。

使组织中每一个成员认识沟通联络的目的是至关重要的。不仅是最高管理者发出信息，其他人接收信息；也不仅是下级发出信息，上级管理者接收信息。事实上，组织中的每个成员既是信息的发出者，又是信息的接收者。这取决于组织中的职权关系、职能关系和协作关系。这就是说，组织中的任何人都需要知道传递的是什么信息、向谁传递、何时传递及传递信息的有效方法。组织要求其每个成员都有沟通情报之技能，为此也必须经常培养管理者和其下属的这种技能。在企业中，管理者通过有效的沟通化解劳资猜忌、对立的危机；有效推进人性化管理；开发部属无限的潜能；建立有效团结的团队；提升员工的共识，打开工作中的心结；给予部属指导、咨询；充分掌握必要的状况，拟订对策；确认自己的想法是否正确，赢得别人的支持；澄清别人的质疑；宣泄个人的心理沉淀，减轻心理负担；为了将不明确的信息减至最少，交换所需的知识和信息等。

思考以下两个案例，你通常采取哪项行动，做出自己的选择。

(1) 你的一名女雇员的工作热情和效率一直都很高，每次都能圆满地完成工作指标，你对她的工作十分放心，不必予以监督。最近你给她分配了一项新的工作，认为她完全有能力胜任这项工作，但她的工作情况令人失望，而且还经常请病假，占用了很多工作时间，你怎么办？①明确地告诉她去做什么，并密切注视她的工作；②告诉她去做什么，怎样去做，并设法查明她的问题出在哪里；③安慰她，帮她解决问题；④让她自己找出应付新工作的方法。

(2) 你刚刚晋升为车间主任，在你被提升以前，生产平稳发展，但现在产量下降，因而你想改变工作程序和任务分配。但是，你的职员不但不予以配合，反而不断地抱怨说他们的前任老板在位时奖金是如何高。你怎么办？①实施变更，密切注视工作情况；②告诉他们你为什么要做出改变，说明改变将会给他们带来的利益，并倾听他们所关切的问题；③同他们讨论打算改变的工作计划，征求他们提高生产能力的建议；④让他们自己找出完成生产指标的办法。

(二) 管理沟通的作用

管理沟通具有以下几方面的作用：

(1) 使组织中的人们认清形势。"认清形势"在这里是指给明智的行动提供必要的情报，如在开始向所有新来的人员介绍他们所处的物质环境和人员情况时，更重要的是简单介绍当前和长远的组织活动情况。显然，一个人对自己的工作和工作环境知道得越多，就能工作得越好。

(2) 使决策更加合理和有效。任何组织机构的决策过程，都是把情报信息转变为行动的过程。准确可靠而迅速地收集、处理、传递和使用情报信息是决策的基础。为决策目的所需的信息流同组织层次有着密切的关系。信息是由基层一级一级向上传输，并传输到最高主管部门。最高主管部门对收到的信息进行总结归纳，并用来进行决策。在决策过程中，信息的上下传输需要考虑传输的时间、范围和方法。事实证明，许多决策的失误是由于信息资料不全、沟通不畅造成的。因此，没有沟通就不可能有科学有效的决策。

(3) 稳定员工思想，统一组织行动。当组织内做出某项决策或制定某项新的政策时，由于个体的地位、利益和能力的不同，对决策和制度的理解和执行的意愿也不同，这就需要互相交流意见，统一思想认识，自觉地协调个体的工作活动，以保证组织目标的实现。因此，沟通可以明确组织内员工做什么、如何来做、没有达到标准时应如何改进等问题。可以说没有沟通就不可能有协调一致的行动，也就不可能实现组织的目标。

（4）沟通是组织与外部环境之间建立联系的桥梁。组织的生存和发展必然要与政府、社会、顾客、供应商、竞争者等发生各种各样的联系。组织要按照客观规律和市场的变化要求调整产品结构、遵纪守法、担负社会责任、与供应商合作，并且在市场竞争的环境中获得优势，这使得组织不得不与外部环境进行有效的沟通。由于外部环境永远处于变化之中，因此，组织为了生存和发展就必须适应变化，不断地与外界保持持久的沟通。

（5）沟通"给员工一面镜子"，激励自觉。经验表明，烦琐的指导和严密的监督对有文化的、肯负责的员工不是行之有效的办法。他们能够对自己的工作负责并将其做好，但需要了解他们的工作同整个工作的关系，以及对于组织的重要性等方面的情况。在个人考评方面，上级管理者评价其下级对组织所做的贡献，并将此评价传达给下级是十分重要的。因为这有利于下级了解自己的职位、了解上级对他们完成任务的看法、了解如何改进自己对组织的贡献，以及了解自己未来的前途等。

总之，进入 21 世纪以来，人类活动的全球化和社会信息化的进程在快速推进。政治与文化多元的冲突、经济之间的交融都使得"沟通"成为时尚词汇，管理沟通在今天变得更加重要。有效沟通可以澄清事实、交流思想、倾诉情感，降低管理的模糊性，为科学决策奠定基础，提高管理的效能。有效沟通可以改善组织内的工作关系，可以了解员工的愿望，满足员工的需要，充分调动下属工作的积极性。同时，可以让员工了解组织、参与管理，增进对于组织目标的认同，建立相互信任的融洽的工作关系。有效沟通是组织与外部环境之间建立联系的桥梁。组织间的沟通可以降低交易成本，实现资源有效的再配置，提高组织的竞争能力。

第四节　管理沟通的形式、模式和方法

一、管理沟通的形式

企业管理沟通是一个复杂的系统，各类沟通分别发挥着不同的作用，总结起来，主要有以下几种形式：

（一）正式沟通与非正式沟通

1. 正式沟通

正式沟通就是通过组织明文规定的渠道进行信息传递和交流。例如，组织规定的汇报制度、定期或不定期的会议制度，以及上级的指示按组织系统逐级下达，或下级的情况逐级上报等。正式沟通的优点有：正规、严肃、富有权威性；参与沟通的人员普遍具有较强的责任心和义务感，从而易保持所沟通信息的准确性及保密性。

2. 非正式沟通

非正式沟通是在正式沟通渠道之外进行的信息传递或交流，如组织中员工私下交换意见，议论某人某事等。现代管理中很重视研究非正式沟通。因为人们的真实思想和动机往往是在非正式的沟通中表露出来的。典型的非正式沟通形式是小道消息，它们传播着各种各样

的观点、猜想、疑问、刁难、敌意、奉承和威胁，这些内容都是员工所关心的和他们有关的信息。组织内的传言体系由一些非正式沟通网络在许多点上相互覆盖、相互交错而组成，有些消息灵通人士可能属于不止一个非正式沟通网络。传言产生于权力体系的周围，它能把各个方向——水平方面、垂直方向和斜线方面的组织成员等联系起来。

与正式沟通相比，非正式沟通具有信息交流速度快、效率较高、能够满足员工情感需要和不确定性等特点。但也伴随着随意性强、信息扭曲和失真可能性大等问题。

（二）纵向沟通和横向沟通

1. 纵向沟通

纵向沟通有上行沟通和下行沟通两种形式。

上行沟通是沟通信息从组织的底层向较高管理层流动的过程，它通常包括进度报告、建议、解释以及关于支援和决策方面的请求等。上行沟通是下级的意见、信息向上级的反映。管理者应鼓励下属积极向上反映意见和情况，只有上行沟通渠道通畅，管理者才能掌握全面的情况，做出符合实际的决策。通过上行沟通，员工有机会向上反映问题，管理者也可以准确地了解下属的情况，就此减轻员工的挫折感，增强了参与意识，提高了士气。

下行沟通是组织中的上层领导按领导系统从上而下的情报沟通。下行沟通是信息从组织的最高管理层开始，通过各个管理层次向下流动的过程。下行沟通的主要内容可以是建议、指导、通知、命令、员工业绩评价等，沟通的目的是把组织目标和政策提供给员工。管理者把组织目标、规章制度、工作程序等向下传达，这是保证组织工作进行的重要沟通形式。

2. 横向沟通

横向沟通即平行沟通，是指组织中各平行部门或人员之间的信息交流，包括一个部门的人员与其他部门的上级、下级或同级人员之间的直接沟通。横向沟通经常发生于工作群体内部成员之间、两个工作群体之间、不同部门的成员之间以及直线部门和参谋部门的员工之间等。横向沟通的主要宗旨在于为组织协调与合作提供一条直接的渠道。横向沟通能够促进组织内不同部门间的信息共享、相互协作；有助于消除组织内部的冲突；通过朋友和同事间的交流，横向沟通产生社会和情感的支撑。因此，横向沟通克服了纵向沟通中信息流动过于缓慢的弊端，减轻了管理者的沟通负担。它能够帮助员工提高士气和效率，增强员工的满意度。

世界一流企业都将建立有效的横向沟通作为企业竞争的有力武器。摩托罗拉每年开会使整个公司的不同职能部门和事业部交流发现的新经验；惠普利用公用数据库的形式使不同产品部门共享信息和创意；通用电气公司的杰克·韦尔奇用"整合化多样化"使得不同部门之间相互交流技术资源、人员、信息、观点和资金。

（三）单向沟通和双向沟通

从发送者与接收者的地位是否变换的角度来看，两者之间的地位不变是单向沟通，两者之间的地位不断变换是双向沟通。做报告、发指示、做讲演等是单向沟通，交谈、协商、会谈等是双向沟通。美国心理学家莱维特（T. Levitt）曾做了一个实验，并得出结论：①单向沟通的速度比双向沟通的速度快，双向沟通比单向沟通准确；②双向沟通中，接受信息的人们对自己的判断比较有信心，知道自己对在哪里或错在哪里；③双向沟通中，传达信息的人感到心理压力较大，因为随时会受到信息接收者的批评或挑剔；④双向沟通容易受干扰，并缺乏条理性。从这些结论可以看出，如果需要迅速地传达信息，单向沟通的效果好，但准确性较差。如果需要准确地传达信息，双向沟通较好，但速度较慢。事实上，从管理过程和管理追求的效果看，沟通作为管理的职能，一般都是双向的，因为它注重结果，任何沟通都需要响应和反馈，都需要得到一个与其相近的结果。

（四）口头沟通和书面沟通

口头沟通是指人们之间的言谈，可以通过别人打听、询问其他人的情况，也可以委托他人向第三者传达自己的意见等。书面沟通则是用图、文的表现形式来联络沟通。口头沟通的优点是：具有迅速和充分交换意见的潜力，能够当面提出或回答问题。说话者必须与听话者接触，而且他们必须设法相互了解。但由于种种原因，许多听话者提不出应提的问题，因而只得到一些不完整的或断章取义的情报，可能导致代价高昂的错误，而且也不一定能节省时间。

书面沟通一般比较正式，可以长期保存，接收者则可以反复阅读。书面沟通更具有准确性、正式性，并易于广泛传播。但是，虽然用书面形式沟通，使人们有可能去仔细推敲，但也不一定能达到预期效果。写得不好的书面信息，往往随后需要用很多书面和口头的情报来澄清。这既增加了情报沟通费用，也引起了混乱。

（五）组织间的沟通

组织间的沟通是组织同其利益相关者进行的有利于实现各自组织目标的信息交流和传递的过程。组织间沟通的宗旨是充分利用环境的各种资源，协调各方利益，实现组织共同的可持续发展。

（六）用含蓄的形式进行沟通

用含蓄的形式，也就是所谓"弦外之音"，或用某些重要方法来沟通，如说话声调、语气、面部表情、手势或比喻等。这种形式往往被人忽视或不被注意。下级人员常常十分注意观察其上级的表情或姿态，即所谓"察言观色"，因为它表明上级所想的哪些是重要的，哪些会影响上级对自己的印象等。

二、管理沟通的模式

组织中不同的沟通网络对于组织活动的效率有不同影响。常用的五种不同的沟通网络，如图9-3所示。

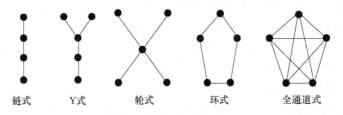

图9-3 五种沟通网络示意图

途中的圆代表信息的传递者，连线表示传递方向。这五种沟通网络模式都有其优缺点。

1. 链式

链式是信息在沟通成员间进行单线、顺序传递，形如链条状的沟通网络形态。在这种单线串联连接的沟通网络中，成员之间的联系面很窄，平均满意度较低。信息经层层传递、筛选，容易失真。在现实组织中，严格按直线职权关系的指挥链系统在各级管理者间逐级进行的信息传递就是链式沟通网络应用的实例。事实上它也是企业中应用最为普遍和必要的一种形式，不过如果仅用此种沟通形式或链条过长对组织信息交流都是有害的。

2. Y 式

它是轮式与链式相结合的纵向沟通网络。与轮式网络一样，Y 式网络中也有一个成员位于沟通网络的中心，成为网络中因拥有信息而具有权威感和满足感的人。此网络中组织成员的士气比较低，同时，与轮式网络相比较，因为增加了中间的过滤和中转环节，容易导致信息曲解或失真，因此沟通的准确性也会受到影响。现实中经常看到的是倒 Y 式网络形态。比如，主管、秘书和几位下属构成的倒 Y 式网络，就是秘书处于沟通网络中心地位的一个实例，由此不难理解为何秘书、助理人物的职位并不高却常拥有相当大的权力。

3. 轮式

这种网络中的信息是经由中心人物而向周围多线传递的。此网络中只有领导人物是各种信息的汇集点与传递点，其他成员之间没有相互的交流关系，所有信息都是通过他们共同的领导人进行交流的，因此，信息沟通准确度很高，解决问题的速度快，管理者的控制力强，但其他成员的满意度低，领导者可能面临着信息超载的负担。一般地说，轮式网络适合于组织接受紧急任务，需要进行严密控制，同时又要争取时间和速度的情形。

4. 环式

环式网络可以被看作是将链式形态下两个头沟通环节相连接而形成的一种封闭式结构，它表示组织所有成员间都不分彼此地依次联系和传递信息。环式网络中的每个人都可同时与两侧的人沟通信息，因此大家地位平等。环式沟通网络的组织，集中化程度比较低，具有较高的满意度。但由于沟通的渠道窄、环节多，信息沟通的速度和准确性都难以保证。

5. 全通道式

这是一个全方位开放式的沟通网络系统，所有成员之间都能进行相互的不受限制的信息沟通与联系。采取这种沟通网络的组织，集中化程度低，成员地位差异小，所以有利于提高成员士气和培养合作精神。同时，这种网络中没有一个统领信息的核心人物，具有宽阔的信息沟通渠道，成员可以直接、自由而充分地发表意见，有利于提高沟通的准确性。但由于这种网络沟通的渠道太多，易造成混乱，沟通过程通常费时，从而影响工作的效率。委员会方式就是全通道式沟通网络的应用实例。

三、管理沟通的方法

管理沟通的方法是多种多样的，即使包括发布指示、会议制度、个别交谈，建立沟通网络，也不能全部概括。同其他职能运用各种方法一样，管理沟通的方法也是因地制宜、因人而定的。

1. 发布指示

在指导下级工作时，指示是很重要的。指示可使一个活动开始着手、更改或制止，是使一个组织生机勃勃或者解体的因素。

指示或者命令有许多的含义。指示作为一个领导的方法，可理解为上级的训令，它要求下级在一定的环境下工作或停止工作。它隐含着从上级到下级的直线指挥人员之间的关系，这种关系是不能反过来的。指示的另一个含义是：指示的内容应该和实现组织的目标密切关联。最后，指示的定义含有强制性的意思。如果下级拒绝执行或不恰当地执行指示，而上级管理者又不能对此使用制裁办法，那么他今后的指示可能失去作用，他的地位将难以维持。为了避免这种情况的出现，可以在指示发布前听到各方面意见，对下级进行训导，或者把下级尽可能地安排到另一个部门去工作。

2. 会议制度

从历史上看，会议大约是有史以来就存在的。历史发展到今天，人类已步入"信息时代"，现在的领导者只要借助于各种先进的通信设备就可以与一切部门和个人进行有效的联络，甚至是遥控自如。但绝不是说面对面的会议已经不需要了。恰恰相反，尽管通信手段可以广泛采用，但它们仍然不能完全取代面对面的会议，因为指导与领导工作的实质是处理人际关系，而人与人之间的沟通联络是人们思想、情感的交流。采用开会的方法，就是提供交流的场所和机会。会议的作用表现在以下几个方面：

（1）会议是整个组织活动（包括社会活动）的一个重要反映，也是与会者在组织中的身份、影响和地位，以及所起作用等的表现。会议中的信息交流能在人们的心理上产生影响。

（2）会议可集思广益。与会者在意见交流之后，就会产生一种共同的见解、价值观念和行动指导。这种见解的共同组合不仅使每个与会成员能更好地分工合作，而且会使彼此的联系更紧密。

（3）会议不仅能使人们彼此了解共同的目标，还可以了解自己的工作与他人工作的关系，可使每个成员更好地选择自己的工作目标，明确自己怎样才能为组织做出贡献。

（4）通过会议，可以对每一位与会者产生一种约束力。譬如，一位与会者本来反对某一提案，可是通过会议做出决议之后，他就只能服从。当然，有的成员虽然反对某提案，其主要原因是没有听取他的意见，一旦请他讨论，倾听他的意见之后，他也会欣然投赞成票，从而自愿服从。

（5）通过会议，能发现人们所未注意到的问题，并对其加以认真考虑和研究。会议的类型根据所要达到的目的和参加人员的不同而定，如工作汇报会、专题讨论会、员工座谈会等。必须强调的是，虽然会议是管理者进行沟通的重要方法，但绝不能完全依赖这种方法。利用这个方法时，必须讲究实效，减少"会议成本"，避免"文山会海"。这是管理者必须要掌握的原则。

3. 个别交谈

个别交谈就是指领导者用正式的或非正式的形式，在组织内或组织外，同下属或同级人员进行个别交谈，征询谈话对象对组织中存在的问题和缺陷的看法，对别人或别的上级，包括对管理者自己（谈话者）的意见。这种形式大部分都是建立在相互信任的基础上，不受任何约束，双方都感到有亲切感。这对双方统一思想、认清目标、体会各自的责任和义务都有很大的好处。在这种情况下，人们往往愿意表露真实思想，提出不便在会议场合提出的问题，从而使领导能掌握下属的思想动态，在认识、见解、信心诸方面容易取得一致。

第五节　促进有效沟通

一、有效沟通的要求

如果我们能做到下列几项要求，将会有助于改进我们的沟通联络工作并提高效率：

1. 传递及时迅速

及时沟通是指沟通双方要在尽可能短的时间里进行沟通，并使信息发生效用。为此要做到：①传送及时。在信息传递过程中，尽量减少中间环节，避免信息的过滤，使信息最快到达接收者手中。②反馈及时。接收者接收信息后，应及时反馈，这有利于发送者修正信息。③利用及时，信息具有较强的实效性，因而要求双方及时利用信息，避免信息过期无效。

2. 力求表达清楚

不管信息如何传递，表达不清、隐晦难懂是常见的事。表达不清楚、不准确往往会铸成大错。任何人发送情报，都应该遵循明确的原则，使接收者容易理解，而力求避免措辞不当、文字松散、思想表达不严密、中心思想不清楚、千篇一律或使用难懂的方言，以及不能理解或造成错觉的比喻、手势等。不然要纠正由此产生的错误结果往往需要花费高昂的代价，需要做许多本来不必做的解释工作。

3. 传递力求准确

按照不失真的信息采取行动，则能取得预期效果。失真的信息，往往会对接收者产生误导。处于组织沟通中心的管理者，起着接收和传递信息的作用。他们要接收从上级、同级和下级送来的各种情报，然后再把这些情报改编成适合他的上级、同级或下级各自熟悉的语言，向他们传递。这种改编是力求接收者能够理解，但是，不能因此而使情报"失真"。有人进行过试验，按级别层次逐级传达同一条信息往往会降低情报的准确性，尤其是口头传达时，每传达一次大概要损失30%的信息。所以组织规模不同，进行沟通的形式也要随机掌握。

4. 避免过早评价

下级管理者位于情报沟通的中心，所以应当鼓励他们为起到这个中心的作用而运用他们的职权和权力。然而，有的上级管理者常常忘记这一点。他们往往越过下级管理者而直接向有关人员发布指示、进行接触。他们也常常不能耐心等待下属将翔实的信息呈交完毕，而中途打断或取而代之。这样，常常会使下级管理者处于尴尬境地。一些管理学者在论述沟通障碍时指出，情报沟通的障碍与其说是在交往中采取固执不变的立场，还不如说是过早地对情报沟通进行评价。他们认为，这种评价会使情报沟通停顿，会使情报传递人员产生手足无措的感觉。他们还认为，应当以不带任何条条框框、不带成见的态度听取情报传递人员的意见，这样才能完全地传递和接收全面的情报。

5. 消除下级人员的顾虑

有经验的管理者认识到，要做好情报工作必须依靠下级。而下级经常发生对情报选择不当、对事实叙述不全面甚至报喜不报忧或全面遗漏的情况。其原因或者是他们真的认为某些情报不太重要，不足以向上级汇报——这是个判断的问题，更多的情况则是他们害怕向上级说出真情的后果，因而有意把上级领导引向错误的方向。

6. 管理者必须积极进行沟通联络

有时，管理者不会传递必要的信息。其原因在于人们存在惰性，以为"每个人都知道"，或者是因为办事拖拉、喜欢保密或故意与人为难等众所周知的弊病。由于人们不可能把每一份情报都传递出去，因而就需要选择。这会使有的人干脆什么情报也不去选择和传递。尽管有时信息情报会同时而来使管理者感到头痛甚至烦恼，但是，管理者必须积极地给予沟通，运用各种渠道保持它们畅通无阻。

7. 善于发挥非正式组织的作用

人们通常把非正式组织和非正式渠道所传播的信息不当一回事，而有的管理者对此感到不安。其实，非正式组织是可以起到及早传递信息的作用的。情报沟通确实按正式渠道由上而下或由下而上地在各个管理层次中进行，但要及时地处理所有情报并能使人理解，仅此渠道是不够的，也不一定是完全可靠的。因为非正式组织存在于正式机构之外，所以，管理者利用它来发送或接收情报，以此来补充正式组织提供的信息，做好组织的协调工作，是有一定积极意义的。只有当管理者使用非正式组织来补充正式组织的情报沟通渠道时，才会产生最佳的沟通效果。

一般来说，非正式渠道的消息对完成组织目标是有不利的一面，但是，小道消息盛行，反映了正式渠道的不通畅。因而加强和疏通正式渠道，在不违背组织原则的前提下，尽可能通过各种渠道把信息告诉员工，是防止那些不利于或有碍于组织目标实现的小道消息传播的有效措施。

二、沟通障碍及其排除

（一）沟通中常见的问题与障碍

企业管理中常出现沟通问题的原因主要有：组织缺乏明确的沟通政策、管理中的极权主义、组织权责划分不当、内部管理层次过多、沟通者个性与心理障碍、沟通者沟通技能不佳和管理者缺乏公关意识等。管理沟通是一个系统问题，在分析企业沟通障碍时，应进行系统的诊断。沟通政策、组织结构的问题一般要列到组织战略中去解决，而沟通技能技巧和个性心理的问题则是需要日常不断培养的。

沟通中可能出现的一些策略性、技能性障碍主要有以下几个方面：

1. 语言文化障碍

语言障碍是指语言表达不清、使用不当，造成理解上的困难或产生歧义。有时即使是同样的字眼，对不同的人而言，也有不同的含义。年龄、受教育程度、职业职位、文化背景等是较明显的因素，会影响到人们对语言的使用以及对其内涵的理解。

2. 心理障碍

心理障碍是指个性特征和个性倾向所造成的沟通困难。人的行为是受其动机、心理状态影响的，现实的沟通活动常为人的态度、个性、情绪等心理因素所影响，有时这些心理因素会成为沟通中的障碍。例如，个人与个人之间、组织与组织之间、个人与组织之间，由于需要和动机的不同，兴趣与爱好的差异，都会造成人们对同一信息的不同理解。

3. 过滤的障碍

过滤是指信息发送者有意操作信息，以使信息显得对接收者更为有利。在沟通过程中，往往由于"过滤作用"，使得沟通受到影响，如为了让信息接收者高兴，信息传送者故意操纵信息。一些单位的负责人喜欢对上级领导说领导爱听的话，报喜不报忧，这就是在"过滤"信息了。

4. 时间压力的障碍

如果信息接收者只有很短的时间理解接收的信息，就可能误会或忽视其中的一部分信息。管理者有时间的压力，因为决策是有时间限制的，而时间压力会造成沟通障碍。当事情或问题需要迅速判断和处理时，正式的沟通层次就会减少，就会造成信息量的不足和不及

第九章 现代企业管理信息系统与管理沟通

时；有时候因为时间紧急，导致信息传达不完整或模糊不清。

5. 信息过多的障碍

管理者所接收的信息来自四面八方，因为缺乏对信息的系统管理，管理者对大量的信息一时无法掌握其精华，选出最重要的信息。科技的进步，使经理们可以从计算机网络和其他渠道获得大量信息，如果他们关注所有这些信息，则沟通的效能可能会受到影响。因此，他们不得不忽视一些信息，这样有时又可能会漏掉一些重要信息。

6. 角色、地位的障碍

由于每个人在组织中的位置不同，自我认知和感觉差异的存在，由于员工与管理者之间地位差别的过分强调，如上级爱摆架子、爱发号施令等，这都会使下级明显感到地位差别，从而加深了沟通中的鸿沟。另外，如果机构设置不当，造成一些部门岗位独立或权力过重的现象，使其成员游离于集体之外或优越感过强，也会造成沟通地位的失衡和态度的改变。

（二）促进有效沟通的策略

针对以上影响有效沟通的主要障碍，提出以下策略，以实现有效的沟通：

1. 要认真准备和明确目的

沟通者在沟通前要先对沟通的内容有正确、清晰的理解，沟通要解决什么问题，达到什么目的。重要的沟通最好事先征求他人的意见。此外，沟通不仅是下达命令、宣布政策和规定，而且也是为了统一思想、协调行动。所以，沟通之前应对问题的背景、解决问题的方案及依据和资料、决策的理由和对组织成员的要求等做到心中有数。值得借鉴的是 5W2H 沟通方法，在沟通前认真分析下述因素，做好沟通计划和预算，实施有计划的沟通。5W2H 沟通方法，即 Who（目标/对谁）、When（何时）、Where（场所/何时）、What（对象/做什么）、Why（目的/为何）、How to Do（如何去做）、How Many（Much）（预算/多少费用）。

2. 传达有效信息

沟通的内容要有针对性，语意确切，尽量通俗化、具体化和数量化。一般一件事情对人有利者，易被记忆。所以，管理人员如希望下级能记住要沟通的信息，表达时的措辞应尽量考虑到对方的利益和需要。

3. 及时反馈和跟踪

在沟通中及时获得和注意沟通反馈信息是非常重要的。沟通要及时了解对方对信息是否理解并愿意执行，特别是企业中的领导，更应善于听取下级报告，安排时间充分与下级人员联系，尽量消除上下级之间的地位隔阂及所造成的心理障碍，引导、鼓励和组织基层人员及时、准确地向上层领导反馈情况。

4. 增加沟通双方的信任度

在沟通中创造良好的沟通气氛，保持良好的沟通意向和认知感受，使沟通双方在沟通中始终保持亲密、信任的人际距离。这样一方面可以维持沟通的进行，另一方面可以使沟通朝着正确的方向进行。

5. 改善组织结构

为了改善组织沟通效果，应尽量减少组织的结构层次，消除不必要的管理层，同时还应避免机构的重叠，增加沟通渠道，加强部门之间的联系，以加快信息的沟通速度，保证信息的准确和充分。

6. 创造支持性的沟通氛围

创造支持性的沟通氛围应注意的问题：①在支持性氛围中，沟通中少用评价性、判断性语言，多用描述性语言，也就是既介绍情况，又探询沟通情况；②沟通具有问题导向性，即表示愿意合作，与对方共同找出问题，一起寻找解决方案，绝不是企图控制和改造对方；③坦诚相待，设身处地为对方着想；④认同对方的问题和处境；⑤平等待人，谦虚谨慎；⑥不急于表态和下结论，保持灵活和实事求是的态度，鼓励对方反馈，耐心听取对方的说明和解释。

7. 学会有效地聆听

对管理人员而言，"听"并非轻而易举。如何才能较好地"听"呢？戴维斯（G. B. Davis）列举了有效聆听的十大要点：①少讲多听，不要打断对方的讲话；②交谈轻松、舒适，消除拘谨、不安情绪；③表示有交谈兴趣，不要表现出冷淡或不耐烦；④尽可能排除外界的干扰；⑤站在对方立场上考虑问题，表现出对对方的同情与理解；⑥要有耐性，不要经常插话、打断别人的谈话；⑦要控制情绪，保持冷静；⑧不要妄加评论和争论；⑨提出问题，以显示自己充分聆听和求得了解的心境；⑩还是少讲多听。

8. 创造沟通环境，善于非正式沟通

考虑沟通时的一切环境，包括实际的环境及人的环境等，在此基础上，适当地利用非正式沟通方式，使沟通顺利进行。

总结上述对策，我们可以将其概括为管理者沟通的十能准则，即能聆听、能控制、能赞美、能及时、能变通、能尊重、能清楚、能借力、能幽默、能反馈。

（三）利用组织和政策改善沟通

沟通政策对企业沟通影响深刻，提高组织沟通的效率就要倡导积极富有实效的沟通政策。

1. 公开式管理被认为是有效的沟通政策

公开式管理是指与组织的所有员工共享重要的信息并共同发掘它在管理上的意义的管理实践。需要共享的信息包括财务目标、预算、销售额和销售预测以及其他有关公司的绩效和前景的数据。同时，管理区域和管理政策向下属开放，每一名员工都可以方便并被欢迎与其领导进行随时随地的沟通，如摩托罗拉公司的"OPEN DOOR"。一些优秀的企业通过公开式管理都获得了成功，一位管理者这样说："为什么你把比分告诉队里面5%的人而不告诉剩下的95%的人？"事实说明，完善的沟通系统可以使员工理解工作的意义，认清完成了预算的目标会得到什么回报，并促使每个人都来关心公司的业务。它可以激发人们思考如何以不同的方式为公司做出贡献，促使员工学习新的技能，通过苦干和巧干提高工作绩效。

2. 进行团队对话

团队对话被认为是现代组织内横向沟通的重要形式。团队是在一种分权的结构中共享信息，在各个方向上自由沟通，团队成员共同承担领导职能，成员之间保持密切联系、相互协作一致努力去实现预定目标。要在团队内构建团队沟通规范。沟通规范就是形成清楚的惯例，轮流发言、积极倾听、以支持的立场来提问题帮助别人厘清思路等。要避免钻牛角尖、贴标签、对发言者评头论足、对话题不感兴趣、开小差、感情用事、给发言者加脚注等不良习惯。同时，促使成员参与沟通，使每个成员都有说话的可能，给成员留有空间，保持成员平衡的心理等，创造一个更有利于平等沟通的氛围。有效的团队对话还包括成功地引发沟通

第九章 现代企业管理信息系统与管理沟通

对话，进行合作性分析等。

3. 创造竞争中的合作

当前企业市场经营中对外的全新观念就是建立竞争者之间的战略联盟。企业战略联盟是指由两个或两个以上有共同战略利益和对等经济实力的企业（或特定事业和职能部门），为实现拥有市场、共同使用资源等战略目标，通过各种协议、契约而结成的优势互补、风险共担、生产要素水平式双向或多向流动的一种松散的合作模式。它实质上是以合作代替对抗，是更高形式的激烈竞争的开始。日本有的管理学者认为企业之间的竞争呈相互攻击性是一种必然存在，但这种攻击性主要体现在产品质量、服务、创新和发明上，而不要攻击竞争对手本身。因此，企业对外沟通更加注重资源共享、互利双赢，以合作的姿态进行。随着市场内部化、企业无边界的发展，企业的内外沟通都将以合作的姿态进行，都将引入这一新思维，在竞争的态势下注重资源共享、互利双赢。

三、冲突管理

冲突对于任何组织都是难免的，特别是随着组织所面临的内、外部环境越来越复杂，冲突现象越来越突出。托马斯（K. Thomas）等人进行的一项调查表明：企业中的管理人员处理冲突问题的时间大约占他们工作时间的20%。管理冲突的能力可以说是成功管理者的基本素质。

（一）组织中可能存在的冲突

冲突发生于对稀缺资源分配方式的分歧以及不同的观点、信念、行为、个性的冲撞。一般认为，冲突是相互作用的主体之间存在的不相容的行为或目标。按照冲突发生的层次来划分，可以分为四个层次：个人内心的冲突、人际关系冲突、团体间的冲突和组织层次的冲突。

（1）个人内心的冲突。这种冲突通常涉及一些目标、认知或情感的冲突。它一般发生于个人面临多种难以做出选择的情况，此时会表现得犹豫不决、不知所措。

（2）人际关系冲突。这是指两个或两个以上的个人感觉到他们的态度、行为或目标的对立时发生的冲突。角色的冲突产生的原因有：①角色要求与组织的态度、价值观念和可接受行为的看法不一致；②组织成员间所承受的压力不同；③成员之间信息、压力的不相容；④成员间一方的压力来自于另一方。

（3）团体间的冲突。这是指组织内团体之间由于各种原因而发生的对立情形，它可能是同一团体内部成员间的冲突，导致成员分化成两个或更多个小团体，从而把团体内的冲突转化为团体间的冲突；也可能是分别处于两个团体内的成员间的个人冲突逐渐升级而成的。

（4）组织层次的冲突。这是指组织在与其生存环境中的其他一些组织发生关系时，经常会由于目标、利益的不一致而发生各种各样的冲突，如企业与它的竞争对手之间会发生冲突。

20世纪40年代以前，在早期的组织理论中，人们普遍认为冲突是有害的，会妨碍组织目标的实现，甚至认为冲突的出现是管理失败、组织崩溃的前兆。因此早期的研究和实践是建立在反冲突的基础之上的，都致力于消除组织中的冲突现象。自20世纪40年代末到70年代中期，人们开始认识到冲突是不能被消除的，组织应当接纳冲突，使之合理化。

现代组织理论中对组织冲突的看法有了根本的改变。企业发展过程中，矛盾和冲突是一种常态，表现为企业的活力所在。首先，环境的多变要求企业面对创新、竞争、多样化，变化是一种基本的生存发展方式，而企业组织需要稳定、连续和协调，这就必然造成企业组织与环境间的冲突。其次，企业作为一个组织有其自身的目标，但是加入企业的个体，他们有自己的目标和追求，当组织目标与个体目标在内容、进程、结构上发生不一致时，冲突就是必然的。最后，科学、理性和人性在企业管理中融为一体，企业需要采取科学的办法、标准化的作业，而企业中的成员是有血有肉、有思想的人，并非是理性的机器，这也会产生冲突。企业冲突表现了企业在发展中谋求动态的平衡，解决冲突的努力事实上是企业进化的过程，是企业发展的必然趋势。

（二）解决冲突的策略

如前所述，企业中冲突的发生是常态，多种因素导致多种冲突。这里就人际关系冲突的解决推荐一些可借鉴的理论。

为了有效地解决组织中的人际关系冲突，美国的行为科学家托马斯（K. Thomas）提出了一种两维模式。托马斯认为，发生冲突以后，参与者有两种可能的策略可供选择，即关心自己和关心他人。其中，"关心自己"表示在追求个人利益过程中的武断程度；"关心他人"表示在追求个人利益过程中与他们合作的程度。于是，就出现了五种不同的冲突处理的基本策略。

1. 回避策略

回避策略是指既不合作又不武断的策略。这时，人们将自己置身于冲突之外，忽视了双方之间的差异，或保持中立态度。这种方法反映出当事人的态度是让冲突自然发展，对自己的利益和他人的利益均无兴趣。回避方法可以避免问题扩大化，但常常会因为忽略了某种重要的意见、看法，使对手受挫，易遭对手的非议，故长期使用此法效果不佳。

2. 强制策略

强制策略是指高度武断且不合作的策略。它代表了一种"赢—输"的结果，即为了自己的利益牺牲他人的利益。一般来说，此时一方在冲突中具有占绝对优势的权力和地位，于是认为自己的胜利是必要的。相应地，另一方必然会以失败而告终。强制策略通常是使人们只考虑自己的目的，所以同样地不受对手的欢迎。

3. 克制策略

克制策略代表着一种高度合作而武断程度较低的策略。可以说这是无私的策略，因为当事人是牺牲自己的利益而满足了他人的要求。通常克制策略是从长远角度出发换取对方的合作，或者屈服于对手的意愿。因此，克制策略是最受对手欢迎的，但容易被对手认为是过于软弱或屈服的表示。

4. 合作策略

合作策略是在高度的合作精神和武断的情况下采取的策略。它代表了冲突解决中的"双赢"局面，即最大限度地扩大合作利益，既考虑了自己的利益，又考虑了他人的利益。一般来说，持合作态度的人有几个特点：①认为冲突是一种客观的、有益的现象，处理得恰当会有利于一些问题的解决；②相信对手；③相信冲突双方在地位上是平等的，并认为每个人的观点都有其合理性；④他们不会为了共同的利益而牺牲任何一方的利益。

5. 妥协策略

在妥协策略中，合作性和武断程度均处于中间状态，它建立在"有予必有取"的基础之上,这种策略通常需要一系列的谈判和让步才能形成。与合作策略相比,妥协策略只求部分地满足双方的要求,但妥协策略是最常用也最被人们广泛接受的一种处理冲突的策略。因为妥协策略至少有以下特点:①尽管它部分地阻碍了对手的行为,但仍然表示出合作的姿态;②它反映了处理冲突问题的实利主义态度;③它有助于保持双方之间的良好关系。

本 章 小 结

管理信息系统是一个以人为主导,利用计算机硬件、软件、网络通信设备以及其他办公设备进行信息的收集、传输、加工、储存、更新和维护,以企业战略竞争、提高效益和效率为目的,支持企业高层决策、中层控制、基层运作的集成化的人机系统。管理信息系统的基本功能为:信息的收集、信息的传输、信息的加工、信息的储存、信息的维护、信息的使用。管理信息系统带给企业的效益包括:加快资金周转;降低生产成本;压缩库存积压;缩短生产周期;提高工作效率和管理水平;扩展信息渠道,加快市场反应。

系统开发的生命周期阶段分为:系统规划阶段、系统分析阶段、系统设计阶段、系统实施阶段、系统运行与维护阶段。系统维护的内容包括:程序的维护、数据的维护、代码的维护、设备的维护。系统维护的类型分为:纠错性维护、适应性维护、完善性维护、预防性维护。

管理沟通的作用有:使组织中的人们认清形势;使决策更加合理和有效;稳定员工思想,统一组织行动;沟通是组织与外部环境之间建立联系的桥梁;沟通"给员工一面镜子",激励自觉。

组织中不同的沟通网络对于组织活动的效率影响不同,常用的五种沟通网络有链式、Y式、轮式、环式、全通道式。管理沟通的方法包括发布指示、会议制度、个别交谈。

有效沟通的要求为:传递及时迅速;力求表达清楚;传递力求准确;避免过早评价;消除下级人员的顾虑;管理者必须积极进行沟通联络;善于发挥非正式组织的作用。促进有效沟通的策略有:要认真准备和明确目的;传达有效信息;及时反馈和跟踪;增加沟通双方的信任度;改善组织结构;创造支持性的沟通氛围;学会有效地聆听;创造沟通环境,善于非正式沟通。

案例分析

有效沟通是成败的关键

小王三个月前被提拔为一家合资药业公司的业务主任,并负责一个小城市的医药推广业务。他进入这家公司已经一年了,在开拓本地市场上立下了汗马功劳。本来单纯做业务时,什么也不用多想,只要把业绩做好了,就可以拿到让人羡慕的提成。正当小王春风得意的时候,公司对小王进行了提拔。作为主任,他不用再像以前一样直接与客户沟通,只需维护好本地市场,并负责培养新人就行了。没想到的是,根据公司的薪酬制度,他的收入也转成了行政人员的收入,提成额大大下降,收入也大大缩水,于是小王想到了加薪。

根据公司的制度，只有在公司工作满三年以后，才有加薪机会，但小王过分乐观了，他想，凭自己对公司的贡献，经理还能不破例吗？于是，小王在一次去分部述职的时候，也没想太多就直接走进了经理办公室，提出了加薪的要求，经理答应考虑一下，接下来，大概过了十多天后，从总部下了一纸调令，要调小王到总部学习，并派了一个人下来接替小王（这是公司想要撤换一个人的前兆），小王愤而辞职。

（资料来源：豆丁网，http：//www.docin.com/p-1616198865.html）

案例思考题：

请运用管理沟通中的相关知识指出小王与经理就加薪沟通中应该注意的方面。如果可以，请你为小王设计一个新的加薪沟通方案。

思考与习题

1. 什么是管理信息系统？
2. 管理信息系统维护的内容有哪些？
3. 管理信息系统维护的类型及具体内容是什么？
4. 阐述沟通的过程及内容。
5. 促进有效沟通的策略和解决冲突的策略分别有哪些？

参 考 文 献

[1] 张建民, 等. 现代企业生产运营管理 [M]. 北京：机械工业出版社, 2013.
[2] 张红, 徐学军. 新编企业管理学 [M]. 广州：华南理工大学出版社, 2000.
[3] 柴森林. 管理及其在生产力发展中的重要作用 [J]. 吉林省经济管理干部学院学报, 2001, 15（1）：11-14.
[4] 高静波. 现代企业运营管理体系 [M]. 2版. 北京：经济管理出版社, 2013.
[5] 陆建军. 团队精神 [M]. 北京：中华工商联合出版社, 2010.
[6] 刘亚娟. 企业风险管理原理 [M]. 北京：中国劳动社会保障出版社, 2011.
[7] 蔡世馨. 现代生产管理 [M]. 大连：东北财经大学出版社, 2000.
[8] 范贵喜, 刘赛赛. 管理学 [M]. 北京：机械工业出版社, 2017.
[9] 穆庆贵, 陈文安. 新编企业管理 [M]. 3版. 上海：立信会计出版社, 2000.
[10] 李野新. 张瑞敏管理真经 [M]. 北京：中国经济出版社, 2012.
[11] 郑国强, 吴春梅. 人力资源管理 [M]. 北京：电子工业出版社, 2013.
[12] 蔡斯, 等. 生产与运作管理——制造与服务 [M]. 宋国防, 等译. 北京：机械工业出版社, 1999.
[13] 赵署明. 招聘甄选与录用 [M]. 北京：人民邮电出版社, 2014.
[14] 陈春花. 经营的本质 [M]. 北京：机械工业出版社, 2013.
[15] 威廉J史蒂文森. 生产与运作管理 [M]. 张群, 张杰, 等译. 北京：机械工业出版社, 2000.
[16] 张理. 现代企业物流管理 [M]. 北京：中国水利水电出版社, 2005.
[17] Heizer, Render. 生产与作业管理教程 [M]. 潘洁夫, 等译. 北京：华夏出版社, 1999.
[18] 菲利普·科特勒. 市场营销管理 [M]. 洪瑞云, 等译. 北京：中国人民大学出版社, 1997.
[19] 高海晨. 企业管理 [M]. 北京：高等教育出版社, 2014.
[20] 邬适融. 现代企业管理 [M]. 北京：清华大学出版社, 2005.
[21] 邬凤祥, 刘汉章, 秦朝镇. 现代企业模拟市场管理论观——邯钢管理新探 [M]. 北京：中国物价出版社, 1994.
[22] 黄渝祥. 企业管理概论 [M]. 2版. 北京：高等教育出版社, 2000.
[23] 安维, 孙健升. 现代企业管理 [M]. 北京：中国金融出版社, 2005.
[24] 胡君辰. 人力资源开发与管理教学案例精选 [M]. 上海：复旦大学出版社, 2001.
[25] 濮小金. 现代物流 [M]. 北京：机械工业出版社, 2005.